ŒUVRES POSTHUMES

ŒUVRES POSTHUMES

DE

G.-ALBERT AURIER

a

IL A ÉTÉ TIRÉ DE CET OUVRAGE

10 ex. sur Japon impérial, contenant, hors texte, le portrait à l'eau-forte de G.-Albert Aurier, en triple exemplaire (Hollande, Japon, Chine), et deux lithographies, chacune en triple exemplaire également.

40 — — Hollande, contenant, hors texte, un exemplaire du portrait de G.-Albert Aurier et de chaque lithographie.

209 — — Papier teinté, contenant, hors texte, un exemplaire du portrait de G.-Albert Aurier.

259 exemplaires.

ŒVVRES POSTHVMES DE G. - ALBERT AVRIER, AVEC VN AVTOGRAPHE DE L'AVTEVR ET VN PORTRAIT GRAVÉ A L'EAV-FORTE PAR A.-M. LAVZET. NOTICE DE REMY DE GOVRMONT. DESSINS ET CROQVIS DE G.-ALBERT AVRIER, VINCENT VAN GOGH, PAVL SÉRVSIER, ÉMILE BERNARD, JEANNE JACQVEMIN, PAVL VOGLER.

PARIS

ÉDITION DV « MERCVRE DE FRANCE »

15, RVE DE L'ÉCHAVDÉ-SAINT-GERMAIN, 15

M DCCC XCIII

NOTICE

Les littératures admirées s'usent sous l'admiration même qui les conserve : l'eau du torrent creuse un trou, le soc de la charrue s'use à trancher la glèbe et l'anneau s'amincit au doigt qui le porte et qui l'aime ; c'est ce que dit, en vers pas trop mauvais vers, mais servilement imités de Lucrèce et d'Ovide, Sulpicius Lupercus, qui vivait dans un temps où les ignorants du Christ s'ennuyaient tant qu'ils ne s'étonnaient même plus de leur ennui :

> *Decidens scabrum cavat unda tophum,*
> *Ferreus vomis tenuatus agris*
> *Splendet ac trito digitos honorans*
> *Annulus auro.*

C'est pourquoi nous voulons mettre aux charrues d'autres socs et à nos doigts d'autres anneaux, et donner à nos yeux et à nos âmes le délicat plaisir d'un art nouveau.

Il s'agit de l'art idéaliste et il s'agit ici de rechercher quelle fut, en cette renaissance, la part d'Albert Aurier, et comment, avec toutes sortes de contradictions, avec même les apparences contre lui, il travailla, dès qu'il eut conscience de sa vocation, à la dématérialisation de la littérature. Il faudra donc analyser et juger une œuvre incomplète, peu cohérente et, çà et là, ébauchée seulement, l'œuvre d'un jeune écrivain mort à vingt-sept ans, l'âge où de plus malheureux encore seraient morts écoliers : de toutes les tâches qui peuvent incomber à tel, selon les hasards plus ou moins sinistres de la vie, il n'en est guère d'aussi troublante que celle-là.

Si l'on se tient dans les termes du strict, si l'on n'additionne que des résultats évidents, on risque, en voulant être trop juste, d'être trop dur; en voulant être trop vrai, d'être trop sec; en se bornant au fait visible par tous, de s'enfermer dans une littéralité trop discrète et même fausse.

D'autre part, si l'on ouvre l'oreille au conditionnel passé, si l'on soumet à la même opération arithmétique les dons et les promesses, il est à craindre que des envieux, un peu bornés, mais d'autant plus influents sur la foule de leurs pareils, ne contestent la légitimité du total.

Malgré ce dernier inconvénient, peu grave au fond, j'essaierai de dire ce qu'Aurier a été et aussi ce qu'il aurait dû être, en l'accomplissement de sa vie, suivant la logique des choses et suivant la logique de son talent.

I

Avec un tempérament outrancier d'observateur ironiste, une tendance à des jovialités rabelaisiennes, Aurier se trouva, dès ses premières années d'étudiant, engrené dans un mouvement littéraire en apparence très opposé à ses penchants. Il voyait loin, déjà, et de haut, parmi une série de poètes fantoches, myopes et criards; par laisser-faire, par paresse

de les mépriser, il voulut bien être leur dupe, et, plus décadent que l'intelligence de M. Baju ne pouvait le concevoir, il
leur récita des vers où nul ne soupçonna la parodie, vers
« pourris » (1) qui sortaient du cerveau le plus sain et le
plus conscient. Mais, de même que tout n'était pas ridicule
dans le *Décadent*, tout n'est pas de pure fumisterie dans les
vers qu'Aurier y donnait abondamment ; ce sonnet, *Sous Bois*,
daté de Luchon, août 1886, n'a pas qu'une valeur de précocité :

Les forêts de sapins semblent des cathédrales
Qu'ombrent d'immenses deuils. Infinis, sans espoir,
Montent les noirs piliers se perdant en le noir,
Et l'ombre bleue emplit les voûtes colossales !...

Tandis que, pour voiler l'invisible ostensoir,
Pendent sur les vitraux des loques sépulcrales,
Vagues, passent des chants tristes comme des râles,
Les chants de la forêt à la brise du soir.

— O Temple ! Bien souvent je suis le labyrinthe
De tes nefs, par la nuit cherchant ton Arche-Sainte !...
Mais, en vain ! L'horizon, toujours sombre et béant,

Fuit devant moi ; le Vide dort au fond des salles !
— Ainsi, mon cœur, sondant les célestes dédales,
Marche, toujours heurtant l'implacable néant ! (2)

---

(1) Il avait recueilli ces premiers vers en un cahier portant en effet
comme titre : *Les Pourries*, — avec, en subdivisions, ces deux autres
titres : *Les Pochades* et *Les Chansons du Désir*. Quelques pièces seulement furent imprimées, soit dans le *Décadent*, soit en d'invraisemblables
petits journaux, tels que le *Faucon Noir*. Il n'y a quasiment rien à conserver de ces essais que l'auteur, d'ailleurs, n'aurait jamais imprimés. —
Il en est de même d'un autre recueil, qui semble, au reste, avoir été
dépecé par Aurier lui-même : *Les Marais du Cœur*. — Autre recueil
encore, ou projet de recueil, sans doute de vers, mais dont on n'a
trouvé que le titre : *Le Livre d'Artémidor* (Songes).
   (2) *Le Décadent*. 4 sept. 1886.

Si, après cette estampe romantique, j'extrais du même
recueil la *Contemplation*, on aura peut-être une idée assez
juste d'Aurier très jeune, partagé entre le vouloir d'être
sérieux et l'amusement de ne pas l'être :

> Le cœur inondé d'une ineffable tristesse,
> Je contemple le crâne aimé de ma maîtresse.
>
> Dans ses orbites creux, d'épouvante remplis,
> J'ai fait coller deux très beaux lapis-lazulis ;
>
> J'ai mis artistement sur l'os blanc de sa nuque,
> Poli comme un ivoire, une vieille perruque ;
>
> J'ai, dans ce faux chignon, répandu ses parfums
> Préférés (souvenir de mes amours défunts) ;
>
> J'ai placé, pour cacher son rictus trop morose,
> A ses troublantes dents ma cigarette rose.
>
> Puis j'ai posé le tout (à la place d'un saint)
> Dans une niche, sur les velours d'un coussin.
>
> Et je songe qu'ainsi (méditations mornes !)
> La Catin ne peut plus me gratifier de cornes ! (1)

Ces deux notes, l'une de mélancolie, l'autre d'ironie,
persistèrent à sonner jusqu'à la fin dans les vers d'Aurier, et
on les retrouvera dans le *Pendu* (2) et dans *Irénée* (3).

Quant aux caractères propres, différentiels, de sa poésie,
ce sont, il me semble, la spontanéité et l'inattendu. Il ne fut
jamais un chercheur de pierres précieuses : il sertissait celles
qu'il avait sous la main, plus soucieux de leur mise en

---

(1) *Le Décadent*, 12 juin 1886.
(2) *Mercure de France*, novembre 1892.
(3) *Essais d'Art Libre*, novembre 1892.

valeur que de leur rareté ; mais, pêcheur de perles, il le fut
aussi trop peu et, trop confiant en sa force improvisatrice, il
laissa, même en des morceaux jugés par lui définitifs, échapper des à peu près et des erreurs. Cela vaut-il mieux que
d'être trop parfait? Oui, quand la perfection de la forme
n'est que le résultat d'un pénible limage, d'une quête aveugle des raretés éparses dans les dictionnaires, d'un effort
naïf à tirer, sur le vide d'une œuvre, un rideau constellé de
fausses émeraudes et de rubis inanes. Il est cependant une
dextérité manuelle qu'il faut posséder ; il faut être à la fois
l'artisan et l'artiste, manier le ciseau et l'ébauchoir, et que
la main qui a dessiné les rinceaux puisse les marteler sur
l'enclume.

Mais là, Aurier pécha moins par omission que par jeunesse, et s'il montra un talent moins sûr que son intelligence,
c'est que toutes les facultés de l'âme n'atteignent pas à la
même heure leur complet développement ; chez lui, l'intelligence avait fleuri la première et attiré à soi la meilleure
partie de la sève.

L'intelligence et le talent, voilà, je crois, une distinction
qui n'a guère jamais été faite en critique littéraire ; elle est
pourtant capitale. Il n'y a pas un rapport constant ni même
un rapport logique entre ces deux manières d'être ; on peut
être fort intelligent et n'avoir aucun talent ; on peut être
doué d'un talent littéraire ou artistique évident et n'être qu'un
sot ; on peut aussi cumuler ces deux dons : alors on est
Gœthe ou Villiers de l'Isle-Adam, ou moins, mais un être
complet.

Aurier manqua de quelques années pour s'harmoniser
définitivement. Il en était encore à la période où l'on ressent
une si grande tendresse pour toutes ses idées qu'on se hâte
de les revêtir, même d'étoffes un peu frustes, de peur qu'elles

n'aient froid dans la chemise aux notules : d'ailleurs, presque rien de ce que nous connaissons de lui, en fait de vers, n'avait reçu la suprême correction.

Mais que l'on ne prenne pas cette opinion pour absolue, car je connais des poésies très pures et d'art complet. Quelle objection, par exemple, contre le *Subtil Empereur?*

Le voici :

En l'or constellé des barbares dalmatiques,
La peau fardée et les cheveux teints d'incarnat,
Je trône, contempteur des nudités attiques;
Dans la peau royale où mon rêve s'incarna...

Je regarde en raillant agoniser l'empire
Dans les rires du cirque et les cris des jockeys,
Et cet écroulement formidable m'inspire
Des vers subtils fleuris de vocables coquets !...

Je suis le Basileus dilettante et farouche !
Ma cathèdre est d'or pur sous un dais de tabis...
Quand je parle, on dirait qu'il tombe de ma bouche
Des anges, des saphirs, des fleurs et des rubis... (1)

Et quelle objection contre le *Sarcophage vif?* (2) Cette ironie n'est-elle pas sertie dans l'or des rimes les plus sûres et rythmée merveilleusement? Et le *Cœur de la Femme,* n'est-ce point là, et tout bonnement, un chef-d'œuvre et une œuvre même que peu de poètes de l'heure actuelle pourraient égaler?

Il reste seulement certain que, de même que tous les esprits très féconds, Aurier était inégal. Mais ce défaut ne

(1) *Mercure,* avril 1891.
(2) *Mercure,* mai 1891.

serait-il pas une supériorité ? Encore une fois, je ne dirai pas non. Il faut se méfier des jeunes talents qui, sont parfaits ; leur précoce maîtrise ne « dégénérera » jamais en génie.

D'entre ces ébauches qu'il prodiguait avec une surprenante générosité de sève, mais avec trop d'insouciance, la plus notable, par l'importance qu'elle devait avoir, est *Irénée*. Il n'écrivit qu'un acte à peine de cette tragi-comédie où il voulait expliquer non pas seulement l'inutilité, mais la nocuité de l'expérience et du savoir humains ; ce peu est déjà d'un grand intérêt : on y sent une réelle force de pensée et, dans tels passages, celui des femmes de jadis, par exemple, celui où sont dits les méfaits de la science, il y a des vers exquis ou formidables.

Irénée, l'Innocence, est sollicité par le démon Asmodeus qui veut lui apprendre la science, c'est-à-dire l'amour — puisque tout est dans ce mot et que la science n'est que désir, c'est-à-dire amour (1).

« Viens, dit Asmodeus.

« *Non! Viens. Mes lèvres ont le goût des ambroisies.* »

L'Archange qui veille sur le frêle Irénée répond (je cite d'après un premier texte modifié dans le dernier manuscrit) :

« *Le savoir est un puits aux murailles moisies.* »

Asmodeus :

« *Le savoir est un ciel d'éternel germinal.* »

Tel est le débat, entremêlé d'aristophanesques bouffonne-

(1) JOSEPH DE MAISTRE, *Examen de la Philosophie de Bacon.*

ries. Irénée succombe, et, dès qu'il est savant, « la nature lui paraît abominable » (1).

Fâcheusement, l'éducation classique, la lecture, souvent maladroite, des tragédies de la belle époque, de séculaires préjugés, la routine où, depuis la Renaissance, les professeurs de belles-lettres se suivent à la queue-leu-leu, une grande paresse d'esprit, enfin, nous font croire que les personnages des temps historiques s'exprimaient avec la même gravité pompeuse que la Rodogune de Corneille ou la Mérope de Voltaire; on ne fera jamais admettre à un homme sérieux et instruit que César Auguste ait jamais pu appeler sa femme : « mon petit cœur », ou « mon petit œil », *ocellus;* ces mots-là et d'autres ont dû être inventés par les Jésuites quand ils faisaient des vaudevilles — en latin ! Aurier n'avait point de telles créances, un peu naïves, et dans *Irénée* il mêle toutes les époques et tous les mythes, il pratique bravement ce que les critiques appellent l'anachronisme, — comme si, pour un poète ou un écrivain idéaliste, il y avait des chronologies, — comme si, depuis « les temps les plus reculés », aucun document eût jamais pu faire supposer au plus féroce érudit que les cellules du cerveau humain vibraient il y a six mille ans autrement qu'aujourd'hui.

Disons plutôt que tout se passe dans le rêve — et que le Rêve est toujours identique à lui-même, et que Gauguin ne s'est pas ridiculisé autant que le croient des sages en introduisant « des coiffes et des ficus de Ploërmel, des Bretonnes, et de cette fin de siècle » (2), dans un tableau qui s'intitule *La Lutte de Jacob avec l'Ange,* — et qu'Irénée a le droit de converser avec un archange, même en un temps où les Dominations sont muettes.

_____

(1) *Essais d'Art Libre*, novembre 1892, note additionnelle à *Irénée.*
(2) *Le Symbolisme en peinture*, Paul Gauguin (*Mercure*, mars 1891).

II

Gœthe disait, et cela est rapporté dans ses *Conversations*, que toutes les poésies doivent être des poésies de circonstance, en ce sens que chacune soit une page du journal du poète. Voici le passage :

« Le monde est si grand et si riche, la vie si variée, que jamais les sujets pour des poésies ne manqueront. Mais toutes les poésies doivent être des poésies de circonstance, c'est-à-dire que c'est la réalité qui doit en avoir donné l'occasion et fourni le motif. Un sujet particulier prend un caractère général et poétique, précisément parce qu'il est traité par un poète. Toutes mes poésies sont des poésies de circonstance ; c'est la vie réelle qui les a fait naître, c'est en elle qu'elles trouvent leur fonds et leur appui. Pour les poésies en l'air, je n'en fais aucun cas. »

Il semble que maintenant prévale l'opinion contraire à celle de Gœthe. Les poètes font bien encore des poésies de circonstance, mais ils s'en défendent et, quand ils les assemblent en volumes, leur ingéniosité travaille à leur enlever, par des artifices de groupement, l'apparence, qu'elles gardent pourtant toujours, de « poésies de circonstance ». Sans remonter jusqu'à l'époque de la Renaissance et aux *Mimes* de Baïf, Baudelaire fut le premier qui ordonnât selon une suite presque logique des poèmes qui, en effet, n'étaient pas tous nés au hasard ni du hasard des réalités perçues et senties par le poète. Les pièces qui composent les *Fleurs du mal* seraient rangées selon un ordre rigoureux et il serait impossible, sans bouleverser l'harmonie architecturale du volume, de changer réciproquement de place, par exemple, le *Balcon* et *Harmonie du soir*. Je n'en suis pas bien sûr, car enfin je puis lire séparément chacun de ces petits poèmes et y prendre un plaisir complet, en soi. Bien plus, jamais personne, peut-être, n'a lu, d'affilée, tout un volume de vers, comme on lit un roman dans sa nouveauté, — et le poète, fût-il Baudelaire, s'est livré en vain à un pénible labeur de mosaïste.

Cependant, puisqu'il faut un ordre, il est juste que le poète cherche le moins illogique, — mais le moins illogique est sans doute celui-là même qui est dicté par les dates (1).

Si l'on méprise ce système élémentaire pour essayer de « composer » un volume avec des pièces de vers généralement fort hétéroclites, on n'aboutit souvent qu'à organiser un chaos prétentieux. (Je ne parle pas de certaines œuvres, faites de « morceaux », mais exécutées sur un plan précis et suivi exactement par le poète, telles que, peut-être, l'*Imitation de Notre-Dame-de-la-Lune*, de Laforgue ; ni de certaines œuvres écrites sous une inspiration unique et supérieure, telles que, certainement, *Sagesse*, de Verlaine.)

Aurier s'était laissé aller à ce désir, bien naturel après tout, d'élever une architecture, les pierres étant là, sorties de la carrière, taillées et toutes prêtes. Il en fit le plan, — et le voici, à titre de document, en sa barbarie spontanée :

NOTES POUR LA PRÉFACE DE MON VOLUME DE VERS

1° Mépris de la société actuelle pour le poète : la poésie est un passe-temps, etc., l'homme sérieux, etc. Il faut en prendre son parti. Nous autres, nous avons la conviction de l'incomparable grandeur de notre œuvre, etc. Cela nous suffit. Donc, que ces lignes ne soient lues que par les dix futiles... etc.

2° Qu'est *le poème ?*

Une synthèse de toutes les idées générales perçues par un moi donné.

---

(1) « Surtout, mettez toujours sous chaque poésie que vous écrivez sa date... Vous aurez par là un journal de vos sentiments. Et ce n'est pas peu de chose. Voilà des années que j'ai cette habitude et j'en reconnais l'excellence. » GOETHE, *Conversations*.

La synthèse des sensations constitue : les sciences.

—	sciences	—	les philosophies.
—	philosophies	—	les dogmes.
—	dogmes	—	le poème.

Le poème est donc, par excellence, la conclusion intellectuelle : le poème est l'essentielle synthèse du moi.

3° Donc composer un poème signifie :

Exprimer dans un langage spécial les ultimes généralisations du moi.

Or ces généralisations sont de deux sortes.

(*a*) généralisations centripètes (idées générales se rapportant à des psychies attribuées au moi : conscience, etc.)

(*b*) généralisations centrifuges (idées générales se rapportant à des psychies considérées comme non-moi : métaphysique ; esthétique ; morale, etc.)

Mon œuvre comprendra donc d'abord deux parties correspondant à ces deux classes de généralisations.

Mais il est un ordre de psychies qui, pour être centripètes, n'en subissent pas moins inéluctablement la force centrifuge du moi, et sont par nous rapportées à ce moi (comparaison avec la force centripète de la terre, modifiée par l'ambiance atmosphérique). Ces psychies seront : l'amour, la haine, en un mot les manifestations proprement dites psychologiques. Donc, mon œuvre comprendra indispensablement une troisième partie, que je placerai, ainsi qu'il est juste, entre les deux parties antérieurement énumérées.

Avec ces trois parties, l'œuvre serait complète, étant absolument adéquate à toutes les nécessaires généralisations du moi, mais d'un moi tellement *nu* qu'il cesserait d'être humain. Pour lui donner ce caractère, une quatrième partie sera donc nécessaire, partie comprenant toutes les négatives psychiques, telles que : les mensonges, les ironies, les perversités, l'amour de l'extra-légal, de l'artificiel, etc.

L'Œuvre, ainsi construite, sera donc complète, adéquate absolument au moi d'u poète.

Plan de l'Œuvre.

1re Partie

(*Titre à déterminer.*)

Psychies centripétiques : le moi conscient de lui-même, de ses vouloirs, etc.

L'œuvre maudit.
L'agonie des Chimères.
Contrition.
Les marais du cœur.
Le rondel des prédestinés.
Ultimus dolor.
Le dire du fou.
La joie du bourreau.
Balzac, ce géant.
Subtile courtisane.

2e Partie

(*les Intermédiaires*)

Psychies centrifuges, modifiées par l'attraction du moi : amour ; haine ; passions morales, sociales, esthétiques, etc.

Les illusions perdues.
Lever de lune.
Duperies d'amour.
Chanson d'adieu.
Sous des ciels ingénus et mauves d'élégie.

3e Partie

(*les Cosmogoniques*)

Psychies définitivement centrifuges, extériorisations défi-nitives du moi : généralisations scientifiques, religieuses, métaphysiques, etc.

Pauvre des sequins d'or.
Chrysos.
Les sapins.

4e Partie

(*les Ironies*)

Quintessences des mensonges, des perversités et des doutes. Le doute et l'ironie sont les dernières fleurs de l'âme cultivée :

Le sonnet de la fille aux péchés mentis.

Madrigal.

Réminiscences.

Or, ce qui montre bien l'inanité de cette classification et son arbitraire, c'est que la pièce intitulée *Illusions perdues*, classée ici dans le premier livre, est, sur un autre feuillet, classée dans le second, — et plusieurs des poèmes des trois premiers livres trouveraient mieux leur place dans le dernier, *Les Ironies*.

Mais, à un autre point de vue, un tel plan est intéressant, parce qu'il montre chez Aurier un bel orgueil et de grands dessins : résumer en un volume de vers toute la vie logique d'un poète, toute l'humanité et, toute la spiritualité de l'art. Du Temple, hélas ! il n'y a de visible que la théorie des pierres qui attendent, et, dans un coin, sur le sable, le plan de l'Œuvre, — mais les pierres sont solides, plaisantes et, déjà, sculptées magnifiquement.

III

Poète, Aurier l'est encore jusqu'en sa critique d'art. Il interprète les œuvres, il en rédige le commentaire, — esthète, peut-être, mais non pas esthéticien, et la valeur de sa critique, presque toujours positive, tient en partie au choix qu'il sut faire, de main sûre, entre les artistes et entre les œuvres.

Sa critique est positive : il exalte le sujet de son analyse ;
il dit les signifiances obscurément voulues par le peintre et,
ce disant, recompose très souvent une œuvre un peu différente, par les tendances nouvelles qu'il y trouve, de celle
qu'il a eue sous les yeux : ainsi, dans son étude sur Henry de
Groux (1), un grandiose pendu nous apparaît, plus grandiose
encore et plus lamentable aussi, parmi le renouveau luxuriant
des sèves, que le grandiose et lamentable bonhomme du
peintre de la Violence.

Quant aux défauts des œuvres qu'il aimait, il les voyait
bien, mais il préféra souvent les taire, sachant que l'éloge
doit, pour porter, être un peu partial, et sachant aussi que
le rôle du critique est de nous signaler des beautés et des
joies, non des imperfections et des causes de tristesse. A
l'œuvre mauvaise, médiocre ou nulle, le silence seul convient,
et, contrairement à l'opinion d'Edgar Poe, j'affirme que la
plupart des chefs-d'œuvre même ont besoin pour être compris, à l'heure où ils éclosent, de la charitable glose d'une
intelligence amie. Malheureusement, la critique influente, si
peu qu'elle le soit encore, étant devenue ou vénale ou inepte,
ou les deux tout à la fois, il est nécessaire de la contredire de
temps à autre, rien que pour montrer que l'on n'est pas
dupe : cela seul induisit Aurier à démolir Meissonier (2), ce
badigeonneur ignare au millimètre carré. Cela fut inutile,
comme est toujours inutile la critique négative : la fièvre
amoureuse des foules ne se guérit pas avec dix pages de
sulfate de quinine ; il en faudrait des himalayas de tomes, —
et encore ! L'homme qui peint des états-majors ou des cuirassiers, comme celui qui narre les faiblesses de cœur des
ingénieurs de l'État, enlève naturellement « tous les suffra-

(1) *Mercure*, oct. 1891.
(2) *Revue Indépendante.*

ges », car dans le bas esclavage moral où nous croupissons,
peuple gâteux, deux choses seules sont estimées par le
public, — je ne parle pas de l'argent, — le galon et le di-
plôme.

Mais ce ne fut que par occasion qu'Aurier livra bataille au
taureau ; il avait, comme critique, une besogne plus urgente :
mettre en lumière les « isolés », comme il disait, forcer vers
eux l'attention de quelques-uns. La première étude de ce
genre, son *Vincent van Goyh* (1), eut un succès inattendu :
elle était excellente, d'ailleurs, disait la vérité sans ménage-
ments pour l'opinion et vantait le peintre du soleil et des soleils
sans ces emballements puérils qui sont la tare de l'enthousiasme. Dès là, il exprimait les deux inquiétudes dont il se
souciait avant tout : le peintre est-il sincère? et que signifie sa
peinture? La sincérité, en art, est bien difficile à démêler de
l'inconsciente fraude où se laissent aller les artistes les plus
purs et les plus désintéressés ; l'extrême talent dégénère très
souvent en virtuosité : il faut donc, en principe, croire l'artiste
sur sa parole, sur son œuvre. A la seconde question, la
réponse est généralement plus facile. Voici ce qu'Aurier dit
à propos de Van Gogh (2), et cela peut servir de définition
assez nette du symbolisme en art :

C'est, presque toujours, un symboliste. Non point, je le
sais, un symboliste à la manière des Primitifs Italiens, ces
mystiques qui éprouvaient à peine le besoin de désimmaté-
rialiser leurs rêves, mais un symboliste sentant la continuelle
nécessité de revêtir ses idées de formes précises, pondérables,
tangibles, d'enveloppes intensément charnelles et matérielles.
Dans presque toutes ses toiles, sous cette enveloppe morphique, sous cette chair très chair, sous cette matière très

(1) *Mercure de France,* janvier 1800.
(2) *Ibid.*

matière, gît, pour l'esprit qui sait l'y voir, une pensée, une Idée, et cette Idée, essentiel substratum de l'Œuvre, en est, en même temps, la cause efficiente et finale. Quant aux brillantes et éclatantes symphonies de couleurs et de lignes, quelle que soit leur importance pour le peintre, elles ne sont dans son travail que de simples procédés de symbolisation.

En son étude sur Gauguin (1), un an plus tard, il revint sur cette théorie, la développa, exposant, avec une grande sûreté de logique, les principes élémentaires de l'art symboliste ou idéiste, qu'il résume ainsi :

L'œuvre d'art devra être :

1° *Idéiste,* puisque son idéal unique sera l'expression de l'Idée ;

2° *Symboliste,* puisqu'elle exprimera cette idée par des formes;

3° *Synthétique,* puisqu'elle écrira ces formes, ces signes, selon un mode de compréhension générale;

4° *Subjective,* puisque l'objet n'y sera jamais considéré en tant qu'objet, mais en tant que signe d'idée perçu par le sujet ;

5° (C'est une conséquence) *Décorative* — car la peinture décorative proprement dite, telle que l'ont comprise les Égyptiens, très probablement les Grecs et les Primitifs, n'est rien autre chose qu'une manifestation d'art à la fois subjectif, synthétique, symboliste et idéiste (2).

Après avoir ajouté que l'art *décoratif* est le seul art, que « la peinture n'a pu être créée que pour décorer de pen-

(1) *Le Symbolisme en peinture, Paul Gauguin* (*Mercure*, mars 1891.)
(2) Aurier détourne un peu de sa signification la plus ordinaire dans ces deux derniers paragraphes le mot *subjectif*. Il faut se reporter à la définition qu'il en donne (§ 4), et ne pas être tenté de croire que l'art décoratif des anciens Égyptiens ou Grecs ait été *subjectif*, au sens de *personnel*.

sées, de rêves et d'idées les murales banalités des édifices
humains », il impose encore à l'artiste le nécessaire don
d'émotivité, en alléguant, seule, « cette transcendantale
émotivité, si grande et si précieuse, qui fait frissonner l'âme
devant le drame ondoyant des abstractions » :

Grâce à ce don, les symboles, c'est-à-dire les Idées, surgissent des ténèbres, s'animent, se mettent à vivre d'une
vie qui n'est plus notre vie contingente et relative, d'une
vie éblouissante qui est la vie essentielle, la vie de l'Art, l'être
de l'Être.

Grâce à ce don, l'art est complet, parfait, absolu, existe
enfin.

Sans doute, tout cela est plutôt, au fond, une philosophie
qu'une théorie de l'art, et je me méfierais de l'artiste, même
supérieurement doué, qui s'appliquerait à la réaliser par des
œuvres; mais c'est une philosophie très haute et possible-
ment féconde : quelques artistes en seront peut-être touchés,
même à travers leur cuirasse d'inconscience.

En critique, Aurier était encore d'avis que l'on doit examiner l'œuvre en soi et qu'il est ridicule de faire intervenir
dans son jugement des motifs aussi vagues et aussi trompeurs
que l'hérédité et le milieu (1). Il y a un lien de cause à effet,
cela est naïvement clair, entre l'homme et l'œuvre, mais de
quel intérêt peut bien être la connaissance de l'homme pour
qui s'amuse aux fantastiques marines de Claude Lorrain?
La logique, si j'y réfléchissais, m'affirmerait ce Claude Napo-
litain ou Vénitien, Méridional tout au moins, et qu'il soit né
en Lorraine, cela me suffoquerait, si j'étais M. Taine; l'his-

---

(1) Voir plus loin l'étude intitulée : *Essai sur une nouvelle Méthode
de Critique.* — Je n'insiste pas sur ce mémorable fragment, car j'en
accepte tout et je n'y trouve rien à reprendre. C'est, d'ailleurs, un vrai
chef-d'œuvre de dialectique, et irréfutable.

toire, il est vrai, m'apprend qu'il séjourna à Naples et qu'il
passa par Venise : je m'en doutais, mais cela n'ajoute rien à
mon rêve, et Cléopâtre, appuyée à l'épaule de Dellius, n'y
puise pas une beauté nouvelle.

La critique d'art d'Aurier était fort appréciée; on sentait
la force de son originalité, et, dans le monde où l'on aime
et où l'on comprend la peinture impressionniste-symboliste,
elle faisait autorité, — monde nouveau et restreint, mais
fort et qui peu à peu rejette dans l'ombre des vaines académies le monde ancien des copistes désespérés.

IV

Sans être un bon roman, ni de bonne littérature, *Vieux* (1)
est un roman amusant, et, avec cela, bien ordonné. La personnalité d'Aurier n'y est pas encore bien nette; son esprit
ne s'y affirme qu'à l'état de collaborateur, — collaborateur
de Scarron et de Théophile Gautier, de Balzac et même de
certains petits naturalistes qui tentèrent d'être goguenards.
Mais le plus grave défaut de ce livre fut qu'il n'exprimait
plus, quand il fut achevé, les tendances esthétiques de l'auteur, ou qu'il n'en exprimait que la moitié et la partie la
moins neuve et la plus caduque. Qu'on lise, cependant, le
chapitre VII : ce sont de fort belles pages et bien à leur
place, quoique d'un ton plus élevé que le reste du roman;
qu'on lise, au chapitre XXI, la psychologie de « l'heure du
coucher » et ce qui suit : c'est d'une finesse un peu simple,
mais comme c'est observé et quelle belle ironie en action!
Qu'on lise encore la déclaration d'amour du vieux Godeau,
les tendres paroles dont se soulage le malheureux pendant
que la bien-aimée se livre, cyniquement, à d'autres soulage-

(1) 1891, chez Savine.

ments : c'est d'un genre de comique qui n'a de vulgaire que la forme, et qui laisse dans le souvenir une impression de rabelaisianisme quasi grandiose.

Enfin, *Vieux* est une œuvre très imparfaite, — mais non pas médiocre.

Aurier annonçait plusieurs romans, *Les Manigances, La Bête qui ment :* comme toujours, et comme tous les faiseurs de projets, il se préoccupa de réaliser ses promesses dans l'ordre inverse où il les avait faites. On a retrouvé dans ses papiers un manuscrit intitulé *Edwige,* mais qu'il avait verbalement débaptisé quelques semaines avant sa mort; nous le publions sous ce titre : *Ailleurs.*

C'est plus qu'une esquisse et moins qu'une œuvre achevée, mais, tel quel, ce petit roman philosophique me semble d'une importance évidente. La fantaisie et l'ironie s'y dressent en des proportions d'épopée : c'est un duel tragi-comique entre la Science et la Poésie, entre l'Idéalité et le Positivisme, conté en un style adéquat au sujet, tantôt bizarrement familier, tantôt mesuré et stellé de belles métaphores. On y retrouvera l'auteur de *Vieux,* mais plus sobre; on y retrouvera le poète et le critique d'art, mais plus sûr de sa philosophie et plus maître de l'expression de ses idées ou de ses sentiments.

Aurier avait, comme romancier, un don assez rare et sans lequel le meilleur roman n'est qu'un recueil de morceaux choisis : il savait ériger en vie un personnage, lui attribuer un caractère absolu et dévoiler logiquement, au cours d'un volume, les phases de ce caractère, non par de vagues analyses, mais par la mise en scène de faits systématiquement choisis pour leur valeur révélatrice : tel, dans *Vieux,* M. Godeau; tels, dans *Ailleurs,* Hans et l'Ingénieur. Cet ingénieur est une merveilleuse caricature : Aurier lui prête

des propos d'un comique vraiment énorme et pourtant lamentablement vraisemblables, car, c'est encore un autre de ses
dons, comme romancier, de n'outrer jamais que le vrai ou le
possible : il y avait en lui le génie d'un Daumier, — et Daumier, seul, aurait pu conter avec des images un symbolique
épisode aussi amèrement comique que la colère du Dr Cocon
accusé d'héroïsme.

Aurier serait allé très loin en ce genre, le roman de
l'ironie comique, de l'amertume exhilarante : que de joies il
nous eût données! Là encore, il ne sera pas remplacé : sa
mort aura fait dans la Littérature un trou qui demeurera
toujours béant.

Ailleurs est encore fort remarquable par les tendances
nouvelles et purement idéalistes de l'œuvre. On sent que les
chapitres de comédie, qui alternent avec les chapitres de
rêve, ne sont là que comme nécessaires repoussoirs, afin de
démontrer l'infamie de la réalité et la magnificence du rêve,
— et la stupidité de la Science, quand son outrecuidance
veut expliquer tout et donner la clef de tout, régenter tout.

Je ne dirai pas que le « règne de la Science » touche à sa
fin; non, et pourtant ce règne est si odieux et si brutal que
les émeutes se multiplient, en attendant la révolution qui
libérera les âmes de cette superstition dernière. Ecoutez,
comme commentaire à *Ailleurs*, ce que dit l'écrivain russe,
Minsky, si heureusement traduit par M. Louis Dumur (1) :

— Je te connais, imperturbable prêtre de la science, et,
peut-être, personne ne me serait si proche et si étranger que
toi. Lorsque je fis ta connaissance, les préjugés d'enfance et
le mensonge soulageant me possédaient. Tu les dissipas,
comme les ombres de la nuit, à la lumière de la vérité, tu

_____

(1) *Mercure de France*, avril 1893.

transformas le ciel en désert sans fond, les étoiles — en
foyers qui s'éteignent sans avoir été allumés par personne, la
majestueuse harmonie de l'univers — en lutte aveugle de
forces. Tu tuas mes espérances, ma foi, et, après une furieuse
lutte séculaire, je me réconciliai avec toi, j'enterrai la poussière du testament et courageusement je marchai derrière ton
feu, espérant que tu me donnerais plus que ce que j'avais
abandonné. Et, effectivement, tu me procuras beaucoup de
jouissances très pures...

Combien mon désenchantement fut immense !

Au bout de chacun des chemins où tu t'engageais avec le
flambeau du savoir — que ce fût cette voie lactée d'étoiles ou,
plus fin qu'une toile d'araignée, le réseau sanguin de ton
corps — tu es venu te heurter à un seuil infranchissable — à
une porte fermée où était inscrit : « Mystère ». Alors tu as
dit : « *Ignorabimus* », et tu es revenu en arrière, comptant
orgueilleusement les pas faits. Je ne pouvais pas revenir en
arrière avec toi : là où finissait ton triomphe, commençait
ma peine. Je souffrais de ce que je ne comprenais pas à qui il
était utile que je vécusse, entourée de mystères, ignorant ma
destination dans le monde. Et toi, non seulement tu n'étais
pas de force à me consoler, mais tu ne partageais pas ma
douleur ; impitoyable et grossier, tu te moquais de moi.
Peut-être, à ton sens, avais-tu raison, car tout ce qui se
trouve au-delà du seuil mystérieux n'existe pas pour toi ;
dans ton laboratoire, il n'y a pas de pierre de touche pour
distinguer ce qui est sacré de ce qui est vil, ce qui a un but
de ce qui n'en a pas, ce qui est immortel de ce qui est caduc
— à cause de cela tu ne les distingues pas. Mais, à l'ouïe de
ton rire impitoyable, j'ai compris combien mes aspirations
et les tiennes étaient inconciliables, et le triste soupir du
chanteur ignorant me parut cent fois plus humain et plus
vrai que tout le tas de tes impassibles vérités. Et de même
que les enfants ressemblent à leurs parents, de même tes
célèbres découvertes te ressemblent et servent indifférem-

ment le bien et le mal, la vie et la destruction, le labeur
paisible et le fléau de la guerre. Tes machines aux mains de
l'humanité sont le couteau tranchant aux mains de l'aveugle.
Et en armant les mains des hommes du couteau tranchant
du savoir, tu as ravagé leur âme, tu as repoussé la finalité du
monde, tu as enlevé tout espoir d'aurore à l'obscurité du
tombeau, tout espoir de réveil à son sommeil, tu as ôté à
l'égoïsme son antique ignominie, dépouillé l'intelligence
divine de sa couronne, pour en parer le Hasard aveugle et
l'Utilité monstrueuse, tu as poussé l'homme dans les bras de
la sensualité et de la dépravation, et pour le récréer lui as
jeté quelques ingénieux jouets...

Que tu nous aies donné la possibilité d'imprimer pour des
siècles éternels non seulement la phrase dite, mais encore
toutes les nuances de la voix : nous n'avons rien à léguer aux
générations futures que nos angoisses et nos incrédulités!
Chaque jour tu enrichis les hommes de nouveaux instruments plus parfaits, mais le but auquel servent ces instruments apparaît chaque jour plus vain...

Si nous nous tournons vers toi pour chercher un réconfort,
tu nous repousses avec raillerie, nous alléguant que l'immortalité et la foi, sans lesquelles nous périssons, ne se trouvent
pas dans tes cornues. Comme un médecin, tu as prononcé
sur le vrai la sentence de mort, tu as rassemblé tes instruments et tu t'es tranquillement éloigné. Mais comprends,
comprends! Le vrai, malade à mort, n'est pas un mot que
l'on puisse biffer. Ce mot — tourbillon de vivant désespoir,
ce mot est une force, plus forte que la vérité, qui est une
demi-vérité aussi bien que tout ce qui a été découvert jusqu'à
toi. Pourquoi attendrais-je jusqu'à ce que tu aies résolu
l'unité des forces et des éléments? Si la vie est sans but, la
science, comme en étant une partie, est aussi sans but. Je ne
puis briser le sceau du mystère éternel, mais je puis briser et
je brise mon impuissance devant ce mystère!...

On sera bien aise, après avoir lu le roman d'Aurier, d'y ajouter, comme note, ces pages, — qui en sont vraiment l'épilogue.

Il est dit, dans la vie de saint Eutrope, d'Orange, écrite par Vérus : « Il vit en songe une infinie multitude d'hommes qui paissaient l'herbe des champs. » A nous autres, nous d'aujourd'hui, privilégiés peut-être, il n'est besoin de songes pour qu'une telle vision nous hante : nous vivons dans un temps où la multitude broute — et ne fait que cela — pendant que ses bergers lui recommandent de brouter avec soin, avec décence, avec hygiène.

Dans *Ailleurs*, en ses vers encore (voyez les *Tueurs de Chimères*), Aurier a vigoureusement cinglé, non le troupeau, dont il a pitié, mais les mauvais et pleutres bergers qui le mènent de la pâture à l'étable, en lui prohibant de lever la tête, en lui enseignant de s'hypnotiser vers la boue, — et comptent les excréments chus et s'en délectent, coprophages.

Qu'ils achèvent leur festin, pendant que nous regarderons s'allumer les étoiles ! (1).

D'un autre roman, qui devait s'appeler le *Pandaemonium philosophal,* il a été écrit un fragment de plan fort curieux que voici :

NOTES POUR LE « PANDAEMONIUM PHILOSOPHAL »

Ch. 1. — Hans sortant vers 5 heures d'un café du boulevard a, pour la première fois, la vision du boulevard (houle d'acéphales ventrus, promenade de dos courbes fouaillés,

---

(1) Au verso du manuscrit d'une poésie, Aurier s'était dessiné ces personnelles armoiries : un bonhomme qui bêche dans le ciel parmi les étoiles et l'ombre projetée des Pyramides, avec, en dessous, cette devise : IN STELLIS AVRILEGVLVS.

vices sans grandeur, stupidité, banalité, matérialité). Ecœuré, pleurant presque de dégoût, il éructe vers cette foule, indigne de ce haut hommage, le mot sublime, le mot héroïque qui ne devrait plus être prononcé que dans les Panthéons, par de glorieuses prêtresses, depuis que Cambronne le nimba des flambois de la légende.

Ch. II. — Rentré chez lui, il soliloque sa haine et son dégoût contre la société moderne, lorsqu'une voix objecte un :

— Mais cependant...

Rendu quasi-fou furieux par cette stupide et imprévue objection, il se précipite pour étrangler l'invisible interrupteur, hurlant :

— Tais-toi, Kakégo! Stupide Kakégo!... Je vais bien renfoncer tes basses inepties dans ton ventre en te serrant la gorge.

Ce mot barbare de Kakégo (1) lui était venu à la bouche naturellement, comme le nom bien connu d'un familier.

Les mains déjà crispées pour la strangulation du mystérieux interrupteur, n'ayant rencontré que le vide, il se remit vite, disant :

— Enfin! Qu'importe! Maintenant, je te connais, toi, mon ennemi toujours cramponné à mes basques quand je veux sauter dans une étoile. Je te connais et je sais ton nom et je te vois malgré ton don d'invisibilité, gros joufflu imbécile, ventre d'hippopotame trimballé par des jambes de basset. Je te vois et c'est pourquoi je te crains moins, et pour te le démontrer je veux dorénavant discuter à loisir avec toi toutes les questions ès-quelles tu a pris la douce habitude de me contrecarrer.

— Soit! répondit Kakégo entre deux rots satisfaits.

Ch. III. — Ils discutent les causes déterminantes de l'abjection de la société contemporaine.

_____

(1) Littéralement : *le Mauvais Moi.*

Ce qui distingue l'homme de la bête, c'est la faculté de se guider sur des entités abstraites, immatérielles, idéales, ex. : la religion, la morale, la métaphysique; l'art de la bête, elle, ne se guide que d'après ses besoins matériels.

La société contemporaine repose sur une philosophie qui a mis à se constituer du XVIe au XIXe siècle, et qui est la négation pure et simple de toutes les entités abstraites précitées et le perfectionnement logique de tous les besoins matériels.

L'homme qui subit son influence devient donc une bête perfectionnée — une bête parce que son seul but est l'assouvissement de ses besoins matériels — perfectionnée parce qu'il croit à la grandeur de cette basse religion et qu'il met tout en œuvre pour ce culte abject.

Chapitre des femmes.

— Nous faisons, en somme, un roman psychologique.

— Il n'y a pas de roman sans femme, de même qu'il n'y a pas de vie sans femme.

Kakégo. — Tu crois à la femme, toi, l'idéaliste, à la femme, latrine de toute impureté et de toute laideur; tu ne les as donc jamais regardées?

Hans. — Jamais avec mes yeux, mais souvent avec mes rêves.

Kakégo. — Je vais te les montrer, ça te dégoûtera peut-être, et, d'autre part, puisqu'il faut absolument une femme dans un roman, je vais, d'un coup, en faire entrer un millier dans le nôtre.

Il se met à la fenêtre et se met à jongler avec des louis d'or en chantant d'un air distrait :

> *Holà ! Là-bas! Les belles qui passez*
> *A pas pressés,*
> *Qui troussez tout en traversant les ponts*
> *Vos clairs jupons,*
> *Vos tendres yeux sont-ils pas éblouis*
> *Par ces louis*

Qui dansent, gais, dorés, entre mes doigts
Et qu'on vous doit?
La fortune est en haut de l'escalier,
Sur le palier.
Montez! Montez! Toutes! Frappez! Sonnez!
Carillonnez!
Montez causer de finance avec nous
Sur nos genoux.
Occasion rare, sans grands ébats,
D'emplir vos bas!...

Cette romance lointainement sentimentale agit avec la précision d'une formule de goétie. Des coups de sonnette retentirent, la porte s'ouvrit, une femme parut, puis une autre, puis dix autres, puis bientôt mille.

Examen individuel de chacune. Kakégo met en saillie les défauts physiques ou intellectuels, mais surtout physiques.

A la fin, Hans déclare qu'il n'a pourtant rien vu, et que la plus laide et la plus répugnante deviendra pour lui une Juliette ou une Desdémona, s'il daigne la baigner des encens de son amour.

Ces notes semblent avoir quelque rapport avec *Ailleurs*; il est assez probable qu'*Ailleurs* n'est qu'un rejeton du *Pandaemonium*, une idée seconde qu'il aura plu à l'auteur de traiter avant l'idée mère; mais, du moins, il sera prouvé que ce *Pandaemonium* préoccupait sérieusement Aurier et que c'était autre chose qu'un titre destiné à effarer les curiosités.

En somme, et pour résumer très brièvement cette étude, en disant d'avance l'opinion de tous les esprits sans préjugés qui auront lu son œuvre tronquée par la mort : Aurier apparaît tel qu'un esprit original, divers, spontané, libre et fécond. De lui, on pouvait attendre tout, et en toutes les activités où il lui aurait plu d'entrer, il eût profondément marqué son passage.

Bon poète, romancier ingénieux, fantaisiste extraordinaire, esthéticien de premier ordre, il ne laissera pas qu'un nom vague et de peu de durée. Son œuvre est là pour témoigner de sa haute intellectualité et d'un talent qui, source encore trouble, jaillissait des nappes profondes où s'élabore et se recueille le génie.

Mais la source se gela prématurément, étreignant les ailes du cygne, — et voilà :

Le transparent glacier des vols qui n'ont pas fui.

REMY DE GOURMONT.

Le premier Mai 1893.

Les Captives

D'azur comme des yeux, roses comme des bouches,
Autour des blancs hennins, des papillons volaient ;
Les massifs palefrois, les destriers farouches,
Dans la cour du joyeux manoir, caracolaient.

Les pages bourdonnants et vifs comme des mouches,
Les dames que les gais chevaliers cajolaient,
Les vieux barons rêvant des jeunes escarmouches,
Les nains, les fous, dont les grelots batifolaient,

Et les soudards, meurtris de bosses et d'entailles,
Et les grands lévriers et jusqu'aux valetailles,
Spectateurs vils de ces tournois hebdomadaires,

Tous, étaient accourus contempler les Captives
Qui, parmi les joyaux des dépouilles votives,
Hurlaient, les poings liés aux dos des dromadaires !...

18 Juillet 1890.

G. Albert Aurier

LIVRE I

AILLEURS

ROMAN

AILLEURS

Ceci est le roman de Hans.

Vous ne l'avez sans doute point connu, car il vécut sa courte vie tout entière bien loin de Paris, bien loin de la France, dans la Lune, où, d'ailleurs, il était né.

Lorsqu'il mourut, le 16 février 1890, il me légua par testament olographe le manuscrit de cette OEuvre étrange, à charge de la faire publier.

Je me suis borné à la traduire aussi fidèlement que possible du sélénien en français.

Si je n'ai point éclairé de commentaires l'évidente obscurité de ce singulier livre c'est que, je dois l'avouer, je n'en ai, moi-même, guère compris certains passages et que l'idée générale de l'OEuvre m'a toujours totalement échappé.

J'ai préféré m'en remettre à l'intelligence du lecteur, qui, j'en suis assuré, plus sagace que moi, éclaircira aisément les questions qui m'embarrassaient.

LE TRADUCTEUR.

Je crois bien que je m'appelle Hans.

J'ai conçu le projet d'écrire un roman qui soit mon roman.

Qu'on ne s'étonne point si ce roman ne ressemble guère aux autres. J'habite un pays où ce genre de littérature est inconnu. Je n'en connais l'existence que par le récit de quelques voyageurs qui m'ont fourni à ce sujet des détails dont je me suis fort étonné.

Pourtant le sujet de mon roman sera ce que veulent, me dit-on, certains romanciers appelés réalistes : une tranche de vie, une tranche de ma vie.

Oui, j'écrirai l'histoire de quelques-unes de ces années que j'ai vécues. Combien ? je ne sais, et qu'importe ?

Durant ces années, que m'arriva-t-il ? Rien. D'ailleurs je suis convaincu qu'il n'est jamais rien arrivé à personne, jamais, jamais...

Car, franchement, on ne peut considérer comme aventures le fait d'être diversement ballotté par ce visqueux et poissonneux liquide de la vie dans lequel nous baignons.

Si pourtant vous tenez à cette conventionnelle façon de parler, je dirai qu'il m'est arrivé des choses banales, ainsi qu'à tous, dont j'ai perdu le souvenir...

—Quel singulier héros de roman vous faites ! me direz-vous.

Hélas ! je ne me rappelle que les rêves que j'ai rêvés.

Mais les rêves ne viennent point seuls. Ils sont toujours déterminés par ces accidents de la vie que vous me reprochez d'avoir oubliés, et cela logiquement.

Si donc je vous écris le roman de mes rêves, vous pourrez sans peine, j'imagine (puisque cela seul vous intéresse), reconstituer la banale histoire de ma vie réelle. Je ne vous démentirai point, car moi, je vous le jure, je l'ai oubliée, oubliée, oubliée... Sans doute, cette façon d'écrire un roman, cette façon d'écrire sa vie en n'en racontant que l'irréel, que l'idéale réflexité, est étrange et bien loin de la mode de certains romanciers accrédités qui, m'assure-t-on, se complaisent à raconter l'existence matérielle de leurs personnages jusqu'au point de vous informer du menu de leur repas et de la nature de leurs selles. Néanmoins, peut-être...

Et puis, sans doute, que, comme on l'affirme, je suis étrange et dissemblable des autres hommes.

Mais alors serait-il vrai que cette dissemblance même ne peut intéresser personne ?

Quant à moi, je suis heureux de pouvoir me croire dissemblable des autres, afin de pouvoir espérer m'intéresser moi-même.

II

Je ne me rappelle point où et quand je suis né... Je me rappelle seulement que, là-bas, dans cette vieille petite ville où j'ai grandi et dont je ne sais *plus* le nom, il y avait, — tout au fond de la grande cathédrale mystérieuse, dont les ogives semblent des portes ouvertes sur le paradis, tant étincelantes de célestes somptuosités en étaient les verrières, tout au fond, dans la petite chapelle des mois de Marie, sur le bel autel d'argent fleuri de blancs bouquets, parmi les cierges et les ex-voto, une belle Madone miraculeuse qui s'érigeait.

Elle est vêtue de lourdes étoffes de brocart, comme une impératrice de Byzance, toute couverte de pierreries. Des étoiles d'or constellent sa robe d'azur. Un lumineux auréolement nimbe sa divine tête. Elle tient entre ses doigts la tige d'un lis épanoui. Son visage est plus doux et plus joli, certes, qu'on ne peut dire. De bons sourires, comme d'inlassables oiseaux, voltigent dans le ciel mélancolique de ses regards.

Ce fut elle (je m'en souviens bien) ma première amante.
Ah ! j'étais alors enfant, tout enfant, et, chaque soir, dans la
grande cathédrale mystérieuse, je m'agenouillais pieusement
à ses pieds et je lui récitais, encouragé par l'immuable sourire
indulgent de ses regards, des madrigaux, de chastes et mystiques madrigaux, humbles et doux comme des prières.

Je n'implorais d'elle que la grâce de la pouvoir longuement
contempler, que la grâce de voir accueilli d'un sourire mon
ineffable amour, et j'étais heureux, bien heureux, plus heureux
qu'on ne peut dire, car toujours je trouvais en l'immuable
sourire indulgent de ses beaux yeux l'acquiescement muet à
mes timides prières.

Hélas! voilà que s'est écroulée toute cette félicité! Que ne
suis-je resté l'enfant, l'heureux petit enfant qui se satisfaisait
de son adoration et des mystiques sourires de la Bonne-
Dame !

Un soir est venu, un soir sacrilège, depuis lequel je pleure,
depuis lequel mes dents grincent d'un inassouvissable désir,
un soir d'imprévue démence où mes jeunes doigts voulurent
toucher la belle robe d'azur constellée d'étoiles d'or.

Ah ! depuis ce soir de sacrilège, que de larmes j'ai versées,
que d'amers dégoûts j'ai bus, sans éteindre l'ardente soif de
mes sales désirs ! et dorénavant, sans doute, je pleurerai
encore, je pleurerai à jamais, ce crime d'avoir, en un moment
d'imprévue démence, dérobé la jarretière de la Madone.

III

Depuis ce soir fatal où j'ai dérobé la jarretière de la Madone,
j'ai couru par la ville, j'ai couru comme un chien affamé.

Le souvenir de mon sacrilège me poursuivait. La nette vision
de l'acte impie se dressait toujours devant moi.

Je revoyais mes mains tremblantes de fièvre, se tendant vers la robe d'azur constellée d'étoiles d'or, se crispant, hésitant, reculant, puis revenant, puis, folles, empoignant les étoffes de brocart, les soulevant, ces lourdes et raides jupes bénies, et, d'un geste dément, dénouant la jarretière de satin bleu...

Et les lourdes et raides jupes bénies étaient retombées... Trop tard, hélas ! N'avais-je point, avec un frisson de tout l'être, eu le temps d'apercevoir dans l'ombre, au-dessus des bas d'or et d'argent tissés, un scintillement de marbre rose qui était la chair !

Oh ! depuis ce soir fatal, comme j'avais couru par la ville, comme j'avais couru, pauvre chien affamé de cette chair entrevue.

C'était toujours la nuit, presque toujours des nuits de bourrasque et de pluie. Elles rôdaient dans la boue noire des boulevards, l'œil mendieur, le geste imploreur, le cou suppliant, les misérables chiennes à corps de femme. Elles retroussaient leurs jupes jusqu'aux cuisses et la fange mouchetait de noir leurs bas blancs... Ou d'autres fois c'était sous des plafonds aux dorures criardes, dans des lieux de douloureuse joie, sous des ruissellements de vives lumières. Elles s'étudiaient à sourire sans faire craqueler le plâtre dont étaient blanchies leurs faces de sépulcre, à faire bouffer leurs falbalas, hypocrite tabernacle dérobant aux yeux la putréfaction de leur corps...

Et toutes, elles ne protestaient pas plus que la Madone lorsque mes mains affamées et lorsque mes yeux affamés violaient le mystère de leurs robes, et toutes elles souriaient indifférentes, lorsque mes dents voraces de jeune chien allaient à la curée de leur chair !...

Ne savaient-elles point vraiment que je partais de ce répugnant festin où elles-mêmes m'avaient, en des plats vulgaires ou précieux, servi la viande de leur propre corps, ne savaient-elles que je partais, les mâchoires amères et le ventre inassouvi, pleurant de rage, de dégoût et, hélas ! encore de désir et de faim ?

Serait-il donc vrai qu'il ne fallait point savoir ? qu'il ne peut plus aimer, celui qui sait aimer? et qu'il ne pourra plus jamais boire l'ineffable félicité dans les yeux souriants de la Madone, celui qui aura touché du doigt ses jupes de brocart?... Alors pourquoi, mon Dieu, nous avoir donné des doigts et lui avoir donné à elle, l'éternelle Madone, de la chair étincelante comme du marbre rose, et pourquoi nous avoir mis au cœur, ennemi de l'amour qui purifie, l'amour qui souille, l'amour qui salit, ce honteux désir de baisers qu'il faut laver dès qu'on les a reçus?...

Ah! je la comprends maintenant la fable biblique : l'ignorance est le paradis lumineux de la joie et la science est la nuit néfaste de la douleur et de l'angoisse, mais l'éternel serpent s'enroule toujours aux rameaux du mystique oranger et, tentateur éternellement victorieux, entraîne toujours l'humanité loin du paradis lumineux de la joie, dans la nuit néfaste de la douleur et de l'angoisse.

Et moi aussi, comme Ève, je gémis pour avoir appris, je gémis pour avoir écouté parler le serpent et je cherche en vain dans la nuit les deux bonnes étoiles bleues qu'étaient les yeux souriants de la Madone.

Ah! n'est-il point quelque rédemption à cet inévitable péché? Ne pourrai-je, en me baignant dans quelque fabuleux Léthé, oublier, oublier tout, retourner à ma candeur première, aux joies de ma puérile ignorance?

IV

— Pauvre enfant! Ne te désole point... Il existe une rédemption...

— Où la trouverai-je?

— En toi.

— Je n'ai trouvé en moi que désespoir et dégoût.

— Non! Descends en ton âme!... Ton âme, enfant, est un jardin fleuri comme l'Éden où coule le Léthé que tu implo-

rais... Un ciel éternellement bleu s'y mire en des lacs éternellement bleus... Il y a des montagnes roses, des gazons, des
mousses, des fleurs merveilleuses et des bois de cytises. Descends en ton âme, enfant, et marche dans ce paysage choisi,
au hasard de ta fantaisie, à la recherche du bonheur. C'est là
seulement que tu le trouveras !... Si tu veux sortir de toi-même,
tu ne rencontreras que déceptions, amertumes et dégoût.

— Maître, retrouverais-je dans ces beaux paysages de mon
âme, retrouverais-je la Madone, dont le regard souriant peut
seul maintenant me sauver du désespoir ?

— Enfant, marche les yeux fermés dans la vie et prends par
la main la première femme qui se heurtera à toi... Prends-la
par la main et invite-la à descendre dans les beaux paysages
que je t'ai révélés... Qu'importe qu'elle ait les haillons d'une
mendiante, le visage laid, les cheveux gris, ou l'esprit vulgaire... Tu la baigneras dans les lacs enchantés de ton âme et
elle se métamorphosera en la radieuse Madone que tu désires.

— Ai-je donc en moi, sans le savoir, pareille puissance ?
Porté-je donc en ma chair tout un univers ?

— Un univers, enfant, plus grand et plus beau que l'univers ! Un univers dont tu es le Dieu !

V

Ah ! je ne puis point, je ne puis point ! Le pourrai-je jamais
suivre, ce conseil de descendre en moi, d'habiter en moi, de
fermer mes yeux aux turpitudes qui grouillent autour de ma
chair.

J'ai voulu marcher, les yeux fermés, dans la vie, comme
m'avait conseillé le bon mage. J'ai voulu prendre la main de
bien des femmes qui me heurtaient et les inviter à descendre
dans les jardins fleuris. Mais toujours j'ouvrais les yeux trop
tôt et mon cœur se soulevait de dégoût.

Aujourd'hui, comme hier, je suis triste, mais je suis triste,

cette nuit, triste d'une tristesse matériellement douloureuse...
Le vide, le silence et le seul à seul m'effrayent. Oh ! que la
ville est petite et bête. Les boulevards sont déjà déserts, vides
des imbéciles et vains figurants qui les encombraient, il y a
quelques heures. Vides, désolément vides, et la lumière de la
lune tombe sur les choses, maussade, et sale, et froide comme
de la pluie d'hiver, comme de la neige fondue. Il y a des
éternités que j'erre et je ne sais plus si je pourrais encore
parler. Peut-être suis-je muet...

Je suis entré dans des cafés de nuit... Ils sont bruyants et
lumineux, mais je vois bien qu'ils font seulement semblant
de ne pas dormir... Il y a des lampes Edison qui jouent avec
le faux or des moulures en carton-pâte, et des jets d'eau qui
pissotent parmi des joncs de zinc dans des bassins de simili-
porphyre, et une infinité de gens qui parlent valaque en man-
geant des choucroutes et des écrevisses.

Et pourtant, cela, c'est mieux que la nuit effroyablement
muette d'une chambre !

VI

Mais pourquoi rester en cette ville de boue et de dégoût ?
Je suis parti vers des campagnes lointaines, espérant trouver
dans l'azur et les verdures l'apaisement et le calme. Je suis
allé au château de l'ingénieur Bildebières, comptant trouver
là la satisfaction de soi et de tout qui caractérise ce
savant ami.

— Ah ! que c'est aimable à vous d'être venu, m'a crié l'ingénieur Bildebières, dès le saut du tilbury.

— Ah ! que c'est gentil d'être venu nous surprendre, m'a
dit en minaudant Madame Bildebières.

Et des hommes en vestons de flanelle et des femmes en
robes claires m'ont salué cérémonieusement de leurs panamas et de leurs ombrelles multicolores.

Moi, j'avais envie de pleurer.

C'était dans la grasse campagne, dans le parc aux vieux hêtres bourrus, aux platanes pâles : ils allaient, eux tous et elles toutes, conversant sous les ombrelles claires ou les panamas, conversant en désœuvrés dont la flânerie tournait dans la cage immuable du parc aux vieux hêtres bourrus, aux platanes pâles. Ils vaguaient, semant des paroles et des rires inutiles. Les hommes, sous les panamas, bavaient des mots d'agriculture pratique et les femmes, sous les ombrelles claires, jacassaient des phrases sur des questions de chiffons ou de trousseaux où ricanaient les cancans rapportés de la petite ville proche. Tous les matins, tous les matins, et jusqu'au soir, dans le parc aux vieux hêtres bourrus, aux platanes pâles, ainsi ils allaient, eux tous et elles toutes, ainsi ils parlaient, ainsi ils riaient sous les ombrelles claires ou les panamas.

Et comme ce morne manège se répéta de nombreux jours et que je ne pouvais m'enthousiasmer à leurs vains pépiements et que je gardais, parmi eux, un farouche silence de rocher, il arriva que s'exagérèrent en moi les sens visuels et que je finis par voir distinctement l'intérieur des têtes de ces hommes et de ces dames qui vaguaient dans ce parc aux vieux hêtres bourrus et aux platanes pâles. Je vis distinctement l'intérieur de leurs têtes. C'était (oui, je me le rappelle), c'était une petite boulette de bouillie grise entourée d'une grosse carapace osseuse... Et à chaque mot qu'ils proféraient la carapace osseuse s'augmentait et proportionnellement diminuait la boulette de bouillie grise. Je voyais cela distinctement. La boulette de bouillie grise diminuait, diminuait, diminuait... Quelques-uns n'avaient déjà plus, en place de tête, qu'une immense boule osseuse dure et dense du centre aux surfaces comme une bille de billard... Et cela était, dans le parc aux vieux hêtres bourrus, aux platanes pâles, cela était triste à pleurer.

Il a fallu revenir, n'ayant pu parler ni avec l'azur, ni avec la verdure, il a fallu revenir à la ville et se remettre à traîner dans les immuables boues ses pieds et ses pensées, et recommencer ce lamentable métier de chien errant.

N'ai-je point tenté ces jours-ci d'utiliser des heures à des besognes. N'ai-je point tenté de m'intéresser à des gestes de mes mains, à des efforts de mon intelligence ? N'ai-je point voulu polir une canne, résoudre un problème de mécanique, déchiffrer le rébus d'un journal illustré, écrire un poème ?...

A quoi bon ?... Mes bras sont retombés inertes et ma pensée s'est fondue en douloureux brouillard, et pour la première fois j'ai compris l'inutilité de vivre, l'imbécillité de vivre, et peut-être me suis-je penché sur le parapet du fleuve en regardant l'eau noire qui coulait avec ce lugubre et silencieux clapotement fait des sanglots de tous les douloureux qui y cherchent l'apaisement ? Peut-être me suis-je penché avec envie ?...

Mais n'ai-je point eu peur de cet inconnu ? N'est-ce point la peur qui me suggéra de tenter une nouvelle expérience, de marcher encore dans la nuit à la recherche de la créature qui descendra dans les beaux jardins dont parlait le mage, et qui deviendra la madone des temps d'ignorance et dont les lèvres me verseront le bonheur oublié ?

Ah ! voilà que, misérable poltron, je suis loin du fleuve noir dont les chuchotements m'appellent et que je cours par la ville en fête et que je fuis les rues d'ombre pour des ailleurs lumineux. Et là, je suis tombé harassé, découragé...

VII

Et c'est encore, ainsi que toujours, sous ce banal plafond héraldique et parmi le sadisme sans distinction de ces peu cléricales verrières, c'est encore le même orgueilleux bruissement de foule, le même inane clapotement d'océan — un océan dont les flots seraient anthropomorphes, grotesquement... Les bains de mer de mon âme malade!... Quelque chose, en vérité, comme un Trouville psychologique !...

Serties des vieux chênes sculptés, les tapisseries usées des
Flandres prélassent sur les murs leurs verdures fanées, leurs
ivrognes nabots, leurs gaîtés houblonneuses et pesantes,
toutes leurs charmeuses gammes de calmes teintes éteintes,
qu'étoile, brutal et froid, l'aigu diamant d'une lampe Edison.
Cette dissonance m'enchante. Elle m'enchante autant que,
dans tout ce très gothique mobilier, les petites bombes de
chocolat et les inquiétants cylindres de jais dont s'orne la
houle des occiputs, autant que les cigarettes qui fument
entre les lèvres trop écarlates de ces dames, là-bas, somptueuses et plâtrées comme des façades... Pourquoi me gênerais-je
et ne répéterais-je pas que : mon âme a la colique. De tels
aveux impliquent le ridicule, la raillerie, je le sais... En quoi,
pourtant, ces simples mots sont-ils plus grotesques que les
sublimités d'Eschyle ?

— Vous m'apporterez ce qu'il faut pour écrire, n'est-ce
pas ?...

Pour écrire ? A quoi bon ? A quoi bon, en somme ? Les
vagues anthropomorphes ne déferlent-elles pas sur l'épiderme
de mon âme ? Je suis au bain. Pourquoi donc écrirais-je ? Et
pour qui ? Et à qui ? Que sais-je ? Mais il le faut ! Certes, il le
faut. Oh ! l'éternel priapisme de l'écritoire !...

Eux et Elles, voyez, ils se prélassent dans la paix des longues déglutitions.. Sans doute, par une lente endosmose,
leur liquide cervelle s'écoule, peu à peu, avec les bières bues...
Elle s'écoule dans leur ventre, leur liquide cervelle s'écoule
peu à peu, avec les bières bues... Elle s'écoule dans leur ventre, leur liquide cervelle, et jusque dans les urinoirs...

Moi, maintenant, je sens ainsi que des myriades de tortu-
reuses pattes de mouches qui chatouillent mes nerfs frissonnants et capillaires, et mes moelles, et mes fibres, et toutes les
cellules de mon cerveau (surtout celles des circonvolutions
voisines de la scissure de Rolando, où, comme on sait, Hetzig
a localisé les centres psycho-moteurs). Oh ! ce martyre !...
Eux et Elles, boivent et digèrent... J'entends très nette-

ment fonctionner leurs estomacs... Mais il me semble que, de minutes en minutes, leurs crânes diminuent, diminuent, diminuent... Pourquoi donc suis-je convaincu que la résultante mathématique de toutes ces infimes vibrations qu'impriment à mon système nerveux les pattes de mouches, dont il a été parlé plus haut, constitue un phénomène physique, très curieux et même grandiose, comme, par exemple, un cyclone, une aurore boréale ? Pourquoi aussi estimé-je que tous ces gens qui m'entourent devraient, lèvres bées, admirer ce spectacle, assurément peu banal, avec la satisfaction de touristes anglais qui ont vu un beau cataclysme... Mais voilà qu'ils rient tous, et leur rire m'indigne et me désole comme un blasphème, ou plutôt comme une imbécillité insolente ! Certes, tout cela est loin d'être clair !...

D'ailleurs, la mystérieuse endosmose accomplit son œuvre... Comme je l'avais déjà observé une fois à la campagne, sur les invités de l'ingénieur Bildebières, de minutes en minutes, les crânes, diminuent, diminuent, diminuent... Tenez !... Ce monsieur, là-bas, n'a déjà plus de tête, non, plus de tête du tout...

Oh ! qu'ils me meurtrissent l'âme, tous ces étroïdes ambiants qui ne paraissent point ressentir et qui, de fait, ne ressentent point le monstrueux supplice des pattes de mouches... Mon corps entier vibre douloureusement, comme vibrerait sous l'archet d'un fou une contre-basse qui serait hyperesthésique...

Là-bas, dans un coin, j'entrevois trois jeunes garçons, virginaux et trop roses, qui sourient et minaudent. Leurs cils sont adroitement rehaussés de pastel, et leurs lèvres, d'aquarelle. Leurs ongles sont polis comme des abbés et leurs phalanges s'enorgueillissent de cercles d'or. Leurs vestons, congrûment écourtés, découvrent des callipyges voluptueuses, presque hottentotes.

Mais, j'y pense, peut-être bien que ces trois jeunes garçons ont des mœurs infâmes !...

Quoi qu'il en soit, cette foule imbécile, cette foule de stupides repliés sur leurs ventres, commence à me donner des nausées et, pour ainsi dire, le mal de mer.

Elle, seule...

Mais, alors, pourquoi ces sourires à la satisfaite idiotie de son voisin ? Pourquoi l'indulgence de ses sourires au goître indiscutable de son voisin ? Ne voit-elle donc point le goître psychologique de son voisin ?... — Oh ! Mon Dieu, après tout, quelle logique induction m'incite à conclure que ses pâles yeux mauves soient autre chose que d'insensibles opales, inaptes à transmettre les sensations à son âme ? A-t-elle même une âme ?... Elle se targue de cheveux blonds comme du chanvre et un peu crépelés, sans doute par les artifices du bigoudi. Voilà tout ! Absolument tout !...

Je me sens couler, doucement, dans l'imbécillité... Les pattes de mouches ne font presque plus vibrer la contrebasse de mon corps... Piano, piano, pianissimo!... Parmi les tapisseries usées des Flandres... Oh ! les petites bombes de chocolat!... l'endosmose !... les callipygies voluptueuses! et Elle ! et ses cheveux ! et le reste !... En somme, pourquoi tout cela ? Raisonnons... Raisonnons...

(Un trou, une lacune, une léthargie de la conscience. Combien cela dura-t-il ?)

Maintenant, regardons-la. Elle parle. Elle a un long nez quasiment aristocratique, et une grande bouche mince, presque sans lèvres, qui rit toujours, pâle comme une cicatrice, au milieu de son visage plus pâle, de son visage de pseudo-Anglo-Saxonne qui ne connaîtrait pas les solides joies du ros-beef... Et, tout cela, sous son extraordinaire perruque flave, ébouriffée, comme je l'ai déjà dit, par les artifices déloyaux du bigoudi.

Oh ! l'horrible cliquetis des dominos...

Elle n'est point très jeune. Non, sans doute !... point très jeune. A moins qu'elle ne le soit d'âme, ce que je ne sais, ni même Dieu. Elle a peut-être trente-six juvéniles automnes, ou bien quarante, ou peut-être même cent, et plus ! Mais sa

peau est pâle et, quoiqu'un peu séchée par les plâtres, les
bismuths, les magnésies et toutes les gouaches cosmétiquées,
sans rides visibles pour moi, et ses cheveux sont blonds
comme doit être son âme, au cas, je le répète, où elle aurait
une âme, et je sens que si ses dents petites qu'azura imperceptiblement l'abus du vif-argent, et si ses pâles yeux mauves, froids et maléficieux comme des opales, ne riaient point
avec tant d'insistance, parmi le douloureux et voluptueux
tohubohu de ce lieu bête, vers le goître monstrueux de son
inqualifiable voisin, peut-être serait-elle un jour la Sorcière,
la sainte Sorcière mille fois bénie dont le divin philtre...

— Messieurs, on ferme!....

VIII

D'elle, j'ai rêvé d'elle, cette nuit, toute cette nuit, d'elle et
de son un peu long nez quasiment aristocratique et du mystérieux sourire de sa grande bouche mince, pâlement rose
comme une cicatrice au milieu d'un visage plus pâle, d'un
visage de pseudo-Anglo-Saxonne qui ne connaîtrait pas les
solides joies du rosbeef, et de son extraordinaire perruque
flave, couleur de miel, couleur de chanvre, ébouriffée par
les artifices déloyaux du bigoudi, et de ses dents qu'azura
imperceptiblement l'abus du vif argent, et de son épiderme
un peu séché par les plâtres, les bismuths, les magnésies et
toutes les gouaches cosmétiquées, et surtout de ses yeux, de
ses pâles yeux mauves, froids et maléficieux comme des opales
et si discrets sur le compte de son âme.

J'ai rêvé d'elle et, je ne sais pourquoi, je l'appelais Edwige,
et pour la première fois depuis bien des années et depuis bien
des désirs de femmes, je m'aperçus que tout en la désirant avec
violence, je n'avais point, selon ma constante habitude, le
douloureux désir des dégoûts de sa chair.

Je la considérais avec amour, dans mon rêve, à peu près

comme un sculpteur considérerait avec amour le baquet répugnant de glaise gâchée où il lit, en puissance, les radieux poèmes de marbre dont son âme est pleine.

Edwige, seriez-vous celle que je dois prendre par la main et conduire, à travers les jardins inexplorés, sur la berge des lacs purificateurs?...

IX

L'ingénieur Bildebières, revenu de sa campagne pour quelques jours et rencontré au coin d'un boulevard, m'avait pris amicalement par le bras et m'entretenait des beautés de l'architecture du fer et du jour prochain où l'on démolirait Notre-Dame, la Tour Saint-Jacques, les Pyramides d'Egypte, pour les remplacer par des monuments de hauteur centuple, d'ordonnance moins barbare, construits entièrement en métal, nickelé selon un procédé à lui, permettant d'éviter toute oxydation.

— Ah! Monsieur Hans, me disait-il, le nickel! le nickel!... quel métal admirable! Vous accusez parfois les ingénieurs de négliger la partie esthétique de la vie! Mais au contraire, nous y pensons!... Songez donc à l'effet éblouissant que feront les gigantesques monuments dont je vous parle, nickelés de la base au faîte, par un jour de beau soleil, propres, polis, étincelants comme des bijoux... Imaginez donc quel sera l'aspect des villes futures alors que tout, monuments publics, maisons particulières, pavage des rues, sera en métal recouvert d'une couche brillante de nickel. Tous les matins des ouvriers fourbiront les façades, les toitures, le sol des trottoirs et des chaussées, tout cela luira, étincellera, le jour aux feux du soleil, la nuit à la lueur de mille lampes électriques. Le nickel, Monsieur Hans, le nickel, ce métal encore si dédaigné que des mines considérables que je connais sont inexploitées, deviendra, je vous le dis, la base de l'ornementation des villes futures, et, ma foi, avouez-le, cela sera plus propre et plus beau que toutes vos vieilles pierres sculptées, que toutes vos méchantes peintures!...

Tout à coup, je sursautai. Elle, c'était elle, Edwige.

— On nickèlera jusqu'au tronc des arbres, ajoutait, à demi-facétieux, l'ingénieur.

— Comment trouvez-vous cette femme qui passe? lui dis-je.

— Peuh!... répondit-il. Ni bien ni mal. Il y a dix ans elle était peut-être jolie... Et puis, vous savez, moi, en matière de femmes, je n'aime que les grandes femmes très potelées. Je veux en avoir pour mon argent.

— Elle a des yeux étranges, à la fois transparents et opaques comme des opales, des yeux mystérieux comme des gemmes, des yeux énigmatiques qui raillent d'un sourire les curieux de son âme... Croyez-vous qu'elle ait une âme?...

— Avec vous, répliqua l'ingénieur, il n'y a jamais moyen de parler sérieusement.

X

Sous les grands arbres ennuyés d'abriter toujours les mêmes jets d'eau, les mêmes géraniums, les mêmes statues de marbre, et les mêmes bonnes d'enfant, dans ce grand square banal, j'ai, après bien des hésitations, bien des timidités vaincues, réussi à l'atteindre, la fuyante, la désirée Edwige, et, après, bien des escarmouches pour rire contre ses petits manéges d'honnêteté qui veut paraître effarouchée, je l'ai vue me sourire et sa main que j'avais prise n'a plus fui ma main.

— J'aimerais, lui disais-je, j'aimerais qu'Edwige soit votre nom.

— Pourquoi? demanda-t-elle.

— Parce qu'ainsi je vous ai baptisée la nuit où je rêvai de vous pour la première fois... Il y a un rapport mystérieux entre les formes matérielles et les noms, formes quasi ma-

térielles des mêmes idées, et une âme délicate ne peut sans
souffrir voir briser un terme de ce triple rapport. Si délicieux
que puisse être le nom que vous avez jusqu'alors porté,
ce nom, pour moi, est mauvais et laid, si ce n'est point le
nom d'Edwige.

Elle me regarda de ses étranges yeux mauves, mystérieux
comme des opales, sans que je pusse deviner la pensée que
celait leur énigmatique sourire, et elle dit.

— Eh! bien, appelez-moi Edwige.

XI

— Edwige, si vous vouliez, lui disais-je un autre jour,
dans ce même square banal, si vous vouliez vous laisser
prendre par la main, vous laisser guider par moi, je vous con-
duirais vers des ailleurs merveilleux... N'avez-vous jamais
rêvé d'être tout à coup transportée loin de votre vie, de n'être
plus, pour quelques instants, vous-même ?...

— Sans doute, mais n'est-ce point irréalisable?

— Non, mais il faut vous confier à moi, il faut vous abandonner à moi, sans crainte, sans résistance, passivement...
J'insufflerai en votre âme d'autres âmes et d'autres vies.
Je ferai de vous une héroïne, une madone, une messaline,
tour à tour, et vous ne sortirez de la pourpre des palais que
pour marcher dans l'azur du paradis...

— Vous êtes un original et c'est pourquoi je vous aime.

— Vous m'aimez, alors laissez-vous guider par moi, je sais
des eaux magiques qui métamorphosent ceux qui s'y plongent.
Je veux vous y conduire, Edwige. Appuyez-vous sur moi,
fermez les yeux, oubliez que vous vivez, oubliez que vous
pensez, laissez-vous envelopper par mes étreintes, pénétrer
par les effluves de mes rêves, ravir dans les au-delà que
je devine et que je veux parcourir avec vous... Collez vos
lèvres à mes lèvres, laissez-moi plonger mes yeux dans vos

yeux mauves, ne parlez plus, ne pensez plus, ne rêvez plus...
N'ai-je point assez de rêve pour deux ?

— Hélas, dit-elle, le rêve, cela peut-il se partager ?...
N'allez-vous point devenir un égoïste musicien dont je ne
serai que l'insensible lyre ? Vous vous figurez que la lyre qui
sert à vous procurer d'exquises sensations les ressent et les
partage, mais cela est-il bien vrai ?

— Ne dites point cela Edwige, les âmes peuvent se pénétrer :
il suffit que l'une d'elles y consente et s'abandonne, mais il
faut qu'elle s'abandonne vraiment et tout entière... Voulez-
vous tenter cela, Edwige ?...

— Je veux bien essayer.

XII

Pour la première fois (après quelles innombrables suppli-
cations !), Edwige a consenti à venir chez moi.

Des heures et des heures nous avons parlé, à voix basse, et
les yeux dans les yeux et les lèvres près des lèvres, et c'est le
soir, déjà le soir, et par crainte de retomber, au sortir de ces
heures délicieuses, dans le banal brouhaha de la rue, et pour
ne point interrompre cette journée de félicité, Edwige ne s'en
ira point....

Et déjà, près de l'alcôve, avec des gestes émus, je l'aide à se
dévêtir, pendant qu'elle babille sur des choses frivoles.

— N'êtes-vous point de mon avis, j'aime les corsages
collants et les jupes étroites, les vêtements simples et sans
fanfreluches. Je choisis en général des étoffes de nuances
claires mais éteintes, comme un peu foncées, je déteste les
bariolages, les teintes criardes... N'êtes-vous point de mon
avis ?... Oui, je vois bien que cela vous étonne un peu...
Malgré la mode qui les veut noirs ou de couleur assortie à la
robe, je porte des bas blancs, des bas blancs comme en por-
taient les femmes il y a vingt ans... Que voulez-vous, c'est une

manie ; quand j'étais petite, maman ne me donnait que ceux-là et, depuis, je n'ai jamais pu me décider à en avoir d'autres... Pourtant, si cela vous contrariait...

— Non, Edwige, qu'importent ces détails frivoles !...

— Tenez, c'est comme le linge de couleur... Aujourd'hui toutes les femmes ont des chemises de surah noir, bleu, jaune, rouge... je trouve cela horrible... Vous ne me verrez jamais que des chemises de batiste blanche, mais d'une finesse extrême et avec des dentelles de valeur. Ne trouvez-vous point que c'est de meilleur goût que tous leurs sareaux noirs ou bleus ou rouges ?

— Je suis de votre avis, Edwige.

— J'admets encore les soies de couleur pour les jupons, mais pour le reste non... Quant aux pantalons, je n'en porte jamais. C'est encore une vieille habitude, une manie, si vous voulez : maman n'en portait point ; elle m'a élevée à n'en point porter et je ne pouvais pas me décider à en mettre... Pourtant, si vous le désirez.

— Pourquoi vous demanderais-je de multiplier les obstacles entre votre chair et la mienne.

— D'ailleurs, moi, je suis pour simplifier le costume autant que possible... je n'aime pas les déshabillages longs ni compliqués... Ainsi, tenez, vous me verrez rarement un corset... j'ai la taille assez mince et assez cambrée pour pouvoir m'en passer, et je ne vois point pourquoi je m'imposerais une torture... Je vous ennuie ?...

— Edwige, de grâce, taisez-vous... Qu'importent les vêtements que vous portez et ceux que vous ne voulez porter ! Ne dois-je point vous enlever dans des pays fabuleux où je vous vêtirai de mes propres mains de costumes somptueux comme vous n'en pouvez rêver. Ah ! lorsqu'il me plaira de vous emporter dans les Cythères de Watteau, ne pourrez-vous garder sous vos robes à paniers couleur gorge de pigeon vos chers bas blancs et vos fines chemises de batiste, et quand il me plaira de vous métamorphoser en déesse de l'Olympe antique,

songerez-vous à mettre sous votre tunique de lin candide des
jupons de soie, un corset ou un pantalon? Donc tranquillisez-
vous, nul ne contredira ce que vous appelez vos petites manies,
mais, de grâce, taisez-vous! taisez-vous! collez votre bouche
sur ma bouche et laissez-vous emporter dans les rêves qu'il
me plaira.

— C'est vrai! confessa-t-elle, j'avais oublié notre pacte.

XIII

Sur quel fleuve de songe nous sommes-nous embarqués?
Vers quelle terre impossible, fleurie de fleurs de rêve, voguons-
nous sur cette barque d'argent aux voiles de satin blanc?

Le savons-nous? Et pourquoi le saurions-nous? Ne nous
suffit-il de savoir que l'eau est couleur de saphir, que le ciel
est exquisément rose, que les rives entre lesquelles nous
glissons sont pleines de palmiers, de cytises, de lauriers-roses
et de miraculeuses floraisons?

Des ibis et des flamants passent en voltigeant au-dessus de
nos têtes et des petits oiseaux chanteurs viennent en gazouil-
lant voleter autour de notre voile.

Des papillons beaux comme des émaux se balancent dans
l'air et parfois viennent se poser sur la bouche d'Edwige qu'ils
prennent pour une rose.

Tous deux, nous nous sommes assis à la proue de la barque
et nous laissons pendre nos pieds nus que chatouille le friselis
des vagues.

J'ai pris les doigts d'Edwige dans ma main et elle a collé
ses lèvres à mes lèvres, et le doux balancement de la barque,
et les effluves capiteux des fleurs, et le souffle parfumé de la
brise, et le murmure des vagues et la chaleur du ciel, tout cela
nous grise et nos corps se sont renversés sur les coussins de
pourpre, et, nos pieds nus toujours pendants au fil de l'eau,

des heures et des heures nous nous sommes sentis couler très
lentement en d'ineffables félicités, sombrer en des abîmes de
bonheur, et parfois cette sensation d'enfoncement en un voluptueux océan devenait si paradisiaque, se faisait si aiguë, que
notre respiration devenait haletante, que de petits cris nous
échappaient, que nos deux cœurs se glaçaient et que nous
croyions mourir...

— Déjà le jour, fit Edwige.... Ah! c'est trop, mon bien-aimé,
dormons...

— Edwige! ah! pourquoi donc as-tu parlé ?

— C'est vrai!... j'ai encore oublié nos conventions.

XIV

C'est dans un fabuleux décor de jadis. Les mille flèches de
fantastiques cathédrales, les pignons, les clochetons dentelés,
les statues des maisons gothiques et les tours noires des
beffrois crèvent l'azur. C'est, dans le ciel, comme une inextricable végétation de pierre, d'où surgissent de toutes parts,
gueule ouverte, cou tendu ainsi que des serpents à tête de
goule ou de licorne, d'épouvantables gargouilles grimaçantes.
Tous les murs, tous les porches sont ciselés comme des bijoux.
Les madones naïvement peinturlurées rêvent dans des niches
en ogive, des Christs agonisent parmi les feuillages et les bêtes
héraldiques des colonnes; sur des toits, des forêts de saints
érigent leurs têtes auréolées; des moines, des nains et des
fous grimacent dans les corniches et les architraves et, le long
des frises, des anges sonnent dans les trompettes du jugement
dernier : les morts ressuscitent, les justes vont à la droite de
Dieu parmi les chœurs des chérubins, des diables hideux aux
mâchoires béantes de bête entraînent dans la barque infernale les damnés hurlants — tandis que le soleil fait partout
rutiler les pourpres, les émeraudes, les azurs et les sinoples
des verrières.

— Edwige, ne voulez-vous point, avec moi, vous promener parmi ces architectures de rêve?...

En passant devant les saintes sculptures, les hommes se découvrent et prient, les femmes s'agenouillent... Ah! la misère est grande, et les ventres sont souvent vides. Mais a-t-on le temps de songer à la misère et aux ventres qui crient à la famine? Un vent mystique souffle sur le royaume. Ce ne sont pas des corps qui vaguent par les rues, ce sont des âmes, et certes ce n'est point la misère pour les âmes, ce n'est point la famine pour les âmes. Oh! comme elles trouvent, de toutes parts, ces âmes blanches, ces âmes ingénues, le pain qui les rassasie. Ah! le beau festin, pour elles, éternellement servi : c'est la prière des architectures qui monte vers l'azur, c'est la prière des cloches qui plane dans l'azur, c'est la prière des orgues qui vole vers l'azur, c'est la prière des christs et des madones de pierre, c'est la prière des oraisons qui s'échappe des fenêtres des couvents.

La vie est dure et mauvaise, certes, mais on ne vit point de la vie, on vit dans l'espoir des bleus au-delà où voltigent les chérubins aux harpes d'or. Qu'importent les misères de cette terre qui n'est qu'un campement provisoire? Ah! ce n'est que pour charmer un peu ces rudes heures d'initiation qu'on prend la peine de l'embellir en sculptant dans la pierre, en immobilisant dans les couleurs des vitraux et des fresques ses merveilleux rêves de paradis. Et puis, sitôt cette vaine mais immortelle besogne accomplie, sans souci des corporelles jouissances, en foule, on se précipite vers la porte mystérieuse de la mort, et ce n'est point des désespoirs et des terreurs, c'est la joie de la délivrance, la joie qui dégénère en folle bacchanale. Hous! hous! c'est la kermesse de la mort, les tambours et les rebecs jouent des rondes folles, vertigineuses, c'est l'épilepsie de la danse macabre, les squelettes en goguette gigotent et voici que, saoulés, fiers de gaîté, riant à crever leurs panses, clercs, barons, truands, ribaudes et damoiselles tourbillonnent autour de la bonne Camarde, autour de la con-

cierge du ciel. « Bonne Camarde, délivrez-nous! délivrez-nous
de cette mort qu'est la vie, débarrassez-nous de ces guenilles
qui sont nos chairs et laissez-nous nous envoler dans l'éternelle vie!... Bonne Camarde, laissez-nous passer.... Ne
sommes-nous pas dignes de voltiger parmi les divines phalanges?... Pourquoi craindrions-nous la balance qui pèsera nos
âmes? N'avons-nous point, déjouant les ruses du malin,
craché sur les illusoires bonheurs d'ici-bas, n'avons-nous pas
incarcéré en des cloîtres la honte de nos corps, n'avons-nous
pas combattu les mécréants, n'avons-nous pas vécu dans l'espoir de la vie immortelle, n'avons-nous point, suprême vertu,
passé notre temps à mettre nos saints rêves en chansons, à les
peindre sur les murailles, à les sculpter dans la pierre ?...
Aussi, bonne Camarde, vois, maintenant que tu nous entrou-
vres ta bonne porte, nous sommes joyeux, comme des captifs
qu'on délivre. La joie fait déborder nos cœurs. Un vent de
délire souffle sur nous et nous grise. Allons! hous! hous! plus
vite, les tambours et les rebecs! Dansons, tourbillonnons,
dansons comme des fous! »

— « Et nous aussi, dansons, et nous aussi, rions comme
des fous, nous qui n'avons point su déjouer les ruses du malin,
nous qu'attendent les éternelles tortures de l'enfer. Nous avons
lu les grimoires défendus, nous avons copulé avec le bouc des
Sabbats, nous avons craché sur les hosties et souillé de nos
urines les ciboires consacrés. Nous avons, pour être maîtres
des sciences noires, vendu notre âme au diable, et maintenant
que va sonner l'heure du payement, nous arrivons, joyeux, en
débiteurs loyaux, acquitter notre dette... Bonne Camarde,
ouvre-nous la porte, débarrasse-nous du manteau hideux de
nos corps... Ah ! nous le savons, les démons grimaçants nous
guettent, ils vont nous entraîner et nous roulerons dans le
gouffre effroyable du feu inextinguible. Mais qu'importe, la
soif de goûter cet effroyable inconnu nous dévore, nous voulons savoir, nous voulons savoir... Et puis, il y a assez longtemps que nous traînions nos odieuses guenilles charnelles, et

maintenant que nous sentons que tu veux nous en débarrasser, bonne Camarde, la joie fait déborder nos cœurs. Un vent de délire souffle sur nous et nous grise. Allons ! hous ! hous ! plus vite ! les tambours et les rebecs ! Dansons ! Tourbillonnons ! Dansons comme des fous !... »

— Ne voulez-vous point, Edwige, ne voulez-vous point, avec moi, vous promener parmi ces architectures de rêve, vous promener avec ces âmes qui vaguent parmi ces architectures de rêve ?...

Voici la foule qui, de toutes les rues, court sur la grande place de la ville. Le beffroi sonne joyeusement, les trompettes clangorent, des bannières étincelantes flottent dans l'air. Aux balcons de fer forgé ou de pierre ajourée comme des dentelles flottantes, aux fenêtres, aux lucarnes, aux corniches des pignons, des gens se pressent et regardent. Haquenées, palefrois, mules blanches aux caparaçons de pourpre et piaffants destriers fendent le peuple qui s'incline devant les rutilantes jupes de brocart des dames aux hauts hennins, les camails des prélats mitrés et les armures d'or des barons. Sur les gradins de la place pavoisés de tabis rutilent les robes de soie brochée et les armures damasquinées. Les écuyers galopent pour faire ranger les truands et la valetaille. Le héraut d'armes a soufflé trois fois dans le tuba et voici que la jeune et belle Bradamante, montée sur l'hippogriffe qui tourbillonne dans l'air, s'avance, la lance menaçante, à la rencontre du chevalier noir dont farouchement piaffe et caracolle le destrier dans l'arène...

— Edwige, approchons-nous et regardons ces héroïques passes d'armes. Mêlons-nous à la foule de ces nobles spectateurs... Peut-être quelque brave chevalier errant nous racontera-t-il ses lointaines et folles aventures, ses chevauchées dans la forêt enchantée, ses batailles contre les géants et les griffons, les vénéfices de l'enchanteur Merlin. Peut-être nous parlera-t-il du paladin Roland, de Lancelot, d'Arthur et des fils Aymon et d'Ogier du Lac... Sans doute il nous dira la bra-

voure de ceux de la Table-Ronde et la conquête du Saint-
Graal et comment il a vu la blonde Angélique emportée
dans les airs, toute nue, sur la croupe de la bête volante...
Ou, si vous le préférez, éloignons-nous. Et maintenant, mêlés
à cette foule de gens du peuple qui écoutent avec religion ce
trouvère arrêté près de la borne du carrefour, nous aussi prê-
tons l'oreille à sa tendre mélopée qu'accompagne son monotone rebec. Entendez, ne chante-t-il point les glorieuses
aventures de Blancheflor, la douce pucelle impossiblement
belle qui devint l'épouse de l'empereur Pépin :

> *Quand Blancheflor arriva dans Paris*
> *Moult richement, avec le duc Aubris,*
> *Cheveux épars, en cotte de souris,*
> *Le palefroi sur quoi elle était sise*
> *Était plus blanc que n'est la fleur de lis.*
> *Or, elle avait taille mince, œil joli,*
> *Bouche épaissette avec des dents petits,*
> *Plus éclatants que l'ivoire aplani,*
> *Hanche bassette et mollet échevi*
> *Gentement pris en chaussettes de prix,*
> *Pied bien chaucié, front vermeil et poli,*
> *Sades tétons et bien faits les sourcils.*
> *Ainsi plus belle était qu'onc nul ne vit,*
> *Cette pucelle en entrant dans Paris,*
> *Sur son col blanc tombaient en longs replis*
> *Ses cheveux blonds qu'un chapelet petit*
> *D'or et d'onyx bien gentiment sertit.*
> *Toutes les rues s'emplissent de Paris,*
> *Et aussitôt chacun à l'autre dit :*
> *Comme jolie est dame que voici !*
> *Elle devrait un royaume tenir !*
> *Ah ! plût à Dieu que l'empereur la prit*
> *Et l'eût à femme ! Ah ! serions tous garis*
> *Par les biaux yeux de telle empéréris !*

Ah ! des cloches ! l'air est plein de bruits de cloches, de joyeux bruits de cloches... Les bourdons de la cathédrale mugissent, les carillons des mille clochers de granit carillonnent, digdindonnent, tintinnabulent !... Voici les vêpres, Edwige, voici les vêpres qui sonnent...

XV

Edwige était assise, à moitié nue, sur le lit, et moi je la rhabillais ainsi qu'on fait d'un très jeune enfant, mais avec des gestes de pieuse caresse, et comme je venais dévotement de nouer à son genou sa jarretière enrubannée, dont flottaient les longues boucles d'azur sur l'éblouissante blancheur de son bas, elle me dit :

— Mais tout cela, mais tout ce que nous venons de voir et d'entendre, ne fut-ce point, à des heures depuis longtemps évanouies, un présent, un matériel et brutal présent comme celui loin duquel vous voulez fuir ?

— Sans doute. Mais que nous importe ? Le présent n'est blessant et laid que par sa matérialité. Dès qu'il a passé par les eaux du souvenir, sa matérialité est dissoute et il n'en reste plus que la pensée éternellement belle... Le passé, Edwige, n'est-ce point la chose réellement existante ? Le présent n'est que l'incubation de l'idée dans l'œuf. Il faut qu'elle brise la coquille de la présente matérialité, pour s'envoler dans le ciel... La seule chose vraiment existante, c'est le passé...

— Voulez-vous donc que nous vivions exclusivement dans le souvenir ?

— Cela est plus vraiment vivre que vivre exclusivement dans le présent..... Mais Edwige, prenez patience, je vous mènerai dans un monde de rêve qui ne vous paraîtra plus du souvenir..... Et pourtant n'en sera-ce point encore ? Ne faisons-nous autre chose, en croyant inventer les plus fabu-

leuses chimères, que d'évoquer les visions, inconsciemment
ressouvenues, des temps où nos âmes se prélassaient dans
le merveilleux Eden des Idées Pures ?

— Ne pourrions-nous y retourner, dans cet Eden?

— Peut-être.

— Oh ! ce serait gentil.

Edwige, debout maintenant devant la glace, pâlissait sa
pâleur avec une houppette à poudre de riz.

XVI

Il y avait, dans cette campagne, un vieux chemin ombreux
et peu fréquenté, un vieux chemin si peu fréquenté qu'à certain endroit, à la corne d'un petit bois, le sol était couvert de
gazon dru, de belles mousses, de pâquerettes et de boutons
d'or.

Nous avions, Edwige et moi, choisi ce joli désert pour y
rouler par ces chaudes après-midi d'été nos paresses et nos
rêveries, parmi les gazons drus, les belles mousses, les pâquerettes et les boutons d'or. Des essaims de petits papillons de
toutes les couleurs voltigeaient incessamment autour de nous
et l'air était plein de pépiements de moineaux et de roulades
de fauvettes.

Mais, un jour, nous vîmes apparaître, dans notre cher et
joli petit désert, un homme richement vêtu de noir que sui-
vait toute une équipe de terrassiers aux blouses boueuses.

L'homme noir, avec de grands gestes cruels et indignés,
montra le poing au gazon, aux mousses, aux pâquerettes et
aux boutons d'or et, à son ordre, l'équipe de terrassiers se
rua, avec des pelles et des pioches, sur le beau tapis de fleurs
et de verdure.

Nous nous étions jetés, Edwige et moi, aux pieds de l'homme
noir, pleurant, implorant la grâce de nos belles mousses, de
nos pâquerettes et de nos boutons d'or.

— Allons, allons! glapit l'impitoyable bourreau. Ne suis-je
point l'ingénieur des ponts et chaussées ?

XVII

L'ingénieur Bildebières, auquel j'ai raconté ce fait, m'a
donné tort.

— La beauté d'un chemin, m'a-t-il dit, ne peut, en aucun
cas, vous m'entendez bien, en aucun cas, résulter de son
mauvais entretien. D'ailleurs vous admettrez bien qu'un ingénieur des ponts et chaussées doit avoir une certaine compé-
tence relativement à cette question, puisqu'il a passé son
existence à étudier ces problèmes qui vous sont, à vous ainsi
qu'à madame, complètement étrangers ?

— Mais, dis-je, les petits oiseaux qui aimaient ces mousses
et ces fleurs ne viendront plus chanter dans ce coin dévasté
par les pelles et les pioches.

— Beau dommage! interrompit l'ingénieur et, croisant les
bras sur sa poitrine, il cria :

— Alors! vous aussi, ça vous amuse les oiseaux qui chantent? Je me permettrai, mon cher, de n'être encore une fois
pas de votre avis... Je ne connais rien de plus horripilant au
monde qu'une criaillerie d'oiseau... Pipipicouiccouiccouicpi-
pipi... Ça me tape sur les nerfs, ça me rend fou, moi... Ainsi,
tenez, à ma campagne, n'y avait-il pas un sale rossignol qui
avait eu l'idée de s'installer dans un arbre de mon parc, tout
proche de ma maison. Toute la nuit, c'était des sifflements à
vous crever le tympan, à vous rendre enragé... pas moyen de
fermer l'œil une minute... J'écumais, j'étais dans un état de
rage indescriptible... Enfin une nuit, n'y tenant plus, j'ai
sauté à bas de mon lit, j'ai pris mon fusil, et sans me vêtir,
en caleçon et en bonnet de nuit, je suis descendu m'embus-
quer dans mon parc... Oh! ce fut une chasse longue et difficile :
la nuit était sombre, et puis, un rossignol, ce n'est pas gros et
ça se cache adroitement dans le feuillage, et puis, enfin, il

faut bien l'avouer, je ne suis pas un tireur merveilleux. A chaque instant, je croyais l'apercevoir, alors, pan! pan! je lui lâchais mes deux coups, et aussitôt, derrière moi, j'entendais un sifflement qui me narguait, je me retournais furieux, pan! pan! à droite, pan! pan! à gauche, pan! pan! en haut, en bas, devant moi, derrière moi, pan! pan! pan! pan!

C'était, dans la nuit, une fusillade terrible, interminable. La maison se réveillait; toutes les fenêtres s'éclairaient, s'ouvraient. Des formes blanches d'hommes et de femmes effarés se penchaient. Des visages inquiets s'interrogeaient, sondaient les fourrés du parc, persuadés que le château était assailli par quelques centaines de brigands. Mais ça m'était bien égal, j'étais fou, grisé par la poudre, rendu furieux par cet horripilant sifflement qui volait d'un arbre à l'autre. Pan! pan! pan! Je tirais de tous les côtés sans viser, sans m'arrêter... Les portes du château s'ouvraient, mes invités descendaient, eux aussi, à peine vêtus, armés de fusils et de pistolets. Les gens du bourg effrayés étaient accourus, ils avaient sauté le mur, et s'avançaient avec précaution, leurs armes en arrêt... Pan! pan! je tirais toujours. On m'avait reconnu. On se demandait à qui j'en voulais. — Mais tirez donc! tirez donc! leur criais-je.

— Où ça? Sur quoi? me demandait-on de toutes parts.

— Mais sur le rossignol! sur le rossignol! Alors, ce fut épouvantable. De tous les côtés à la fois partirent des coups de feu! Une fusillade nourrie, ininterrompue, commença! Pan! pan! pan! pan! On ne s'entendait plus, l'air était plein de fumée, le p'omb sifflait, les branches des arbres et les feuilles pleuvaient, absolument hachées. Cela dura jusqu'au jour. Depuis longtemps déjà on ne percevait plus piailler le maudit rossignol Enfin, lorsque le soleil fut levé, en cherchant bien sur le sol littéralement couvert de douilles de cartouches, de feuillages criblés de plombs, de cadavres de petits oiseaux, nous finîmes par découvrir un petit volatile tout gris et horriblement laid. C'était lui!... Je l'ai écrasé, bien qu'il fût mort, d'un coup de talon!

XVIII

Dans le solitaire jardin de cette guinguette aux tables vertes, Edwige s'était assise sur l'escarpolette et se balançait doucement en me parlant.

Elle avait dégrafé, à cause de la chaleur, son corsage et dénoué ses cheveux, et j'apercevais un peu de la chair si pâle de sa maigre gorge, et je suivais des yeux le flottement de sa chevelure légère qui voltigeait suivant le rhythme de la balançoire, ainsi que de fins fils de soie d'un or presque couleur d'argent. Parfois, au hasard des oscillations, sa jupe se soulevait et j'entrevoyais, modelées en ces ingénus bas blancs du démodage desquels elle s'enorgueillissait, ses fines jambes aux chevilles aristocratiques, et mes regards couraient de ses cheveux envolés à sa gorge nue, de la boucle d'acier enrubannée de ses petits escarpins à la fleur mauve de ses yeux.

—Avez-vous gardé le désir, Edwige, lui demandai-je, du grossier amour des autres hommes, et pensez-vous encore que nous ensevelissions trop le nôtre sous des gemmes et des floraisons ?

Je frémis de joie lorsqu'elle répondit :

— En vérité, j'ai quelque temps pensé ainsi et j'aimais plutôt en curieuse qu'en convaincue les ruses somptueuses et inédites de vos baisers, et je vous suivais un peu, dans les pays que vous me montriez, en actrice qui jouerait sans conviction un rôle de touriste en des paysages qu'elle sait trop être peints à la colle... Mais vraiment je commence à m'habituer à ces pays nouveaux et à les aimer sans douter de leur existence. Je sens vraiment qu'une âme impérieuse et douce, qui est la vôtre, a peu à peu pénétré la mienne, et que mon âme a abdiqué toute puissance et que ce n'est plus elle qui commande à mes gestes, à mes idées, ni à mes paroles. D'ailleurs, hier, j'ai bien définitivement compris, en écoutant l'ingénieur Bildebières, qu'il était nécessaire qu'il *existât réellement* un autre monde que celui où font semblant de vivre les tueurs de rossignols, et j'ai compris bien clairement qu'en me prenant par la main, vous m'aviez conduite loin du monde des apparences dans le ciel des vérités.

— C'est ainsi, lui dis-je. La laideur ne peut évidemment avoir une existence réelle. Elle est négative, par essence. Le monde où l'on tue des rossignols ne peut vraiment point exister réellement et nous devons plaindre ceux qui se prélassent dans cette stupide illusion.

— Mais, interrompit Edwige, ce qui m'ennuie, c'est que votre amour pour moi ne va point sans quelque mépris, puisque mon être importe peu et que vous avouez le pouvoir de le perpétuellement recréer..

— Votre être existe-t-il plus que le reste? et ne vous suffit-il que j'aime l'idée dont il n'est que le signe imparfait? Que vous importe de me sacrifier un ridicule orgueil si, à ce prix, je vous guide vers du bonheur?

Et d'ailleurs, Edwige, votre âme dont vous semblez encore pleurer un peu l'abdication, songez qu'hier, alors que vous la croyiez être bien intégralement elle-même, elle n'était sans doute point elle-même, et qu'elle n'existe vraiment que depuis la vôtre où elle a rencontré cette autre âme, la mienne, dont le jour n'était qu'un fragment détaché depuis l'éternité et qui, depuis l'éternité, tendait à venir se confondre dans l'unité perdue... N'ayez donc plus ces scrupules et résignez-vous à ne plus être que moi-même.

— Il faut bien, il faut bien que je me résigne à ce sacrifice de n'être plus qu'une de vos pensées, esclave de vos fantaisies, de n'être plus que vous-même, car, je le sens maintenant, je pleurerais éternellement si je rentrais dans le monde où l'on fusille les rossignols.

— Dans ce parc de fête galante, des petits amours joufflus de Boucher voltigent dans l'air autour de l'escarpolette. Les bosquets sont pleins de soupirs de marquises amoureuses, et pendant que vous vous balancez, Edwige, je rêve d'un madrigal exquisément tortillé où je vous appellerais Phylis.

XIX

Dans quel pays de fable me promenais-je avec Edwige ?

Je me rappelle qu'il y avait des palais monumentaux dont les murailles étaient construites d'or, d'argent et de briques émaillées où s'immobilisaient des monstres et des Dieux... De tous côtés se dressaient des statues de granit chargées de joailleries et d'orfèvreries somptueuses. Parmi des végétations folles, des jets d'eau parfumés sanglotaient en d'immenses vasques de sardoine. Les vapeurs de mille cassolettes montaient, rigides, vers le ciel d'un bleu pur de saphir. Sur un immense péristyle qu'ombrageaient de riches dais d'étoffes bariolées, parmi des tapis et des coussins de pourpre et des peaux de tigre et les débris d'un beau festin, trônait, revêtu de la robe et de la tiare royales toutes rutilantes de pierreries, le monarque de ces étranges royaumes, ivre-mort, et la barbe tachée de vin. A ses pieds grouillaient des femmes échevelées. Les unes, toutes nues, blanches comme des statues d'ivoire ou rouges comme des statues de cuivre poli, cambraient leurs corps en des poses luxurieuses; d'autres, à demi-vêtues de gaze transparente comme du verre, se roulaient par terre, achevant de boire le vin odoriférant des amphores, entrelaçant leurs membres, riant et chantant ; d'autres enfin, pour réveiller les désirs du royal et magnifique ivrogne, dansaient devant lui, au rhythme d'une musique barbare et lascive : de temps en temps, elles relevaient avec des gestes lents et hiératiques de prêtresse leurs robes d'hyacinthe, découvrant aux yeux indifférents de leur maître l'étincelante nudité de leurs belles cuisses et de leur ventre épilé... De jeunes esclaves noirs agitaient autour du monarque assoupi d'immenses éventails faits de plumes de paon...

Je contemplais avec Edwige, avec ma chère Edwige, ce spectacle rare et magnifique, et nous nous saoulions des parfums précieux, des parfums enamourants qui flottaient dans l'air, lorsqu'une voix, qui ne ressemblait point aux voix des habitants de ce singulier royaumé, nous fit tressaillir, en nous appelant par nos noms.

— Eh ! Monsieur Hans ! Madame Edwige !

Nous nous retournâmes, c'était l'ingénieur Bildebières.

— Ah ! ah !... vous êtes encore dans la lune, mes bons lunatiques !... fit-il, avec un gros sourire, en me saisissant par un bouton... C'est donc bien amusant de se promener dans la lune ?

— Certes, répondis-je, plus amusant que de se promener sur le bitume de vos boulevards.

— Je ne suis pas de votre avis, il n'y a rien d'intéressant comme les grandes voies d'une capitale moderne. Cette activité folle, cette fièvre de travail, cette contention de toutes les volontés d'une foule grouillante vers la production de l'utile, tout cela me semble un spectacle sublime et je m'étonne que vous, un poète, vous n'ayez jamais songé à écrire quelque chose en vers là-dessus. Je n'aime pas les vers, vous le savez, mais enfin, si les poètes prenaient l'habitude de traiter des sujets sérieux, ça vaudrait mieux que rien, ils seraient moins insupportables et on pourrait les tolérer, surtout s'ils consentaient à traiter ces sujets sérieux, non plus en vers, mais en bonne prose, bien simple, bien claire, bien précise... Ainsi, tenez, les enseignes, les affiches, ça ne vous a jamais rien suggéré, à vous ? Eh bien, moi, si j'écrivais, j'écrirais une chose merveilleuse sur les enseignes. Quel superbe sujet ! La lutte pour la vie au moyen de simples lettres colorées, le détroussement des passants au moyen de simples vocables ! Ah ! l'enseigne, voilà la vraie littérature du siècle qui viendra. Tenez, vous n'avez rien à faire, montons sur l'impériale de ce tramway, nous allons nous amuser à les lire. Vous verrez si vous connaissez un poème plus merveilleux, plus ingénieux.....

Nous avons été obligés d'accompagner l'ingénieur Bildebières sur son impériale et de faire semblant de nous extasier avec lui.

Aussi, maintenant, voilà que ma tête est pleine de mots ridicules, écrits en lettres d'or, d'argent, bleues, rouges, blanches, noires, jaunes, qui dansent douloureusement dans ma tête :

DENTS ET DENTIERS BLINDÉS.

GUÉRISON DES MALADIES SECRÈTES
SANS MERCURE NI DANGER DE RECHUTE.

EAU DE COLOGNE FRANCO-RUSSE.

Tailleur anglais
Amazones sur mesure
Et en location.
Pantalons pour cheval.

SPÉCIALITÉ DE BIDETS SYPHOÏDES.

SI VOUS AVEZ LA MIGRAINE,
ACHETEZ LE CHAPEAU AÉRO-TRANSPARENT.
SI VOUS NE L'AVEZ PAS,
ACHETEZ-LE POUR L'ÉVITER.

PÉTROLE BLANC
ABSOLUMENT ININFLAMMABLE.

LA DYNAMITE DES CORS.

EAU INFAILLIBLE POUR LA CHUTE DES CHEVEUX.

LABORATOIRE A VAPEUR.

ACHAT ET VENTE DE RECONNAISSANCES.

AU MARTIN PÊCHEUR
ARTICLES DE CHASSE ET DE PÊCHE.
LIQUEUR A CARPES, 5 FR. LA BOUTEILLE.

DEUILS EN 24 HEURES.

CERCUEILS HYGIÉNIQUES
TOUT EN VERRE.

Ah ! pourrons-nous, Edwige, maintenant, jamais retourner dans ce beau pays de fable où nous avons vu, dans un monumental palais aux murailles construites d'or, d'argent et de briques émaillées, cet étrange monarque ivre-mort, parmi des fleurs, des tapis de pourpre et des femmes nues ?...

XX

— Regardez là-dedans, Edwige.

Les têtes et les cœurs grouillent dans le même rêve. Les têtes et les cœurs nagent dans la même cuve de sang et de chair. Les cœurs se frôlent, les cœurs se heurtent. Les têtes se baisent, les têtes se mordent. Et tout cela, têtes et cœurs, nage et grouille dans la même cuve de sang et de chair. Et pourtant ces cœurs et ces têtes sont si dissemblables qu'à peine peut-on les appeler de ces termes pourtant si généraux de têtes et de cœurs...

Et voilà que dans la cuve de sang et de chair, parmi la
confusion des cœurs et des têtes, une tête laurée s'est dressée et
qu'un cœur couronné de ronces s'est dressé, et que la tête
laurée et le cœur couronné d'épine ont crié : « Nous rêvons
des chimères qu'aucune de ces têtes sanglantes ne soupçonne,
nous aimons des formes qu'aucun de ces cœurs sanglants
ne soupçonne : Seigneur, pourquoi donc nous avoir plongés
dans cette cuve de sang et de chair, parmi toutes ces têtes
et tous ces cœurs grouillants ? »

— Regardez là-dedans, Edwige, regardez dans cette cuve
sanglante.

XXI

— Oh ! oh ! fit l'ingénieur Bildebières, oh ! oh !... N'auriez-
vous pas une maladie de la volonté ?...

— Une maladie de la...?

— De la volonté, parfaitement ! De la volonté. C'est très
fréquent aujourd'hui... Tenez, sur dix personnes qui passent
dans la rue, sept, au moins...

— Vraiment ?

— Parfaitement... et ces sept personnes ne se doutent pas...
Elles sont comme vous, elles ne se doutent pas, absolument
pas !... C'est ce qui explique la décadence dans laquelle sombre notre malheureuse patrie... ce vent de démoralisation
qui souffle sur nous... ces vrais aliénés qui sous prétexte
d'art, de poésie... Mais tranquillisez-vous, cette maladie-là
se guérit... Si notre siècle fourmille de fous et d'utopistes,
heureusement aussi il peut se glorifier d'être le siècle de la
science... Paris n'a pas que ces oisifs qui, sous prétexte de
barbouiller du papier de couleurs ou de rimes... il a aussi
de vrais savants dont les œuvres sont, je crois, plus belles et
plus utiles... Le docteur Cocon par exemple... Il s'est fait une
spécialité de la pathologie intellectuelle... C'est un des princes
de la science. Ah ! si tous ces malheureux bohèmes qui en-

combrent la ville consentaient à se laisser traiter par lui,
comme il les guérirait vite du mal de poésie et de la fièvre
d'idéal dont ils souffrent! Comme il les rendrait vite à la
société productive! Comme il les aurait vite changés, pour
leur bien et le bien de la société, en individus producteurs, en
savants, en ingénieurs, en pharmaciens!... Ah! croyez-moi, allez
voir le docteur Cocon, il vous guérira de votre horrible maladie.

XXII

J'ai suivi le conseil de l'ingénieur Bildebières. Je suis allé
chez le docteur Cocon.

Après deux heures d'attente dans un luxueux salon tendu
de draperies similiorientales, un valet en habit m'introduit
dans le cabinet du prince de la science.

La pièce est, à la fois, riche, sobre et sévère. Il y a aux
murs des étoffes couleur de prune et sur tous les meubles
de ces bronzes qu'on appelle d'art.

Le prince est debout derrière sa table de travail. Il ressemble vaguement à un Napoléon Ier de soixante ans qui
aurait une redingote noire.

Aux premiers mots que j'essaie de dire, il m'interrompt,
brutal et péremptoire.

— Inutile, Monsieur, inutile!... Je sais... Je vois ce dont
il s'agit.

— Mais...

— Vous avez une maladie de la volonté... voilà... causée
par une hypertrophie de l'imagination.

— Oh! diable!... fis-je, inquiet.

— C'est grave, en effet, reprit-il, mais soyez sans crainte,
j'en ai guéri bien d'autres.

Il tira d'une trousse des pinces d'acier et de longues aiguil-
les d'argent qu'il éparpilla sur le tapis prune de la table.

— Oui, reprit-il. Je vous guérirai... C'est très simple...
je commence par vous trépaner...

— Par?...

— Oui, je vous ouvre le crâne.

— Permettez.

— Je vous ouvre le crâne, Monsieur... C'est une opération délicate sans doute, mais peu dangereuse... Je vous ouvre donc le crâne, puis, une fois votre crâne ouvert, avec ces épingles d'argent que vous voyez là, je crève, un à un, vos rêves...

— Comment, docteur, vous crevez mes rêves?...

— Parfaitement.

— Mais, alors, que me restera-t-il?

— Il vous restera une intelligence logique, positive, cette merveilleuse faculté dont vous manquez et qui distingue pourtant l'homme de l'animal : la Raison.

— Oh! mais, Docteur, la vie sans rêve! la vie sans rêve! c'est épouvantable...

Le docteur Cocon haussa les épaules.

— Vous deviendrez semblable aux gens sérieux, aux gens sensés, à l'ingénieur Bildebières, par exemple...

Ce n'était plus le docteur Cocon qui me parlait, ce n'était plus son cabinet riche, sobre et sévère, avec des tentures prune et, sur tous les meubles, des bronzes appelés d'art.

Je me trouvais dans un Éden en fleurs, au pied du palmier de la science. J'étais, oui, je me le rappelle, j'étais Ève, et le Malin, sous la forme d'un serpent à tête d'Esculape, rampait vers moi, et câlinement me disait :

— Si tu veux, tu seras semblable à l'ingénieur Bildebières! Tu seras semblable à l'ingénieur Bildebières...

Alors, tout à coup, je me rappelai l'archange au glaive de feu chassant les pécheurs de l'Éden en fleurs et les précipitant dans le gouffre du travail et de la douleur, et, montrant un poing haineux au reptile tentateur, je criai :

— Non, arrière, subtil serpent! arrière, Satan!... Satan qui veux encore me voler le paradis de mes songes! Je ne te laisserai pas percer de ta langue fourchue et stérilisante les ovaires de mes rêves! Arrière, Satan!

Et je m'enfuis, tandis que le docteur Cocon gloussait :

— Pauvre garçon ! Pauvre toqué !...

XXIII

Dans la chambre qu'éclairait faiblement une veilleuse de cristal mauve, Edwige et moi, par un sentiment de profonde pudeur qui nous commandait d'éviter la grossière indécence des transparents vêtements d'alcôve, nous nous étions mis nus, chastement nus.

Elle était assise sur le lit, nattant ses longs cheveux d'or pâle, et, comme je contemplais ses formes élégantes et maigres qui semblaient moins d'une femme que d'un très jeune éphèbe, elle me dit :

— Pourquoi cette chambre n'est-elle point un Eden gardé par le chérubin au glaive flamboyant ?... Nous marcherions parmi les fleurs fabuleuses... Je serais Ève et vous seriez Adam... car nous sommes aussi peu vêtus qu'eux.

— Vous savez bien, Edwige, que le chérubin au glaive flamboyant chassa de l'Éden nos aïeux et toute leur descendance.

— Pourtant, ne m'avez-vous point promis, autrefois, de m'y conduire, dans cet Éden ? dans ce jardin où fleurissent les pures idées ?

— Certes, car il existe une rédemption — une rédemption pour ceux qui savent se détacher des choses de la terre et des désirs de fausse science qui perdirent Ève. Ceux-là ont le droit de se renvoler vers le jardin fabuleux, et lorsqu'ils reviennent parmi les hommes ils ne peuvent se retenir de chanter les merveilles qu'ils ont contemplées, et ce qu'ils chantent est si prodigieusement beau et leur accent est si sublime que les hommes les raillent et les lapident.

Caressante comme un beau serpent, Edwige vint comme enrouler son corps souple autour de mon corps et murmura dans mes lèvres :

— Allons donc, car je ne crains plus les railleries ni les
cailloux des hommes.

XXIV +

Dans cette auberge au bord de la route, il y avait une
grande écurie aux rateliers d'or, et ce n'étaient point des
chevaux qui piaffaient d'impatience dans cette étrange écurie,
mais des licornes et des chimères.

Lorsque, parmi ces bêtes de légende, nous eûmes choisi
la monture qui nous convenait, un jeune palefrenier, beau
comme un page, nous l'amena près de la porte de l'auberge.
C'était une gigantesque licorne au poil roux. Ses naseaux
laissaient échapper de la fumée et des flammes. Elle déchirait
impatiemment le sol de ses griffes et ses ailes immenses
frémissaient de désirs d'essor.

Il y avait sur le bord de la route des gens qui regardaient
avec des yeux stupides et qui nous crachaient des railleries.
Des enfants nous lançaient même de petites pierres, et une
femme obèse, vêtue de soie verte, riait avec tant de force
que son gros ventre, qu'elle essayait de maîtriser de ses deux
mains, sautait et roulait, comme si elle eût eu sous ses jupes
dix chats en colère. Un cul-de-jatte nous menaçait de ses
poings chaussés de lourds souliers et des prostituées nous
insultaient de gestes obscènes.

Pour fuir cette foule ignoble nous décidâmes de hâter notre
départ. Je sautai sur le dos de la bête volante, et bientôt
Edwige, aidée par le jeune palefrenier beau comme un page,
qui de ses deux mains lui fit un étrier, vint se mettre à cheval
derrière moi, et, la licorne ayant dardé vers le soleil l'épieu
de son front et déployé ses ailes immenses, nous fûmes dans
le ciel, loin des stupides insultes de cette foule.

XXV

Nous avions attaché la licorne au tronc d'un arbre et nous avions pénétré dans le merveilleux jardin.

Des odeurs troublantes s'exhalaient des arbres en fleur, et une buée légère et parfumée rafraîchissait nos tempes, sans faire trembler la plus petite feuille.

Comme nous errions dans ce jardin merveilleusement beau, Edwige me dit :

— Cela est étrange, nous nous promenons dans ce merveilleux jardin, et pourtant je sens bien que nous ne marchons pas, que nos jambes ne remuent point.

— Nous n'avons plus de jambes, Edwige, nous n'avons plus de corps, nous sommes dans le jardin de la vérité, et cette apparence qu'était notre chair s'est évanouie et nous sommes maintenant nous-mêmes.

— Ah ! cela est bien singulier ! Nous nous promenons dans ce mystérieux jardin, et nos regards extasiés en contemplent toutes les admirables fleurs, et pourtant, certes, je ne pourrais point dire s'il est immense comme l'infini ou s'il n'occupe aucun espace dans le monde.

— Sans doute, Edwige, il n'est plus d'espace, et l'espace n'était encore qu'une illusoire apparence qui s'est évaporée, elle aussi, aux feux de ce beau soleil immobile dans cet azur.

— Hans ! Ya-t-il longtemps que nous sommes dans ce merveilleux jardin ? Je ne sais vraiment point depuis combien de temps nous sommes dans ce merveilleux jardin.

— Il n'y a plus de temps, Edwige, il n'y a plus de temps, et tout ce qui est ici est seulement et ne peut devenir, ni avoir été. Il n'y a plus de temps.

— Dites-moi, Hans, pourquoi ces fleurs, pourquoi ces feuilles ne remuent point, pourquoi nous ne remuons point, pourquoi rien ne remue dans ce merveilleux jardin.

— Parce qu'ici tout est beau de la suprême beauté et que

le plus léger mouvement romprait l'absolue harmonie nécessaire à cette suprême beauté.

— Hans, je me sens plus légère qu'un parfum et vous
m'apparaissez beau comme des lueurs de pierres précieuses,
beau comme les merveilleuses fleurs immobiles qui nous entourent, et je suis heureuse d'un bonheur que j'aurais peur
d'exprimer par des paroles humaines.

— Essayez, pourtant.

— C'est une volupté aiguë et douce à la fois dont on penserait mourir et qui ne finit point et qui ne s'amoindrit point...
Vous ne serez point jaloux de ce que je vais dire?

— Non !

— Eh! bien c'est comme si j'étais couchée avec Dieu, et
qu'en serrant entre ses bras mon indigne corps il communi-
quât à l'indicible frisson qui secouerait mes moelles le don
d'éternité.

— C'est ainsi, Edwige. Telle est la volupté qui nous étreint.

— Mais, de grâce, qu'est donc ce mystérieux jardin ? Dans
quel coin du monde se trouve-t-il ?

Ce mystérieux jardin, Edwige, c'est l'Éden, et l'Éden c'est
le monde... et sans doute nous n'avons point changé de
place.

Mais, aujourd'hui, nous avons su voir la splendide vérité à
travers les laides illusions de tous les jours.

XXVI

L'ingénieur Bildebières avait pour le docteur Cocon la plus
haute estime, une estime tout à fait sublimée, qu'il ne réser-
vait d'ordinaire qu'aux mortels qui avaient passé par l'école
polytechnique. Madame Bildebières aimait à le recevoir et à
l'entretenir, bien qu'il ne parlât volontiers que d'anatomie, de
pathologie et de choses très spéciales, avec des termes techniques, en ite et en algie, fort redoutables. Lorsqu'il entrait

dans le salon, avec son habit noir trop long et son inquiétante
physionomie de Bonaparte, toutes les conversations s'étei-
gnaient et ces dames, toutes ces dames dirigeaient vers lui
des regards un peu brillants, des regards intéressés, des
regards presque admiratifs, de ces regards comme les
femmes en jettent, d'accoutumée, aux héros plutôt qu'aux
savants.

C'est qu'une mystérieuse légende planait sur la vie du
docteur Cocon.

Il avait à la main droite une énorme cicatrice. Son pouce
et deux de ses doigts apparaissaient comme dénudés de chair,
n'ayant plus que la peau sur l'os... et on se chuchotait une
histoire ténébreuse, le récit d'un drame sanglant dont on
ignorait tous les détails, sinon que les deux seuls acteurs en
avaient été : le docteur Cocon et un lion !...

Un lion ! C'en avait été assez pour monter la tête à toutes
les femmes qui fréquentaient chez Madame Bildebières. Le
docteur Cocon leur était apparu comme un hardi dompteur de
fauves, ayant eu en sa vie des aventures adorablement épouvantables, et elles aimaient l'imaginer, là-bas, sous des latitudes
tropicales, embusqué, la carabine à l'épaule, parmi des palmiers, des cactus et des rugissements, guettant dans la nuit
le bond terrible des carnassiers, les foudroyant d'une balle
au cœur, ou bien, le couteau au poing, luttant corps à corps
avec des tigres, des lions ou des panthères...

Lui, relativement à ces terribles évènements, accomplis
sans doute dans sa jeunesse, était d'une discrétion absolue.
Lorsqu'on tentait d'amener la conversation sur ce sujet, il
avait une façon à lui de toussotter distraitement en disant,
avec un sourire malin :

— Ah ! ah !... les lions !... les lions !...

Et puis, sans ajouter un mot sur ce sujet, au grand désap-
pointement de ces dames très anxieuses, il s'arrangeait de
manière à détourner la conversation, à parler de sa brochure
intitulée : *De la Poésie considérée comme une affection*

inflammatoire et héréditaire de certains tissus de la scissure de Rolando, son diagnostic, son étiologie et son traitement. Ou bien il se mettait à faire l'éloge du rapport que son ami Léocade Léndormy avait présenté à l'Académie des Inscriptions, sur ce sujet : *Analogies et différences de l'institution du Prétoire chez les Romains et de celle du Mont-de-Piété chez les Modernes.* Ou bien encore il se mettait à résumer à ces dames distraites le beau livre de son autre ami Gatien Leputois, intitulé : *Des Momies égyptiennes considérées comme conserves alimentaires,* dans lequel il est définitivement démontré que les anciens Égyptiens étaient anthropophages et que les momies servaient à la nourriture de leurs armées, au cours des expéditions lointaines.

Tout cela, évidemment, bien que fort intéressant, ne satisfaisait qu'à demi ces dames, mais avait pour dernier résultat d'aiguiser de plus en plus leur curiosité, de faire travailler davantage leur imagination et d'augmenter, si c'était possible, leur admiration pour le docteur, qui joignait à la bravoure, à l'héroïsme qu'on devinait, tant de discrète modestie.

Si l'on insistait, si l'on essayait d'amener la conversation sur les pays exotiques, avec l'espérance que le docteur serait induit, par association d'idées, à causer de ses chasses, il se bornait fort habilement à donner à la conversation une direction exclusivement scientifique, commençant avec sa coutumière éloquence quelque conférence sur un sujet d'ethnographie, d'anthropologie, de botanique.

— Ah! l'Afrique! l'Afrique! disait-il, par exemple, l'Afrique, le pays des palmiers!... Eh bien, Mesdames, à propos des palmiers, une chose que vous ignorez peut-être, c'est que ces arbres ne poussent pas seulement sous les latitudes tropicales. Il en existe une variété fort intéressante qui pousse sous notre ciel inclément et gris. J'ai été le premier à l'observer. Je l'ai découverte. Vous pouvez vous reporter à la longue étude que j'ai écrite sur ce sujet, il y a dix ans : *Monographie du*

Palma Nigra. Oui, Mesdames, le Palma Nigra, Palma Nigra
Coconis, le palmier noir, car ce palmier est noir, entièrement
noir, noir d'écorce, noir de feuillage. Contrairement aux
autres variétés du genre palmier, il semble affectionner les
endroits humides, le bord des fleuves. Il est d'ailleurs extrêmement rare. Je n'ai pu malgré mes recherches en observer
qu'un seul type, et vous ne devineriez jamais où? En plein
Paris, à deux pas du Pont-Neuf. Il semble avoir pris racine
dans le lit même de la Seine, car sa tige élégante et gracieuse
traverse ce bateau de bains flottants nommé la Samaritaine, et
s'élance à travers le toit qui se trouve ainsi gracieusement et
naturellement couronné d'un élégant dôme de feuillage du
plus beau noir. Je n'ai pu malheureusement pousser aussi
loin que j'aurais voulu l'étude de ce curieux végétal à
cause de la mauvaise volonté du patron de l'établissement de
bains.

Et ces dames en étaient encore pour la dépense de leurs ruses. Et leur curiosité n'en demeurait que plus exacerbée, sans
préjudice de leur admiration.

J'observais depuis quelque temps qu'Edwige elle-même,
qui avait assisté à quelques-unes de ces conversations, commençait de partager la curiosité de ces dames et même à manifester une certaine admiration pour le mystérieux docteur,
ce héros si discret.

Elle, d'ordinaire si passivement toute à moi, au point de
ne plus penser, de ne plus rêver, de ne plus agir, de ne plus
parler que par moi, avait depuis quelques jours comme des
tentatives de douce révolte, et je sentais avec douleur, et pour
la première fois, frissonner en la seule âme que nous avions
maintenant pour nous deux une idée qui ne venait point de
moi, une idée qui venait d'elle.

Enfin, un jour que nous nous promenions en une forêt fabuleuse dont les arbres étaient rouges et le sol bleu, dans une
fabuleuse forêt peuplée de licornes, d'hippogriffes, d'hydres,
de dragons, de sphinx, de chimères, de centaures, de phœnix

et d'oiseaux roc, elle laissa échapper ces mots qui me meur-
trirent l'âme :

— Des lions! des grands lions aux rugissements de tonnerre!... Chasser les lions!...

— Eh! quoi, lui dis-je, ne nous promenons-nous point
parmi des monstres mille fois plus épouvantables? et ne pensez-vous point que l'hydre que voici et que le dragon et la
licorne que voilà ne sont pas des bêtes plus terribles que tous
les lions du monde...

— Oui, dit-elle, mais les lions vivent!...

Ah! lorsqu'Edwige prononça ces mots blasphématoires je
sentis bien qu'une partie de son âme avait fui loin de la mienne,
et je me mis à pleurer.

XXVII

Et les jours coulèrent, ennuagés de tristesse. Et je me
sentais à l'âme comme une blessure saignante, sans doute
la blessure de quelque membre amputé, et mon âme était si
lasse, était si triste qu'elle n'avait plus la force d'éployer ses
ailes et de s'envoler hors de la boue native.

— Edwige, disais-je, pourquoi donc me devenez-vous étran-
gère ?

— Vous vous trompez, disait-elle.

— Non, Edwige, vous songez aux lions, aux grands lions
rugissants !... Vous songez, avec votre âme d'autrefois,
qu'ils vivent, qu'ils vivent vraiment et que des héros les
chassent.

— C'est vrai, fit-elle, mais c'est malgré moi... Pourquoi
m'avez-vous laissée échapper? Maintenant, je voudrais savoir
s'il n'existe point des héros ailleurs que dans les fables.

— Et vous voudriez savoir si le docteur n'est point un de
ces héros de la vie ?

Elle rougit légèrement.

XXVIII

Ce que, malgré leurs séductions et leurs cajoleries, toutes
les dames du salon Bildebières n'avaient pu faire : décider le
docteur Cocon à parler, à s'expliquer sur cette mystérieuse
aventure du lion, je l'ai réalisé, moi, par la plus simple des
ruses.

Un soir que le docteur nous développait quelques points de
sa fameuse thèse : *De la Poésie considérée comme une
affection inflammatoire et héréditaire de certains tissus
de la scissure de Rolando, son diagnostic, son étiologie et
son traitement*, j'interrompis :

— Si la poésie est une maladie, ne croyez-vous pas, Docteur, que tous les hommes naissent avec le germe de cette
maladie, germe, je l'avoue, vite étouffé par la plupart des
hommes, mais laissant pourtant des traces reconnaissables
même dans les natures les plus prosaïques ? Qui donc, je vous
le demande, n'a senti au moins une fois d'impérieux désirs de
dévouement, d'héroïsme, d'envolement vers des ailleurs plus
beaux et plus purs ? Or, n'est-ce point là ces symptômes graves
dont vous parliez vous-même, en établissant le diagnostic de
la maladie en question ? Oui, Docteur, tout homme naît avec,
en lui, un poète qu'il s'empresse généralement d'étouffer. Et
vous-même, Docteur, je parierais qu'à certaine époque vous
avez senti l'atteinte de la maladie que vous étudiez, que vous
avez été ce malade dont vous parlez, que vous avez été
poète ?

— Jamais ! glapit énergiquement le docteur, du ton d'un
homme piqué au vif par une insulte.

— Pourtant, Docteur, repris-je avec perfidie, pourtant ces
mystérieuses histoires qu'on se chuchote sur votre jeunesse,
cette cicatrice que vous portez à la main, témoignage indélé-
bile des héroïsmes d'autrefois, ces aventures avec des lions,
ces mille actions de sublime folie qu'on devine en votre vie,

tout cela ne permet-il point d'affirmer en votre passé l'existence d'un état d'âme fort différent du prosaïsme dont vous
vous enorgueillissez aujourd'hui ?...

— Jamais de la vie!... glapit pour la seconde fois le docteur, indigné, blême de fureur.

— Oh! repris-je, ne vous défendez point, j'aime à vous
imaginer à cette époque lointaine de votre existence, dégoûté
du plat terre à terre de votre vie de tous les jours, assoiffé
d'un inconnu plus beau, assoiffé d'héroïsme, de gloire, d'idéal,
de poésie, vous enfuyant vers des pays lointains dont l'étrangeté vous séduisait par ses rapports avec le fantastique de
vos rêves, et là, poète, vous m'entendez bien, poète en action,
vous jetant à corps perdu dans des aventures terribles comme
celles des héros de la fable, rêvant, comme Hercule, de tuer
des hydres et des cyclopes; et vous résignant faute de mieux à
lutter corps à corps avec des lions.

Le docteur Cocon se mordait les lèvres fiévreusement.
Tout à coup il éclata.

— C'est insensé, Monsieur, vos conjectures sont insensées!
Rien ne les justifie!... Rien! Rien!... D'ailleurs, pour répondre à vos blessantes accusations, je veux rétablir les faits,
raconter l'épisode de ma vie auquel vous faites allusion, et
prendre ces dames à témoin que cet acte, pour héroïque qu'il
puisse paraître, ne peut en aucune manière être assimilé aux
extravagances coutumières du malade atteint du délire
poétique.

Toutes ses dames se rapprochèrent, allongeant le cou, ouvrant la bouche et les oreilles, au comble de l'attention, et je
m'aperçus qu'Edwige tremblait légèrement.

Le docteur Cocon commença ainsi son récit :

— A cette époque, je venais de terminer ma médecine et
j'avais été agréé par l'illustre zoologiste Morissot comme préparateur au Muséum d'histoire naturelle pour l'aider, par mes
faibles observations, à compléter sa *Monographie des grands
Carnassiers africains considérés comme animaux nui-*

sibles. En conséquence, je ne quittais guère la ménagerie, et, afin d'être toujours à proximité de mes animaux, je m'étais fait installer une chambrette dans le Muséum même. Si quelque fauve avait des allures anormales dignes d'être notées, le gardien venait me réveiller et j'accourais. Or, c'était le printemps, et une superbe lionne de l'Atlas venait d'entrer dans la période du rut. Vous savez, mesdames, que la lionne en rut a coutume d'appeler le mâle par des rugissements formidables pour lesquels on manque de termes de comparaison et dont parlent avec terreur tous les voyageurs qui ont voyagé la nuit dans les déserts africains. Une nuit donc, le gardien de la ménagerie vint me réveiller. Les rugissements de la bête en folie arrivaient jusqu'à moi, malgré la distance, comme un tonnerre ininterrompu. « C'est Fathma... » (La lionne s'appelait Fathma).

— « C'est Fathma qui appelle le mâle, me dit cet homme.

— « Très bien, répondis-je, j'y vais. » Il faut vous dire, mesdames, que lorsqu'une lionne était dans cet état de rut, c'était moi, moi seul qui étais chargé...

— Comment, interrompirent toutes ces dames stupéfiées, c'était vous? C'était vous? C'était vous qui étiez chargé?...

— Parfaitement! Oh! ça n'était pas sans quelque peine et sans quelque danger, mais vous allez voir comment je m'y prenais... Donc, je saute à bas du lit, je m'habille en hâte et je cours à la ménagerie. Fathma était dans un état d'exaltation indescriptible. Le cou tendu vers nous, sa formidable gueule ouverte, elle poussait des rugissements à briser les vitres, puis elle se roulait furieusement sur le plancher de sa cage, miaulant, hurlant, dressant vers un invisible assaillant ses redoutables griffes. Je ne pus m'empêcher de dire, malgré mon habitude de la chose : — « Oh! oh!... Ça sera difficile!... » Pourtant, il fallait s'armer de courage et se décider, car sans aucun doute tout le quartier n'eût pu fermer l'œil de la nuit... Il faut vous dire, mesdames, car vous ignorez sans doute ces détails, qu'il existe au plafond des cages des féroces

une petite trappe pouvant s'ouvrir et permettant d'introduire
dans la cage de solides cables amarrés à un cabestan. Ces
cables servent à descendre une double ceinture métallique
dans la cage. Il s'agit, et c'est une opération souvent longue,
de glisser sous le ventre du fauve cette double ceinture, qui,
au moyen d'un mécanisme très simple, se referme aussitôt.
Nous venions, le gardien et moi, de ceinturer la trop amoureuse Fathma d'après ce procédé. Nous nous attelâmes alors
au cabestan, et bientôt la bête, de plus en plus rugissante, se
trouvait suspendue à cinquante centimètres du sol. Ce n'était
point tout, il s'agissait, à l'aide de chaînes spéciales assez
analogues à ce qu'on nomme des cabriolets, de lui attacher les
quatre pattes entre elles, afin de l'empêcher de se débattre. Ce
fut bientôt fait. Il ne restait plus que la queue, la redoutable
queue de la bête qui battait l'air de son fouet terrible. Nous
réussîmes enfin à la saisir, à l'agripper avec une sorte de lazo
spécial à cet usage, et à l'amarrer aux barreaux de la cage.
Les préparatifs étaient terminés. La bête suspendue au plancher, sentant tous ses membres paralysés, comprenant l'inutilité de toute résistance, attendait passivement, ne rugissant
plus que faiblement. Moi, mesdames, je venais d'entrer
dans la cage, un peu ému, je dois l'avouer ; je m'approchai
de la croupe de la lionne, et tout à coup, brusquement, profitant d'une seconde d'immobilité qui m'avait paru formidable,
d'un seul coup, je lui injectai le lavement au bromure que
j'avais préparé... Mais, à ce moment, que se passa-t-il? je
l'ignore ; ce que je sais, c'est que je sentis toute la chair de
ma main arrachée comme par de formidables tenailles. Fathma
avait réussi à dégager une de ses redoutables pattes...

Edwige, pendant que le docteur parlait, s'était rapprochée
de moi.

— Pardon ! me disait-elle, oh ! pardonne-moi ! pardonne-
moi !...

Et je vis des larmes mouiller ses grands yeux mauves.

XXIX

Ainsi donc, je vous retrouve, Edwige ! vous êtes redevenue mon Edwige, depuis que vous n'êtes plus Edwige, mais moi-même ! et je pourrai encore, comme autrefois, parler avec vous, et nos conversations d'amour ne seront point un dialogue, un affreux dialogue, mais un long et doux soliloque... Car je sens que votre âme est bien revenue en mon âme et que votre chère parole, pour passer par vos lèvres, n'en est pas moins la mienne, n'en sort pas moins de moi-même.

— Certes, dit-elle, je suis bien à jamais guérie de ces fantaisies d'aller visiter le monde où l'on tue les rossignols et où l'on médecine les lionnes. Je veux pour toujours me blottir au plus profond de votre belle âme féerique.

— Edwige, vous rappelez-vous ce beau fleuve de songe où nous naviguâmes autrefois, sur une barque d'argent aux voiles de satin blanc, entre des rives pleines de palmiers, de cytises, de lauriers-roses et de miraculeuses floraisons ?

— Oui, nous nous étions assis à la proue de la barque, et nous laissions pendre nos pieds nus que chatouillait le friselis des remous, et parfois nous nous sentions sombrer dans des douceurs si aigûment douces que nous croyions mourir.

— Eh bien, Edwige, voulez-vous recommencer cette promenade ? Voici, amarrée au rivage, la belle barque d'argent aux voiles de satin blanc...

Oh ! les friselis des remous frôlant nos pieds nus...

XXX

Ah ! pourquoi donc avez-vous eu, pourquoi donc avons-nous eu l'impie désir de venir en ces royaumes maudits ? Sont-ce les spectres des vieux habitants des villes foudroyées de la mer morte, ces êtres douloureux et lubriques, ces êtres nus et ivres qui, l'écume aux lèvres, se prostituent, selon des modes monstrueux, dans les carrefours et dans les rues de cette horible cité aux murailles de bronze? Ne voulez-vous point fuir loin de ces abominables spectacles? Déjà les regards sanglants de ces frénétiques ont brûlé de leurs désirs nos chairs ingénues, et déjà des mains avides se sont tendues vers nous: N'était-il point plus sage de nous cantonner dans les virginaux jardins du rêve et de ne point désirer de fouler le sol brûlant de ces enfers? Serait-ce donc vrai ce que m'a dit autrefois un poète que l'idéal était un pays dangereux, au double aspect, l'un d'azur, et l'autre de nuit, et qu'à force de marcher dans les magnificences de l'azur il arrivait un jour où l'on voulait connaître les sublimes horreurs de l'ombre pure, où l'on se sentait impérieusement attiré par l'effroyable beauté du laid absolu, du mal idéal?... Ah! Edwige, n'avons-nous point cédé à cette tentation? Fuyons, s'il en est encore temps, cette ville aux murailles de bronze où les ricanements de Satan se mèlent aux miaulements voluptueux des Satyres.

— Le pourrons-nous? me dit tristement Edwige, et notre imprudence n'est-elle point déjà irrémédiable? Ne vous sentez-vous point déjà, comme moi, pénétré par l'horrible esprit qui plane sous ce ciel sombre?

— Hélas! oui; pourtant, essayons.

XXXI

Nous sommes sortis de la terrible ville aux murailles de bronze, et devant nous s'étend une sinistre vallée que domine une montagne de basalte surmontée d'un temple prodigieux. Il est immense, ses murailles sont peintes de vermillon, ses dômes sont d'or martelé, et mille lions colossaux sculptés dans l'airain en gardent les portes.

— Pourquoi n'irions-nous point dans ce temple? me dit Edwige.

— Oh! je sens bien qu'il ne faut point y aller.

— Pourtant n'avez-vous pas, comme moi, un impérieux désir d'y entrer ?

— J'ai le même impérieux désir, hélas! Mais je sais qu'il ne faut point, je sens que cela serait terrible.

Edwige se tut un instant, puis, ses grands yeux mauves fixés avec désir sur les murailles rouges du temple, elle reprit :

— Comment ferions-nous pour n'y point aller ? Ne sentez-vous point qu'il faudra bien que nous y allions ? ..

— Cela est épouvantable à penser.

— Vous voyez bien, dit-elle, si l'on vous proposait de partir, de vous éloigner, de fuir loin de ce temple, vous répondriez que vos talons sont cloués au sol, que vos regards sont rivés à ces murailles rouges.

— C'est vrai, je ne pourrais vraiment plus m'éloigner, et je vois bien que nous sommes perdus, à tout jamais perdus.

— J'ai aussi ce pressentiment, mais peut-être nous trompons-nous. Ce n'est en somme qu'un pressentiment, et puisqu'aussi bien il est impossible, absolument impossible de ne point y aller, risquons l'aventure, allons, ami, marchons...

Les yeux toujours fixés sur les murailles écarlates, nous avons commencé de gravir la montagne de basalte...

— Edwige ! Vous l'aurez voulu.

— Et vous, Hans, ne l'aurez-vous point voulu ? Et pouvions-nous ne le point vouloir ?

— Edwige, sentez-vous comme je tremble ?

XXXII

Nous avons franchi la formidable porte de fer que gardent des lions colossaux sculptés dans l'airain. Sous les énormes voûtes peintes d'or et de minium, au pied de mille statues de dieux monstrueux aux mâchoires féroces de bêtes carnassières, une foule furieuse se roule en hurlant sur les dalles de porphyre que sillonnent des ruisseaux écarlates. De tous côtés, montés sur des autels empourprés, des prêtres nus jusqu'à la ceinture, le front coiffé d'une tiare aux gemmes fabuleuses, égorgent avec des coutelas d'or des victimes humaines et, par instants, dardent vers le ciel leurs bras rougis et leurs mains rougies, pleines d'entrailles saignantes d'où ruisselle un sang chaud sur la chair nue de leurs épaules et de leur poitrine.

Je me suis tourné vers Edwige et je l'ai regardée longuement, avec des yeux que je sentais mauvais.

— Vous l'aurez voulu ! vous l'aurez voulu, ai-je répété d'une voix qui me sembla rauque comme un aboiement.

L'horrible foule furieuse, l'horrible foule qu'incendiait un indicible délice, s'était précipitée vers les autels. De tous côtés les prêtres lui jetaient les cadavres immolés, et tous alors se ruaient sur un lambeau humain, comme des chiens affamés se jettent à la curée. Des hurlements infernaux faisaient trembler les murs et les coupoles d'or. C'étaient des batailles horribles à qui arracherait un lambeau de chair à la victime, des batailles où se brisaient dans la chair les ongles et les dents, et parfois des lueurs de couteaux brillaient dans l'ombre et c'était dans cette foule de nouvelles victimes qui râlaient, la gorge trouée, et sur lesquelles, encore et toujours, on se jetait, les éventrant, les dépeçant, les dévorant.

— Edwige, êtes-vous folle ? êtes-vous folle ?

Est-ce une vision ? Est-ce un cauchemar ? Ah ! voici qu'elle aussi, ma blonde, ma blanche Edwige, s'est jetée, comme une chienne affamée, grinçant des dents, dans cette boucherie humaine, et qu'elle dispute, elle aussi, sa part de viande, et qu'elle se roule en hurlant dans ce sang, dans tout ce sang...

— Vos bas blancs, Edwige, pourquoi n'avez-vous plus vos bas blancs ? pourquoi vos bas sont-ils rouges ? sont-ils si rouges ?

Ah ! quel délire la fait se tordre, la fait hurler ainsi ? Et pourrais-je voir plus longtemps ses ongles et ses dents déchirer ces lambeaux ? Et moi, et moi, est-ce que je suis ivre ? Ne suis-je point aussi à genoux parmi ce sang, n'ai-je point les mains pleines de sang et ne disputé-je point à Edwige un lambeau de chair ? Ah! voilà maintenant que je me suis jeté sur elle, fou, les yeux sanglants, sur elle, sur ma bien-aimée, et voilà que je la terrasse, et que je déchire de mes dents sa gorge, sa gorge blanche.

— Oh ! oui, oui, râle-t-elle, tue-moi, je veux que tu me tues, je veux voir couler mon sang, je veux être la naïade d'un fleuve de sang...

Et, en hurlant, je l'ai trainée par les cheveux jusqu'au plus proche autel, et j'ai arraché le coutelas d'or des mains du prêtre, et j'en ai troué la poitrine nue d'Edwige, et le sang a giclé comme une gerbe de rubis jusqu'à mon visage, et le sang m'a aveuglé.

— Encore ! Encore ! râlait Edwige... Je veux voir mon sang... je veux couler sur le sol en grand fleuve rouge... Encore !...

XXXIII

C'est bien fini. Edwige est morte! Edwige est morte!

Le docteur Cocon est venu constater le décès. L'ingénieur Bildebières l'accompagnait. Ils m'ont serré la main, tous deux, avec des grimaces de componction et de banales phraséologies condoléantes.

— Mon pauvre ami... C'est un grand malheur... Mourir si jeune... Mais enfin, il faut se faire une raison...

Ensuite le docteur Cocon a longuement expliqué les causes de la mort d'Edwige. Selon lui, elle est morte d'une méningite, et je suis, moi, dans une grande mesure, responsable de la maladie qui l'a emportée. La petite cervelle de mon amie était, paraît-il, trop faible pour les débauches d'imagination que je lui imposais. Le surmenage des cellules cérébrales a déterminé la congestion de certains tissus, une inflammation terrible des méninges, et lorsque le mal prend ce caractère la science est impuissante...

— Ah! jeune homme! dites donc maintenant que la poésie n'est point une maladie! une maladie dont on peut mourir!...

J'ai tué Edwige! Ah! je ne le sais que trop que j'ai tué Edwige!... Mais je sais bien aussi qu'elle n'est point morte d'une banale méningite, puisque j'ai plongé vingt fois dans sa gorge le grand coutelas d'or du prêtre de Moloch.

XXXIV

— Allez vous reposer un peu, m'a dit l'ingénieur Bildebières, nous la veillerons, le docteur Cocon et moi... Vers minuit, lorsque vous aurez un peu dormi, vous viendrez nous remplacer... le docteur s'en ira chez lui, mais moi je resterai ici à me reposer, car je ne veux pas vous quitter dans une circonstance aussi douloureuse.

Il ne veut point me quitter, je sais bien pourquoi... Hier, dans une crise de désespérance, j'ai tenté de me tuer sur le cadavre d'Edwige, et malgré qu'on m'ait confisqué toute arme, malgré qu'on m'ait fait jurer de ne point recommencer, l'ingénieur n'est pas tranquille, il tient à me surveiller.

Je me suis rendu à ses insistances, et, tandis qu'ils s'installaient dans des fauteuils, je suis allé, dans la chambre voisine, m'étendre sur un divan.

Hélas! je n'avais guère envie de dormir, et, comme la porte était restée ouverte, j'eus l'agacement d'entendre l'impie conversation de mes deux amis. Ils s'étaient mis à parler d'Edwige, d'abord avec éloge et quelque commisération.

— C'est mourir bien jeune...

— Elle était bonne et douce.

— Et vraiment intelligente... Vous rappelez-vous le joli mot qu'elle nous dit un soir que nous discutions sur la femme?

Mais, peu à peu, des restrictions se faufilèrent, comme des serpents, parmi les louanges.

— Pourtant il faut bien avouer qu'elle était un peu folle.

— Oui, elle avait la tête faible, et Hans avait achevé de la
lui troubler avec ses divagations.

— Croyez-vous qu'elle était vraiment très intelligente?

— Je ne pense pas?

— Il eût pu trouver une femme plus intelligente, plus sérieuse.

— Et plus belle.

— Oh! oui, car elle n'était certainement point belle.

— Non, tout au plus avait-elle un certain je ne sais quoi
d'étrange dans la physionomie qui pouvait séduire.

— Oh! et encore! Moi, je la trouvais plutôt laide.

— Oui, elle était plutôt laide.

— Et puis, avec ça, elle ne devait pas être très jeune.

— Non, quel âge lui donniez-vous?

— Je ne sais pas, mais moi j'aime les femmes plus jeunes
que ça.

— C'est comme moi! Tenez, je me rappelle, à ma sortie
de l'École j'ai eu comme maîtresse une gamine de seize ans...
On l'appelait Chochotte... Ah! si vous nous aviez vus tous deux
dans les bals du temps, danser le cancan, comme on savait
le danser à cette époque-là!... Elle m'enlevait mon chapeau
d'un coup de pied avec une facilité!... Un soir, je me rappelle...

Et ils se mirent à se raconter par le menu les histoires
drôles et grivoises qu'ils se rappelaient de leur jeunesse...
Et pendant que je pleurais dans la chambre à côté, tandis que
je mordais les oreillers du divan pour étouffer mes sanglots,
j'entendais leurs anecdotes égrillardes que coupaient d'instant en instant des éclats de rire mal contenus...

A minuit, je vins, comme il était convenu, les relever de
cette garde impie. Le docteur Cocon se retira, l'ingénieur Bildebières alla se coucher dans la chambre voisine, sur le divan
que je venais de quitter.

Oh! qu'elle était belle ainsi, ma chère Edwige, rigidement
allongée sur ce lit évocateur de féeriques voluptés, si pâle et,
sur ses lèvres blanches, un mystérieux sourire, marmoréenne
vraiment de pâleur et de rigidité.

Je l'avais habillée de cette robe de foulard aux teintes éteintes qu'elle avait jadis, le premier soir que je la vis. J'avais pieusement chaussé ses jambes des jolis bas de fil blanc qu'elle aimait et ses petits pieds menus de légers escarpins vernis, et le lit sur lequel elle reposait, je l'avais jonché de lys, de pervenches et de roses thé...

Longtemps, longtemps, je pleurai, agenouillé près d'elle ; je baisais désespérément le mystérieux sourire de ses lèvres froides, et son front froid, et ses mains froides, et ses petits pieds froids. Et je sentais en moi comme un étouffement de ne pouvoir, en une langue assez riche, épancher la douleur dont était pleine mon âme, lorsque tout à coup j'aperçus en un coin mon clavecin, mon vieux clavecin de jadis, à la voix de cristal et d'or. Ah ! comme je me jetai sur son ivoire jauni où pleuvaient mes larmes, et comme je lui fis chanter l'hymne déchirant de mon désespoir...

Ah ! Edwige, aux déchirants sanglots, aux sublimes lamentations de ce chant de deuil que surent tirer mes doigts inspirés du merveilleux clavecin, vos yeux, vos beaux yeux mauves, je l'ai cru du moins, ne se sont-ils pas une dernière fois entr'ouverts ?

— Voyons, taisez-vous ! fit l'ingénieur surgissant dans la chambre. Parole d'honneur ! c'est indécent !...

XXXV

Pourquoi pleurer ? Pourquoi pleurerais-je Edwige ? Pourquoi pleurerais-je de l'avoir tuée ?

En la tuant, dans le ciel rouge, ne l'ai-je point délivrée ?

Maintenant, elle est rentrée dans le ciel des idées pures. Je pourrai l'y rencontrer, au coin de quelque rêve, et, alors, ce sera elle, sans doute, elle, impondérable libellule aux ailes de songe, qui me prendra en pitié, qui prendra en pitié le lourd limaçon qui tente, en rampant, d'escalader l'azur.

Et puis, pourquoi regretterais-je la mille fois trompeuse

apparence qu'elle fut ? Ne sais-je point le secret de la recréer, le secret de métamorphoser en l'Edwige qu'elle était la première femme qui passera sans refuser de mettre sa main dans ma main ?

Et pourtant ! Et pourtant !... D'où vient cette tristesse qui reste impitoyablement en moi ? N'aurais-je point quelque péché à expier ? N'aurais-je point été trop égoïste ? Ne me serais-je point trop complu en ces solitaires exaltations ? et ne serait-ce point un crime d'avoir tant méprisé les pauvres fraternelles créatures qui s'obstinent à ramper dans les boues natales ?

Ne leur devais-je point une part de mes joies ?

Ah ! dorénavant, je veux expier ce péché d'égoïsme par une immense pitié. Je veux que mes pauvres frères des boueux ruisseaux participent, grâce à moi, aux joies célestes que je sais ; je veux leur rapporter du ciel des rayons lumineux et parfumés dérobés aux corolles des astres, et je veux que tous me bénissent comme un sublime bienfaiteur.

Edwige ! Edwige ! toi qui planes maintenant dans la pure essence de beauté, inspire-moi le génie qu'il faut pour traduire dans la langue des apparences les merveilleuses vérités, souffle-moi les mots qu'il faut, dirige mes pinceaux, accorde ma lyre ! Je veux leur révéler, à mes pauvres frères des boueux ruisseaux, le bonheur des azurs que nous avons explorés. Edwige ! fais de moi un Homère, un Vinci, un Wagner, et que les hommes me bénissent à jamais pour toutes les joies que j'aurai révélées à leurs prunelles et à leurs oreilles.

Deux formidables éclats de rire m'interrompirent. C'était le docteur Cocon et l'ingénieur Bildebières, qui, sans que je les remarquasse, m'avaient écouté.

— Mon pauvre garçon, dit l'ingénieur, si vous n'avez à prodiguer à l'humanité que des bienfaits pas plus solides que ceux-là, ne comptez pas trop sur sa reconnaissance.

15 août 1892.

LIVRE II

LES POÈMES

I

LES GRENOUILLES DANS L'AME

Sanglots d'or que rhythma l'Arpège essentiel,
Vous qui choyez l'oubli des banales rancunes,
Sonores Fleurs, aux fins cheveux couleur de lunes,
Vierges douces qui vous exhalâtes du ciel,

O mes Rimes, je vous ai dit : Un Avril rose
Éparpille en mon Cœur un sourire vainqueur...
Venez donc vous baigner au golfe de mon Cœur !...
— Des rires bondissaient par la forêt morose ;

Des pans d'azur flottaient aux branches des cyprès ;
Une odeur de baiser s'envolait des corolles
Vers l'onde chuchotant des odes bénévoles,
Et les Édens fuyeurs nous paraissaient plus près !...

— Dans la sainte impudeur des filles ingénues,
Méprisant, Faune roux, tes yeux et tes brocards,
Vous quittâtes alors vos robes de brocarts
Et les langues d'azur léchèrent vos chairs nues...

Mais la mer hypocrite aux clins d'œil captieux,
La mer d'opale aux Flots menteurs comme des lèvres,
Celait sous ses splendeurs les vases et les fièvres
D'un Marais affamé de l'idylle des cieux !...

Et vos corps purs, vos corps pétris de neiges roses,
Sombrèrent doucement en ces bourbiers puants
Où les poulpes grouillaient et les baisers gluants
Des larves implorant l'éveil des Couperoses !

— Et voilà maintenant, chastes filles du ciel,
Sonores Fleurs, aux fins cheveux couleur de lunes,
Qui distillez l'oubli des banales rancunes,
Sanglots d'or que rhythma l'Arpège essentiel,

O mes Rimes, voilà que vos gorges issues
S'enflent au chaud contact des limons onctueux,
Et que vos corps, pris de tressauts voluptueux,
Se pâment aux suçons voraces des Sangsues !...

Septembre 1887.

CONTRITION

Vous jetâtes, ô Loi, de hideux scorpions
Dans les navrants déserts de ma jeune poitrine !
— Dites-nous, dure Loi, la lointaine origine
Des Crimes ignorés que, tous, nous expions !...
— A peine avais-je vu mes blonds lilas éclore,
Que déjà je sentais dans le cœur de mon Cœur,
De mon Cœur rayonnant et d'or comme une Aurore,
Fermenter le poison du Cloaque vainqueur !

Et maintenant, mon Cœur est le Fumier étrange
Fait des monstres crevés dans leurs déjections,
Le ténébreux soleil des putréfactions !...
— Oh ! je sens rayonner de ce soleil de fange,
Ainsi que des vapeurs qui brûleraient mes nerfs,
La haine du Texte et l'amour des Fleurs Damnées...
— Si tels sont mes avrils, quels seront mes hivers ?
Qui donc éclairera la nuit de mes journées ?

1886.

SUBTILE COURTISANE

———

I

— Près du Grimoire amer ma lampe est renversée,
Et déjà s'ouvre au ciel la Rose du matin...
— Dans le paysage fleuri de ma Pensée,
Je veux suivre, mystique et pieux libertin,

Les pas capricieux d'une fille aux yeux mauves,
Qui marche, nue et rose, en l'embroussaillement
Superbe et parfumé de ses lourds cheveux fauves !
— Son corps frêle est subtil comme un tressaillement.

Sa chair est vague comme un parfum séculaire
Et ses deux seins aigus sont couleur de baiser.
— Elle longe, en dansant, la grève circulaire
Où de royaux azurs accourent se briser !...

II

— Combien de fois, combien, Fille nue, aux yeux mauves,
T'ai-je suivie ainsi sur les sables dorés,
Dans les bois chevelus et sur les sierras chauves,
Et dans le deuil brûlant des déserts éplorés !...

Tu marchais, tu dansais, chantant des chansons roses,
Jetant des rires fous au Satyre moqueur,
Pour ne plus écouter les carillons moroses
Que sonnaient tes Désirs au beffroi de ton Cœur !...

Mais tes yeux, malgré toi, tes grands yeux extatiques,
Scrutaient avidement la terre, afin d'y voir
La magique lueur des cristaux hermétiques,
De la gemme impossible ou du diamant noir !...

III

— Elle n'a point trouvé ses gemmes introuvables,
Hélas ! la fille aux yeux mauves, aux cheveux roux !...
En vain, elle fouilla les roches et les sables ;
Ses pieds ont teint de sang les griffes des cailloux !

Et maintenant, lasse de ses vagabondages,
Le ventre en l'air et ses cheveux fauves épars,
Elle s'est endormie en des grottes sauvages
Sur des lichens bleus, pleins du frisson des lézards !...

— Mais, narguant le sommeil de ses chairs impassibles,
Son Rêve, chevauchant le Griffon d'Antéros,
S'envole vers le Ciel des Spasmes impossibles,
Au-dessus de Gomorrhe, au-dessus de Lesbos !...

IV

— Dans le paysage fleuri de ma pensée,
Je suis le Promeneur mystique et libertin !...
— Près du Grimoire amer ma lampe est renversée,
Et déjà s'ouvre au Ciel la Rose du matin...

1886.

LES ILLUSIONS PERDUES

Sur tes cheveux, flots indulgents couleur de soufre,
Où rôdent des parfums graves d'héliotrope,
Ainsi que sur un Océan berceur, oh ! souffre
Que navigue mon Cœur, loin des golfes d'Europe !...

Mon Cœur, vaisseau spectral, dont la quille broyée
Est rouge encor du sang des antiques batailles,
Vaisseau dont la mâture énorme, foudroyée,
Se tord, en l'appel vain des blanches funérailles !

Mon Cœur, vaisseau privé des propices étoiles,
Qui soupçonne les dents des roches acérées,
Et dont un vent hurlant gonfle et ronge les voiles
Que les boulets des vieux combats ont lacérées...

Mais tu n'as point pitié du navire qui souffre
Et qui voudrait s'enfuir, loin des golfes d'Europe !...
Et voilà que tes beaux cheveux, couleur de soufre,
Hélas ! grisent déjà le parc d'héliotrope !...

Sois pitoyable !... En ce bateau plein d'agonies
Sanglote un équipage étrange et lamentable
De Squelettes moisis, venus des Gémonies,
Et de Faunes, plaignant la glace indubitable !...

Sois bonne !... Vois : les uns, de leurs orbites vides,
Pleurent le souvenir des vieilles Conjonctures,
Les autres, vers l'azur tendant leurs bras avides,
Implorent les baisers chauds des Rives Futures !...

Sur tes cheveux, flots indulgents couleur de soufre,
Où rôdent des parfums graves d'héliotrope,
Ainsi que sur un Océan berceur, oh ! souffre
Que navigue mon Cœur, loin des golfes d'Europe.

Le rhythme lent et câlineur des blondes vagues,
Leurs effluves doux comme une brise d'automne,
Berçant mon Cœur, lui chanteront des chansons vagues
Sur un vieil air, un air très vieux !... Si monotone !...

Et cela calmera le désespoir, sans doute,
Des Squelettes hurleurs et des avides Faunes,
Dont les pleurs, ruisselants et sanglants, goutte à goutte,
Voudraient tomber, chère Toison, dans tes flots jaunes !...

Mais tu n'as point pitié du navire qui souffre,
Et qui rêve s'enfuir loin des golfes d'Europe !...
Et voilà que tes beaux cheveux, couleur de soufre,
Hélas ! grisent déjà le parc d'héliotrope !...

FUNÉRAILLES

Loin ! Combien loin, la Fleur rédemptrice !... La Fleur
Qui nous distillera sortilèges et charmes !...
— Mes sanglots, vers les rocs pleins de sanglants vacarmes,
Vous roulez, sans l'émoi du Faune persifleur !...

Pourquoi scruter ainsi la Nuit, grosse d'alarmes ?
J'ai lacéré mon ventre à ton carquois, Douleur !
Gloire à l'Héraclès qui, front altier, sans nul pleur,
Sut fouler, triomphal, ce blême astre des larmes...

Son Cœur ne fut troué d'aucun sabre vainqueur...
Mais moi j'ai succombé dans ces rouges batailles
Et j'escorte aujourd'hui de mornes funérailles.

Hélas ! Je suis les funérailles de mon Cœur !...
Le sable du ravin tremble ainsi qu'un suaire ;
Le ciel énorme est lourd comme un drap mortuaire !

Novembre 1887.

L'ŒUVRE MAUDIT

Au Caravage.

I

Le tonnerre des Dieux et le rire des Hommes
Roulent dans nos cheveux embrasés !... Car nous sommes,

Nous sommes les Maudits, les Excommuniés,
Traînant, comme un boulet, nos chefs-d'œuvre niés !...

Nous avons dédaigné le miel des Purgatoires
Et vomi vers le Ciel nos cris blasphématoires !...

Nous avons dit : Fuyons les cortèges banaux,
Errons, par ces nuits, seuls, sans cierges ni fanaux !...

Ne soyons plus le Fleuve vain qui se déroule :
Courons, drapeaux dressés, où ne va pas la Foule.....

Et nous avons bondi dans le Gouffre béant
Où l'Ouragan tordait sa croupe de géant.....

Et, depuis lors, châtrés de l'Espoir des Pinacles,
Et n'osant plus rêver la Paix des Tabernacles,

Et regrettant les Fleurs, l'Azur, les Vallons verts,
Et, pendant les éclairs, dardant nos yeux fous vers

Les Simulacres d'or arrachés de leurs bases,
Nous roulons, lamentant nos rudes anabases !.....

— Et, parfois, nous jetons au morne Écho des monts,
Farouches hurlements, nos Hymnes de démons.

Mais la seule chanson, dont notre deuil s'allège,
Rugit, hélas ! le memento d'un sacrilège :

II

Nous roulions, en cette nuit tumultuaire
Où sonnaient les clairons vengeurs des Déités,
Fuyant l'Œil pressenti du divin Belluaire
Et supputant l'horreur de nos éternités !...

Et comme notre bande, affamée et hurlante,
Laissant, pour témoigner des Immolations,
Aux ronces les lambeaux de sa chair pantelante,
Ensanglantait ce sol des Désolations,

Un disque bleu creva l'arcade sépulcrale,
La Lune nous versa ses sourires dorés ;
Nous sentîmes alors comme une Onde lustrale
Pleuvoir, et rafraîchir nos Maux édulcorés...

Et nous vîmes, au loin, des Collines fleuries,
Où, couronnés de myrtes gais, des Peuples nus,
Heureux, se prélassaient en l'Avril des prairies
Et chantaient leur bonheur sur des Rhythmes connus !

— Et, tandis que — pour fuir leurs roses Bucoliques —
Nous précipitions nos galops hoqueteux,
Ils crièrent : « Quels sont ces Truands faméliques,
Ces Fous échevelés, hagards et loqueteux ?

Ces sanglants Apostats dont l'Ouragan dilate
Les Cœurs ? Ces Pèlerins d'un sombre Carnaval,
Dont les pieds lacérés maculent d'écarlate
L'argile et les buissons du lamentable Val ?... »

Et quelques-uns, compatissants et charitables,
Laissaient, sur leurs genoux, ruisseler de vrais pleurs
Et nous prophétisaient les Deuils indubitables,
Et, vers nos cous tendant leurs bras comblés de fleurs,

Nous criaient de venir sur les Collines roses :
— « Là, disaient-ils, fleurit le Printemps éternel,
Le Ciel a l'immuable azur des couperoses,
Là, vous retrouverez l'Eden originel :

Voyez, des ruisseaux bleus se baisent sous les branches ;
Nous avons oublié les Larmes et les Maux ;
Nos femmes, dont nul lin ne cèle les chairs blanches,
Font gazouiller l'amour à leurs clairs chalumeaux !...

— Mais, Nous, mésestimant leurs voluptés banales,
Dédaignant chalumeaux, houlettes ou syrinx,
Et ces félicités de peuples sans annales,
Nos yeux toujours cherchant le chimérique Sphinx,

Nous avons poursuivi notre galop sauvage ;
Dressant, à poings crispés, l'étendard chancelant,
Hurlant vers les Soleils du fabuleux Rivage,
Nous avons poursuivi notre galop sanglant !

La Tempête tordait nos crinières altières !...
Nous avons poursuivi notre galop sanglant !
— Et nous avons franchi le Mur des Cimetières,
Sinistres contempteurs du Credo vigilant.....

Et nous avons, ainsi que des hyènes lubriques,
Raillant la sainteté des marbres frémissants,
Profanant le granit des fûts allégoriques,
Cupidement, fouillé les Sépulcres récents !...

Et quand chacun de nous eut pris la Morte aimée,
L'Enfer nous apparut plus profond et plus près,
Et la Lune voila sa Candeur blasphémée,
La Lune que crevait la pointe des cyprès !...

Et, depuis lors, narguant les gloires obreptices,
Sinistres pèlerins du hideux Carnaval,
Nous galopons, nous galopons, sans armistices,
A travers les Douleurs du lamentable Val,

Du Val où les Démons, ces pécheurs débonnaires,
N'oseraient point risquer leurs yeux épouvantés,
Du Val où les cailloux, les ronces sanguinaires,
Férocement, tendent leurs crocs ensanglantés !...

Implorant, dans la nuit, l'aumône des grands Rêves,
Ou lançant vers les dieux l'insulte de nos cris,
Nous arborons, au bout saignant de nos longs glaives,
Les lambeaux profanés des Cadavres Chéris !...

Sur la Colline rose, épouvantés et blêmes,
Tous, se montrant, des mains, les ruines des Tombeaux,
Lapident nos Vertus du plomb des Anathèmes...
— Sur nos fronts, plane un vol éperdu de corbeaux... —

Et, grognant vers l'espoir des voraces besognes,
Galopent, sur nos pas, les loups canonisés,
Les hyènes, les chacals, les mangeurs de charognes,
Qui souilleront le Paradis de nos Baisers !... »

III

Ainsi, nous hululons ces hymnes équivoques,
Tandis que notre peau flotte en saignantes loques,

Et nous rêvons d'Effondrements monumentaux,
Alors que le sang gicle aux trous de nos manteaux !

Le tonnerre des Dieux et le rire des Hommes
Roulent dans nos cheveux embrasés !... Car nous sommes,

Nous sommes les Maudits, les Excommuniés,
Traînant, comme un boulet, nos chefs-d'œuvre niés !...

Décembre 1888.

Tu fus de la tribu des Christ et des Homère !
Tu connus les crachats et les crucifiements,
Mais, dédaigneux des poings des zoïles déments,
Tu nouas des freins d'or aux gueules des Chimères !...

Pour ravir les joyaux du fabuleux Graal,
En dépit des haros de la plèbe hurlante,
Tu t'élanças, monté sur la bête volante,
Dans l'azur, cavalier assoiffé d'idéal !...

Ils te prophétisaient la chute et les désastres
Et la morne asphyxie en ces folles hauteurs,
Et leurs bouches bavaient des rires insulteurs
Vers celui qui volait au royaume des astres !...

Mais voilà que, déjà, tes orgueilleuses mains,
Tes mains s'insouciant des viles railleries,
Cueillaient au bleu jardin les saintes pierreries
Et les jetaient aux fous boueux de nos chemins !...

Et déjà tu tenais le magique ciboire
Que les temps ont promis au bras dominateur,
Le ciboire rempli du vin consolateur,
Qu'après le grand combat chaque vainqueur doit boire !...

Mais eux, toujours dardant vers toi leurs yeux méchants,
S'écriaient, savourant la fange des ornières :
« Quel est ce fou, dompteur des mythiques crinières,
Qui jette des cailloux et du plomb dans nos champs ? »

Tu ne daignas répondre aux sanglots de ces brutes
Qui blasphémaient le prix de tes présents royaux !...
Et toi-même, lassé des célestes joyaux,
Qui payaient les efforts de tes sublimes luttes,

Tu te laissas tomber dans le grand gouffre obscur
Où va s'éterniser toute œuvre séculaire
— Pour savoir si la Mort est meilleur lapidaire
Que l'homme qu'aveugla notre illusoire azur.

Tu fus de la tribu des Christ et des Homère,
Tu connus les crachats et les cruciflements,
Mais, dédaigneux des poings des zoïles déments,
Tu nouas des freins d'or aux gueules des Chimères.

SONNET

Balzac, ce géant, fit, dans son œuvre inégale,
Revivre un monde entier. Shakespeare acheva
Sa sombre basilique. Et Molière trouva
Le Rire, ce fouet brûlant de la Morale.

Raphaël nous laissa la Vierge qu'il rêva.
Michel-Ange anima le roc, puissant Dédale ;
Le vieil Homère a peint la guerre colossale.
Phidias a fait Zeus et Milton Jéhovah !

Tous ont gagné le port au milieu des tempêtes ;
Tous, tous ont fait jaillir Athéné de leurs têtes.
— Mais nous, bâtards de ces géants, nouveaux Gilbert,

Nous luttons vainement contre les maléfices :
Nos sublimes fœtus crèvent dans les matrices :
Notre Gloire sera d'avoir beaucoup souffert !

LE RONDEL DES PRÉDESTINÉS

Présomptueux allumeurs de lanternes,
Par la potence ou par le cabanon
Se concluront, sans fête et sans renom,
Nos jours et nos sublimes Balivernes !...
Nous nous sentons guettés en les tavernes
Où nous tentons noyer notre guignon,
Présomptueux allumeurs de lanternes,
Par la potence ou par le cabanon !

Dressez-nous vite, ô Byzances modernes !
Un autel d'or en votre Parthénon,
Donnez-nous vite un laurier d'or, sinon
Nous finirons, sans tambour ni pennon,
Présomptueux allumeurs de lanternes,
Par la potence ou par le cabanon !

4 février 1889.

LE SARCOPHAGE VIF

———

A Charles Wiest.

Les Doigts ont dit à la Cervelle : Non !
Et, fors les yeux maléfiques du Rat,
Nul doux espoir d'étoile n'éclaira
Le ciel moisi du sanglant cabanon !

La Tarentule immonde, en faction,
Raille mes cris d'un fou rire moqueur !...
J'ai dans le corps, à la place du Cœur,
Un vieux cadavre en putréfaction...

Un vieux cadavre où la horde des vers
A découvert, pour assouvir sa faim,
Un fin festin, digne des séraphins !...
— Moi ! je mettrai, dans mes lugubres vers,

Ainsi que dans mes proses, afin qu'au
Pinde je sois acclamé le vainqueur,
Le plus possible de mon pauvre Cœur !...
— Tant pis, si l'on y trouve un asticot !

Les Doigts ont dit à la Cervelle : Non !
Et, fors les yeux maléfiques du Rat,
Nul doux espoir d'étoile n'éclaira
Le ciel obscur du sanglant cabanon.

Le Scolopendre hydrophobe et pelé,
Le Stercoraire aux airs de matador,
Le Capricorne et la Limace d'or
S'estramaçonnent parmi les bolets,

L'Araignée acéphale fait le guet...
— Toi, ma maîtresse aux suçons trop ardents,
Plante en mon Cœur tes ongles et tes dents!...
  L'araignée acéphale fait le guet...

— Vois-tu les yeux maléfiques du Rat?
— Mange mon cœur, commensale du ver!...
Tu me diras s'il sent le vétyver
Ou le cédrat, ah! ah! ah! ah! ah! ah!

19 Mars 1890.

LA MONTAGNE DU DOUTE

A Charles Morice.

I

Sous ses cheveux, pleurs d'un soleil occidental,
Sentant tourbillonner les ailes prophétiques
Des funèbres corbeaux aux plumes de métal
Qui clamaient les gibets émergeant des portiques,

Jésus, désabusé de l'ave des faubourgs,
Fuyait, à pas traînants, la muraille écarlate
Où vibraient les tubas de bronze et les tambours
Et les boucliers d'or des soldats de Pilate.

Il allait, soulevant les poudres du chemin,
Dardant ses bras en croix vers l'azur implacable
Où son œil épelait ton forfait, ô demain,
Eclaboussant de sang la Table irrévocable...

Sous son front se dressaient des hontes de banni
Blême du geste noir des sinistres solives.
Lorsqu'il fut arrivé sur le Gethsémani,
Le jardin bienveillant où croissent les olives,

Il se laissa tomber parmi les gazons roux,
Ecrasé sous le plomb des lois théologales,
Et laissant essorer — le menton aux genoux —
Des sanglots qui montaient dans le chant des cigales.

II

— « Mon père ! pleurait-il, mon père, pitoyez !...
Vous avez fait de moi le poète sublime
Qui ne trébucha point aux fossés côtoyés,
Qui ne saigna jamais aux stupres de Solyme !

Vous avez fait de moi le rêveur soucieux :
Vous m'avez mis au cœur la barbare Chimère
Brûlant les murs de chair qui l'exilent des cieux !...
— Dédaignant les grelots de la joie éphémère,

J'ai vécu dans l'azur de mon œuvre lointain,
Espérant conquérir la pourpre des mémoires
Et laisser aux hivers du vieux monde latin
Le doux verbe d'amour, torche des noirs grimoires !

Je me suis dit : Comme un vaisseau plein d'échansons,
Mon Cœur accostera les époques futures !
Nos fils conserveront le vin de mes chansons
Au fond de respectueuses architectures !

Je serai l'amulette et le bon talisman
Que portera la vierge au col de sa tristesse !
Je serai la maîtresse et je serai l'amant !
Sous tous les ciels, j'aurai la gloire comme hôtesse !

— Mon père, j'ai jeté tous les hochets humains,
Eternels contempteurs des triomphes du Verbe,
Ne voulant employer mes deux fragiles mains
Qu'à pétrir l'or têtu de mon œuvre superbe !...

— Mais voilà qu'aujourd'hui des frissons singuliers
Se hérissent en moi, comme un nœud de reptiles ...
— Qui donc a fait ainsi craquer les lourds piliers
Soutenant les pignons de mes hauts péristyles ?...

Mon palais qui, déjà, se découpait dans l'air
M'a paru chanceler, des caves jusqu'aux dômes,
Ainsi que, dans les temps, au formidable éclair
De votre œil, ont tremblé les toits d'or des Sodomes !

Hélas ! Quel doigt mauvais courbe vers le ravin
Le mur présomptueux et les tours de mon rêve ?...
Des hiboux m'ont crié : — « Ton œuvre sera vain !
« Tes marbres deviendront le sable de la grève !

« Tu connaîtras la nuit !... » Et des corbeaux m'ont dit :
— « Sur ton palais détruit, la populace abjecte
« Dressera le gibet du serf et du bandit
« Pour y clouer le corps du trop fier architecte !

« Nous mangerons ta chair !... » Des présages de mort
Surgissent sous mes pas en sifflantes vipères !...
Arrachez le serpent de l'angoisse qui mord
Mon cou, Dieu pitoyable, ô père de mes pères !...

Seigneur, n'endeuillez point mes roses lendemains !
Ne foudroyez, Seigneur, les clochers de mon zèle !... »
— Et Jésus enfouit son beau front dans ses mains
Et se mit à pleurer des larmes de gazelle...

III

Dans les cheveux-émeraudins des oliviers,
Les cigales riaient. Au profond des vallées,
Le grelot des taureaux et le chant des bouviers
Se mêlaient aux doux cris des femmes cajolées...

Alors, les poings tendus vers toi, Jérusalem,
Jésus gémit : — « Oh ! maudit soit mon destin rude !
— Que ne suis-je resté l'enfant de Bethléem,
L'adolescent joyeux, couleur de multitude ?...

Sans rêver les lauriers d'un forum courtisan,
Ni ce triomphe vain que de vils bras opèrent,
Que ne suis-je resté le petit artisan
Qui poussait en chantant le rabot de son père ?...

Buveur d'azur, chanteur de mots mélodieux,
Rêvant la bonne trêve aux haines empirées,
J'ai voulu leur parler le langage des dieux,
J'ai voulu leur verser le vin des empyrées...

— Et voilà que leurs dents ingrates m'ont crié :
Non ! Plutôt, donne-nous ton sang de pourpre à boire !
Il nous faut le sang de ton corps pilorié
Pour teindre le manteau de pourpre de ta gloire !...

— Certes, à ce jeu sombre, il existe un dupé,
Un gueux volé rêvant d'illusoires largesses !
— O mon père !... J'ai peur !... Me serais-je trompé ?...
Tenaient-ils donc, ces fous, les réelles sagesses ?

Etaient-ils les diseurs de vos bonnes leçons ?
Votre souffle azuré soufflait-il en leurs voiles ?...
— Etait-ce le poète, amoureux de chansons,
Avare seulement de l'or de vos étoiles ?

Le juste, qui chassait du Temple les marchands,
Qui versait aux passants le miel de ses paroles ?
Etait-ce le glaneur de rêves et de chants ?
Etait-ce le semeur du blé des paraboles ?

Etait-ce moi, mon Dieu, qui faisais faux chemin ?...
Ingénu charlatan de louches utopies,
Ignare traducteur du royal parchemin
Erigeant en vertu ses rares myopies,

Etait-ce moi le piteux fou, le dément vil,
Babilleur de vers creux qu'on bafoue et qu'on raille ?
Et ceux dont je pleurais le labeur puéril,
Ceux dont je proclamais la proche funéraille,

Lévites, marchands, rois, prêtres du bon Présent,
Savaient-ils donc le mot dont Jésus désespère ?...
— Ah ! que ne suis-je encor le petit artisan
Qui poussait en chantant le rabot de son père !. .

— Oh ! pourquoi, quémandeur de socles idéaux,
Me suis-je retiré de la commune joute ?
Pourquoi les lourds destins, rudes et inféaux,
M'ont-ils forcé de fuir la banale grand'route ?

— Loin des rhéteurs, et du forum, et du tambour,
Dans la fraîcheur des beaux palmiers de Galilée,
J'aurais pu, comme un autre, au fond d'un petit bourg,
Connaître les douceurs d'une vie étoilée !...

Et bâillonnant mon cœur, forçant mon être entier
A boire le désir de quelques minces sommes,
J'aurais pu demeurer l'hilare charpentier
Qui sculpte le cercueil et le berceau des hommes...

De l'aube au soir, courbé sur mon humble établi,
J'aurais goûté la joie ineffable que donnent
La fatigue des bras, l'ignorance ou l'oubli,
L'outil que l'on reprend, l'outil qu'on abandonne...

Comme eux tous, j'eusse aimé la femme aux douces mains
Qui met, de ses baisers, la maisonnée en fêtes...
Oh! chers beaux yeux de femme! astres de nos demains!...
Oh! Genoux indulgents pour reposer nos têtes!..

Oh! seins roses! donneurs des plus roses printemps!
Oh! caresses de soie!... Obscur parfum des tresses!
Lèvres qui distillez les doux orviétans!...
Vous auriez éclairé la nuit de mes détresses!...

— Pourquoi m'avoir, Seigneur, signé de l'oint fatal!
— Ah! le doux souvenir des ciels de Galilée...
Que ne suis-je resté sous le chaume natal?...
Il y avait un puits au fond de la vallée...

Des chansons frissonnaient dans les hauts palmiers verts
Et la lune argentait les micas de l'allée...
Chaque soir, à pas lents, des femmes allaient vers
Le charitable puits au fond de la vallée...

Les seaux d'airain brillaient comme des vases d'or...
Elles allaient, sous le ciel bleu, semé d'étoiles,
Tandis que frémissaient avec des bruits d'essor
Leurs larges pantalons de tabis ou de toiles...

J'allais parfois m'asseoir au pied d'un vieux figuier,
Près du temple aux coupoles blanches, peu hautaines.
Les champs bariolés semblaient un échiquier...
Des enfants fleurissaient les roseaux des fontaines.

Je parlais aux marchands qui menaient les chameaux,
Aux filles qui dansaient dans le gazon... Oh! l'une,
Je me souviens. Ses yeux semblaient d'obscurs émaux,
Ses cheveux envolés étaient couleur de lune...

J'eusse aimé m'endormir en la paix de ses bras
Et baigner mòn front chaud parmi sa toison rousse,
Et causer avec elle à l'ombre des cédrats...
Elle était la plus belle et semblàit la plus douce...

Je me chantais, la nuit, les mots qu'elle avait dits...
Son souvenir parfumait d'ambre mes paresses...
Notre vie eût été l'éternel paradis,
Le bleu jardin, fleuri des exquises caresses...

—.Quel doigt, quel doigt haineux, tortureur et jaloux,
M'a donc précipité, loin de sa chère couche,
Dans la fosse des ours, des tigres et des loups?...
— Je mangeais quelquefois des muscats à sa bouche.

Notre vie eût été l'éternel paradis...
— Ah ! soyez maudit ! vous que j'appelais mon père,
Dieu, bourreau du poète et gloire des bandits !
Complice du vautour, compère des vipères !

Toi, qui nous mets au cœur les Rêves, ces cancers,
Sois maudit, créateur des tortures insignes,
Barbare potentat qui veux pour tes desserts
Le sang de tes bouffons et le râle des cygnes !...

Sois maudit, ô vieillard égoïste et brutal !...
Etrangleur d'alcyons ! Badin tortionnaire
Qui plantas en mon front tes griffes de métal,.
Et qui mis en mon âme un peu de ton tonnerre

.Afin de te jouer du fantoche odieux
Qui, sentant en sa chair la divine étincelle,
. Prophétise et se dit de la race des dieux,
Et pense d'astres d'or emplir son escarcelle !...

— Pour dorer d'un souris ta morne éternité,
Pour égayer ta vieille rate inassouvie,
Tu fis de moi le Fou, banni de la cité,
Qui cueille les chardons dans les champs de la vie !

Tu m'as fait chevaucher le Rêve décevant
Qui, loin des cheveux d'or dansant près des fontaines,
Galopait, à travers les foudres et le vent,
Vers l'illusoire tour des chimères lointaines !...

— Mais, aujourd'hui, le Rêve est mort, l'obscur cheval !
Et je n'espère plus le triomphal symptôme,
Ayant sondé la pente éternelle du val :
Je roule dans l'enfer, chevauchant un fantôme !...

Je roule, loin des paix de l'égoïste azur,
Parmi le désespoir des énigmes bien tues !
Je roule dans le gouffre infiniment obscur
Où je ne verrai point surgir l'or des statues !...

— Mais, puisque j'ai perdu les idéaux songés !
Puisque je ne crois plus à mes chansons hautaines !
Puisque je ne peux plus — oh ! désirs naufragés ! —
Revoir les cheveux d'or dansant près des fontaines !...

Puisque je suis le blanc martyr, aux poings liés,
Dont ont craqué les os aux marteaux de la forge,
Et puisque, pour flétrir les édits dépliés,
Il ne me reste plus que les cris de ma gorge,

Je crierai vers ton trône et vers ton paradis
Mes malédictions et mes fous anathèmes !...
Dieu méchant ! Dieu bourreau ! Dieu noir ! Je te maudis !
Et sur toi je vomis le fiel de mes blasphèmes !... »

IV

— Et Jésus, halotant, vers le ciel bleu cracha !
— Les cigales, alors, se turent dans chaque arbre,
Et l'astre agonisant, tout à coup, se cacha
Derrière les grands monts d'émeraude et de marbre...

Et l'azur, devenu terrible et frémissant,
Béa, comme troué de quelque lance impie,
Et ce fut le deuil lourd d'un grand fleuve de sang
Roulant vers l'horizon lointain d'Ethiopie...

Mais, éructant encor vers le ciel irrité
Le douloureux venin de sa rage futile,
Jésus s'en retournait déjà vers la cité,
Ses deux lèvres saignant du blasphème inutile :

Sous ses cheveux, pleurs d'un soleil occidental,
Toujours tourbillonnaient les ailes prophétiques
Des funèbres corbeaux aux plumes de métal
Qui clamaient les gibets émergeant des portiques...

Et bientôt, il pleura, ses yeux blasphémateurs
Au ciel, rêvant peut-être encor le bon dictame !...
— Mais l'Ange, messager des mots consolateurs,
Ne vint point éclairer le tombeau de son âme.

Octobre 1889.

LA LARVE

———

Il m'en souvient... ce fut dans ce royaume morne
Où plane un soleil noir sur des fleuves amers...
Ce fut dans ce royaume au bord des autres mers ..
Ce fut où m'emporta le vol de la Licorne...

En l'immuable nuit qui tombe du soleil
Sur la terre de cendre et sur les vagues grises...
En l'immuable nuit sans parfums et sans brise,
Sans brise et sans parfums, sans rêve et sans sommeil...

La Larve s'échappa par le trou de ma bouche !
— Il m'en souvient... ce fut sur ces rivages morts —
Et, spectre monstrueux, plus blême qu'un remords,
Laissa flotter dans l'air son corps flasque et farouche...

Elle dit : — « imbécile ! Imbécile orgueilleux !
Qui sertis mes cheveux de lys et de verveines,
Et qui vas te targuant, parmi tes routes vaines,
Du dérisoire mal transmis par tes aïeux !...

Tu me nommes, ô fou, ton Démon, ta Chimère,
Ta Muse, ton Génie, et La Clef-du-Trésor !
Et tu veux m'ériger en belle idole d'or
Sur l'illusoire autel de ta gloire éphémère !

Tu couronnes mon front d'un nimbe de clarté !
Tu m'attaches au dos les ailes des grands cygnes !
Tu donnes à mes pieds — ô sacrilège insigne ! —
Pour royal tabouret le croissant d'Astarté !...

Courbé sous le fouet sanglant de mon caprice,
Tu tends vers mes genoux tes doigts reconnaissants,
Tu me gaves d'amour, tu me saoules d'encens,
Tu me bénis, tu m'appelles Consolatrice !...

— Mais ne vois-tu donc point qui je suis, insensé ?
Mais ne sais-tu donc point, pauvre mangeur de songe,
Que c'est moi cette Larve immonde qui te ronge
Et qui mord les lambeaux de ton cœur dépecé ?...

Ne sais-tu pas, fou, que je suis le ver infâme
Labourant sans répit le cadavre entamé,
Le tœnia vorace à jamais affamé
De la chair de ton rêve et du sang de ton âme ?

— Insensé ! Prométhée enchaîné sur sa tour,
Sous cette aile éternelle et rouge qui s'éploie,
Bénit-il donc le bec qui lacère son foie
Et tresse-t-il des lys au col de son vautour ?... »

Il m'en souvient... Ce fut dans ce royaume morne
Où plane un soleil noir sur des fleuves amers...
Ce fut dans ce royaume au bord des autres mers...
Ce fut où m'emporta le vol de la Licorne...

Février 1890.

II

LES INTERMÉDIAIRES

CHAIR

—

I

Parfois, je vois — ainsi que, dans les temps, Antoine —
Du fond des antres noirs aux haleines d'égouts
Et des rochers obscurs où râlent mes dégoûts
Et mes ricanements dépravés de vieux moine,

Surgir tes seins flambants et ton ventre doré,
O vivante statue, idole créatrice,
Soleil de chair, nimbant l'orgueil d'une matrice,
Que l'antique Hellénie eût peut-être adoré !...

Alors, quittant la paix honteuse de mon antre,
Et plantant dans ta peau mes dix ongles gourmands,
Je hurle, avec la voix des tout jeunes amants,
Ces chants fous vers l'autel somptueux de ton ventre :

II

— « Gloire à toi, Luth vivant du baiser familier,
Grande sœur d'Aphrodite aux hanches rebondies,
Divinité charnue aux mamelles raidies
    Dont la cuisse est dure comme un pilier !...

Ah ! qu'ils approchent donc, squelettes érotiques,
Les fantômes fluets qui me furent troublants,
Et nous comparerons l'ampleur de tes flancs blancs,
    A leur maigreur d'éphèbes chlorotiques !

Gloire à la chair ! On sent la vie et la santé
Sous ta peau !... Le parfum chaud et brutal qui coule
De ton sexe m'affole !... Un sang de fauve roule
    Des ruts, parmi mon cœur épouvanté !

Vive la chair ! A moi, les étreintes charnues
De tes bras ! Ton sein lourd est dur comme un caillou !
Ta peau sent bon ! Je veux, ô ventre, comme un fou,
    Frotter mon ventre à tes viandes nues !...

Je lécherai ta lèvre et les sucs corrodeurs
De ta salive, ainsi qu'on égoutte une amphore !
Et je mordrai ton cou, pour voler plus encore
    A ton beau corps ses saoulantes odeurs !...

Donne ! je veux mâcher tes chairs chaudes et lisses !
Et lacérer l'airain frissonnant de ton dos !...
Femelle aux reins d'acier qui briserait les os
    Du mâle aimé rien qu'en serrant les cuisses ! »

III

Ainsi, quittant la paix honteuse de mon antre
Et plantant dans ta peau mes dix ongles gourmands,
Je hurle, avec la voix des tout jeunes amants,
Ces chants fous vers l'autel somptueux de ton ventre.

Mais, dès que le frisson banal s'est évadé
De ma chair que ta chair orgueilleuse emprisonne,
Repoussant ton beau corps détesté qui frissonne
Et déjà dégoûté du ciel escaladé,

Je reviens, morne — ainsi que, dans les temps, Antoine —
Au fond des antres noirs aux haleines d'égouts
Et des obscurs rochers, enfouir mes dégoûts
Et mes ricanements dépravés de vieux moine.

Je reviens caresser mon stryge coutumier
Et lui redemander ses lèvres défaillies,
Ainsi qu'un porc, après le frisson des saillies,
Retourne se vautrer dans l'or de son fumier.

APPARITION

Dans ce parc, que nul parc de rêve n'égala,
Ce fut ta tête pâle, ô Pâle entre les pâles,
Dans ce parc, somptueux comme un soir de gala,
Ta tête, défiant en pâleur ces opales !...
Ce fut ta tête pâle, ô Pâle entre les pâles...

Tes cheveux s'exhalaient en nuages joyeux...
Et ta bouche entrouverte était pleine d'étoiles...
Et vers mes yeux fluaient les fleuves de tes yeux
Pleins de galères d'or, de rameurs et de voiles !...
Et ta bouche entrouverte était pleine d'étoiles...

CHANSON POUR ENDORMIR
LE CŒUR

Prête à mes rêves las le berceau de tes bras...
Des papillons jolis volètent par la chambre...
Je boirai l'hypocras des mots que tu diras
Et baignerai mon front dans tes beaux cheveux d'ambre...
Prête à mes rêves las le berceau de tes bras...

Berce, berce mon cœur de tes caresses vaines...
Tes yeux fleuris sont pleins d'un vol de colibris,
Pleins de chansons d'oiseaux, pleins d'odeurs de verveines,
Et tu fais refleurir les fleurs quand tu souris !...
Berce, berce mon cœur de tes caresses vaines...

Endors mes rêves las dans le lit de ta chair...
Mon front est transpercé d'épines douloureuses
Et tes seins lui seront un oreiller bien cher !...
J'essaierai d'oublier que ta poitrine est creuse...
Endors mes rêves las dans le lit de ta chair.

LEVER DE LUNE

———

Chère, ce fut certain soir bleu de fin d'été :
Nous prîmes, sans parler, par le sentier des saules...
J'empourprais de baisers ton poignet déganté
Et tes longs cheveux roux flottaient sur nos épaules !...

Nous allions, priant en vain l'Ombre érotique
D'écarter le fantôme amer des Lendemains..
— La lune se leva, la lune chlorotique,
Et de l'argent neigea sur le deuil des chemins...

———

Apparence surgie au fond du crépuscule,
Pâle ange fantômal si proche, et qui recule
Sitôt que notre geste enamouré se tend,
Spectre fugace et gris, qu'on ne voit ni n'entend,
Vapeur du marécage, écume de la grève,
Ailes pâles d'un songe, âme entrevue en rêve,
Halo d'astre, sylphide, elfe, lointain parfum
Comme d'un bouquet mort ou d'un baiser défunt,
Etoile du brouillard qui s'éteint et s'allume,
Blanche amante sans chair, Madone dans la brume,
C'est vers toi que l'on marche, en ce soir morne et froid,
Plein de peur et d'espoir, plein d'amour et d'effroi.

Novembre 91.

MADRIGAL

Ah! n'entends point, dans la vallée inassouvie,
Ah! n'entends point les Ægipans écornifleurs
Dont la rage glapit aux forêts de l'Envie !...
Tes gestes sont comme un serpent parmi des fleurs.
O Toi, si toujours toi, dans tes voiles de veuve,
Comme un serpent guettant d'illusoires ramiers...
Et tes œillades ont la langueur d'un beau fleuve
Roulant nonchalamment, sous un dais de palmiers,
Dans un calme lascif de plaines tropicales,
L'azur impollué de ses eaux musicales...
Ah! n'entends point les cris lointains de l'Ægipan,
N'entends point les sanglots des rouges forêts vierges...
La flûte du Passant a charmé le serpent...
Oh! ses danses, parmi les roseaux de la berge !...
Voici que va partir le badin pélerin...
Au brasier de ton ventre, il chauffa ses mains gourdes...
Le chemin sera long... Mais le ciel est serein...
— Sois bonne ! Et verse un peu de ton âme en sa gourde...

MADRIGAL

— -

Ton sang n'a point fondu la neige de ces toiles !...
Sous ton sein dur, hélas, aucune aile ne bouge...
Me laisseras-tu donc voler au seul ciel rouge
Dont nos baisers seraient les mutines étoiles ?...

— Ton Ventre est l'autel d'or du temple d'Aphrodite !...
— Je suis le prêtre impur qui n'offre point de cierges
Et qui veux, sur l'autel desservi par les vierges,
Chanter le rituel de la messe maudite.....

Je suis le mage expert en l'art du Trismégiste !...
— Pourquoi me repousser de ton rire morose ?...
Concède que, devant le Tabernacle-Rose,
S'agenouillent mes vœux de malin théurgiste,

Que ma langue de miel chante la cantilène
Et les hymnes brûlants pleins de rimes choisies
Que Sappho récitait, à lèvres d'ambroisies,
Aux Nymphes fleurissant les prés de Mitylène !...

— Oh ! rhythmer l'oraison de la messe maudite
Avec la bouche en fleurs des hiérodules vierges,
Prêtre blasphémateur qui n'offre point de cierges,
Sur ton Ventre, autel d'or du temple d'Aphrodite !...

2 février 1890.

Ton visage eût fait fuir Appelle et Praxitèle...
Tu es laide. Et pourtant, laide, je t'aimai telle,

Pour ton cœur sombre où sonne un verbe alambiqué,
Pour ton aigu savoir du baiser compliqué !...

Couvé par le feu bleu de tes yeux de sorcière,
J'ai vautré mon dos nu dans l'abjecte poussière.

Et, jusque sur le lit glacé des nénuphars,
M'ont saoulé la couleur et l'odeur de tes fards...

Le givre ensoleillé des montagnes de Suisse
Est moins froid et moins blanc que le fût de ta cuisse

Émergeant de la nuit soyeuse de tes bas,
Lorsque, pour célébrer nos lubriques sabbats,

Tu trousses le jupon, la chemise et la robe,
Sous lesquels l'enfer cher de ta chair se dérobe !...

Et, parmi les satins, ton dur ventre est pareil
A l'orbe rutilant d'un infécond soleil...

Tes jambes et tes doigts, dans ce chaud crépuscule
D'alcôve, ont des touchers suçeurs de tentacule,

Et ton flexible corps est un serpent python
Expert à s'enrouler, comme autour d'un bâton,

Autour du tronc des végétaux au suc infâme
Que fait germer le tuf humide de mon âme !

L'âpre ouragan qui naît des pores de ta peau
Effiloche mon rêve ainsi qu'un vieux drapeau !...

Que m'importe, dis-moi, que ta face ait des rides,
Puisque ton cœur est plein d'un vol de cantharides?...

Ote de tes cheveux ces mauves daturas !...
Allons !... Arrache-moi ces jupons de surah...

Délace ce corset qui meurtrit et qui broie
Ta taille !... Fais glisser ta chemise de soie...

Et jette dans un coin les massifs bracelets,
Les bijoux, les colliers à ton col enroulés,

Et tout, et ces noirs bas où flambe cette boucle
De jarretière qu'orne une énorme escarboucle,

Et viens, sur ces tapis, toute nue en rampant,
Tordre autour de mon corps tes anneaux de serpent.

Et nous n'entendrons point le chant d'or des fanfares
Ni les danses riant au sanglot des guitares...

Ni les gris vendangeurs barbouillés de raisin,
Dont l'ivresse flamboye au vignoble voisin,

Ni rien de la gaîté ni des pleurs de ce monde!...
Car nous vivrons, sur ces tapis, la vie immonde

Qu'il nous plut de créer en haine du réel
Et que ne sut prévoir le livre d'Israël!...

Enlace-moi!... De tout ton corps s'exhale et monte
Un enivrant parfum d'allégresse et de honte!...

S'il eût pu deviner qu'un jour quelques cités
Sauraient la clef d'argent de ces félicités,

Réservant son courroux aux prêtres de ces rites,
Dieu n'eût point foudroyé les cinq villes maudites!...

Viens, Chère, verse-moi le vin du rêve cher!...
Le ciel d'amour n'est pas aux cachots de la chair!...

Oublions les banals enlacements des Èves
Et verse sur ma peau le fleuve de tes rêves!...

Il pleut dans le jardin... Ces rires se sont tus!...
Tes baisers, tes baisers ont d'étranges vertus!...

Que m'importe, dis moi, que ta face ait des rides
Puisque ton cœur est plein d'un vol de cantharides?

15 Aout 1890.

DUPERIES D'AMOUR

Nous fûmes dupes, vous et moi,
De manigances mutuelles.
        P. VERLAINE. *Fêtes Galantes*, 19.

A l'horizon, flottait une pourpre morose,
A l'horizon où l'Astre essoufflé s'embourbait.
Les neiges se teignaient sinistrement de rose
Et l'arbre du jardin semblait un grand gibet !...

— Oui, sur ma foi ! vous me séduisîtes, Madame,
Avec l'éclat de votre teint artificiel
Puisé dans je ne sais quel dupeur amalgame ;
Avec vos deux grands yeux troubleurs, couleur de ciel,

Dont l'un était mensonge vain de porcelaine ;
Avec vos fausses dents d'un émail non pareil ;
Et votre corps pâli dans le blanc de baleine ;
Et vos cheveux, vibrants comme un rais de soleil,

Vos cheveux dont (par une inavouable alchimie)
Vous changeâtes l'argent en or philosophal !...
Oui, sur ma foi ! vous me séduisîtes, amie,
Comme un Mensonge éblouissant et triomphal !...

— A l'horizon flottait une pourpre morose,
A l'horizon où l'astre essoufflé s'embourbait.
Les neiges se teignaient sinistrement de rose
Et l'arbre du jardin semblait un grand gibet !...

— Ah ! dans vos maigres bras, sur vos mamelles molles
De vieille courtisane, ah ! Madame, j'ai su
Goûter des voluptés très subtiles et folles !...
J'ai possédé tous vos avrils, à votre insu !...

Tandis que vous plaigniez le plomb de vos années,
Je baisais la Vierge que vous fûtes jadis,
Et me vautrant parmi les grâces surannées
Et la misère hypocrite de vos débris,

J'étais le pélerin errant parmi des ruines,
Qui, jetant sa jeunesse à la mort des piliers,
Revit, heureux et seul, les splendeurs libertines
Et les luxes royaux des siècles oubliés !

— A l'horizon flottait une pourpre morose,
A l'horizon où l'astre essoufflé s'embourbait.
Les neiges se teignaient sinistrement de rose.
Et l'arbre du jardin semblait un grand gibet !

Octobre 1888.

LA FILLE AUX PÉCHÉS MENTIS

— Parmi les horizons mornes de mes douleurs,
Tandis que je plaignais la Candeur envolée,
M'apparûtes-vous pas, très Chère, auréolée
De joie et de blancheur, comme un pommier en fleurs ?...

Les ingénuités de vos doigts cajoleurs !...
— O le sourire à votre lèvre inviolée !
— Ce fut, dans le deuil lourd de mon noir mausolée,
Le seul rayon d'amour qui vint sécher mes pleurs...

— Chère, vous souvient-il de l'allée isolée ?
Des moelleurs du sainfoin et des merles siffleurs,
Chantant l'épithalame au sommet des vieux ormes ?...

Vous souvient-il, ô vous, Fille aux Péchés Mentis,
Du rire faux qui m'étrangla, quand je sentis
Que vous aviez les caroncules myrtiformes !...

                                        Novembre 1888.

CANTILÈNE POUR SES YEUX

Pâle amie, au profil de Madone allemande,
Amphores de lapis s'épandant par flots lourds,
Vos grands yeux d'outremer, vos chers yeux en amande,
Me versent des nectars doux comme des velours,
Pâle amie, au profil de Madone allemande !

Vos yeux sont des miroirs taillés dans le saphir !
De trop cruels miroirs superbes et magiques...
Vos yeux sont des puits bleus où vient se réfléchir
Le Ciel de votre Cœur lourd d'ouragans tragiques !
Vos yeux sont des miroirs taillés dans le saphir !

Pâle amie, au profil de Madone allemande,
Ai-je point découvert dans vos yeux de velours
Les Crimes surhumains que votre amour quémande
Et les grands lits craquant sous les Désirs trop lourds,
Pâle amie, au profil de Madone allemande ?...

Oh ! laissez-moi sonder le gouffre de vos yeux.
J'ai vu briller, en leur azur, la noire flamme
De vos péchés ! De vos péchés prestigieux !
Je veux baigner mes yeux dans le sang de votre âme,
Oh ! laissez-moi sonder le gouffre de vos yeux !...

Vos yeux sont des miroirs taillés dans le saphir !
J'aperçois, pâle amie, en leurs tréfonds magiques,
L'Hamadryade nue acceptant sans fléchir
Les infernaux assauts des vieux faunes tragiques :
Vos yeux sont des miroirs taillés dans le saphir.

Oh ! laissez-moi sonder le gouffre de vos yeux !
L'Hamadryade étale un Ventre fait de flamme.
Les vieux Faunes lascifs tendent des doigts joyeux
Et des lèvres de sang où l'âpre Impudeur brame...
Oh ! laissez-moi sonder le gouffre de vos yeux !

CHANSON D'ADIEU

Écoute ! Maintenant, le râle aigu des cors
Rôde dans la forêt écarlate et farouche...
Mes doigts ont moisonné l'automne de ton corps,
Ma bouche s'est grisée au muscat de ta bouche,

Je sais tous les bosquets du jardin de ton Cœur !...
Le temps n'est plus des pieds badins, ni des caresses,
Ni de l'herbe aux baisers, ni de l'écho moqueur !...
Il pleut, il pleut du givre au vallon de nos tresses...

Nous n'avons su cueillir les roses ni les lys,
Ni les galets polis des plages ingénues...
Rappelle-toi l'orgueil lointain de ces beaux lits
Où nous avons cherché les flores inconnues !...

Nous avons trop cherché le mot des paradis !
Nous avons trop cherché les flores inconnues !...
Regrettes-tu l'orgueil des beaux lits de jadis
Où tu tordais l'ambition de tes chairs nues ?...

Mes doigts ont moisonné l'automne de ton corps.
Ma bouche s'est grisée au muscat de ta bouche...
Écoute ! Maintenant, le râle aigu des cors
Rôde dans la forêt écarlate et farouche !...

LA CHANSON DES SOUVENIRS

———

— Mangeons des souvenirs dans la coupe d'agate,
Mangeons les grappes d'or des souvenirs épars !...
— Regarde frissonner notre vieille frégate
Appareillant déjà pour de nouveaux départs...

— Nos deux cœurs sont trop vieux pour quitter les rivages
Où nous n'avons trouvé que des fleuves amers...
Nous ne referons plus les longs et beaux voyages,
Nos cœurs bercés par la chanson calme des mers...

— Rappelle-toi le temps de nos aveux tremblants...
Hélas! maintenant, vois nos deux cœurs ont des rides,
Nos cœurs sont des vieillards graves, à cheveux blancs,
Qui ne quitteront plus ces littoraux arides !...

— Dis-moi, ah ! dis — pour consteller ces soirs farouches —
Dis-moi tes souvenirs des choses de jadis,
Dis-moi les clairs baisers qui fleurissaient nos bouches,
Les rouges voluptés de nos vieux paradis !...

Ces reliques, dis-les, chère langue perverse...
Évoque les parfums des roses qui m'ont plu...
Toi, mon printemps fané, que ta lèvre me verse
Un peu du jeune avril qu'elle ne connaît plus !...

Ne te souvient-il point des rires de ces faunes
Qui faisaient s'envoler nymphes et papillons ?...
— La tempête, aujourd'hui, tord nos crinières jaunes
Et mord ta peau par tous les trous de tes haillons !...

— Maudis-tu donc encor la pâle châtelaine
Pour qui ma pauvre vielle a bien longtemps chanté,
Qui daigna m'écouter pleurer ma cantilène,
Assise au balcon d'or du manoir enchanté ?...

Rappelle-toi l'effroi des robes dégrafées,
Dans les grisants parfums de ce jardin galant
Dont les fleurs ressemblaient à des lèvres de fées !...
Rappelle-toi tous mes baisers sur ton cou blanc...

Rappelle-toi ces nuits où les ailes d'un ange
Embrassaient de leur vol les cèdres du ravin...
Et nos rires d'argent, ce midi de vendange
Où tu te barbouillas les pommettes de vin...

O le baume enchanteur des choses en allées !...
O le royal nectar des souvenirs amers !...
O les baisers surpris aux tournants des allées !...
Et nos rêves bercés sur l'azur doux des mers !...

O l'évocation des jeunesses lointaines
Où revivent des voix d'enfantins violons !...
O tes petits pieds blancs dans le chant des fontaines !...
Et les lys ! et mes doigts dans tes longs cheveux blonds !...

O tout notre passé !... et toute notre joie !...
— Maintenant les éclairs brûlent nos fronts tremblants,
Et l'ouragan, parmi les rochers, roule et broie
Nos cœurs, nos pauvres cœurs, déchirés et sanglants !...

— Nos deux cœurs sont trop vieux pour quitter les rivages
Où nous n'avons trouvé que des fleuves amers...
Nous ne referons plus les longs et beaux voyages,
Nos cœurs bercés par la chanson calme des mers...

— Regarde frissonner notre vieille frégate
Appareillant déjà pour de nouveaux départs...
— Mangeons des souvenirs dans la coupe d'agate,
Mangeons les grappes d'or des souvenirs épars.

Mars 1890.

PORTRAIT

Des pas menus et trottinants d'insecte,
Un grand œil noir toujours comme en maraude,
Une démarche alerte et circonspecte,
Toute petite, en robe d'émeraude,

Elle trottine, elle flâne, elle inspecte,
Avec des airs de carabe qui rôde,
Ou bien, parfois, s'arrête et se délecte
Au grand soleil ardent qui la taraude.

Le satin vert du jupon, qui brillotte,
Semble une élytre, et, toujours, brimballotte,
Comme une antenne, à sa toque embarbée,

Un plumasseau mince qui se trémousse...
Est-elle femme ? Est-elle scarabée ?
On aimerait l'aimer parmi les mousses.

29 juillet 1892.

L'AUBERGE

Ma gabare brisée aux récifs de la berge,
N'osant plus espérer l'aube des blonds demains,
Et mes pieds lacérés aux ronces des chemins,
J'ai rencontré ton Cœur qui fut ma bonne auberge...

Au foyer de ton Cœur, j'ai séché mes lambeaux,
J'ai bu, dans tes hanaps, l'hydromel du bien-être...
Nous avons contemplé, longtemps, par la fenêtre,
La tempête et le vol sinistre des corbeaux.....

Dans le lit de ton Cœur, j'ai couché mes paresses...
Tu fus l'hôtesse douce, au rire large et bon,
Qui donnas volontiers au blême vagabond
Le pain de tes baisers, le vin de tes caresses...

Ce beau festin d'amour, le vivrons-nous encor?...
— Hélas ! J'ai su, depuis, Marchande de délices,
Que ta main ne vidait la huche et les calices
Que pour les mieux remplir de mes beaux sequins d'or !...

Ma gabare brisée aux récifs de la berge,
N'osant plus espérer l'aube des blonds demains,
Et mes pieds lacérés aux ronces des chemins,
J'ai rencontré ton Cœur qui fut ma bonne auberge !...

LE CŒUR CRISTALLISÉ

———

Les orgues, les plains-chants, les gongs et les tambours
Jamais n'ont fait saigner les pierres des ogives...
Dans les magiques flots des sources de Salzbourg,
Plongerai-je mon Cœur plein de blessures vives ?...

Je l'ai plongé, mon pauvre Cœur, d'un poing brutal,
Mon Cœur d'où ruisselaient des paroles sanglantes !...
Et voici qu'il n'est plus qu'un dur bloc de cristal
Dont s'illuminent les facettes rutilantes !...

Les orgues, les plains-chants ni le deuil des tambours
N'ont jamais fait pleurer les pierres des ogives...
Je l'ai plongé, mon Cœur, plein de blessures vives,
Dans les magiques flots des sources de Salzbourg...

Et, depuis lors, je foule, au milieu des batailles,
Des cœurs amis saignant aux lances du vainqueur,
Joyeux d'avoir un Cœur que nul glaive n'entaille,
D'avoir un Cœur qui brille et qui n'est plus un Cœur !...

6 juin 1890.

———

A JAMAIS

(Fragment.)

Afin de fuir le Faune roux qui nous railla,
Madame, et les Sylvains dansant sous les tonnelles,
Montons, si vous voulez, sur cet Himmalaya !
Et parmi les chers lys des neiges éternelles,

Et parmi les candeurs des pics baignés d'azur,
Couchons notre amour rose et nos mélancolies !...
Et loin des flots croupis et loin du sol impur
Redressons ces débris d'idoles abolies,

Ces débris encombrant les temples de nos cœurs,
Ces vieux débris couchés dans les ronces amères,
Dont ont semé nos cœurs les barbares vainqueurs
Qui tuèrent en nous le vol d'or des Chimères !...

Et nous sommes montés sur cet Himmalaya,
Dans l'ingénu désert des neiges éternelles,
Afin de fuir le Faune roux qui nous railla,
Les Pans et les Sylvains dansant sous les tonnelles.

Et le ciel maintenant frissonne autour de nous
Comme les bleus tabis d'une royale tente,
O vous, trop blonde, ô vous, dont les chastes genoux
Bercent si doucement ma tête sanglotante,

O vous, trop bonne, ô vous, qui tristement épiez
Pour les boire les pleurs qui perlent sur ma joue!
Oh ! ne voyez-vous pas, loin, très loin, sous nos pieds,
Parmi l'azur, croupir ces royaumes de boue,

Ces royaumes de fange où nous avons sali
L'argent de nos sabots, l'hermine de nos âmes,
Où nos cœurs ont sonné les mornes hallalis,
Bien souvent, dans le bois des appétits infâmes !..

Regardez ! maintenant, ce monde où s'effeuilla
Le candide rosier de nos folles jeunesses,
Ce monde colossal qui bien souvent railla
Les prophètes passant sur les blanches ânesses,

Ce monde qui semblait à nos regards d'enfants
Être le Monde, être le seul, l'immense Monde,
Et bercer l'Infini dans ses bras triomphants,
Ce monde, hélas, ainsi qu'une pustule immonde,

Ainsi qu'une pustule immonde de lépreux,
Tache à peine le ventre immense du Ciel pâle,
Macule de limon sanglant et ténébreux
Salissant les splendeurs de l'Infini d'opale,

O vous, trop blonde, ô vous dont les chastes genoux
Bercent si doucement ma tête sanglotante.

  .   .   .   .

  .   .   .   .

  .   .   .   .

LES COSMOGONIQUES

LES SAPINS

Les forêts de sapins semblent des cathédrales
Où, complice muet de quelque culte noir,
Chaque cierge endormi sous son lourd éteignoir,
Distille de la nuit, des frissons et des râles !

— Tandis que, pour voiler le trop vain ostensoir,
Pendent sur les vitraux des loques sépulcrales,
On entend chuchoter ces musiques claustrales
Que pleure le feuillage, aux phalanges du Soir...

— Vous le suivîtes, mon Espoir, le labyrinthe
De ces nefs, bien des nuits, chercheur de l'Arche Sainte
Et les deux poings tendus vers l'éternel néant ;

Mais, en vain, vous avez sondé toutes les salles,
Ne découvrant, au fond des voûtes colossales,
Que le rire du Vide, obscur, froid et béant !...

LES DEUX GOUFFRES

————

(*Ebauche.*)

La Chimère lui dit : « Galilée a menti !...
La Durée, éternelle et sombre houle, gronde !..
Un jour, elle broiera le phare anéanti :
  La Terre n'est point ronde !..

Homme, saisis mes crins et saute sur mon dos ;
Tu sus m'apprivoiser du bon miel de ton hymne,
Toi qui, seul, dis encor sous ces ciels féodaux
  Les chansons de Methymne !

Saisis mes crins et me chevauche, ô doux Jongleur !
Je veux te révéler l'ineffable Mystère...
Nous volerons, tous deux, vers l'Abîme aveugleur
  Où finit votre Terre !

Et si, devant le feu des infinis autels,
Ne s'évapore point ta pauvre Âme éphémère,
Tu chanteras le los des Nômes immortels,
  Aveugle comme Homère ! »

Le Jongleur, saisissant les crins d'un poing brutal,
Sauta sur le pavois des hideuses épaules...
La Chimère éploya ses ailes de métal
    Qui touchaient aux deux pôles !..

Par-dessus les forêts, par-dessus les cités,
Par dessus les vaisseaux orgueilleux de leurs toiles,
Ils volaient, ils volaient, par les immensités,
    Dans le chœur des étoiles...

Mais la Chimère enfin sur un cap de granit
Se posa — « Vois les champs que ton âme ensemence !
Dit-elle. C'est ici que le Monde finit,
    C'est ici qu'il commence ! »

Ces deux gouffres béants, profonds comme des ciels,
Contiennent l'aromate éternel des mémoires
Qui fait vivre à jamais les mots essentiels,
    Fleurs d'or des vils grimoires !

O poète, rien n'est, ni le bien ni le mal,
Ni l'âme, ni la vie, ô chimère insensée
Dont veut s'enorgueillir l'illusoire animal !
    Rien n'est que la pensée...

. . . .

La Chimère lui dit :

Tu vois ces deux gouffres. L'un et l'autre sont le réceptacle des éternités des choses. Le bien ni le mal ne sont point. Il n'existe qu'une chose : la pensée, tantôt mortelle, tantôt immortelle. Mortelle, lorsqu'elle le prélasse dans les douceurs éphémères de la contingence ; immortelle, lorsqu'elle sait s'élever jusqu'aux paradis des absolus.

Dans ces deux gouffres s'envolent pour immaner et pour jouir l'essence des pensées immortelles. Les unes volent, parmi les théories des anges et des archanges, à travers l'immensité du gouffre rose ; les autres se baignent parmi les baisers savants des incubes et des succubes, dans l'infinie profondeur du gouffre noir. Mais toutes savourent les ineffables jouissances de l'immortalité, en contemplant éternellement sa mort des âmes indignes... (*Note de l'auteur, relevée sur le manuscrit.*)

LES REMORDS

Voici qu'ont débarqué les barbares corsaires
Dans la cité funèbre aux palais sépulcraux,
Vautours, corbeaux, dardant des cous, des becs, des serres,
Hyènes et lynx tendant les rires de leurs crocs !...

Et voici que sous l'ongle aigu des noirs corsaires,
Déjà se sont fendus les marbres sépulcraux,
Et qu'il pleut, du ciel bleu, des ailes et des serres.
Et que monte du sol le grincement des crocs...

Les cadavres scellés depuis bien des années
S'étalent maintenant devant l'azur moqueur,
Et tous ont conservé les postures damnées
De l'instant où cessa de palpiter leur cœur...

Seigneur, ces dents, ces becs, mettront-ils cent années,
Sous le ciel que balafre un sourire moqueur,
A dévorer les os des carcasses damnées
Que j'avais enfouis dans un coin de mon cœur ?...

Voici qu'ont débarqué les barbares corsaires
Dans la cité funèbre aux palais sépulcraux,
Vautours, corbeaux, dardant des cous, des becs, des serres,
Hyènes et lynx tendant les rires de leurs crocs !...

LE TUEUR DE CHIMERES

(*Fragment.*)

Bouffi du fol orgueil d'un triomphe éphémère,
Il disait : « Je possède en mon carquois de fer
Des dards mystérieux et forgés par l'enfer
Pour tuer dans les airs la dernière Chimère ! »

Et la foule, béant d'extase et de stupeur,
Dès qu'elle eut entendu ces paroles de cuivre,
Délirant, acclama d'un hululement ivre
Le ténébreux chasseur sans reproche et sans peur.

Et les sages faiseurs de dogmes et de bulles,
Et les guerriers et les putains et les marchands,
Et jusques aux truands des villes et des champs,
Crièrent : « Oui, tuez ces oiseaux ridicules,

Ces stupides oiseaux inutiles et vains,
Qui toujours affamés d'une proie inconnue
Volent en tourbillon de flammes dans les nues
Et sèment la folie au sol de nos ravins.

Tant que voltigeront leurs ombres sur la terre,
Tant que nos yeux verront leur éternel essor
Planer dans le ciel bleu comme des soleils d'or,
Nous ne connaîtrons point les besognes austères.

Nos cœurs cloués au bois illusoire des croix,
Aveuglés par le feu de ces ailes immenses,
Nous gisons écrasés sous ces vieilles démences,
Stupides ainsi que les hommes d'autrefois... »

. . . .

LE TUEUR DE CHIMÈRES

(Variantes.)

« Oui, tuez ces oiseaux méchants et magnifiques,
Qui nous font oublier pour des vaines chansons
La forge rouge et les labours et les moissons,
Ah ! débarrassez-nous de leurs vols maléfiques.

Beau chasseur ténébreux, selle ton cheval roux
Dont fument les naseaux ainsi que des cratères,
Et cours, ton arc bandé, vers les stériles terres
Disperser dans l'azur tes flèches de courroux !

Que pleuvent dans du sang les volailles néfastes !
Nous les empaillerons dans nos noirs museums
Et nous te chanterons, vainqueur, des *Te Deum*,
T'offrant comme pavois nos dos enthousiastes... »

. . . .

LE CŒUR DE LA FEMME

———

Sous des ciels ingénus et mauves d'élégie
Qu'étoilent les rubis des baisers en allés,
En l'immuable avril des prés bleus de Phrygie,
Près du gazouillement chaste des ruisselets

Qu'étoilent les rubis des baisers en allés,
S'est assise Erato, la nymphe aux cheveux jaunes ;
Près du gazouillement chaste des ruisselets,
Ses lèvres se tendant pour les chères aumônes, .

S'est assise Erato, la nymphe aux cheveux jaunes,
Sous le royal palais des chênes ténébreux,
Ses lèvres se tendant pour les chères aumônes
Vers le Faune implorant les baisers dangereux ;

Sous le royal palais des chênes ténébreux,
Elle penche sa chair de jaspe et de lumière
Vers le Faune implorant les baisers dangereux,
Et la suprême fleur de l'œuvre coutumière.

Elle penche sa chair de jaspe et de lumière,
Le faune lamentait les hauts murs des jardins
Et la suprême fleur de l'œuvre coutumière
Etranglant des sanglots douloureux et badins...

Le Faune lamentait les hauts murs des jardins
Et tendait vers les seins d'onyx des doigts avides
Étouffant des sanglots douloureux et badins ;
Hagard, il entrouvrait ses lèvres impavides

Et tendait vers les seins d'onyx des doigts avides ;
Ses bras roux étreignant les hanches comme un styx,
Hagard, il entrouvrait ses lèvres impavides
Et mordait la pâleur douce des seins d'onyx.

Ses bras roux étreignant les hanches comme un styx,
Il lacérait les chairs de lys de l'adorée
Et mordait la pâleur douce des seins d'onyx,
Écartant la splendeur de la toison dorée.

Il lacérait les chairs de lys de l'adorée,
Elle tendait aux dents son sein petit et blanc,
Écartant la splendeur de la toison dorée,
Riant de voir couler la pourpre de son sang.

Elle tendait aux dents son sein petit et blanc,
Tandis qu'elle effeuillait des jasmins et des roses,
Riant de voir couler la pourpre de son sang
Et raillant l'espoir vain de ses métamorphoses.

Tandis qu'elle effeuillait des jasmins et des roses
Lui, pleurant le succès de son désir vainqueur
Et raillant l'espoir vain de ses métamorphoses,
Plongeait les doigts dans le secret chaud de son cœur.

Lui, pleurant le succès de son désir vainqueur
Et buvant le sang qui giclait en rouge gerbe,
Plongeait ses doigts dans le secret chaud de son cœur
Dont la pourpre striait le sinople de l'herbe.

Et, buvant le sang qui giclait en rouge gerbe,
Quand il eut arraché le pauvre petit cœur
Dont la pourpre striait le sinople de l'herbe,
Comme Erato le regardait d'un front moqueur,

Quand il eut arraché le pauvre petit cœur,
Sous le ciel, frémissant d'équivoques alarmes,
Comme Erato le regardait d'un front moqueur,
Morne il mangea le cœur en l'arrosant de larmes.

Sous le ciel frémissant d'équivoques alarmes,
Sous les chênes tordus en gestes maudisseurs,
Morne, il mangea le Cœur en l'arrosant de larmes,
Et les roses pleuraient, pleuraient comme des sœurs.

Sous les chênes tordus en gestes maudisseurs,
La nymphe en riant prit des jasmins et des roses,
Et les roses pleuraient, pleuraient comme des sœurs,
Et les jasmins penchaient leurs corolles décloses.

La nymphe en riant prit des jasmins et des roses,
Elle en remplit le trou saignant de son côté,
Et les jasmins penchaient leurs corolles décloses ;
Les roses exhalaient un frisson chuchoté.

Elle en remplit le trou saignant de son côté :
— Mon Cœur neuf raillera la griffe et la morsure !
Les roses exhalaient un frisson chuchoté :
— Qui donc verra les vestiges de la blessure ?

— Mon Cœur neuf raillera la griffe et la morsure !
Je veux baiser tous ces sylvains dansant en chœur.
— Qui donc verra les vestiges de la blessure ?
Et le Faune pleurait d'avoir mangé le Cœur !

LES CAPTIVES

D'azur comme des yeux, roses comme des bouches,
Autour des blancs hennins, des papillons volaient.
Les massifs palefrois, les destriers farouches,
Dans la cour du joyeux Manoir, caracolaient.

Les pages, bourdonnants et vifs comme des mouches,
Les dames que les gais chevaliers cajolaient,
Les vieux barons rêvant des jeunes escarmouches,
Les nains, les fous, dont les grelots batifolaient,

Et les soudards, meurtris de bosses et d'entailles,
Et les grands lévriers et jusqu'aux valetailles,
Spectateurs vils de ces Tournois hebdomadaires,

Tous étaient accourus persifler les Captives
Qui, parmi les joyaux des dépouilles votives,
Hurlaient, les poings liés aux dos des dromadaires !...

LE VOYAGE QUI NE FINIRA PAS

Voici donc qu'ont brillé les lanternes des phares
Dans la livide nuit où mouraient les galères,
Et qu'oubliant ses peurs et ses blêmes colères
L'équipage s'exalte en hilares fanfares !...

C'est la fin du voyage et des périls moroses,
Et l'immense bonheur du tardif arrivage !...
Sans doute des mouchoirs s'agitent au rivage !...
Ils reverront, enfin, des robes et des roses !...

Et l'aube a coloré la lointaine jetée
Où la mer monotone et méchante se brise...
Mais, hélas ! nul mouchoir ne flottait dans la brise...
·Et sur les quais hurlait une foule emportée

Qui lançait des cailloux vers leurs néfastes voiles !...
— Oh ! les rêves, parmi les roses et les femmes !...
Faudra-t-il donc encor se courber sur les rames
Et supplier des mains les propices étoiles ?...

— Les matelots navrés ont cessé leurs fanfares,
Et, pour fuir le rivage aux sanglantes colères,
Déjà, sous le ciel d'or, s'éloignent les galères
Vers l'illusoire rive où brillent d'autres phares...

6 Novembre 1890.

LE SUBTIL EMPEREUR

———

En l'or constellé des barbares dalmatiques,
La peau fardée et les cheveux teints d'incarnat,
Je trône, contempteur des nudités attiques,
Dans la peau royale où mon rêve s'incarna...

Je regarde en raillant agoniser l'empire
Dans les rires du cirque et les cris des jokeys,
Et cet écroulement formidable m'inspire
Des vers subtils, fleuris de vocables coquets !...

Je suis le Basileus dilettante et farouche !
Ma cathèdre est d'or pur sous un dais de tabis...
Quand je parle, on dirait qu'il tombe de ma bouche
Des anges, des saphirs, des fleurs et des rubis...

Mars 1890.

———

LES CONSTELLATIONS
ILLUSOIRES

—

Tandis que l'ouragan râle ses râles rauques
Et disperse en lambeaux les vergues et les voiles,
L'immuable Astrologue, au déclin des époques,
Regarde s'allumer les futures étoiles

Qui seront les cailloux des étoiles futures !
— Afin de témoigner qu'en ces soirs de désastres,
Jamais ne luiront sur nos architectures
Les sourires constants et bienveillants des astres.

Novembre 1800.

Pauvre des sequins d'or que le Malin défalque,
N'osant plus regarder le Bleu des Empyrées,
Je suis le cheval lent et noir du catafalque
Qui traîne les Péchés des Races expirées !

Au roulement funèbre et rauque des tambours
Effarouchant un ciel de corbeaux envolés,
Je vais, par des champs gris sans châteaux et sans bourgs,
Vers les mornes tombeaux des rêves consolés...

La Nécropole, hélas, est loin. Un vent farouche
Lacère les espoirs ainsi que des bannières ;
Une écume de mort ensanglante ma bouche
Et je laisse du rouge aux cailloux des ornières...

— Oh ! comme vous fuyez, Harpes des paradis,
Et vous, Ange, et le Parc au jet d'eau babillard !
— Je traîne les Péchés des Races de jadis,
Je suis le cheval lent et noir du corbillard !...

Cinglé par le fouet d'une Harpie immonde,
Arquant mes reins cassés et ravalant des râles,
Je vais toujours. Le cercueil est lourd comme un Monde,
Lourd de l'énormité des fautes ancestrales !

Je boite. J'ai brisé mes dents avec le mors.
La lune, maintenant, saigne à l'horizon. Mais,
O Nécropole où sombreront tous ces Remords,
Noir palais de l'Oubli, t'atteindrai-je jamais ?

                                    Décembre 1888.

RÊVES DE CHASSE

Leurs flancs nus, harassés de maléfiques œuvres,
Les Belles reposaient parmi les fleurs des antres...
Leurs membres s'allongeaient en blancs suçoirs de pieuvres ;
Des buccins d'or sonnaient aux bouches de leurs ventres !

Les Belles reposaient parmi les fleurs des antres,
Rêvant la folle chasse aux forêts azurées !...
Des buccins d'or sonnaient aux bouches de leurs ventres :
Hallali ! L'homme râle au sanglot des curées !...

Rêvant la folle chasse aux forêts azurées,
Leur sommeil galopait par les herbes fleuries...
Hallali ! L'homme râle au sanglot des curées !...
Leurs flancs ont frissonné de rouges rêveries...

Leur sommeil galopait par les herbes fleuries
Et leurs bras s'enroulaient ainsi que des couleuvres...
Leurs flancs ont frissonné des rouges rêveries,
Leurs flancs nus, harassés de maléfiques œuvres !...

Juillet 1890.

LE PENDU

I

Vieux piteux colporteur de rêve et d'harmonie,
Las d'avoir promené l'or nié de ses chants
Et son cœur de cristal par les ronces des champs
Et les rires grossiers des cités d'Ionie,

Exténué, les pieds saignants, les reins rompus,
L'écume du blasphème à sa caduque bouche,
Et ses deux poings crispés en un geste farouche
Tendus vers les palais des chefs gras et repus,

Comme un forçat jetant les débris de sa chaîne,
Ayant précipité son luth longtemps maudit
Dans l'océan de pourpre, Homère se pendit
— Muet ainsi qu'un dieu — au bois noueux d'un chêne !...

II

Le vent a lacéré son corps comme un drapeau ;
Les corbeaux, les vautours et les becs et les serres

Ont mangé sa cervelle et fouillé ses viscères,
Et les vers ont rongé les lambeaux de sa peau...

Deux mille ans ont neigé sur le mort solitaire ;
Le squelette exilé de l'urne et de l'autel
Se balance toujours au grand chêne immortel,
Trop homme pour l'azur et trop dieu pour la terre !...

Mais, par le bon vouloir de l'archer de Claros,
Cette carcasse est devenue un luth sonore
D'où monte un hymne pur qui menace et s'éplore
Quand la brise se joue au treillis de ses os...

Et de tous les hameaux des royaumes hellènes
Bien des gens sont venus, depuis ce temps ancien,
S'asseoir sous les talons du pendu musicien
Sans daigner écouter ses tristes cantilènes.

Bien des gens sont venus, depuis ce temps ancien,
Des Scythes, des Latins, des Huns et des Hellènes,
Qui, l'oreille bouchée aux belles cantilènes,
N'ont daigné remarquer le pendu musicien !...

III

Le vieux guerrier vaincu que la fuite harasse,
Ayant abandonné son cheval embourbé,
Est venu s'y coucher sous le chêne-gibet...
Il a bu dans son casque et quitté sa cuirasse,
Comptant les trous saignants de son poitrail bombé !...

Mais le guerrier mourant ne l'a point entendue
La sublime chanson que chantait le pendu !...

Le Satyre évadé de la forêt prochaine
A surpris la bergère au sein blanc et charnu ;
Les jupes ont volé dans un émoi connu,
Et les os accrochés aux rameaux du vieux chêne
Rosirent au joyeux soleil d'un ventre nu...

Mais les deux amoureux ne l'ont point entendue
La sublime chanson que chantait le pendu !...

Et le marchand gavé de louches réussites,
Et le hideux brigand, ayant d'un poing brutal
Au passant arraché la vie et le métal,
Et la prostituée aux labeurs illicites,
Ont compté leur argent au pied du tronc fatal.

Mais pallaque ou filou ne l'ont point entendue
La sublime chanson que chantait le pendu !...

Au pied du tronc fatal, le sorcier obreptice
A tracé le pantalphe éclairant les demains,
Et la reine et le roi, le sceptre dans leurs mains,
Ont édicté le code et rendu la justice
Aux peuples prosternés dans la nuit des chemins.

Mais, sorcier, reine ou roi ne l'ont point entendue
La sublime chanson que chantait le pendu !...

Sous le chêne immortel, des paix et des batailles,
Et des traités conclus par des princes retors,
Ont assemblé souvent des fous et des nestors,
Et des troupeaux humains hurlant sous les entailles
Des sabres redresseurs de crimes et de torts.

Mais reîtres ou nestors ne l'ont point entendue
La sublime chanson que chantait le pendu !...

Quand le tyran troqua son bandeau pour un heaume
Et mit en place d'or de l'airain sur son front,
Il fit servir au pied du séculaire tronc
Un grand festin où tous les gens de son royaume
Burent, la tête en fleurs, et s'assirent en rond.

Mais le royaume entier ne l'a point entendue
La sublime chanson que chantait le pendu !...

Et depuis, tour à tour, sous l'arbre solitaire,
Étalant leurs habits de pourpre ou leurs corps nus,
Tous les peuples du monde, en foule, sont venus,
Tous les peuples semés sur l'orbe de la terre,
Pauvres bateaux poussés vers des ports inconnus...

Mais, dans tout l'univers, qui l'a donc entendue
La sublime chanson que chantait le pendu ?...

IV

Ayant glané l'encens de toute cassolette,
Un vent chaud, envolé du ciel oriental,
Fait résonner les os sonores du squelette
Comme des cordes d'or sur un luth de cristal.

Dans l'éther frissonnant, vers le ciel d'améthiste,
Son hymne monte ainsi qu'un parfum d'encensoir ;
Il monte et se répand dans l'air, sonore et triste,
Grave et lent comme un fleuve et calme comme un soir !

Il dit les cris haineux des populaces viles,
Le martyre infligé par les ronces des champs,
Les bourreaux menaçants dans le forum des villes,
Le pauvre colporteur de rêves et de chants !

Il dit les écoliers, les femmes en délire,
Et le peuple et les chefs hurlant comme des loups,
Les cailloux lapidant le poète et la lyre,
Et les bâtons sanglants des prophètes jaloux !...

Il dit le désespoir d'ignorer les caresses
Et le cœur virginal où s'épandrait le cœur,
Et l'asile des seins et le parfum des tresses,
Et le ventre où poser son front et sa rancœur !...

Il dit aussi l'espoir des revanches futures,
L'apothéose d'or, les trônes éclatants
Dans les siècles tardifs et les architectures
D'un azur qui peut-être est au déclin des temps !...

Ayant glané l'encens de toute cassolette,
Un vent chaud, envolé du ciel oriental,
Fait résonner les os sonores du squelette
Comme des cordes d'or sur un luth de cristal !...

V

— Toi que j'ai rencontré, mon frère à l'âme tendre,
Bien des nuits, tout en pleurs, sous le chêne étendu,
Serons-nous donc toujours les deux seuls à l'entendre
La sublime chanson que chantait le pendu ?

Avril 1890.

LE DON DE JOIE PAR LE MYSTÈRE

―――――

I

Pour fuir les plombs fondus, les pals et les marteaux,
Ceux qu'avaient épargnés les vieux rites brutaux
Gagnèrent, en pleurant, l'asile des bateaux...

Ils jetaient dans la mer leurs ailes surannées,
Et la berceuse mer berça bien des années
Les nefs où gémissaient ces âmes condamnées...

Hermès! Flambeau des nuits! Guide-nous où tu veux!...
Et, bien longtemps, le vent marin, raillant leurs vœux,
De ses doigts persifleurs caressa leurs cheveux...

Alors que la tempête ébranlait leurs mâtures,
Leurs fois, parfois, volaient vers des architectures
De rêve, au pays d'or des bonnes aventures!...

Et, parfois, le front bas, geignant, courbant le dos,
Ils semblaient écrasés d'invisibles fardeaux...
— Hermès! Quand verrons-nous les bleus Eldorados?...

Ils voguaient, emplissant l'air de leurs voix dolentes.
Insultant de leurs poings les voitures trop lentes
Et suppliant des bras les vagues nonchalantes...

II

Mais, pitoyant enfin à tous ces maux subis,
Hermès, dieu des métaux, des sphynx et des ibis,
Fit surgir à leurs yeux des paradis subits...

C'était une île aux sables d'or, une grande île
Où s'épanouissaient, près des tours de la ville,
Des palmiers de saphir sous un doux ciel d'idylle.

L'île où, dans les tiédeurs d'un constant messidor,
Se sont baisés jadis Angélique et Médor,
Où la flore et le sol semblent de gemme et d'or...

Les cheveux constellés de pierres inconnues,
S'avançaient à pas lents des jeunes femmes nues,
Offrant aux étrangers des dons de bienvenues...

Ils bénissaient Hermès, protecteur des ibis,
Et, sur le littoral tapissé de tabis,
Ruisselaient diamants, turquoises et rubis...

Elles allaient, semant des parfums de pervenches,
Offrant aux arrivants des cuisses et des hanches,
Doux lit, jonché de lys, où dormir des nuits blanches...

— « Puisque les prêtres vils, loin de leurs impurs mets,
Jadis, vous ont chassés, vous vivrez, désormais,
Dans ce candide Éden qu'ils ne sauront jamais !...

Ils plaindront votre exil sur l'île solitaire...
Ne pouvant aborder la terre du Mystère,
Ils diront son sol dur et son air délétère...

Mais vous, loin des autels de leurs sanglants Molochs,
N'ayant plus souvenir des glaives ni des socs,
Et vos pieds ignorant les ronces et les rocs,

Vous bénirez le ciel indulgent qui vous choie,
Et, dans ce doux jardin de l'immuable joie,
A jamais, vous vivrez des jours d'or et de soie!... »

Ainsi parla le dieu des ténébreux savoirs,
Qui dicte aux faiseurs d'or les occultes devoirs,
Hermès, berger des sphynx dans les royaumes noirs.

III

Alors, les exilés des méchantes patries,
Comme un avril qui monte en des branches flétries,
Sentirent du printemps dans leurs âmes fleuries...

Dans les prés de sinople ils allèrent s'asseoir.
Le ciel était d'opale... Il faisait presque soir.
Leur cœur s'évaporait ainsi qu'un encensoir...

Les flûtes des Sylvains chantaient des chansons douces,
Des naïades dansaient des rondes sur les mousses
Et des fleurs de pêchers poudraient leurs toisons rousses.

Et les flots bleus ceinturaient l'île, ainsi qu'un Styx,
Des torrents de saphir tombaient des monts d'onyx,
L'air était plein d'un vol d'aigles et de phénix.

Sur un roc de cristal pleurait le luth d'Orphée,
Et Sappho, pour baigner d'avril son corps de fée,
Entr'ouvait au zéphyr sa robe dégrafée...

Acis, près, oh ! tout près de Galathée assis,
Implorait le signal des sévères sourcils,
Et Virgile rêvait dans les yeux d'Alexis...

Et la brise emportait l'âme claire des chantres,
Et les tigres broutaient des roses dans leurs antres,
Et les nymphes avaient des fleurs jusques aux ventres.

Pâris, près d'Héléna, disait des mots tout bas...
Vierge folle arrachée aux rondes des Sabbats,
Madeleine glissait l'or du Christ dans son bas...

Et Pindare chantait les poings lourds des athlètes...
Théocrite et Nisa fleurissaient des houlettes
De guirlandes fleurant l'ambre des cassolettes...

Homère célébrait les guerres de jadis...
Et les blonds exilés des rivages maudits
Sentaient bien qu'ils buvaient un peu de paradis...

Des souffles imprégnés d'odeurs délicieuses
Baignaient les nudités de leurs chairs otieuses ;
Et le sol rutilait de pierres précieuses...

Et, déjà consolés des martyres subis,
Ils contemplaient tous les joyaux d'Hermanubis,
Les palmiers de saphir aux grappes de rubis,

Les ruisseaux de turquoise et les monts de topazes,
Les améthystes, les diamants des Caucases,
Constellant les parvis dallés de chrysoprases,

Les jades, les onyx, les verres, les émaux,
Les coryndons, les jais, tous les soleils gemmaux
Fleurissant l'émeraude et l'azur des rameaux.

Et les doux exilés des méchantes patries,
Comme un avril qui monte en des branches flétries,
Sentaient sourdre un printemps dans leurs âmes fleuries.

IV

Mais, tout à coup, évocatrice du passé,
Surgit des tours, les bras levés, le cil froncé,
La fille du Soleil et de Persa, Circé!...

Elle avance, Circé, théa des Étruries,
Elle avance en l'azur bienveillant des prairies,
Et son corps dévêtu brille de pierreries.

Elle a des colliers lourds de clairs chrysobérils.
Un soleil de rubis étoile son nombril,
Et sa bouche fleurit d'un éternel avril :

Ses regards sont couleur de la feuille des saules,
Des oiseaux somptueux chantent sur ses épaules,
Et son ventre est plus blanc que la neige des pôles.

Un essaim de jolis papillons envolés
Fleurit d'alertes fleurs ses cheveux violets,
Des serpents sont tordus aux fûts de ses mollets,

Les roses de ses seins brûlent comme des flammes,
Et son corps est verni avec des amalgames
Parfumés et brillants de laque et de cinnames.

Les diamants et l'or ruissellent sur son corps...
Elle avance, tenant dans ses doigts gantés d'or
L'éclatant cinnor d'or, le sonore cinnor...

Elle avance, Circé, théa des Etruries,
Elle avance, en l'azur bienveillant des prairies,
Son beau corps dévêtu brillant de pierreries.

Magicienne, évocatrice du passé,
Elle avance, les bras levés, le cil froncé,
La fille du Soleil et de Persa, Circé !...

Elle s'arrête enfin près du grand sycomore,
Et c'est l'essor de ses doigts d'or sur la mandore
Et le sonore essor d'un chant couleur d'aurore.

Sa voix a des échos sacrés d'harmonium,
Et sa lèvre en bouton, peinte de minium,
S'épanouit ainsi qu'un beau géranium...

Les oiseaux se sont tus, les serpents adoucis,
Des papillons se sont posés sur ses sourcils...
Elle chante les mots magiques que voici :

V

« Hermès ! Hermès ! Hermharpocrate !
Dieu des luths, des sphynx, des ibis !
Tauth ! Fils du Nil et de l'Euphrate !
Hermapollôn ! Hermanubis !
Dieu des couleuvres bicéphales !
Dieu des cabales triomphales !
Dieu des pierres philosophales !
Et des creusets pleins de rubis !

Hermès ! Herméros ! Herméracle !
Gardien des trous noirs du trésor,
Semant dans la nuit de l'oracle
Le sourire des astres d'or !
Hermès ! Protecteur charitable

De qui le proscrit lamentable
Attend le baume indubitable
Et l'aile pour le bon essor !

Hermès ! Mercure Trismégiste !
Mercure ! Dompteur des coursiers !
Dieu qu'invoque le théurgiste,
De nuit, loin des forums grossiers !
Hermès ! Baume des cicatrices !
Toi, dont les mains consolatrices
Fleurissent lèvres et matrices !
Dieu des savants et des sorciers !

Divin Hermès qui fais éclore
Le métal d'or dans les creusets !
Hermès, Dieu qui baignes d'aurore
Les fronts anathématisés !
Dieu qui semas nos deuils moroses
De gemmes, d'astres et de roses,
Et qui comblas d'apothéoses
Nos pauvres cœurs martyrisés !

Hermès, riant et bénévole !
Reçois nos vœux reconnaissants !
Reçois l'âme de mes paroles !
Reçois mes paroles d'encens !
Métamorphose en nard, en myrrhe,
En cinname de Cachemire,
En ambre, en baume de Palmyre,
Tous mes cantiques impuissants !

Que mon cœur s'évapore comme
Un religieux encensoir !...
Et qu'il baigne de cinnamome
Le trône où je t'ai vu t'asseoir !

Ne rends pas mes louanges vaines !
Fais couler du feu dans mes veines !
Que mes chants te soient des verveines !
Mes mots, les astres d'un beau soir !

Dans les Mystères ineffables,
Nous prélassons nos membres nus !...
Nous vivons sous des ciels de fables
Des baisers que nul n'a connus...
Les Mages aux âmes flétries,
Restés dans nos vieilles patries,
Ignorant nos forêts fleuries,
Raillent nos exils ingénus !...

Nos brocarts leur semblent des loques !...
Que nous importe leur mépris ?
Que nous importe qu'on se moque
Des hymnes qu'on n'a point compris ?
Et que nous importe le nombre
Des aveugles à l'âme sombre,
Dont l'œil séché prend pour de l'ombre
Nos gais midis clairs et fleuris ?

Mes verbes dansent en délire,
Captifs évadés des cachots !...
Mon cœur frémit comme une lyre !
Mon ventre est plein de parfums chauds !
Mes mains ont des gestes de reines !
Mon âme est pleine de Sirènes
Chantant des Péans et des Thrènes
Dans le nuage des réchauds !...

Hermès ! Mon corps roule par terre,
Ivre de chansons et d'encens !...
J'ai bu le vin noir du Mystère !

J'ai bu des lions rugissants !
Hermès ! La neige de mes hanches,
Vole comme des plumes blanches
Et mes yeux pleurent des pervenches
Et des saphirs éblouissants !...

Hermès ! Hermès ! Hermharpocrate !
Dieu des luths, des sphynx, des ibis !
Tauth ! fils du Nil et de l'Euphrate !
Hermapollón ! Hermanubis !
Dieu des couleuvres bicéphales !
Dieu des cabales triomphales !
Dieu des pierres philosophales
Et des creusets pleins de rubis !... »

VI

Ainsi parla Circé, théa des Étruries,
Dont le corps dévêtu brillait de pierreries,
Au milieu de l'azur bienveillant des prairies !...

Et, ses deux yeux pleins de saphirs éblouissants,
Et son cœur défaillant de musique et d'encens,
Et saoule d'avoir bu des lions rugissants,

D'avoir bu, d'une gorge et d'une âme vorace,
De l'azur, du soleil, du ciel et de l'espace,
Et d'avoir contemplé le dieu Tauth face à face,

Elle tordit son corps, reptile convulsé,
Et, comme un beau serpent qu'un dard a traversé,
Morte, elle s'écroula, l'ondoyante Circé.

Les clairons d'or sonnaient sous les bleus sycomores,
Et l'essaim voltigeant et blond des cystophores
Lui présentait le talisman des mandragores,

La fleur qui fait revivre et le saint bézoard...
Soudain s'est rouverte la bouche !... Et l'œil hagard...
Et le sang s'est remis à couler sous son fard !...

VII

Et les doux exilés des méchantes patries,
Comme un avril qui monte en des branches flétries
Sentant sourdre un printemps dans leurs têtes fleuries,

Comprirent qu'ils étaient : des Effluves d'encens,
Des Ames, des Parfums, des Papillons, dansant
Dans la Respiration de l'Être Éblouissant !...

Nos brocarts leur semblent des loques...
Que nous importe leur mépris ?
Que nous importe qu'on se moque
Des hymnes qu'on n'a point compris ?
Et que nous importe le nombre
Des aveugles à l'âme sombre,
Dont l'œil séché prend pour de l'ombre
Nos gais midis clairs et fleuris !...

Juin 1890.

LA VIERGE AU SERPENT

———

(Ébauche.)

Voilà qu'en l'océan l'astre sanglant s'endort.
Dans des écroulements de pourpris écarlates,
Parmi des palmiers bleus et des montagnes d'or,
Le clair fracas des cors et des tubas éclate...
Voilà qu'en l'océan l'astre sanglant s'endort.

A pas légers et lents comme pour des pavanes,
Voilà que vient, parmi les beaux eucalyptus
Où les faisans de pourpre et les paons se pavanent,
La Vierge aux cheveux blancs constellés de lotus,
A pas légers et lents comme pour des pavanes...

Elle vient, éployant ses bras blancs vers le ciel,
Et nue ainsi que vont les anges dans ses rêves,
Avec des papillons qui butinent le miel
De son sourire. Ainsi, jusqu'à la blonde grève
Elle vient, éployant ses bras blancs vers le ciel...

On dirait, maintenant, qu'il neige du silence.
Un beau serpent s'enroule au jaspe de son corps
Comme un amant sans bras, et voilà qu'il balance
Vers le ventre joli sa fine tête d'or...
On dirait, maintenant, qu'il neige du silence...

Ah ! dites, n'est-ce un songe omis d'Artémidor ?
Voilà que, sur la vierge il neige du silence
Et qu'en la rose éclose emmi les mousses d'or
Le serpent a plongé sa tête en fer de lance !...
Ah ! dites, n'est-ce un songe omis d'Artémidor ?

Alors, la vierge entend les séraphiques harpes...
La vierge voit s'ouvrir le ciel. Les chérubins
En voltigeant frôlent ses seins de leurs écharpes.
Elle plane parmi les chœurs des chérubins.
La vierge entend chanter les séraphiques harpes...

« Abomination ! Abomination !...
Cet immonde reptile à la langue fourchue,
Voici le Rédempteur qu'on promit à Sion
Celui qui te rendra l'Éden, Ève déchue !...
Abomination ! Abomination !...

Maudit soit donc ce dieu ridicule et futile,
Qui, voulant que tu sois le Messie, ô Serpent,
Que tu sois le Sauveur du monde, ô beau Reptile,
Fit de toi l'être abject, méprisable et rampant,
Maudit soit donc ce dieu ridicule et futile.

Mais non ! Qu'importe, ô beau Serpent,
Beau Serpent d'or parmi des roses,
O beau Serpent jamais trompant,
Beau Serpent qui métamorphoses,
D'un geste, en riant paradis

Les styx boueux de cette terre !
Ah ! qu'importe que t'ait maudit
Un dieu grognon et solitaire !...
Je te dresserai des autels
Dans des immenses basiliques,
Où fumeront des encens tels
Que les Olympes faméliques
Jalouseront mon beau Serpent !
Je serai ton humble prêtresse
A tes côtés toujours rampant,
Serpent, rédempteur des tristesses,
Évocateur des voluptés,
Serpent souple comme mes tresses,
Amoureux Serpent indompté,
Serpent tout amour, tout caresses,
Serpent très doux, serpent très cher !...
J'ai fleuri ton lit de guirlandes...
Tiens ! Mange-la ! Voici ma chair,
Toute ma chair en humble offrande !...
Mange, beau Serpent, mange encor
Sur tes autels jonchés de roses,
Voici ma chair, voici mon corps,
Mange ces dépouilles moroses,
Serpent, beau Serpent frémissant
Ainsi qu'au vent une oriflamme,
Serpent frétillant et dansant,
Serpent de feu, Serpent de flamme,
Serpent subtil et radieux,
Serpent plus beau qu'on ne peut dire,
Serpent très saint, pareil aux dieux,
Cher Serpent, doux comme un sourire,
Serpent en beau glaive érigeant
Ton col pour d'exquises maraudes.
Serpent d'or au ventre d'argent,
Serpent d'or aux yeux d'émeraude,

Je ne veux point, je ne veux point
Écouter les pontifes blêmes
Qui, te menaçant de leurs poings,
Crachent vers toi leurs noirs blasphèmes.
Je veux, avec des gestes saints,
Malgré leurs cris blasphématoires,
T'offrir la neige de mes seins
En sacrifice expiatoire.
Allons, Beau Serpent radieux,
Serpent plus beau qu'on ne peut dire,
Serpent subtil, pareil aux dieux,
Cher Serpent, doux comme un sourire,
Allons, Serpent très pur, très cher,
Serpent souple comme des tresses,
Dévore la neigeuse chair
La chair de ta bonne prêtresse !
Dévore sa chair ! bois son sang !
Vois ! Son ventre de tiède ivoire
Déjà se tend, en frémissant
Vers le baiser de ta mâchoire !... »

Le serpent a plongé sa tête dans la peau
De la vierge aux cheveux plus pâles que le givre,
Et, comme un cri de guerre éveille un vieux drapeau,
Des frissons langoureux ont gonflé cette âme ivre
Le serpent a plongé sa tête dans la peau...

Tout autour d'elle il pleut des lys et des étoiles,
Le sang jaillit du ventre en gerbe de rubis
Et va rougir le grand fleuve où glissent des voiles,
Parmi les phénicoptères et les ibis...
Tout autour d'elle il pleut des lys et des étoiles !...

8 avril 1891.

LA VIERGE AU SERPENT

(*Variantes.*)

Sous des ciels toujours bleus, sous des ciels ingénus,
Que n'ont jamais souillés tempêtes ni rafales,
Au pied de baobabs et d'arbres inconnus
Où rodent des boas et des cynocéphales,

C'est l'Éden fabuleux, l'adorable océan
Des impossibles fleurs, vivantes cassolettes,
Le fabuleux Éden où des lotus géants
Narguent d'un geste impur les vierges violettes...

Mais le glapissement des grands alligators
Fait parfois frissonner cette mer de pétales
Où l'on devine que siffle, ondule et se tord
Le corps du basilic et de l'onocrotale.

Un grouillement hideux, sanglant et carnassier,
Cache ses dents sous ce tapis d'apothéose ;
Le guépard, dans les lys, grince ses crocs d'acier,
Le tigre aux yeux d'onyx rêve parmi les roses...

Mais Elle, ayant jeté, comme on jette un haillon,
Sa belle robe d'or, de pourpre et d'hyacinthe,
Toute nue et parmi des vols de papillons,
Élit pour des bouquets roses, lys et jacynthes.

Elle court dans l'immense et terrible jardin,
Riant d'avoir des fleurs exquises jusqu'aux hanches.
Elle court, bondissante et vive comme un daim,
Légère, insoucieuse, alerte, nue et blanche...

Cependant que, déjà, vers ses seins frémissants
Et vers le beau festin de son ventre d'ivoire
Se sont, partout, dardés des yeux noyés de sang,
Des sifflements, de noirs venins et des mâchoires...

. . . .

IV

L'ORGIE

Abusons ! abusons ! Enfants, apportez-nous
Les vases ciselés, et le lierre et les roses...
L'important, c'est que les noirs pleurs des nuits moroses
Soient séchés, Fellatrix, au feu de tes genoux...

— Marcellus, ton nez a l'incarnat des tomates,
Et ton ventre est une outre, et ton front l'arc-en-ciel...
— Esclaves, mélangez le falerne et le miel
Et baignez nos cheveux de fleurs et d'aromates.

Dites que les joueurs de flûte et de tambour
Éparpillent dans l'air des oiseaux de luxure...
— Tu connaîtras, Laïs, les cuisantes morsures
De nos baisers, et les sanglots du rouge amour...

Ah ! regarde ! Déjà, des taches purpurines
Ont maculé la neige et le marbre divin
De ton dos nu... Est-ce du sang, est-ce du vin ?
Tu pleures ?... A qui sont ces ongles qui buiinent

Sur ton front lilial de rouges madrigaux !
Que n'as-tu les sept bouches du Monstre de Lerne ?...
Pourquoi ne veux-tu point baigner dans le falerne
Ton sexe las et tes éternels prurigos ?...

Bien travaillé ! Mais c'est assez, ma belle pieuvre !
— Esclaves, remplissez ces coupes et ces pots...
Cette nuit, je boirais et le Tibre et le Pô !...
— Quand aurons-nous le temps d'écrire des chefs-d'œuvre ?

Danse ! lascive enfant !... Les rubis, les topazes,
Les saphirs de ton col ont des feux aveugleurs...
Cambre tes reins ! esclave ailée, et que la gaze
De ta robe voltige et découvre les fleurs

De ton ventre joyeux et de tes cuisses nues !...
Le Cirque, en te voyant, ainsi qu'un fauve en rut
A bramé vers l'azur..... Et les lèvres charnues
De l'Impératrice ont saigné, quand tu parus !...

Ah ! voles-tu sur des ailes de sortilège ?...
Le peuple fait trembler les murs et les piliers...
Tes jambes, n'est-ce pas deux beaux serpents de neige,
Et tes pieds, des oiseaux pâles et familiers

Qu'apprivoisent les voix des cors et des cithares ?...
Danse ! Lève ta robe ! Et que ton sexe nu
S'offre !... Vois : l'Empereur, dédaignant les Barbares
Qui bloquent la Cité, pour te voir, est venu !...

Vois : il bave en sa barbe divine ! Il exulte !...
Sois fière ! maigre enfant ! Danse ! Et cambre tes reins !...
Entends, là-bas, les coups des rouges catapultes·
Et des béliers qui font crouler les murs d'airain !...

Pour tes pieds voltigeants, l'Empereur qui délire
Veut oublier cela !... Pour l'Empereur dément
Danse, aux accords des cors, des tubas et des lyres !...
— Ecoutez !... Quels formidables écroulements,

Au loin, ont retenti ! Voyez ! Le ciel rougeoie
D'incendie et de sang, et de sauvages cris
Déchirent, par instants, les hurlements de joie !...
La Cité sainte est prise ! Et le palais est pris !...

Les Barbares sanglants galopent par la ville,
Hurlant la proche mort du lascif Empereur
Et sabrant les ave de la plèbe servile !...
— Lui, pourtant, a frémi, d'une sourde fureur...

— Hâte-toi ! Maigre enfant ! Et bondis en cadence !...
— Il a frémi, songeant que le vainqueur haï
Peut-être le tuerait dans le Cirque envahi,
Avant que Bathilda n'ait terminé sa danse.

13 juillet 1891.

GIGANTOMACHIE

Au milieu des haillons des truands et des gouges,
Parmi les loqueteux joueurs de zanzibar
Et les clairs alambics ventrus, en cuivres rouges,
Illustrant les comptoirs poisseux du louche bar,

Et parmi les tonneaux recélant l'eau régale,
Le pétrole et l'acide atroce des alcools,
Et parmi les gueux saouls cherchant qui les régale,
Les gaupes, les rôdeurs, sans souliers et sans cols,

Nestor dépenaillé, né pour l'aréopage,
Il est assis Celui dont nul n'a dit le nom,
Celui dont on ne sait ni le pays, ni l'âge,
Et qu'appellent de loin les cris du cabanon....

Ses yeux glauques noyés dans son breuvage glauque,
Il est assis, depuis le soir jusqu'au matin,
Ne daignant écouter jamais la chanson rauque
Dont le raille parfois quelque abjecte catin,..

Assis, il ne voit rien, ni ces figures sales,
Ni ces crasseux flacons, ni ces murs mal lavés,
Ni le peuple hideux qui grouille dans ces salles,
Ni les vomissements des ivrognes gavés,

Ni par les vitraux gras, ses jambes écartées,
La vierge ivre, épanchant, sur l'indulgent trottoir,
Le trop-plein des liqueurs fortes ingurgitées,
Ni les réactions chimiques du comptoir,

Ni, parmi ces senteurs de sueurs et d'haleines,
Les haillons fermentés des pouilleux maraudeurs,
Ni les filles, cherchant sous leurs cottes de laines,
Dans des duvets gluants, des insectes rôdeurs !...

Il ne voit rien. — Car il regarde : dans sa tête...
Et sa tête pâlie est un palais joyeux
Où des héros, baignés en des luxes de fête,
Chantent les somptueux voyages des Aïeux,

Où l'on sent frissonner des ailes inconnues,
Où dansent, en cambrant les candeurs de leurs reins,
Des essaims bondissants de belles vierges nues
Défiant en beauté les déesses d'airain ;

Un merveilleux palais plein de claires fontaines
Et de grands végétaux aux aromes troubleurs,
Un beau palais rempli de musiques lointaines,
De parfums et d'oiseaux, de gemmes et de fleurs !...

Ses yeux glauques noyés dans son breuvage glauque,
Il est assis, depuis le soir jusqu'au matin,
Ne daignant écouter jamais la chanson rauque
Dont le raille parfois quelque abjecte catin...

Mais, un jour que daigna sa tête apostrophée
Se soulever, on vit, dans le ciel de ses yeux,
Une lyre à la main, planer l'ombre d'Orphée
Qui chantait les combats des Géants et des Dieux !

5 juillet 1890.

LE MASSACRE DES RÊVES

Dit la Baronne, en son morne manoir :
— « Le vent ulule !... Et le ciel est sans astres !
Le vent ulule !... Et le ciel est bien noir !...
C'est une nuit de guerre et de désastres !...
Le vent ulule aux créneaux du manoir... »
Dit la baronne, en son morne manoir.
« Gai Troubadour ! O mon gai Troubadour !
« Racontez donc, à votre douce dame,
« Racontez donc, ô mon gai Troubadour,
       « Une histoire d'amour ! »
Le Troubadour ceci dit à sa dame :

— « Pour l'effroi des hameaux de ces terres novales
Que protéger ne sut le Moine nonchalant,
Des Ducs velus, juchés sur d'étiques cavales,
Ont passé, dans la nuit, comme un songe sanglant !...

Sous les sabots traînant, dans l'ombre, un incendie,
Et les naseaux fumant ainsi que des Etna,
Pleuraient les chapelets, entre les mains roidies
Des Tonsurés, qu'un bras lourd estramaçonna !...

Ils ont passé, dressant leurs féroces bannières !...
Et leurs sabres fauchaient les cous comme des blés...
Et des têtes en sang fleurissaient les crinières
Des chevaux !... et les poings des Ducs échevelés !...

Des Ducs que Dieu voulut sevrer des apanages
Et qui mirent à mal les Dîmes des Clergés,
Éclaboussant le ciel du sang de leurs carnages
Et comblant les vallons d'Évêques égorgés !...

Mais, maintenant, épars sur les chairs coriaces
Et les gestes gelés de ces morts sans tombeaux
Et que ne sanctifie aucune croix, croasse,
Voraces et couards, le vol noir des corbeaux !...

De la sorte ont passé, sur ces terres novales
Que protéger ne sut le Moine nonchalant,
Les Ducs velus, juchés sur d'étiques cavales,
Qui furent, dans la nuit, comme un songe sanglant !... »

  Le Troubadour ainsi dit à sa dame
   Une histoire d'amour...
  — « Racontez donc, ô mon gai Troubadour,
  Racontez donc à votre douce dame
  En attendant que fleurisse le jour,
  Racontez donc, à votre douce dame,
  Gai Troubadour, une histoire d'amour!... »
  Dit la baronne, en son morne manoir :
  Le vent ulule, aux créneaux du manoir !...
  C'est une nuit de guerre et de désastres !...
  Le vent ulule !... Et le ciel est bien noir !...
  Le vent ulule !... Et le ciel est sans astres !... »
  Dit la Baronne, en son morne manoir...

———————

POUR S'EN ALLER

———

Car que fus-je, sinon, en ta vie, un passage,
Et que fus-tu, sinon, en ma vie, un passage
Des drames du Guignol où vont les enfants sages ?

N'avons-nous pas assez rossé le commissaire ?
Oh ! laisse donc un peu dormir le commissaire
Et mon cœur pantelant que tes ongles lacèrent...

Assez longtemps, je fus Monsieur Polichinelle,
Et toi, tu fus trop Madame Polichinelle
Dans les portants de ces décors de Tour de Nesles...

Crois-moi : c'est assez vivre entre ces murs de toile...
Ah ! saluons le bon public ! Baissons la toile...
Au dehors, le vrai ciel est scintillant d'étoiles.

Chère mignonne, allons-nous-en : c'est plus pratique.
Laissons-là le bâton, la bosse et la pratique,
Et, sans retard, quittons le métier dramatique.

La farce en cent tableaux, que nous avons jouée,
N'est-elle pas (il est minuit !) assez jouée ?
Reprends ton chapeau blanc et ta mine enjouée !

Au plus vite, quittons ce stupide théâtre,
Embrassons-nous encor aux portes du théâtre,
Puis courons dormir, seuls, chacun près de son âtre,

Car que fus-je, sinon, en ta vie, un passage,
Et que fus-tu, sinon, en ma vie, un passage
Des drames du Guignol où vont les enfants sages ?...

A UNE VIEILLE AMIE

Jaune et falote vieille, à cabas et mitaines,
Carcasse en tartan vert, qu'eût peinte Gérard Dou,
Spectre bossu, poussif, venant on ne sait d'où,
Maigre Ampouse au menton poilu de capitaine,

Montre-moi le balai, hongre rapide et doux,
Qui t'emporte, à minuit, dans la brande lointaine !
Emmène-moi, là bas, courir le guilledou !...
Oh ! Là-bas, avec toi, courir la pretantaine !...

Est-il donc vrai que nul, jamais, ne te verra
Tendre au caramara du bouc et du verrat
Ton sexe crevassé de gouge octogénaire?

Que nul ne pourra lire, encor mal convaincu,
A l'heure où sont troussés tes jupons débonnaires
Le scel de Sélimoûn, tatoué sur ton cul ?...

29 octobre 1891.

MADRIGAL

N'êtes-vous pas ainsi qu'une tasse de Sèvres,
Frêle et si mièvre enfant, dessert de padishah ?...
Oh ! N'êtes-vous pas comme une tasse de Sèvres
Où fume (myrrhe et or) le thé blond de Tchang-Tcha ?...

Vous êtes tant petiote, et de lignes si mièvres,
Que souvent sur mon corps j'ai craint de vous presser !...
— Hélas, j'ai pour amante une tasse de Sèvres !... —
Mes doigts nerveux, mes doigts tremblent de vous casser.
Amour de porcelaine, en vous portant aux lèvres !...

— Mais lorsque enfin, dompté par la tentation
(Tel un Moine qui tient le mystique ciboire
Recélant les trésors de la Rédemption),
Avec des gestes lents et graves d'offertoire,
Je te lève, chez Toi, Coupe consolatoire,
Recélant les trésors du Crime et du Rachat,
Jusqu'au feu de ma bouche amère, afin de boire
Tous les enivrements qu'en toi Satan cacha,

Alors, Amante d'or, dessert de padishah,
Je sens d'exquis encens essorer vers ma lèvre,
Comme si s'envolaient de votre ventre mièvre,
Gais moineaux qu'un baiser trop proche effaroucha,
Les effluves joyeux du thé blond de Tchang-Tcha !...

Frêle et si mièvre enfant, eau fraîche de mes fièvres,
N'êtes-vous pas ainsi qu'une tasse de Sèvres
Où fume (myrrhe et or) le thé blond de Tchang-Tcha ?

CANTILÈNE POUR CÉLÉBRER

LES CENT BEAUTÉS DE LA PETITE VIERGE

Pour toi, petite sœur de Madame la Vierge,
Des cierges, l'on voudrait brûler pour toi des cierges,
Et te faire un tapis des bleus pourpris du ciel
Et que le croissant d'or te soit un tabouret !
— Est-ce un géranium, les fleurons de tes lèvres ?
Ah ! tes cheveux, couleur de lune qui se lève,

Couleur de poésie et couleur d'auréole !...
— Ce grand vol triomphal, ce vol de cygnes roses
S'effarouchant au froid de ces neiges d'automne
Dont s'effarent les lys et les roses d'automne,
Ce beau vol, n'est-ce pas le parfum de ton corps ?

— Qui donc ne te dirait : Tu seras le jardin,
L'exquis jardin fleuri de lys et de jasmins,
Où, sous le ciel rose et or d'éternels matins,
Grisés d'effluves blonds et d'aurore et de thym,
Bondiront des troupeaux de biches et de daims ?

— Il pleut, il pleut, dans les jardins, il pleut, il pleure...
— Entends-tu le silence d'un astre qui meurt?...
— Ah ! tes mains !... Et tes doigts, qui finissent en fleurs !...

Ah ! le puits bienveillant, parmi les blondes mousses,
Blondes, tels les duvets des Blondes ! et si douces !...
Le charitable puits où j'ai bu bien des coups !...

Ah ! tes gestes, pâlis comme un refrain d'antan !
Et ta subtile robe, en effluves d'encens !
Et ton rire de givre ! ah ton rire d'enfant !

Et tes yeux, qu'il faudrait pour le bandeau du roi,
Opales qu'on voudrait pour le bandeau du roi,
Tes yeux, ah ! tes grands yeux, bénévoles étoiles
Vers qui vole, en la nuit, la prière des voiles !

Et tes seins ! Et ton front ! Et ta mignarde oreille
Faite d'un peu de nacre et de beaucoup de rêve !...
Et tes pieds longs et fins, tels ceux de Ganymède !...

Tes cuisses ! N'est-ce pas celles d'un jeune archange
Qu'emporte dans l'azur un beau vol d'ailes blanches ?
Et ta voix, paradis immarcessible où chantent

Les Séraphins ailés et les mystiques Harpes !...
Et tes sourcils, tes purs sourcils, d'un blond trop pâle !
Et les serpents très caressants que sont tes bras !
Et tes ongles aigus qui semblent des pétales !
Et ton corps ! tout ton corps ! Et ta tête, si chaste !...
— Mais ton ventre, on dirait un rêve de vieillard !

20 novembre 1890.

LIVRE III

LES AFFRANCHIS

1

ESSAI SUR UNE NOUVELLE MÉTHODE
DE CRITIQUE (1)

Sauf la critique des quotidiens, qui est moins une critique qu'un compte rendu, la critique du siècle a eu la prétention d'être scientifique.

Ç'aura été le propre du xixᵉ siècle de vouloir introduire la science partout, même dans les choses où elle a le moins affaire; — et quand je dis : « la science », il ne faut point entendre la mathématique, la seule science à proprement parler, mais bien ces bâtardes obtuses de la science, les sciences naturelles.

Or, les sciences naturelles, ou sciences inexactes, par opposition aux sciences rationnelles ou exactes, étant, par définition, insusceptibles de solutions absolues, conduisent fatalement au scepticisme et à *la peur de la pensée.*

Il faut donc les accuser, elles, de nous avoir fait cette société sans foi, terre à terre, incapable de ces mille manifestations intellectuelles ou sentimentales qu'on pourrait classer sous le nom de dévouement.

(1) La présente étude n'est pas achevée; le manuscrit qui nous sert est de premier jet, et il est certain que la forme, sinon le fond, du texte définitif eût été modifiée. (*Note des éditeurs.*)

Elles sont donc responsables — Schiller l'avait constaté (1)
— de la pauvreté de notre art, auquel elles ont fixé pour
unique domaine l'imitation, seul but constatable par les procédés expérimentaux. Donner à l'art ce but, contradictoire
de l'art même, n'est-ce point le supprimer purement et simplement? C'est ce qui est advenu, sauf pour les rares artistes qui ont eu la force de s'isoler loin de ces milieux
d'idées dissolvantes.

Ceci constaté, ne serait-il point temps de réagir, de chasser
« l'intruse de la maison », comme dit Verlaine, la science,
« l'assassin de l'oraison », et de renfermer, si c'est encore
possible, les savants envahissants dans leur laboratoire ?

Pour ce qui est de la critique, voyons donc d'abord en quoi
consiste cette fameuse méthode de la critique scientifique
dont on a fait tant de bruit, et essayons d'en montrer la vanité et les illogismes.

§

Trois hommes la représentent, trois hommes d'une haute
valeur, d'une grande intelligence, mais dont le rôle fut si
néfaste sur l'art contemporain qu'on doit, en toute justice,
leur implacablement refuser la moindre admiration.

M. H. Taine, le théoricien de la méthode, esprit logique,

---

(1) Ces mots : « Schiller l'avait constaté », ont été ajoutés après
coup ; ils sont suivis d'un renvoi au crayon bleu reproduit sur l'une
des nombreuses notes qu'avait prises Aurier en vue de son étude. Il est
donc probable qu'il l'eût intercalée dans le texte en recopiant le manuscrit. Voici cette note :

« L'*utile* est la grande idole de l'époque, toutes les forces s'emploient
à son service, tous les talents lui rendent hommage. Dans cette balance
grossière, le mérite spirituel de l'art n'est d'aucun poids, et, privé de
tout encouragement, il disparaît du marché bruyant du siècle. Il n'est
pas jusqu'à l'esprit d'investigation philosophique qui n'enlève à l'imagination une province après l'autre, et les bornes de l'art se rétrécissent
a mesure que la science agrandit son domaine. — SCHILLER, *Lettres sur
l'Éducation esthétique*, 8, 189. »

paradoxal et entêté ; Sainte-Beuve, qui gâta ses qualités de
finesse et de goût en se satisfaisant d'insipides racontars de
portière sur les arrière-petits-cousins des poètes dont il fallait
étudier les œuvres ; Émile Hennequin, esprit profond et
serré, mort trop jeune pour avoir laissé l'œuvre qu'on était
en droit d'attendre, mais qui eut pourtant une influence considérable sur les jeunes artistes contemporains.

M. Taine ayant systématiquement exposé l'ensemble de la
doctrine de la critique scientifique dans sa *Philosophie de
l'Art*, c'est lui qu'il convient de discuter tout d'abord. Espé-
rons que cette discussion convaincra le lecteur combien paradoxale est la thèse de M. Taine, combien vaine et même nui-
sible est sa méthode de critique, combien enfin elle est à
côté de la tâche que doit se proposer la vraie critique.

La doctrine de M. Taine, on le sait, est basée sur cette idée
qu'une œuvre d'art est un phénomène essentiellement relatif
et contingent, qui n'existe pas en soi, et dont la soule valeur
est d'être le témoignage de l'état physiologique d'un peuple
à une époque donnée. Il nous explique bien quelque part certaines conditions esthétiques de l'œuvre d'art, mais ce sont
plutôt les conditions par lesquelles une œuvre devient, par sa
synthèse imitative, un bon document historique, que les conditions qui la rendraient belle en soi. La *Kermesse* de
Rubens, selon lui, est un chef-d'œuvre parce qu'elle synthé-
tise merveilleusement l'état psychologique et social des
Flandres au temps de Rubens. Qu'on vienne un jour à découvrir (qu'on me pardonne cette hypothèse absurde) qu'elle
n'est point de Rubens, qu'elle fut peinte ailleurs que dans les
Flandres et à une époque qui n'était point le xviiiᵉ siècle,
comme M. Taine, dans son étude sur la *Kermesse*, ne nous
a parlé que de tout cela, il est probable que pour lui elle
n'aura plus aucune sorte de valeur.

Et, en effet, M. Taine, sans l'avouer explicitement, s'insou-
cie fort de la valeur esthétique absolue et intrinsèque des
œuvres. Celles-ci ne l'intéressent que comme phénomènes

de l'esprit humain ou comme documents historiques. Aussi, la critique qu'il préconise « a des sympathies pour toutes les formes de l'art et pour toutes les écoles, même pour celles qui semblent les plus opposées ; elle les accepte comme autant de manifestations de l'esprit humain... » — Et il ajoute plus loin, un peu naïvement, « elle fait comme la botanique, qui étudie avec un intérêt égal tantôt l'oranger et le laurier, tantôt le sapin et le bouleau : elle est, elle-même, une sorte de botanique appliquée non aux plantes, mais aux œuvres humaines. » Évidemment, le devoir du botaniste est d'étudier avec le même zèle le cèdre et la moisissure, mais est-ce bien ce qu'on est en droit d'attendre d'un critique ?

Ceci une fois posé, la méthode qu'en déduit M. Taine est logique. Il ne perdra point son temps, comme ces critiques dogmatiques d'autrefois, à vous expliquer pourquoi une œuvre d'art est belle, il ne vous parlera même que fort peu de cette œuvre. Il se bornera, à propos de l'œuvre en question, à des considérations logiques de psychologie et d'histoire, convaincu qu'il a fait ainsi de la critique d'art.

Le point de départ de cette critique n'est point, comme il semblerait naturel, d'analyser les éléments de l'œuvre qui donnent la sensation de beauté. « Le point de départ de cette méthode, dit M. Taine lui-même, consiste à reconnaître qu'une œuvre d'art n'est pas isolée, par conséquent à chercher l'ensemble dont elle dépend et qui l'explique. » On le voit, la direction de la méthode est clairement indiquée. L'ancienne critique consistait à pénétrer autant que possible dans l'œuvre même, la nouvelle consiste à s'en éloigner méthodiquement autant que possible. Suivant cette direction, on constatera donc avant tout que l'œuvre en question « appartient d'abord à l'œuvre totale de l'artiste qui en est l'auteur », que cette œuvre totale, elle aussi, fait partie d'un ensemble « qui est l'école ou la famille d'artistes du même pays et du même temps à laquelle il appartient. » Cela est vrai, mais déjà il y a peut-être lieu à quelque objec-

tion. On nous cite, pour corroborer cette assertion, Rubens :
« Rubens semble un personnage unique, sans précurseurs et
sans successeurs. Mais il suffit d'aller en Belgique... pour
apercevoir tout un groupe de peintres dont le talent est semblable au sien : Crayer, d'abord, qui fut considéré de son
temps comme son rival ; Adam Van Noort, Gérard Zéghers,
Rombouts, etc. ; aujourd'hui, leur grand contemporain semble les effacer sous sa gloire, mais il n'en est pas moins vrai
que, pour le comprendre, il faut rassembler autour de lui
cette gerbe de talents dont il n'est que la plus haute tige, et
cette famille d'artistes dont il est le plus illustre représentant. » Je ne veux point dire évidemment que cette étude
comparative doive être négligée du critique, mais a-t-elle
l'importance que M. Taine lui attribue ?

Je ne crois point, pour ma part, qu'il soit impossible d'admirer et de comprendre Rubens à qui ignore Crayer et Rombouts. Et puis, il est à remarquer que ces ressemblances
qu'on nous signale proviennent bien souvent d'une éducation
commune, sous un maître commun, dont le succès et le
génie servilement copiés ont supprimé toute l'originalité des
artistes en question — qui, dès lors, doivent être jugés par
rapport à eux-mêmes. Et puis, aussi, les artistes plus isolés
que Rubens, complètement à part de leurs contemporains, ne
sont point rares dans l'histoire de l'art : Callot, etc. (1). En
sont-ils pour cela moins intéressants ?

Mais voici qu'on nous indique la troisième étape à fran-
chir pour l'intelligence d'une œuvre d'art, — la troisième
étape en lui tournant le dos : « Cette famille d'artistes elle-
même est comprise dans un ensemble plus vaste qui est le
monde qui l'entoure et dont le goût est conforme au sien.
Car l'état des mœurs et de l'esprit est le même pour le public
et pour les artistes, ils ne sont pas des hommes isolés. »

Certes non, les artistes ne sont pas des hommes isolés, et

_____

(1) L'auteur se proposait ici d'ajouter quelques noms.

malheureusement ! Malheureusement, oui, ils subissent l'influence des milieux, plus ou moins, malgré leur désir, qui
est un devoir, de s'en éloigner et de s'en abstraire. Ils sont
en quelque sorte des cygnes qui, par hasard tombés dans un
bourbier, tâchent de se renvoler vers le ciel, mais dont les
ailes ont été souillées par la boue du marécage. La critique
scientifique a-t-elle donc raison de ne vouloir se préoccuper
exclusivement que de ces taches de boue sur les ailes blanches ? Prenez garde, M. Taine, le désir d'étudier ces taches à
la loupe conduit à prendre le cygne par le cou et à l'étrangler — comme Tribulat Bonhomet.

Et êtes-vous bien sûr que tous les artistes soient à ce
point éclaboussés par la fange de vos fameux milieux ? Ne
croyez-vous point qu'il en est sur les ailes de qui la boue ne'
saura adhérer, ou qui, en tous les cas, ne tardent guère à
s'en débarrasser, dès leur premier vol, en se baignant en
plein ciel ? Et ne pensez-vous pas, comme moi, que ce sont
là les artistes supérieurs, je dirais presque les seuls vrais
artistes ? Pensez-vous que l'Angelico ait beaucoup subi l'influence de l'Italie dissolue et sensuelle du xve siècle ; que,
de nos jours, Puvis de Chavannes, cette âme de mystique
païen, ou Gustave Moreau, ce rêveur de chimères triomphales et somptueuses, aient beaucoup à démêler avec leur
siècle de myope analyse, hideusement industrialiste et utili-
tariste ?

Mais, je le répète, lors même que cette influence existerait
(et elle existe certainement et peut-être en raison inverse de
la valeur des artistes), elle ne doit nous préoccuper que pour
nous affliger, et il est absurde de penser que cette constatation soit le dernier mot de la compréhension d'une œuvre
d'art, comme le déclare M. Taine, qui, sans hésiter, arrive à
« poser cette règle que, pour comprendre une œuvre d'art,
un artiste, un groupe d'artistes, il faut se représenter avec
exactitude l'état général de l'esprit et des mœurs des temps
auxquels ils appartenaient. Là se trouve l'explication der-

nière, là réside la cause primitive qui détermine le reste. »

Et il ajoute :

« Supposez que par l'effet de ces découvertes on parvienne à définir la nature et marquer les conditions d'existence de chaque art, nous aurions alors une explication complète des beaux-arts ; c'est là ce qu'on appelle une *esthétique*. Nous aspirons à celle-là et non pas à une autre. La nôtre est moderne et diffère de l'ancienne en ce qu'elle est historique, c'est-à-dire qu'elle n'impose pas de préceptes, mais qu'elle constate des lois. »

Est-il besoin de répéter que cette prétendue esthétique, d'abord, ne constate point des lois, mais des coïncidences, d'ailleurs rares et difficilement vérifiables ; qu'il serait aisé de trouver un plus grand nombre de faits l'infirmant que la confirmant ; et enfin qu'elle n'est nullement une esthétique, puisque sa préoccupation première n'est point l'art, mais les entours de l'art, point la toile mais le cadre ? M. Taine, en croyant faire de l'esthétique, fait de l'histoire, de la biographie, de la psychologie, de la sociologie, tout ce qu'on voudra excepté de l'esthétique. Hennequin, qui partageait son erreur, le comprit vaguement, puisqu'il proposa de rejeter ce mot et de le remplacer par celui d'esthopsychologie. Mais le nom ne fait rien à l'affaire ; la méthode de M. Taine donnera et elle a donné des œuvres curieuses, intéressantes, mais elle n'arrivera jamais à la rigueur scientifique qu'elle ambitionne, parce que, comme je crois l'avoir montré, elle repose sur une pétition de principe, à savoir que l'intérêt d'art est proportionnel à la somme des influences de milieux subies par l'artiste, alors que la vérité se trouve évidemment dans cette proposition renversée. M. Taine m'apparaît comme un naïf observateur qui estimerait que c'est la forme, la dimension et la couleur du cadre qui a déterminé la forme, la dimension et la coloration de la toile.

Mais déjà, arrivé à ce point de sa doctrine, M. Taine s'aperçoit de l'impossibilité pratique de sa méthode. Il se

rend vaguement compte que si le critique scientifique ne
s'aide pas de quelques principes dogmatiques la critique lui
deviendra purement et simplement impossible, puisqu'il sera
obligé pour être logique d'accepter comme œuvres d'art,
indistinctement, toutes les productions cérébro-manuelles de
l'humanité.

Déjà, dans les pages qui précèdent, nous avons pu être surpris de le voir prendre comme thèmes d'expérimentation les
œuvres de Rubens et de Michel-Ange. Pourquoi celles-là
plutôt que telles ou telles croûtes, évidemment aussi intéressantes pour lui, s'il veut être logique avec sa déclaration
antécédente : qu'il a « des sympathies » pour toutes « les
manifestations de l'esprit humain ? »

Serait-ce parce que ces œuvres sont consacrées, universellement admirées ? Certes non, M. Taine est un esprit trop
indépendant pour suivre ainsi sans raison personnelle l'opinion générale.

Serait-ce parce qu'elles l'ont surtout et d'abord ému par
certaines qualités spéciales en elles immanentes ?

Sans aucun doute. Mais alors n'aurait-il pas été logique de
commencer par nous parler de cette émotion spéciale du sujet
et de ces qualités spéciales de l'objet ? N'aurait-il pas été plus
logique de nous parler d'abord de cette mystérieuse sensation
de beauté qu'il avoue implicitement avoir éprouvée ; de ce
mystérieux don de beauté qu'il avoue implicitement avoir
constaté ? En un mot, ne fallait-il pas poser le problème du
beau et de la sensation esthétique avant celui des contingences conditionnelles de l'œuvre d'art ?

Sans doute, cela aurait davantage ressemblé aux traités
d'esthétique dogmatique, mais aussi M. Taine ne se serait
point trouvé empêché d'avancer dès le deuxième pas de sa
doctrine, et obligé d'avouer qu'il a exagéré en affirmant que
toute manifestation de l'esprit humain, représentant fatalement les conditions de milieu où elle a été produite, était
digne des sympathies du critique.

M. Taine, d'ailleurs, se tire fort subtilement de ce mauvais pas. Il sent la nécessité d'en revenir aux procédés de la critique dogmatique et il le fait sans avoir l'air de rien, avec tant de clownerie qu'on le remarque à peine. D'abord, il évite de trop montrer le bout de l'oreille en posant simplement, comme il en a besoin, le problème du beau ou même du sens esthétique. Il se contente de poser le problème de l'art, chose plus concrète et conséquemment moins suspecte de métaphysicisme, et il dit négligemment, sans avoir l'air d'y toucher : « Je voudrais appliquer tout de suite cette méthode à la principale question par laquelle s'ouvre un cours d'esthétique et qui est la définition de l'art. » Et tout aussitôt il nous promet de ne point nous imposer une formule comme ces galeux de la critique dogmatique, et « de nous faire toucher les faits » ; et tout aussitôt, avant que nous ayons eu le temps de nous apercevoir combien peu scientifique et déductif était ce procédé de nous servir au début une définition qui ne devrait logiquement être qu'une conclusion, il nous présente cette formule, manifestement étroite et insuffisante, et qui n'a même pas l'avantage d'être beaucoup plus précise que les définitions métaphysiques dont il aime à se gausser :

« L'œuvre d'art a pour but de manifester quelque caractère essentiel ou saillant, partant quelque idée importante, plus clairement, plus complètement que ne le font les objets réels. Elle y arrive en employant un ensemble de parties liées, dont elle modifie systématiquement les rapports. Dans les trois arts d'imitation, sculpture, peinture et poésie, ces ensembles correspondent à des objets réels. »

Cette définition, quelque pauvre qu'elle soit, permettra à M. Taine de joindre à sa méthode d'investigation historique et psychologique une méthode de sélection sans laquelle rien n'eût été plus impraticable. Mais on observera dès maintenant combien cette définition, qui sert d'instrument de sélection, est étrange, puisqu'elle ne trouve dans l'art que des éléments *intellectuels* et aucun élément *émotif* ni même *sensationnel*.

Cette absurdité provient de ce qu'il eût fallu d'abord poser
le problème de la sensation esthétique, et peut-être aussi
celui du beau, avant de résoudre le problème de l'art. Mais
cela, c'eût été introduire dans la fameuse méthode scientifique, au lieu d'une seule formule de la critique dogmatique,
deux et même trois de ces formules. Et M. Taine ne l'a pas
voulu, préférant être incomplet et au besoin absurde que d'être
accusé de dogmatisme.

Hennequin, en ce point moins excessif et plus logique que
son maître, ne tombe pas dans cette faiblesse. S'il n'analyse
point l'œuvre d'art dans son essence, il l'analyse du moins
dans son action, et il pose franchement le problème de la
sensation du beau, qu'il analyse un peu superficiellement
mais avec beaucoup de finesse et de subtilité. L'œuvre d'art,
dit-il, a pour but « de produire une sorte spéciale d'émotion,
l'émotion esthétique, qui a ceci de particulier qu'elle est fin en
soi. » Et plus loin il ajoute : « Tous les systèmes de classification des émotions mettent à part les émotions esthétiques et
en forment une division spéciale séparée des émotions ordinaires. Or nous avons vu que l'émotion esthétique est une
forme inactive de l'émotion ordinaire et que chacune de ces
dernières peut tour à tour devenir esthétique... » L'émotion
esthétique, en effet, selon Hennequin, manque du caractère
distinctif des émotions ordinaires : le plaisir et la peine ; —
car il faut distinguer dans toute émotion ordinaire deux éléments : 1° l'excitation neutre, qui la constitue ; 2° le phénomène interne, cérébral, ajoutant des images douloureuses ou
gaies. Or, ajoute Hennequin, « si on admet cette hypothèse,
l'émotion esthétique d'un spectacle représenté se distinguera
de l'émotion d'un spectacle réel perçu en ce que la première
de ces émotions, tout en conservant intact l'élément excitation, laisse à son minimum d'intensité l'élément éveil des
images de douleur ou de plaisir qui s'associent d'ordinaire à
cette excitation, mais qui demeurent inertes parce qu'elles
sont fictives, mensongères, innocentes. Au contraire, dans

l'émotion réelle ces images ont toute l'intensité que leur donne la certitude de leur réalité... Or, si l'on accepte la théorie de M. Spencer, d'après laquelle les plaisirs sont des sentiments extrêmes, on apercevra aussitôt la raison pour laquelle les œuvres les plus émouvantes et les plus estimées expriment des spectacles ou des idées tristes. C'est que dans celles-ci l'émotion causée par des images fictives, douloureuses, sera extrême ; et, dans celles-ci également, l'émotion étant de l'ordre factice, fictif, esthétique, ne sera extrême que comme excitation et non comme douleur. » Et M. Hennequin conclut en se résumant : « Les mots *sensation du beau* sembleront donc désigner cette situation d'esprit : excitation intense d'un ou plusieurs sentiments ordinaires ; absence des images positivement c'est-à-dire personnellement douloureuses qui accompagnent et timbrent d'habitude cette excitation intense : en d'autres termes, le transport, le heurt de la douleur sans son amertume ou sa terreur. »

D'où cette définition un peu éloignée de celle de M. Taine : « L'art est la création en nos cœurs d'une puissante vie sans actes et sans douleurs. »

Je n'ai point à discuter ici cette analyse de la sensation du beau, évidemment superficielle et insuffisante. Je ne l'ai citée que pour démontrer que les partisans eux-mêmes de M. Taine avaient eu conscience de la lacune fondamentale de son système.

Quoi qu'il en soit, M. Taine nous ayant, par sa définition de l'art, donné l'illusion d'une base solide de raisonnement (base dont il avait, je le répète, tout d'abord affirmé pouvoir se passer), reprend l'exposé de son système de critique.

Sous prétexte d'étudier les lois de la production de l'œuvre d'art, il reprend sa théorie de l'influence des milieux, déjà formulée au début.

Deux formules, selon lui, suffisent à expliquer la création de cette chose sublime et complexe qui est une œuvre d'art.

La première formule est la suivante :

« L'œuvre d'art est déterminée par un ensemble qui est l'état général de l'esprit et des mœurs environnantes. »

Et M. Taine invoque à l'appui de cette thèse deux preuves, l'une expérimentale, l'autre théorique.

La preuve expérimentale consiste à énumérer des cas nombreux où cette loi peut être constatée.

Nous avons déjà incidemment répondu à cette assertion, mais qu'il nous soit permis, puisqu'elle est fondamentale dans la doctrine, d'y insister de nouveau. Et d'abord, on peut observer combien, chez un critique persuadé *a priori* de cette vérité, l'expérimentation sera partiale, et, par conséquent, combien ledit critique sera tenté de collectionner les faits accidentels et de hasard qui semblent corroborer le principe en question pour les invoquer comme preuves absolues. Le fait que tel artiste ou tel groupe d'artistes violemment sensualistes ont vécu dans un milieu de sensualité, n'implique pas fatalement que tout milieu sensualiste ne pourra déterminer que des artistes sensualistes. J'irai même plus loin, affirmant que, du fait qu'un artiste physiquement sensualiste a produit une œuvre sensualiste, il ne faut point inférer que tout artiste physiquement sensualiste produira une œuvre sensualiste. Je crois, en effet, pour ce qui est de ce dernier cas, qu'il y a toujours lieu de distinguer en un artiste une double âme, son âme d'homme et son âme d'artiste. Les exemples à l'appui seraient nombreux. Voyez Corneille : son œuvre est éloquente, grandiloque, abondante ; ce qui caractérise son âme d'artiste, c'est l'éloquence et la fierté ; ce qui caractérise son âme d'homme, au dire de tous les biographes, c'est la timidité, le manque d'éloquence, la difficulté d'exprimer, le bégayement. Pérugin, dont l'œuvre est d'un croyant et d'un mystique, était, dit-on, dans sa vie d'homme, un athée et un matérialiste. Nous sommes donc forcé d'en conclure que si, dans l'artiste, il est une partie de l'âme qui subit l'influence des milieux, l'autre partie, la seule qui compte

pour nous, peut s'isoler et ne rien subir de cette influence.
Écoutons, d'ailleurs, une phrase de M. Taine qui est un aveu
de cela, et qui est aussi, de sa part, une comique et inattendue contradiction. Il parle de M. Ingres :

« Il a vécu, dit-il, à Paris, comme un plongeur sous sa
cloche, fermant les fentes par où l'air du dehors eût pu entrer.
Voyez son Plafond d'Homère, son Apothéose de Napoléon, sa
Source. Sur d'autres terrains, il y a aussi beaucoup d'hommes
qui, avec une persistance et une aptitude moindres, se sont
construit leur cloche et y ont vécu. »

Eh oui, M. Taine ! Vous l'avez dit ! Et cela eut lieu dans
tous les temps, et cela fut, j'estime, à des degrés divers, le
fait de tous les artistes ; et cela, que vous le vouliez ou non,
infirme votre doctrine.

La deuxième preuve invoquée à l'appui de l'assertion sus-
énoncée est, nous affirme-t-on, toute théorique. Elle consiste
à proclamer l'indispensabilité de l'action des milieux sur
l'artiste, et par conséquent sur l'œuvre d'art. On remarquera
que je viens suffisamment de répondre à cela en discutant la
preuve expérimentale. Que les milieux agissent sur l'artiste-
homme, c'est possible et c'est probable ; mais sur cette invio-
lable partie de son âme qui est son âme d'artiste, je le nie, et
je crois qu'on peut, ainsi que je l'ai déjà indiqué, corroborer
cette négation en poursuivant à travers toute l'histoire de
l'art des preuves expérimentales analogues à celles que j'ai
présentées. De plus, en restant à un point de vue purement
théorique, je crois qu'on peut affirmer ceci : un artiste est,
dans une époque, et par définition, un être d'exception. Être
un être d'exception, c'est être en dehors de son époque. Un
artiste est donc, également par définition, un être assez puissant pour réagir contre l'influence des milieux de cette époque, et l'on peut donc admettre que plus un artiste aura réagi
contre ces influences, plus il aura cette faculté interne qui le
constitue développée, et par conséquent plus il sera artiste.
Ce qui signifie qu'on peut arriver à cette formule : « *L'œuvre*

d'art est, en valeur, inversement proportionnelle à l'in-
fluence des milieux qu'elle a subie. »

Et cela, c'est, logiquement déduite, la réfutation suffisante
de la deuxième preuve que M. Taine invoque à l'appui de sa
thèse, la preuve théorique qui consiste à affirmer l'indispensabilité de l'influence des milieux sur l'artiste et partant
sur l'œuvre d'art. Avoir signalé le dédoublement de l'âme
de l'artiste, constatable en fait et logiquement nécessaire,
c'est avoir montré qu'alors même que l'artiste subirait
comme homme l'influence des milieux, il peut fort bien et il
doit ne pas la subir comme artiste, et que, par suite, ses œuvres
peuvent et doivent ne conserver aucune trace de cette influence.

Pour établir la deuxième formule qui explique la création
de l'œuvre d'art, M. Taine établit l'existence dans toute époque de ce qu'il nomme le *personnage régnant.* C'est un être
synthétique résumant les sentiments, les aspirations, les
aptitudes de l'époque. Chez les Grecs l'athlète, au moyen
âge le chevalier, au commencement du siècle Werth e, sont
des exemples de ce phénomène. Ce personnage régnant sert
en quelque sorte de modèle à l'artiste, qui ou le reproduit
sans trêve, ou tout n moins fait des œuvres s'adressant à
lui, des œuvres capables de le satisfaire. « Une situation générale qui provoque des penchants et des facultés distinctes ;
un personnage régnant constitué par la prédominance de ces
penchants et de ces facultés ; des sons, formes, couleurs ou
paroles qui rendent ce personnage sensible ou qui agréent
aux penchants et aux facultés dont il est composé : tels sont
les grands termes de la série. Le premier entraîne avec lui le
second, qui entraîne... etc. Autant que j'en puis juger, cette
formule ne laisse rien en dehors de ses prises... »

On observera ici, encore, que si cette formule contient
quelque parole de vérité, elle est surtout vraie pour les
artistes médiocres, pour les artistes qui sont, à la vérité, le
moins artistes — pour ceux-là mêmes qui sont impuissants à
réagir contre l'influence des ambiances et qui, incapables de

découvrir en eux un idéal, en sont réduits à en chercher un au dehors, et à exploiter, dans leur incapacité de création, l'idéal créé par d'autres. Un des exemples qu'on nous cite est mal choisi : Werther a été créé de toute pièce par Gœthe. Il étonna l'Allemagne par sa nouveauté et eut, indiscutablement, une action modificatrice sur l'esprit et les mœurs de l'Europe. Ce fut dans ce cas l'œuvre d'art qui eut une influence sur les milieux. Et si, postérieurement, ce type de Werther devint, pour la période romantique, le personnage régnant, c'est que les romantiques n'étaient pas vraiment des artistes. L'artiste véritable, c'était le créateur et non l'exploiteur, c'était Gœthe. Je crois d'ailleurs qu'il serait facile de trouver mille autres exemples aussi concluants, et qu'il n'est point absurde de soutenir que les poètes pindariques ont créé l'athlète idéal, qui domine la société grecque, bien plus qu'ils n'ont été déterminés par lui ; et de même, que ce sont les poètes et les artistes du moyen âge qui ont imposé à leur époque le type du chevalier, bien avant que la masse n'eût la compréhension de cet idéal.

En résumé, cette loi, presque vraie lorsqu'il s'agit des artistes médiocres, c'est-à-dire des artistes qui ne peuvent nous intéresser que comme manifestations historiques, devient absolument fausse dès qu'il s'agit des grands artistes vraiment originaux, qui seuls doivent compter. Ceux-là, en effet, nous les voyons tous ou créer spontanément, en le tirant d'eux-mêmes, un quelque chose qui peut, plus tard, devenir *personnage régnant*, ou créer des œuvres justement originales et immortelles parce qu'elles échappent à l'imitation de ce personnage régnant et à l'adaptation au goût de ce personnage régnant. Ainsi, bien que Pindare et les poètes pindariques vinssent de créer l'athlète comme *personnage régnant*, je ne discerne pas bien ce personnage régnant dans les sombres drames fatalistes d'Eschyle, et je ne vois guère que ces glorieux symboles aient été écrits pour l'exclusive joie des joueurs de palestre ou de disque.

§

Une fois ces deux formules exposées, M. Taine, estimant qu'elles suffisent à expliquer la genèse d'une œuvre d'art, entreprend l'étude de l'œuvre d'art réalisée, c'est-à-dire de cette qualité spéciale qui fait que le réel n'est pas seulement le réel mais l'idéal.

« Les choses, écrit-il, passent du réel à l'idéal lorsque l'artiste les reproduit en les modifiant d'après son idée, et il les modifie d'après son idée lorsque, concevant et dégageant en elles quelque caractère notable, il altère systématiquement les rapports naturels de leurs parties pour rendre ce caractère plus visible et plus dominateur. »

La première objection qui vient à l'esprit est celle-ci : sans doute, cette définition est acceptable bien qu'un peu étroite, mais elle a le tort de ne point différencier la valeur des diverses réalités logiquement altérées en vue de telles et telles diverses idées. Un imbécile, doué d'une bonne science acquise ou native, qui aura altéré les rapports de tels objets réels d'après une idée à lui, mais une idée stupide, aura idéalisé cette chose évidemment, mais quelle sera la valeur de cet idéal ? De plus, il est évident que la valeur de l'idéal ainsi entendu dépendra d'un autre élément, le degré de logique et de perfection des altérations et déformations systématiques dont on nous parle.

Cette double objection n'a point échappé à M. Taine. Le moyen le plus sûr d'en sortir était peut-être d'en revenir enfin à essayer de déterminer ce que c'est que le beau, et par conséquent ce que c'est qu'une belle idée, et par conséquent ce que c'est que l'idéal véritable, le seul qui compte en art. Mais cela, c'était faire de l'esthétique dogmatique, et l'on sait que M. Taine aime mieux être absurde que de dogmatiser. Il s'est d'ailleurs, cette fois, fort habilement tiré de ce mauvais pas en imaginant la théorie de la hiérarchie des idéaux, qui, au fond, je dois l'avouer, n'est pas complètement insoutenable.

A première vue, dit-il, toutes les idées et partant toutes les idéalisations se valent. Mais il n'en n'est point ainsi si l'on approfondit. Le consentement universel, d'abord, l'analyse de la critique scientifique, ensuite, arrivent à nous convaincre que les idées ont des valeurs diverses et que tel idéal est supérieur à tel autre. Et l'on entreprend de nous démontrer que cette hiérarchie de l'idéal est subordonnée à trois facteurs : le degré d'importance du caractère dominateur, le degré de bienfaisance du caractère dominateur, le degré de convergence des effets.

Mais, tout aussitôt, dès cette énumération, nous nous apercevons qu'on nous a bernés en nous promettant une hiérarchie de l'idéal basée sur la différenciation des idées. Il n'est plus question, en effet, dans cette énumération, d'idée à proprement parler, c'est-à-dire des phénomènes subjectifs que l'artiste peut avoir à matérialiser à l'aide des réalités objectives (travail de tout l'art idéaliste). Au contraire, on n'entend plus par idée que les modes d'être ou de penser des réalités objectives. En un mot, on nous définit l'idéal de l'art qui a la prétention de se passer de l'idéal : du naturalisme. Courbet était plus franc, mais nous aurions dû nous y attendre.

En effet, lorsqu'on nous parle du degré d'importance du caractère, on n'a en vue que l'importance des divers modes d'existence de l'objet ou de l'être qui sert de modèle à l'artiste. On nous avertit que cette importance est déterminée par la loi physique dite : principe de subordination des caractères, et l'on nous apprend que les caractères les plus importants sont les moins variables. Cela peut être fort beau et fort juste, mais je ne vois pas qu'on nous parle beaucoup d'idées.

Lorsque, aussi, l'on nous parle du degré de bienfaisance (1)

(1) Parmi des notes éparses, nous trouvons ce passage de Schiller, au bas duquel Albert Aurier a écrit : « *A citer en note à propos du degré de bienfaisance de H. Taine* » :

du caractère et qu'on nous dit : « Toutes choses égales d'ailleurs, l'œuvre qui exprime un caractère bienfaisant est supérieure à l'œuvre qui exprime un caractère malfaisant », cette assertion me semble un peu enfantine. Voici deux tableaux de fleurs également habiles ; l'un représente des daturas, fleur vénéneuse par excellence, l'autre des mauves et autres fleurs médicinales ; le degré d'idéalisation est plus élevé dans ce dernier que dans le premier. En effet, « deux œuvres étant données, ajoute-t-on, si toutes deux mettent en scène, avec le même talent d'exécution, des forces naturelles de la même grandeur, celle qui représente un héros vaut mieux que celle qui nous représente un pleutre. »

Je ne vois pas bien, pour ma part, en supposant toutes choses égales d'ailleurs, en quoi don Rodrigue est, comme œuvre d'idéalisation, supérieur à Tartufe. On nous indique bien deux procédés infaillibles pour manier les caractères malfaisants. Les artistes qui désirent user de ces caractères « ou bien en font des accessoires et des repoussoirs qui servent à mettre en relief quelque figure principale... ou bien ils tournent nos sympathies contre le personnage ; ils le font tomber de mésaventure en mésaventure, ils excitent contre lui le rire désapprobateur et vengeur, ils montrent avec intention les suites malencontreuses de son insuffisance, ils

---

« Toutes les propriétés par lesquelles un objet peut devenir esthétique peuvent se ramener à quatre classes qui, aussi bien d'après leur différence objective que d'après leur différente relation avec le sujet, produisent sur nos facultés passives et actives des plaisirs inégaux, non pas seulement en *intensité*, mais aussi en *valeur :* classes qui sont aussi d'une utilité inégale pour le but des beaux-arts. Ce sont l'*agréable*, le *bon*, le *sublime* et le *beau*. De ces quatre catégories, le sublime et le beau seuls appartiennent proprement à l'art. L'agréable n'est pas *digne* de l'art et le bon n'en est au moins pas le *but :* car le but de l'art est de plaire, et le bon, que nous le considérions soit en théorie, soit en pratique, ne peut ni ne doit servir de moyen pour satisfaire aux besoins de la sensibilité... Un objet peut, par sa nature intime, révolter le sens moral, et néanmoins plaire à l'imagination qui le contemple, et néanmoins être beau. » — SCHILLER. *Réflexions détachées sur diverses questions d'esthétique.* 8. 151.

chassent et expulsent de la vie le défaut qui domine en lui. »
Ce sont là, je le veux bien, de fort sages conseils, depuis
longtemps suivis par les auteurs de toutes les bibliothèques
Mame, où se prélassent, pour la plus grande joie de la jeunesse chrétienne, des scènes où le crime est puni et la vertu
récompensée ; mais je ne vois pas en quoi cette morale a
affaire dans l'esthétique. Si Tartufe n'était point pris par les
archers du roi, au Ve acte, la création de Molière en serait-elle
donc plus mauvaise ? J'opinerais presque pour le contraire.
Mais cela, c'est pour le point de vue moral ; pour le point de vue
physique, on nous affirme que « toutes choses égales d'ailleurs, les œuvres seront plus ou moins belles selon qu'elles
exprimeront plus ou moins complètement les caractères dont
la présence est un bienfait pour le corps. » D'où il résulte
qu'un personnage académiquement bien musclé de Guido
Reni est d'une idéalisation plus haute qu'une pauvre lymphatique et presque diaphane madone de l'Angelico ! Quoi qu'il
en soit, dans cette question de l'examen des degrés de bienfaisance du caractère, il ne s'agit encore que de modes d'existence des objets objectivement considérés, et nullement
d'idées, ainsi qu'on avait semblé nous le promettre.

Enfin, lorsqu'on nous cite comme dernier critérium de la
valeur d'un idéal la mesure du degré de convergence des
effets, et qu'on nous dit : « Non seulement il faut que les
caractères aient en eux-mêmes la plus grande valeur possible,
mais encore il faut que, dans l'œuvre d'art, ils deviennent
aussi dominateurs qu'ils se pourra. C'est ainsi qu'ils recevront
tout leur éclat et tout leur relief, de cette façon seulement ils
seront plus visibles que dans la nature ; » lorsqu'on nous dit
cela, on avoue implicitement peu se soucier d'un art où les
idées subjectives de l'artiste auraient quelque place ; on
avoue ne désirer qu'un art réaliste, ultra-réaliste même, puisque son but sera non seulement de représenter l'objectivité,
mais encore de la représenter exagérée et plus visible. Ces
caractères de l'objet, ajoute-t-on, pour les rendre prédomi-

nants, c'est-à-dire, selon la théorie, « idéaux », « il faut évidemment que toutes les parties de l'œuvre contribuent à les manifester. Aucun élément ne doit rester inactif ou tirer l'attention d'un autre côté, ce serait une force employée à contre-sens. En d'autres termes, dans un tableau, une statue, un poème, un édifice, une symphonie, tous les effets doivent être convergents. Le degré de cette convergence marque la place de l'œuvre... » « Toutes choses égales d'ailleurs, les œuvres seront plus ou moins belles selon que la convergence des effets sera chez elles plus ou moins complète. »

Et maintenant, M. Taine peut conclure :

« Les œuvres d'art sont d'autant plus belles que le caractère s'imprime et s'exprime en elles avec un ascendant plus universellement dominateur. Le chef-d'œuvre est celui dans lequel la plus grande puissance reçoit le plus grand développement. En langage de peintre, l'œuvre supérieure est celle où le caractère, qui dans la nature a la plus grande valeur possible, reçoit de l'art tout le surcroît possible de valeur. »

M. Taine peut conclure cela, il ne nous empêchera point de penser qu'il nous a trompés en nous déclarant d'abord que l'idéal était déterminé par la modification des choses réelles en vue de l'*idée* de l'artiste, que la hiérarchie de l'idéal était déterminée par la hiérarchie des idées, et en oubliant justement dans sa démonstration de nous parler des idées, de leur hiérarchie, des modifications possibles du réel en vue des idées. Il ne nous a parlé, au lieu des idées, que des modes d'existence des choses objectives, et pour lui l'idéalisation n'est que la façon de rendre plus évidentes les modalités essentielles de ces choses. Conception qui revient à nier l'art idéaliste au profit de l'art réaliste. M. Taine, d'ailleurs, cite quelque part sans protester ce mot de Cellini : « Le point important de l'art du dessin, c'est de bien faire un homme et une femme nus (132). » (1)

(1) Cette dernière phrase a été intercalée dans le manuscrit postérieurement à sa rédaction. Le chiffre entre parenthèse dont elle est

Et pourtant, il est évident que ces observations sur les importances diverses des divers caractères des choses ne sont point vaines absolument dans l'étude de la genèse de l'idéal. Si l'idéal consiste d'abord et avant tout dans les déformations que subissent les objets réels sous l'action des idées de l'artiste, et non point de toutes ses idées, mais de ses idées belles (choses que n'a pu établir M. Taine, je le répète, faute de croire à la possibilité d'une définition du beau), il n'en est pas moins vrai que les choses ont en elles des caractères qui sont en réalité les modalités des idées incluses en elles-mêmes, et que ces idées objectives rétroagissent de façons diverses sur les idées subjectives, et que dans la genèse de l'idéal collaborent deux travaux déformateurs du réel simultanément effectués *par* deux sortes d'idées et *pour* la définitive expression de ces deux sortes d'idées définitivement synthétisées dans l'œuvre d'art.

Mais, pour voir cela, il fallait avoir du monde une conception moins matérialiste et ne point préférer Auguste Comte et Condillac à Plotin ou à Platon.

§

Telle est, à peu près, exposée aussi brièvement que possible, avec les objections sommaires qui s'imposent à première lecture, la critique et l'esthétique de M. Taine. Cette doctrine eut, on le sait, un succès considérable. Les critiques de ce siècle, qui ont pour la plupart manqué d'esprit philosophique et d'idées générales, l'ont accueillie avec bonheur, par paresse de la discuter et par joie d'avoir une doctrine toute faite. Elle était d'ailleurs merveilleusement appropriée à l'esprit d'une époque sceptique et matérialiste qui n'est plus capable de croire à aucun absolu et qui fait profession de

suivie, simple repère pour l'auteur, semble indiquer qu'il voulait relire la page où M. Taine cite Cellini, et peut-être disserter de l'aphorisme.

bafouer les preuves rationnelles et de ne plus admettre que les preuves expérimentales, à une époque qui, ne pouvant pas plus aimer l'art que croire à une religion, se console, par coquetterie, en aimant l'histoire des religions et l'histoire de l'art.

Sainte-Beuve, comme je l'ai déjà dit, fut le grand metteur en œuvre de la doctrine. Son succès fut énorme. Il s'adressait à un public incapable d'aimer ou de comprendre une œuvre d'art, et qui pourtant ne voulait consentir à avouer cette impuissance. Il fut assez adroit pour lui faire croire qu'il lui parlait d'œuvres d'art, qu'il l'intéressait à des œuvres d'art. Le public fut enchanté, et ne s'aperçut point qu'au lieu de lui parler d'œuvres d'art on lui parlait d'artistes, ce qui est bien différent, de leur vie intime, de leurs parents, de leurs amis, ce qui est encore plus différent. On crut lire des articles de critique : c'étaient des anecdotes biographiques, des considérations historiques, philosophiques, ethnographiques, psychologiques, morales, parfois intéressantes et spirituelles, mais n'ayant jamais rien de commun avec l'esthétique ou la critique d'art.

Voici, d'ailleurs, comment Sainte-Beuve indique sa méthode. On verra qu'elle est peu différente de celle de M. Taine.

« Il est donc convenu que pour aujourd'hui on m'accorde d'entrer dans quelques détails touchant la marche et la méthode que j'ai crue la meilleure à suivre dans l'examen des livres et des talents. La littérature, la production littéraire n'est pas pour moi distincte ou du moins séparable du reste de l'homme et de l'organisation ; je puis goûter une œuvre, mais il m'est difficile de la juger indépendamment de la connaissance de l'homme même ; et je dirais volontiers : *Tel arbre, tel fruit*. L'étude littéraire me mène ainsi tout naturellement à l'étude morale... Il est très utile d'abord de commencer par le commencement et, quand on en a les moyens, de prendre l'écrivain supérieur ou distingué dans son pays natal, dans sa race. Si l'on connaissait bien la race physiolo-

giquement, les ascendants et ancêtres, on aurait un grand
jour sur la qualité secrète et essentielle des esprits ; mais le
plus souvent cette racine profonde reste obscure et se dérobe.
Dans le cas où elle ne se dérobe pas tout entière, on gagne
beaucoup à l'observer. On reconnaît, on retrouve à coup sûr
l'homme supérieur, au moins en partie, dans ses parents,
dans sa mère surtout, cette parenté la plus directe et la plus
certaine, dans ses sœurs aussi, dans ses frères, dans ses
enfants mêmes. Il s'y rencontre des linéaments essentiels qui
sont souvent masqués pour être trop condensés ou trop
joints ensemble dans le grand individu... »

On le voit, Sainte-Beuve, lui aussi, ne semble pas se douter
une minute que son métier l'autoriserait à se préoccuper de
l'œuvre. Il semble croire qu'il n'est là que pour nous parler
de l'auteur, de son père, de sa mère, de ses sœurs, de son
concierge.

Plus loin, il ajoute :

« Quand on s'est bien édifié, autant qu'on le peut, sur les
origines, sur la parenté immédiate et prochaine d'un écrivain éminent, un point essentiel est à déterminer après le
chapitre de ses études et de son éducation : c'est le premier
milieu, le premier groupe d'amis et de contemporains dans
lequel il s'est trouvé au moment où son talent a éclaté, a
pris corps et est devenu adulte. Le talent, en effet, en demeure marqué, et, quoi qu'il fasse ensuite, il s'en ressent
toujours... Chaque ouvrage d'un auteur examiné de la sorte,
à son point, après qu'on l'a replacé dans son cadre et entouré
de toutes les circonstances qui l'ont vu naître, acquiert tout
son sens — son sens historique et son sens littéraire —
reprend son degré juste d'originalité, de nouveauté ou d'imitation, et l'on ne court pas risque, en le jugeant, d'inventer
des beautés à faux et d'admirer à côté, comme cela est inévitable quand on s'en tient à la pure rhétorique. »

Ici, nous voyons intervenir timidement un élément nouveau, à peu près absent de la méthode de M. Taine, un élé-

ment qui semble pourtant devoir être la base primordiale et
nécessaire de toute critique : le jugement. Sainte-Beuve
admet le droit de juger une œuvre. M. Taine n'admet que
le droit de constater impartialement ses éléments constitutifs. Hennequin, d'ailleurs, blâme vertement cette prétention de Sainte-Beuve et déclare formellement que le critique n'a ni à juger ni à apprécier. Il cite avec admiration
l'exemple de M. Taine, qui « renonce, tout d'abord, tacitement, mais en pratique, à blâmer ou à louer les œuvres et
les écrivains dont il parle. » Le fait qu'il s'en occupe lui
paraît suffire à indiquer qu'il les regarde comme doués de
mérite ou comme significatifs, et cette attitude attentive ou
admirative une fois prise, il s'attache à résoudre les deux
problèmes qu'il envisage. Mais Sainte-Beuve, je le répète,
n'est point si excessif et ne veut point enlever paradoxale-
ment au critique le droit de critiquer ni d'admirer. Il va
même jusqu'à tenter de timidement légitimer la rhétorique,
l'abominable rhétorique : « Sous ce nom de rhétorique,
écrit-il, qui n'implique pas dans ma pensée une défaveur
absolue, je suis bien loin de blâmer, d'ailleurs, et d'exclure
les jugements de goût, les impressions immédiates et vives ;
je ne renonce pas à Quintilien, je le circonscris. Être en histoire et en critique un disciple de Bacon me paraît le besoin
du temps et une excellente condition première pour juger et
goûter ensuite avec plus de sûreté. »

Être un disciple de Bacon, et même de saint Thomas,
n'adorer que les matérialités, nier la religion de tous les
absolus, c'est sans doute le besoin du temps, mais est-ce
bien une excellente condition pour juger et goûter l'art ? J'en
doute. Quoi qu'il en soit, on voit que la doctrine de Sainte-
Beuve diffère peu de celle de M. Taine ; elle est moins systématique et moins intransigeante, voilà tout. Elle ne force pas
aussi complètement le critique à ne faire que de l'histoire,
de la psychologie, de la sociologie, de l'ethnographie, tout ce
qui n'est point l'art. Elle ne lui interdit point avec tant de

rigueur d'aimer, de comprendre, de juger l'art. Elle lui tolère ces faiblesses. Il est juste d'ajouter que, dans la pratique, l'auteur des *Lundis* n'abusa point de cette tolérance.

§

Tous les autres critiques modernes ont d'ailleurs entendu la critique de cette façon. Ils ont perpétuellement oublié de parler de l'œuvre d'art et se sont contentés de parler de l'artiste. Théophile Sylvestre, qui avait pourtant du goût et de la science, puisqu'il sut discerner tous les grands peintres de valeur de son temps, réduisit la critique à une sorte de reportage et d'interview comparable à l'enquête littéraire que M. Jules Huret a réalisée récemment. Ces livres où les artistes sont appelés eux-mêmes à témoigner de leurs désirs, de leurs rêves, de leurs théories, de leurs habitudes de vie même, sont loin d'être complètement dénués d'intérêt; mais sont-ils bien, à proprement parler, des livres de critique ? Je ne crois pas qu'on puisse le soutenir si l'on réfléchit quelque peu. Ils sont intéressants comme des albums d'autographes et de photographies. Voilà tout. Il est vrai qu'on est allé jusqu'à affirmer qu'un album d'autographes et de photographies suffisait, et qu'un des fidèles de l'esthétique scientifique, M. Émile Deschanel, présentait au public son livre, *La Physiologie des Artistes*, comme n'étant que cela. « Imaginez, disait-il, que vous feuilletez, pour passer le temps, un album d'autographes ou de photographies : c'est à peu près cela que je vous présente. » La promesse était exacte, car la critique scientifique aboutit en général à cela, et cet aveu est d'autant plus probant que, quelques lignes plus haut, M. Deschanel nous promettait de nous faire voir dans une œuvre d'art toutes les belles choses dont M. Taine fait tant mystère. « Je me propose donc simplement, disait-il, de faire voir par un certain nombre d'exemples et de faits com-

ment on peut et on doit reconnaître dans une œuvre de
style et d'art non seulement le siècle où elle a été produite, mais aussi le climat, le pays, la race à laquelle appartient l'auteur; puis l'auteur lui-même, et son sexe, et
peut-être son âge, mais très certainement sa complexion,
son tempérament, son humeur, et, qui sait? sa santé bonne
ou mauvaise, à plus forte raison son caractère, son éducation, ses habitudes, son état et sa profession. » Mais tout cela,
c'est-à-dire toutes les belles promesses de la critique scientifique, M. Deschanel lui-même l'a ingénument avoué, tout
cela aboutit à des albums d'autographes et de photographies
comme ceux de Th. Sylvestre, à des cancanages biographiques comme ceux de Sainte-Beuve ou d'Edmond Schérer,
à des épiloguements historiques ou sociologiques comme
ceux de Taine, d'Hennequin, de Mézières ou de Deschanel.
Dans le métier de critique d'art ainsi entendu, on fait de la
critique de tout excepté de l'art.

Et pourtant, soit impuissance à se créer une théorie autre,
soit paresse, soit satisfaction, tous les critiques modernes
ont, tacitement ou affirmativement, accepté cette méthode. A
peine peut-on faire une exception pour le dogmatique Saint-
Victor, pour Théophile Gautier qui tenta, mais sans aucun
sens critique, des transpositions d'œuvres picturales en œuvres littéraires, pour Charles Baudelaire, aussi originalement
novateur en critique qu'en poésie, enfin quelques écrivains
plus immédiatement contemporains : J.-K. Huysmans, Oc-
tave Mirbeau, Jean Dolent, Roger Marx, Gustave Geffroy,
Charles Morice. Mais tous, excepté peut-être ce dernier, ont
échappé à la théorie Tainienne plutôt par un instinctif amour
de l'art, par une haine irraisonnée du matérialisme de la
science, que par un esprit de réaction consciente, théorique,
raisonnée ; et c'est pourquoi cette discussion et cet essai de
réfutation de la néfaste méthode de critique expérimentale
n'étaient peut-être point vains.

§

Quoi qu'il en soit, je veux, pour être complet, signaler une orientation nouvelle de la critique scientifique, qui est de date assez récente... (1).

. . . .

Une œuvre d'art est un être nouveau qui non seulement a une âme, mais une âme double (âme de l'artiste et âme de la nature, père et mère).

Le seul moyen de pénétrer une chose, c'est l'amour. Pour comprendre Dieu, il faut l'aimer ; pour comprendre la femme, il faut l'aimer ; la compréhension est proportionnelle à l'amour.

Le seul moyen de comprendre une œuvre d'art, c'est donc d'en devenir l'amant. Cette chose est possible, puisque l'œuvre est un être ayant une âme et la manifestant par un langage qu'on peut apprendre.

Il est même plus facile d'avoir pour une œuvre d'art l'AMOUR véritable que pour une femme, puisque dans l'œuvre d'art la matière existe à peine et ne fera presque jamais dégénérer l'amour en sensualisme.

On traitera peut-être cette méthode de ridicule. Alors je ne répondrai rien.

On la traitera peut-être de mystique. Alors je dirai ceci : Oui, sans doute, c'est là du mysticisme, et c'est le mysticisme qu'il faut aujourd'hui, et c'est le mysticisme qui seul peut sauver notre société de l'abrutissement, du sensualisme et de l'utilitarisme. Les facultés les plus nobles

(1) Le manuscrit s'arrête sur cette phrase, début d'un paragraphe qui, vraisemblablement, aurait été le dernier avant celui où l'auteur eût défini sa méthode personnelle de critique. Mais parmi l'amas des notes, nous avons découvert le fragment que nous insérons à la suite : il semble que ce soit la conclusion de l'étude.

de notre âme sont en train de s'atrophier. Dans cent ans, nous serons des brutes dont le seul idéal sera le commode assouvissement des fonctions corporelles ; nous serons revenus, par la science positive, à l'animalité pure et simple. Il faut réagir. Il faut recultiver en nous les qualités supérieures de l'âme. Il faut redevenir mystiques. Il faut rapprendre l'amour, source de toute compréhension.

Mais, hélas, il est trop tard pour reconquérir l'amour dans toute son intégralité primitive. Le sensualisme du siècle nous a désappris de voir en la femme autre chose qu'un bloc de chair propre à l'assouvissement de nos désirs matériels. L'amour de la femme ne nous est plus permis. Le scepticisme du siècle nous a désappris de voir en Dieu autre chose qu'une abstraction nominale peut-être inexistante. L'amour de Dieu ne nous est plus permis.

Un seul amour nous est encore loisible, celui des œuvres d'art. Jetons-nous donc sur cette ultime planche de salut. Devenons les mystiques de l'art.

Et si nous n'y réussissons, retournons tristement à nos auges en gémissant le définitif *Finis Galliæ*.

II

LE SYMBOLISME EN PEINTURE

PAUL GAUGUIN

> Que crois-tu qu'il répondrait si on lui disait
> que, jusqu'alors, il n'a vu que des fantômes,
> qu'à présent il a devant les yeux des objets plus
> réels et plus près de la vérité ? Ne penserait-il
> pas que ce qu'il voyait auparavant était plus
> réel que ce qu'on lui montre ? PLATON.

Loin, très loin, sur une fabuleuse colline, dont le sol apparaît de vermillon rutilant, c'est la lutte biblique de Jacob avec
l'Ange.

Tandis que ces deux géants de légende, que l'éloignement
transforme en pygmées, combattent leur formidable combat,
des femmes regardent, intéressées et naïves, ne comprenant
point trop, sans doute, ce qui se passe là-bas, sur cette fabuleuse colline empourprée. Ce sont des paysannes. Et à l'en-
vergure de leurs coiffes blanches éployées comme des ailes
de goéland, et aux typiques bigarrures de leurs fichus, et aux

formes de leurs robes et de leurs caracos, on les devine origi-
naires de la Bretagne. Elles ont les attitudes respectueuses et
les faces écarquillées des créatures simples écoutant d'extraordinaires contes un peu fantastiques affirmés par quelque
bouche incontestable et révérée. On les dirait dans une
église, tant silencieuse est leur attention, tant recueilli,
tant agenouillé, tant dévot est leur maintien ; on les
dirait dans une église et qu'une vague odeur d'encens et
de prière volette parmi les ailes blanches de leurs coiffes, et
qu'une voix respectée de vieux prêtre plane sur leurs têtes...
Oui, sans doute, dans une église, dans quelque pauvre église
de quelque pauvre petit bourg breton... Mais alors où sont
les piliers moisis et verdis ? où les murs laiteux avec l'infime
chemin de croix chromolithographique ? où la chaire de
sapin ? où le vieux curé qui prêche et dont l'on entend, certes,
dont l'on entend la voix marmonnante ? Où tout cela ? Et
pourquoi, là-bas, loin, très loin, le surgissement de cette colline fabuleuse, dont le sol apparaît de rutilant vermillon ?...

Ah ! c'est que les piliers moisis, et verdis, et les murs laiteux,
et le petit chemin de croix chromolithographique, et la chaire
de sapin, et le vieux curé qui prêche, se sont, depuis bien des
minutes, anéantis, n'existent plus pour les yeux et pour les
âmes des bonnes paysannes bretonnes !... Quel accent merveilleusement touchant, quelle lumineuse hypotypose, étran-
gement appropriés aux frustres oreilles de son balourd audi-
toire, a rencontrés ce Bossuet de village qui ânonne ? Toutes
les ambiantes matérialités se sont dissipées en vapeurs, ont
disparu ; lui-même, l'évocateur, s'est effacé, et c'est maintenant sa Voix, sa pauvre vieille pitoyable Voix bredouillante,
qui est devenue visible, et c'est sa Voix que contemplent,
avec cette attention naïve et dévote, ces paysannes à coiffes
blanches, et c'est sa Voix, cette vision villageoisement fantastique, surgie, là-bas, loin, très loin, sa Voix, cette colline
fabuleuse, dont le sol est couleur de vermillon, ce pays de

rêve enfantin, où les deux géants bibliques, transformés en pygmées, combattent leur dur et formidable combat...

§

Or, devant cette merveilleuse toile de Paul Gauguin, qui illumine vraiment l'énigme du Poème, aux paridisiaques heures de la primitive humanité ; qui révèle les charmes ineffables du Rêve, du Mystère et des voiles symboliques que ne soulèvent qu'à demi les mains des simples ; qui résout, pour le bon liseur, l'éternel problème psychologique de la possibilité des religions, des politiques et des sociologies; qui montre enfin la farouche bête primordiale domptée par les philtres enchanteurs de la Chimère ; devant cette toile prodigieuse, non point, certes, tel banquier adipeux et prudhommesque s'enorgueillissant d'une galerie encombrée de Detaille (valeur sûre) et de Loustauneau (valeur d'avenir), mais même tel amateur, réputé intelligent et ami des juvéniles audaces au point d'admettre l'arlequinesque vision des pointillistes, de s'écrier :

— Ah ! non, par exemple !... Celle-là est trop forte !... Des coiffes et des fichus de Ploërmel, des Bretonnes, et de cette fin de siècle, dans un tableau qui s'intitule : *La Lutte de Jacob avec l'Ange !* Sans doute, je ne suis pas réactionnaire, j'admets l'impressionnisme, je n'admets même que l'impressionnisme, mais...

— Et qui donc vous a dit, mon cher monsieur, qu'il s'agissait là d'impressionnisme ?

§

Peut-être, en effet, serait-il temps de dissiper une équivoque fâcheuse, qui fut incontestablement créée par ce mot d'*impressionnisme*, dont on n'a que trop abusé.

Pour le public — j'entends ce minuscule public à peu près

intelligent qui se préoccupe encore de cette futilité anachro-
nique, l'Art — il n'existe, on le sait, que deux classes de
peintres : les peintres académiques, c'est-à-dire ceux qui,
congrûment éduqués, diplômés et patentés par la faculté ès
art de la rue Bonaparte, brocantent, à des prix israélites, du
beau officiel, dans le genre antique, moderne ou autre, bre-
veté avec garantie du gouvernement — et, d'autre part, les
peintres impressionnistes, c'est-à-dire tous ceux qui, révoltés
contre les goûts imbéciles des critiques de boulevard et contre
les ignares formulailleurs de l'école, se permettent l'outre-
cuidante liberté de ne pas copier quelqu'un.

Voilà qui serait bien, et cette appellation en vaudrait une
autre. Malheureusement, pour largement entendue qu'elle
soit, elle implique un sens, un sens précis même, et qui n'est
point sans dérouter le public. Ce vocable : « impressionnisme », en effet, qu'on le veuille ou non, suggère tout un
programme d'esthétique fondée sur la sensation. L'impressionnisme, c'est et ce ne peut être qu'une variété du réalisme,
un réalisme affiné, spiritualisé, dilettantisé, mais toujours le
réalisme. Le but visé, c'est encore l'imitation de la matière,
non plus peut-être avec sa forme propre, sa couleur propre,
mais avec sa forme perçue, avec sa couleur perçue, c'est la
traduction de la sensation instantanée, avec toutes les déformations d'une rapide synthèse subjective. MM. Pissarro et
Claude Monet traduisent, certes, les formes et les couleurs
autrement que Courbet, mais, au fond, comme Courbet, plus
même que Courbet, ils ne traduisent que la forme et la couleur. Le substratum et le but dernier de leur art, c'est la
chose matérielle, la chose réelle. Le public a donc fatalement,
en prononçant ce mot d' « impressionnisme », la vague notion
d'un programme de réalisme spécial ; il s'attend à des œuvres
qui ne seront que la fidèle traduction *sans nul au-delà* d'une
impression exclusivement sensorielle, d'une sensation. Si
donc, par hasard, il se trouvait dans le groupe hétérogène
des peintres indépendants étiquetés du titre en question quel-

ques artistes engagés en des voies d'art différentes, voire contraires, le bon public, cet éternel et béat adorateur des catalogues, ne faillirait évidemment point à, comme on dit, y perdre son latin, et, déjà, je le vois, haussant ses omnipotentes épaules, ricaner :

— C'est idiot !... Car cet impressionniste me peint des impressions que nul ne peut jamais avoir ressenties !

Ne serait-ce point là, par hasard, l'explication de l'analogue boutade proférée devant le tableau de Gauguin par « l'amateur réputé intelligent et ami des juvéniles audaces au point d'admettre l'arlequinesque vision des pointillistes », dont il fut parlé plus haut ?...

Quoi qu'il en soit, aujourd'hui qu'en littérature nous assistons — cela commence à devenir évident — à l'agonie du naturalisme, alors que nous voyons se préparer une réaction idéaliste, mystique même, il faudrait s'étonner si les arts plastiques ne manifestaient aucune tendance vers une pareille évolution. *La Lutte de Jacob avec l'Ange*, que j'ai tenté décrire en exorde de cette étude, témoigne assez, je crois, que cette tendance existe, et l'on doit comprendre que les peintres engagés dans cette voie nouvelle ont tout intérêt à ce qu'on les débarrasse de cette absurde étiquette d' « impressionnistes », qui implique, il faut le répéter, un programme directement contradictoire du leur. Cette petite discussion sur les mots, ridicule peut-être en apparence, était pourtant, j'estime, nécessaire : le public, suprême juge en matière d'art, ayant l'incurable habitude, qui ne le sait ? de ne juger les choses que sur leurs noms. Donc, qu'on invente un nouveau vocable en *iste* (il y en a tant déjà qu'il n'y paraîtra point !) pour les nouveaux venus, à la tête desquels marche Gauguin : synthétistes, idéistes, symbolistes, comme il plaira, mais surtout qu'on renonce à cette inepte appellation générale d'impressionnistes, et qu'on réserve strictement ce titre aux peintres pour lesquels l'art n'est qu'une traduction des sensations et des impressions de l'artiste.

14

§

Oh ! combien rares, en vérité, parmi ceux qui se targuent
de « dispositions artistiques », combien rares les heureux
dont les paupières de l'âme se sont entr'ouvertes et qui
peuvent s'écrier avec Swedenborg, le génial halluciné :
« Cette nuit même, les yeux de mon homme intérieur furent
« ouverts : ils furent rendus propres à regarder dans
« les cieux, dans le monde des idées et dans les en-
« fers !... » Et pourtant, n'est-ce point là la préalable et
nécessaire initiation que doit subir le vrai artiste, l'artiste
absolu ?

Ailleurs, dans un traité rempli, au reste, des plus grotesques divagations, le même Swedenborg, de l'autorité un peu
contestable duquel je ne voudrais cependant point abuser,
surtout en des questions d'art, écrit ces phrases profondément divinatrices, que je souhaiterais voir en épigraphe de
tous les traités d'esthétique et méditées par tous les artistes
et par tous les critiques :

« Il en est peu qui connaissent ce que c'est que les Repré-
« sentations, et ce que c'est que les Correspondances, et nul
« ne peut savoir ce que c'est, à moins qu'il ne sache qu'il
« y a un monde spirituel, et que ce monde est distinct du
« monde naturel ; car entre les Spirituels et les Naturels, il
« y a des Correspondances, et les choses qui existent par les
« Spirituels dans les Naturels sont des Représentations ; il
« est dit Correspondances parce que les Spirituels et les
« Naturels correspondent, et Représentations parce que ces
« choses représentent... Il m'a été donné de savoir, par de
« nombreuses expériences, que dans le Monde Naturel et
« dans ses trois règnes il n'y a pas le plus petit objet qui ne
« représente quelque chose dans le monde spirituel, ou qui
« n'ait là quelque chose à quoi il corresponde. »

Paul Gauguin me semble, lui aussi, un de ces sublimes

voyeurs. Il m'apparaît comme l'initiateur d'un art nouveau, non point dans l'histoire, mais, au moins, dans notre temps. Analysons donc cet art à un point de vue d'esthétique générale. Ce sera, il me semble, étudier l'artiste lui-même, et peut-être faire mieux que la superficielle monographie composée de quelques vingt toiles décrites et de dix clichés complimenteurs dont se satisfait, d'ordinaire, la Critique d'aujourd'hui.

§

Il est évident — et l'affirmer est presque une banalité — qu'il existe dans l'histoire de l'art deux grandes tendances contradictoires qui, incontestablement, dépendent, l'une, de la cécité, l'autre de la clairvoyance de cet « œil intérieur de l'homme » dont parle Swedenborg, la tendance réaliste et la tendance idéiste (je ne dis point idéaliste, on verra pourquoi).

Sans doute, l'art réaliste, l'art dont l'unique but est la représentation des extériorités matérielles, des apparences sensibles, constitue une manifestation esthétique intéressante. Il nous révèle, en quelque sorte, par contre-coup, l'âme de l'ouvrier, puisqu'il nous montre les déformations qu'a subies l'objet en la traversant. D'ailleurs, nul ne conteste que le réalisme, s'il fut prétexte à bien des hideurs, impersonnelles et banales comme des photographies, a aussi parfois produit d'incontestables chefs-d'œuvre, qui resplendissent dans le musée de toutes les mémoires. Mais, pourtant, il n'en est pas moins indiscutable qu'à qui veut loyalement réfléchir l'art idéiste apparaît plus pur et plus élevé — plus pur et plus élevé de toute la pureté et de toute l'élévation qui sépare la matière de l'idée. On pourrait même affirmer que l'art suprême ne saurait être qu'idéiste, l'art, par définition, n'étant (nous en avons l'intuition) que la matérialisation représentive de ce qu'il y a de plus élevé et de plus vraiment divin dans le monde, de ce qu'il y a, en dernière analyse, de seul existant, l'Idée. Ceux donc qui ne savent ni voir l'Idée, ni y croire, ne sont-ils pas dignes de nos compassions, ainsi que l'étaient pour les hommes libres les pauvres stupides prisonniers de la Caverne allégorique de Platon ?

Et cependant, si l'on excepte la plupart des Primitifs et quelques-uns des grands maîtres de la Renaissance, la tendance générale de la peinture, on le sait, a été jusque maintenant presque exclusivement réaliste. Beaucoup même avouent ne pouvoir comprendre que la peinture, cet art *représentatif* par excellence, capable d'imiter jusqu'à l'illusionnisme tous les attributs visibles de la matière, puisse être autre chose qu'une reproduction fidèle et exacte de l'objectivité, qu'un ingénieux *fac-similé* du monde prétendu réel. Les idéalistes eux-mêmes (que, je le répète, il faut se garder de confondre avec les artistes qu'il m'a plu nommer : idéistes) ne furent, le plus souvent, quoi qu'ils prétendent, que des réalistes : le but de leur art ne fut que la représentation directe des formes matérielles ; ils se sont contentés d'*arranger* l'objectivité, suivant certaines notions de qualité conventionnelles et préjugées ; ils se sont piqués de nous présenter des objets *beaux*, mais *beaux en tant qu'objets*, l'intérêt de leurs œuvres résidant, toujours et encore, dans les qualités de la forme, c'est-à-dire de la réalité ; ce qu'ils ont appelé idéal ne fut jamais que le roublard maquillage des laides choses tangibles. En un mot, ils ont peint une objectivité conventionnelle, mais une objectivité, et, pour paraphraser le mot célèbre de l'un d'entre eux, Gustave Boulanger, il n'y a guère, au fond, entre idéalistes et réalistes contemporains, que la différence du choix « entre le casque et la casquette » !

Eux aussi, ils sont les pauvres stupides prisonniers de l'allégorique Caverne. Laissons-les donc s'abêtir en la contemplation des ombres qu'ils prennent pour la réalité, et revenons vers les hommes qui, leurs chaînes brisées, s'extasient à contempler, loin du cruel cachot natif, le ciel radieux des Idées.

§

Le but normal et dernier de la peinture, ai-je dit, comme d'ailleurs de tous les arts, ne saurait être la représentation directe des objets. Sa finalité est d'exprimer, en les traduisant dans un langage spécial, les Idées.

Aux yeux de l'artiste, en effet, c'est-à-dire aux yeux de celui qui doit être l'*Exprimeur des Êtres absolus,* les objets, c'est-à-dire les êtres relatifs qui ne sont qu'une traduction proportionnée à la relativité de nos intellects des êtres absolus et essentiels, des Idées, les objets ne peuvent avoir de valeur en tant qu'objets. Ils ne peuvent lui apparaître que comme des *signes.* Ce sont les lettres d'un immense alphabet que l'homme de génie seul sait épeler.

Écrire sa pensée, son poème, avec ces signes, en se rappelant que le signe, pour indispensable qu'il soit, n'est rien en lui-même et que l'idée seule est tout, telle apparaît donc la tâche de l'artiste dont l'œil a su discerner les hypostases des objets tangibles. La première conséquence de ce principe, trop évidente pour qu'il faille s'y arrêter, c'est, on le devine, une nécessaire *simplification dans l'écriture du signe.* Si ce n'était, en effet, le peintre ne ressemblerait-il point au littérateur ingénu qui penserait ajouter quelque chose à son œuvre en soignant et en ornementant de futiles paraphes sa calligraphie ?

§

Mais, s'il est vrai que, dans le monde, les seuls êtres réels ne puissent être que des Idées, s'il est vrai que les objets ne sont que les apparences révélatrices de ces idées et, par conséquent, n'ont d'importance qu'en tant que signes d'Idées, il n'en est pas moins vrai qu'à nos yeux d'hommes, c'est-à-dire à nos yeux d'orgueilleuses *ombres d'êtres purs,* d'ombres vivant dans l'inconscience de leur état illusoire et dans l'animée duperie du spectacle des fallacieuses tangibilités, il n'en est pas moins vrai qu'à nos myopes yeux les objets apparaissent le plus souvent comme objets, rien que comme objets, indépendamment de leur symbolique signification — au point que, parfois, nous ne pouvons, malgré de sincères efforts, les imaginer en tant que signes.

Cette néfaste propension à ne considérer, dans la vie pratique, l'objet que comme objet est évidente et, l'on peut dire, quasiment générale. L'homme supérieur, seul, illuminé par cette suprême vertu que les Alexandrins nommaient si justement l'extase, sait se persuader qu'il n'est lui-même qu'un signe jeté, par une mystérieuse préordination, au milieu d'une innombrable foule de signes ; lui seul sait, dompteur du monstre illusion, se promener en maître dans ce temple fantastique

> *Où de vivants piliers*
> *Laissent parfois sortir de confuses paroles...*

alors que l'imbécile troupeau humain, dupé par les apparences qui lui feront nier les idées essentielles, passera éternellement aveugle

> *A travers les forêts de symboles*
> *Qui l'observent avec des regards familiers.*

L'œuvre d'art ne doit point, même pour l'œil du populaire bétail, prêter à pareille équivoque. Le dilettante, en effet (qui n'est point artiste, et qui, par conséquent, n'a point le sens des correspondances symboliques), se trouverait devant elle dans une situation analogue à celle de la foule devant les objets de nature. Il n'en percevrait les objets représentés qu'en tant qu'objets — ce qu'il importe d'éviter. Il faut donc que, dans l'œuvre idéiste, cette confusion ne puisse se produire, il faut donc que nous soyons mis en état de ne pouvoir douter que les objets, dans le tableau, n'ont aucune valeur en tant qu'objets, qu'ils ne sont que des signes, des verbes, n'ayant en eux-mêmes nulle autre importance.

Conséquemment, certaines lois appropriées devront régenter l'imitation picturale. L'artiste, de toute nécessité, aura la tâche de soigneusement éviter cette antinomie de tout art : la vérité concrète, l'illusionnisme, le trompe-l'œil, de façon à ne point donner par son tableau cette fallacieuse impression de nature qui agirait sur le spectateur comme la nature elle-même, c'est-à-dire sans suggestion possible, c'est-à-dire (qu'on me pardonne le néologisme barbare) idéicidement.

Il est logique de l'imagimer fuyant, afin de se garder de ces périls de la vérité concrète, l'analyse de l'objet. Chaque détail, en effet, n'est, en réalité, qu'un symbole partiel, inutile le plus souvent à la signification totale de l'objet. Le strict devoir du peintre idéiste est, par conséquent, d'effectuer une sélection raisonnée parmi les multiples éléments combinés en l'objectivité, de n'utiliser en son œuvre que les lignes, les formes, les couleurs générales et distinctives servant à écrire nettement la signification idéique de l'objet, plus les quelques symboles partiels corroborant le symbole général.

Même, il est aisé de le déduire, ces caractères directement significateurs (formes, lignes, couleurs, etc.), l'artiste aura toujours le droit de les exagérer, de les atténuer, de les déformer, non seulement suivant sa vision individuelle, suivant les moules de sa personnelle subjectivité (ainsi qu'il arrive même dans l'art réaliste), mais encore de les exagérer, de les déformer, suivant les besoins de l'Idée à exprimer.

§

Donc, pour enfin se résumer et conclure, l'œuvre d'art, telle qu'il m'a plu la logiquement évoquer, sera :

1° *Idéiste*, puisque son idéal unique sera l'expression de l'Idée ;

2° *Symboliste*, puisqu'elle exprimera cette Idée par des formes ;

3° *Synthétique*, puisqu'elle écrira ces formes, ces signes, selon un mode de compréhension générale ;

4° *Subjective*, puisque l'objet n'y sera jamais considéré en tant qu'objet, mais en tant que signe d'idée perçu par le sujet ;

5° (C'est une conséquence) *décorative* — car la peinture décorative proprement dite, telle que l'ont comprise les Égyptiens, très probablement les Grecs et les Primitifs, n'est rien autre chose qu'une manifestation d'art à la fois subjectif, synthétique, symboliste et idéiste.

Or, qu'on veuille bien y réfléchir, la peinture décorative, c'est, à proprement parler, la vraie peinture. La peinture n'a pu être créée que pour *décorer* de pensées, de rêves et d'idées les murales banalités des édifices humains. Le tableau de chevalet n'est qu'un illogique raffinement inventé pour satisfaire la fantaisie ou l'esprit commercial des civilisations décadentes. Dans les sociétés primitives, les premiers essais picturaux n'ont pu être que décoratifs.

Cet art, que nous avons essayé de légitimer et de caractériser par toutes les déductions antécédentes, cet art qui a pu paraître compliqué et que tels chroniqueurs traiteraient volontiers d'art déliquescent, se trouve donc, en dernière analyse, ramené à la formule de l'art simple, spontané et primordial. C'est là le critérium de la justesse des raisonnements esthétiques employés. L'art idéiste, qu'il fallait justifier par d'abstraites et compliquées argumentations, tant il semble paradoxal à nos civilisations décadentes et oublieuses de toute initiale révélation, est donc, sans nul conteste, l'art véritable et absolu, puisque, légitime au point de vue théorique, il se trouve, de plus, au fond, identique à l'art primitif, à l'art tel qu'il fut deviné par les génies instinctifs des premiers temps de l'humanité.

§

Mais est-ce encore tout ? Ne manquerait-il point encore quelque élément à l'art ainsi compris pour être vraiment l'art ?

Cet homme qui, grâce à son génie natif, grâce à des vertus acquit.s, se trouve, devant la nature, sachant lire en chaque objet la signification abstraite, l'idée primordiale et supplanante, cet homme qui, par son intelligence et par son adresse, sait se servir des objets comme d'un sublime alphabet pour exprimer les Idées dont il a la révélation, serait-il vraiment, par cela même, un artiste complet ? Serait-il l'Artiste ?

N'est-il pas plutôt un génial savant, un suprême formuleur qui sait écrire les Idées à la façon d'un mathématicien ? N'est-il pas en quelque sorte un algébriste des Idées, et son œuvre n'est-elle point une merveilleuse équation, ou plutôt une page d'écriture idéographique rappelant les textes hiéroglyphiques des obélisques de l'antique Égypte ?

Oui, sans doute, l'artiste, s'il n'a point quelque autre don psychique, ne sera que cela, car il ne sera qu'un *compréhensif exprimeur*, et si la compréhension, complétée par le *pouvoir d'exprimer*, suffit à constituer le savant, elle ne suffit pas à constituer l'artiste.

Il lui faudra, pour être réellement digne de ce beau titre de noblesse — si pollué en notre industrialiste aujourd'hui — joindre à ce pouvoir de compréhension un don plus sublime encore, je veux parler du don d'*émotivité*, non point certes cette émotivité que sait tout homme devant les illusoires combinaisons passionnelles des êtres et des objets, non point cette émotivité que savent les chansonniers de café-concert et les fabricants de chromo — mais cette transcendantale émotivité, si grande et si précieuse, qui fait frissonner l'âme devant le drame ondoyant des abstractions. Oh ! combien sont rares ceux dont s'émeuvent les corps et les cœurs au sublime spectacle de l'Être et des Idées pures ! Mais aussi cela est le don *sine qua non,* cela est l'étincelle que voulait Pygmalion pour sa Galatée, cela est l'illumination, la clef d'or, le Daimôn, la Muse...

Grâce à ce don, les symboles, c'est-à-dire les Idées, surgissent des ténèbres, s'animent, se mettent à vivre d'une vie qui

n'est plus notre vie contingente et relative, d'une vie éblouissante qui est la vie essentielle, la vie de l'Art, l'être de
l'Être.

Grâce à ce don, l'art complet, parfait, absolu, existe
enfin.

§

Tel est l'art qu'il est consolant de rêver, tel est l'art que
j'aime imaginer, en les obligatoires promenades parmi les
piteuses ou turpides artistailleries qui encombrent nos indus-
trialistes expositions. Tel est l'art, aussi, je crois, à moins que
je n'aie mal interprété la pensée de son œuvre, qu'a voulu ins-
taurer en notre lamentable et putréfiée patrie ce grand artiste
de génie, à l'âme de Primitif et, un peu, de sauvage, Paul
Gauguin.

§

Son œuvre, merveilleuse déjà, je ne puis la décrire ni l'analyser ici. Il me suffit d'avoir essayé de caractériser et de
légitimer la conception très louable d'esthétique qui paraît
guider ce grand artiste. Comment, en effet, suggérer avec des
mots tout l'inexprimable, tout l'océan d'Idées que l'œil clair-
voyant peut entrevoir dans ces magistrales toiles : le *Cal-
vaire*, la *Lutte de Jacob avec l'Ange*, le *Christ jaune*, dans
ces merveilleux paysages de la Martinique et de Bretagne, où
toute ligne, toute forme, toute couleur est le verbe d'une Idée,
dans ce sublime *Jardin des Oliviers* où un Christ aux cheveux incarnadins, assis dans un site de désolation, semble
pleurer les douleurs ineffables du rêve, l'agonie des chimères,
la trahison des contingences, la vanité du réel et de la vie et,
peut-être, de l'au-delà... Comment dire la philosophie sculptée
dans ce bas-relief ironiquement libellé : *Soyez amoureuses
et vous serez heureuses*, où toute la Luxure, toute la lutte de
la chair et de la pensée, toute la douleur des voluptés sexuel-
les se tordent et, pour ainsi dire, grincent des dents ? Com-

ment évoquer cet autre bois sculpté : *Soyez mystérieuses*, qui célèbre les pures joies de l'ésotérisme, les troublants caressements de l'énigme, les fantastiques ombrages des forêts du problème ? Comment raconter enfin ces étranges et barbares et sauvages céramiques où, sublime potier, il a pétri plus d'âme que d'argile ?...

§

Et pourtant, qu'on y songe, si troublante, si magistrale et si merveilleuse que soit cette œuvre, elle n'est que peu, comparée à celle que Gauguin eût pu produire, placé dans une civilisation autre. Gauguin, il faut le répéter, de même que tous les peintres idéistes, est, avant tout, un décorateur. Ses compositions se trouvent à l'étroit dans le champ restreint des toiles. On serait tenté parfois de les prendre pour des fragments d'immenses fresques, et presque toujours elles semblent prêtes à faire éclater les cadres qui les bornent indûment !...

Eh quoi ! nous n'avons, en notre siècle agonisant, qu'un grand décorateur, deux peut-être, en comptant Puvis de Chavannes, et notre imbécile société de banquiers et de polytechniciens refuse de donner à ce rare artiste le moindre palais, la plus infime mesure nationale où accrocher les somptueux manteaux de ses rêves !

Les murs de nos Panthéons de Béotie sont salis par les éjaculations des Lenepveu et des Machin de l'Institut !...

Ah ! messieurs, comme la postérité vous maudira, vous raillera et crachera sur vous, si quelque jour le sens de l'art se réveille dans l'esprit de l'humanité !... Voyons, un peu de bon sens, vous avez parmi vous un décorateur de génie : des murs ! des murs ! donnez-lui des murs !...

9 février 1891.

III

L'IMPRESSIONNISME

———

I

CLAUDE MONET

———

Au commencement, allègue une vieille tradition de Chaldée, Baal créa le ciel et la terre et les dieux. Ensuite, il ordonna à l'un de ceux-ci de lui couper la tête, de la jeter dans l'espace et d'épandre sur le monde le sang qui coulerait de sa gorge. Il fut ainsi fait, et l'univers tout entier apparut vêtu d'un linceul de pourpre. Mais, déjà, la tête du dieu, la tête radieuse, éblouissante, de l'être primordial avait commencé de rouler dans l'éther. Et, par la vertu des torrents de divine lumière que versait la tête voyageuse, l'immense océan de sang qu'était le monde se mit à frissonner, à fermenter, à bouillonner en vagues énormes, en vagues qui, peu à peu, se solidifièrent et, bientôt, furent les minéraux, les plantes, les bêtes et les hommes.

Et, depuis cette heure ineffable, l'aveuglante tête de Baal roule, majestueuse et sans trêve, dans l'infini, inondant de clarté, de vie, de joie et de beauté sa fille, son amante, la terre.

Sans doute, on la blasphème, en notre aujourd'hui de
présomptueuse ignorance, cette radieuse tête créatrice qu'ado-
raient autrefois les mages ninivites ; sans doute, on la raille,
et, du faîte d'impies observatoires, on s'enorgueillit stupidement de compter ses taches de rousseur. Pourtant son culte
est-il bien aussi définitivement déserté qu'il semble ? N'aurait-elle point encore des dévots et des prêtres, héritiers, sans
le savoir, des primitives fois chaldéennes, instinctifs glorifi-
cateurs, non plus, certes, suivant les traditionnelles liturgies,
mais du moins à leur manière, de sa divine omnipotence ?
Et, d'aventure, n'allons-nous point justement avoir à parler
ici d'un de ces hommes, d'un de ces inconscients dépositaires
des vérités anciennes, dont, malgré eux et quoi qu'ils fassent
les âmes et les mains paraissent éternellement officier, selon
des rites nouveaux et imprévus, la glorieuse messe des lumières, dans un moderne temple du soleil ?

§

Un temple fantastique, éblouissant et joyeux, dont les murailles et les plafonds seraient de pur cristal taillé en bi-
seaux prismatiques.... Un temple de transparent cristal édifié
sur une haute colline, en sorte qu'il soit, de tous les points
de l'horizon, autant que du zénith, incendié par les rutilements de l'astre.... Un temple où cataracte incessamment la
lumière, la bonne, la gaie, la sainte lumière du ciel, méta-
morphosée en éblouissant déluge de pierreries par les pris-
mes et les rhombes translucides des murs et des toitures....
Et, dans ce temple, un prêtre, un peu schismatique, de la
religion Baalique, infiniment plus paterne et bon enfant que
ses ancêtres de Mésopotamie, un pieux et gai prêtre, fort
inexpert, certes, en mythes théogoniques, mais adorant avec
ferveur, mais aimant vraiment d'amour son dieu, son Baal,
bénévole, souriant, pas du tout sanguinaire, son Soleil, son
divin Soleil, semeur de toutes les splendeurs et de toutes les

allégresses, et lui adressant, agenouillé au milieu d'aveuglants
rayonnements, d'effervescentes et joyeuses oraisons, infiniment jaculatoires, mais peut-être un peu trop, si j'ose ainsi
dire, télégraphiques.

§

Telles, je crois, et malgré la démence d'une pareille allégorie, l'œuvre et la destinée de Claude Monet, exclusif et passionné adorateur de la toute-puissance solaire, en l'obscure
taupinière de nos âges.

Ses œuvres, qu'on y réfléchisse, ne sont point autre chose
que d'admirables hymnes attendries à l'astre dispensateur de
la vie, de la joie et de la beauté, hymnes un peu plus brèves
sans doute qu'on ne souhaiterait, hymnes de pontife pressé
et sans beaucoup d'haleine, mais pourtant sincères et tellement splendides !

Qu'on n'aille point, surtout, lui demander, à cet amoureux
de la divine lumière, autre chose que son amour de la divine
lumière. La voluptueuse passion qui l'exalte, les sensations
ineffables qu'il connaît le dispensent de rêver, de penser,
presque de vivre. Les idées, les êtres, les choses n'existent
plus pour lui, fondus qu'ils sont dans la respiration embrasée
des Baal. Mystique de l'héliothéisme, vraiment, et nullement
scolastique, il ne veut point argumenter, il ne veut rien
expliquer, il se satisfait d'aimer, de se fondre dans les brûlants effluves du globe glorieux, d'adorer et de s'émerveiller,
et son adoration et ses émerveillements et ses amoureuses
félicités sont tout ce qu'il estime digne d'être exprimé. Que
lui importe le reste, son corps et son âme à lui, l'âme et le
corps des autres êtres ? Ne sait-il point qu'avec la complicité
de son dieu le néant lui-même s'illuminerait et deviendrait
un temple de joie et de somptuosités ? Aussi choisit-il, non
sans telle inavouée coquetterie, des prétextes insignifiants,
des sujets banals, pour nous métamorphoser ces riens en

féeries, en poëmes radieux : une meule dans une plaine, un ravin de la Creuse, quelques vagues de la Méditerranée, quelques peupliers des bords de l'Epte, il lui suffit de baigner cela des divines éblouissances dont ses yeux et ses doigts sont pleins, pour que soit transmuée, cette méprisable réalité en délicieux paradis fleuri de gemmes et de sourires.

§

Claude Monet a eu, sans y penser, une considérable influence sur les peintres contemporains. Il leur a appris à connaître, au moins de nom, les gaies et crues clartés du plein air, à rougir des bitumes, des noirs, des sépias, de toutes les boues excrémentielles de leurs palettes. Il est responsable de cette petite révolution de la technique picturale, à laquelle il ne faut point, en vérité, attacher plus d'importance qu'elle n'en mérite, responsable au même titre que Manet, davantage même, car Manet sortait à peine de sa manière espagnole alors que, déjà, Claude Monet peignait des œuvres scandaleusement claires. Mais peindre clair, il faut le répéter, ce n'est point, en art, chose fort capitale : tous les peintres du Salon, sans exception, le font aujourd'hui, et ne sont guère plus intéressants pour cela qu'aux temps encore récents où ils travaillaient dans les poix et les cambouis. Ce qui, surtout, nous charme en l'œuvre de Claude Monet, c'est (bien plus que la clarté) la somptuosité et l'harmonie, et aussi la belle âme d'artiste, naïf, extasié, heureux, qui s'en dégage.

Sans doute, il est permis de glisser des réticences, de critiquer cette œuvre où manquent bien des indispensables éléments de la parfaite beauté, de constater le rudimentaire de ces pochades instantanées, souvent trop pochades et trop instantanées, de blâmer ce constant sacrifice des formes significatrices et ce parti pris de plonger les êtres dans ces atmosphères si splendidement embrasées qu'ils semblent s'y vaporiser ; sans doute, aussi, il est légitime de souhaiter un art

moins immédiat, moins directement sensationnel, un art de
rêve plus lointain et d'idée ; mais, pourtant, il serait injuste
de ne point aimer le grand peintre, si vraiment et si exclusivement peintre, qui sut, en nous traduisant excellemment les
joies et les coruscations de ses seules visions, si souvent
éblouir nos prunelles et égayer nos cœurs, le magicien qui
sut voler, pour nous, les gemmes fabuleuses éparses dans la
rutilante chevelure de la tête errante de Baal.

Mars 1892.

II

RENOIR

—

Il me faut, malgré moi, devant cet aimable et pomponné microcosme, d'aspect si charmeusement artificiel, si adorablement pas-très-vrai, que surent susciter les presque lascifs pinceaux de Renoir, il me faut imaginer une âme d'artiste naïve, avec des subtilités de naissance ; bonne, indulgente, joyeuse, avec d'insaisissables ironies qui s'apitoient ; une âme-enfant, ignorant nos grognons pessimismes, s'égayant, s'éjouissant, s'extasiant, dans le monde vrai, comme un bébé dans un bazar plein de poupées, de ballons et d'arches de Noé, comme un bébé très malin et quasi sceptique, mais sceptique avec tant de bon cœur ! et de candeur !...

Et d'ailleurs, si l'on pouvait approfondir, n'apparaîtrait-elle point aussi vraie, aussi philosophique qu'une autre, cette compréhension de la vie, cette conception du monde, des êtres et des choses donnés comme joujoux à l'homme, bambin éternel, mais trop souvent bambin rageur préférant au jeu l'éventrement de ses polichinelles ? Et puis, en tous cas, n'est-ce point, en art, cet instinctif ou volontaire puérilisme, un paradoxe vraiment intéressant, aujourd'hui que même les enfants ont des âmes de vieillards ?

§

Ce fut, en cet immense et joli bazar à jouets qu'était pour lui l'Univers, ce fut, naturellement, par les pommettes carminées, par les lèvres rouges immuablement sourieuses, par les beaux yeux d'émail si d'azur des poupées, des adorables poupées, aux chairs de porcelaine rose, aux chiffons miroitants de satin, que Renoir fut, surtout et d'abord, attiré.

La femme, il voulut peindre la femme, l'exquise, la joliette babiole babilleuse, sautilleuse, qu'il adorait et dont l'âme, il le devinait, ne devait certes point être très différente d'un mouvement d'horlogerie, souvent détraqué, au reste... et, parmi toutes les femmes, parmi toutes ces gentilles amusettes automatiques, parmi tous ces mignards étroïdes artificiels, ce furent celles chez qui ce caractère d'artificiel était le plus marqué, le plus évident, qui le plus l'attirèrent, et le séduisirent. D'instinct, il dédaigna un peu les robustes et saines femelles des campagnes, trop voisines, à son gré, de la nature et de l'animalité et quasiment contradictoires de la coquette machinette-articulée qu'il concevait. Au contraire, ainsi qu'il était normal, il s'éprit de la mignonne et poupine poupée très civilisée des villes, de la poupée si nativement poupée et encore, s'il se pouvait, artificialisée par une vie toute conventionnelle, toute aphysique, de la poupée la plus poupée, de la Parisienne....

Cette originale et peut-être très sage conception du fameux « éternel féminin » ne semble point, il faut le répéter, être, en Renoir, la conséquence volontairement déduite d'un scepticisme acquis par d'amères expérimentations ? Elle m'apparaît plus spontanée, plus naïve, plus instinctive, et si l'on veut qu'elle procède quand même de quelque scepticisme, ce sera d'un scepticisme pas du tout amer, pas du tout expérimental ni raisonné, ni même conscient, d'un gai scepticisme constitutionnel et natif...

Avec de pareilles idées, avec une telle vision du monde et de la féminité, il était à craindre que Renoir ne créât une œuvre seulement *jolie* et seulement *superficielle*. — Superficielle, il n'en fut rien ; profonde, au contraire, car si, en fait, l'artiste a presque absolument supprimé l'intellectualité de ses modèles, il a, par compensation, prodigué dans ses tableaux sa propre intellectualité, et l'on vient de voir combien exceptionnellement curieuse était cette intellectualité. Quant au caractère de *joli*, il est, dans son œuvre, indéniable, mais combien diffèrent ce *joli*-là de l'insupportable *joli* que pratiquent les peintres à la mode. Le *joli* de Renoir, qui est le *joli* poussé au dernier degré de la mièvrerie, le *joli* par excellence et même le *joli* impossible, devient prodigieusement intéressant, d'abord par son excès même et ensuite parce qu'il est, en quelque sorte, un *joli* philosophique, un *joli* symbolique, symbolique de son âme d'artiste, de ses idées, de ses compréhensions cosmologiques... Psychiquement organisé comme il nous est apparu, comment, en effet, eût-il pu percevoir les choses et les êtres autrement qu'avec des extériorités jolies, puisque la seule fin des êtres et des choses lui semblait de charmer, de réjouir, d'amuser son âme d'enfant, son âme d'artiste ?

La femme, surtout, l'obsédante femme, à quoi lui serviraient d'autres plus intimes qualités ?... Il la voit, il veut la voir jolie, seulement jolie, et, en vérité, n'est-ce point assez ? Pourquoi serait-elle belle, puisqu'elle est jolie ? Pourquoi intelligente, pourquoi bête, pourquoi fausse, pourquoi méchante ? Elle est jolie ! Pourquoi aimante, pourquoi ingrate, pourquoi dévouée ! Elle est jolie ! Pourquoi aurait-elle un un cœur, un cerveau, une âme ? Elle est jolie ! elle est jolie !... Et cela lui suffit et cela nous suffit... A-t-elle même un sexe ? Oui, mais qu'on devine stérile et seulement propre à nos puériles amusailles. Sans doute sa chair est bien vraiment de pâte tendre de Saxe, et son sang de carmin à fleur de peau, et ses yeux d'insensible émail, et son âme de rouages ingénieux et fragiles... Elle ne vit pas, elle ne pense point. Nous autres, tous plus ou moins psychologues et encore plus sots que psychologues, bêtement, nous tenons à lui attribuer nos sentiments, nos émotions, nos rêves d'êtres-vivants. Nous lui votons un cœur compliqué, une intelligence retorse. Nous la décrétons volontiers ange ou démon, nous nous plaisons à la trouver sublime ou ignoble, machiavélique, vipérine, féline! Pauvres fous! nous semble dire le peintre. Comme si un chat, une vipère, n'avaient point mille fois plus d'âme qu'une femme! Soyez donc, ainsi que moi, raisonnables et ne prenez point au tragique la pseudo-vitalité de ce merveilleux petit automate si adorablement joli que le bon Dieu vous donna pour vous amuser. Jouez avec votre poupée, complaisez-vous à lui attribuer des sentiments qu'elle ne saurait avoir, à la vivifier par vos imaginations, mais prenez garde de prendre tout cela trop au sérieux, car vous seriez ridicules comme des enfants qui, les larmes aux yeux et les poings tendus, invectivent un irresponsable joujou!...

Quoi qu'il en soit, Renoir a su tirer de cette philosophie, probablement inconsciente et instinctive, une œuvre curieuse et charmeuse. Qui n'aimerait à fréquenter dans ce mignard monde de joliettes figurines qui sourient éternellement, mi-femmes et mi-fillettes, roses, blanches, bleues et blondes, avec juste ce qu'il faut de vie pour faire croire qu'elles ont un vrai corps, qu'elles ont une âme, qu'elles peuvent nous comprendre, nous aimer? Et qui, en leur amusante compagnie, ne se rappellerait aussi les adorables marionnettes du XVIIIe siècle, peintes, elles aussi, dans toute leur superficielle joliesse par Boucher, mais avec combien plus de mauvaise sensualité et combien moins de philosophie ingénue!...

§

Et c'est ailleurs encore, et c'est partout, que se retrouve en l'œuvre de Renoir cet *involontaire parti pris* d'ainsi voir, d'ainsi comprendre, d'ainsi peindre le monde, comme

un délicieux capharnaüm de gentilles choses dont l'unique
but est de servir de jouets à l'homme-enfant...

Dans ses fleurs, dans ses natures-mortes, tout autant que
dans ses figures féminines, on le retrouve, cet involontaire
parti pris, et l'on sent bien que tous ces objets qu'on nous
montre ont perdu tout caractère pratiquement utilitaire, qu'ils
ne sont presque plus des fruits, des fleurs, ayant des fonctions et des fins dans l'économie physique, mais qu'ils sont
devenus, simplement, de *jolis* objets d'agrément où se sont
exagérés les caractères de formes et de couleurs propres à
égayer, à amuser la prunelle et l'âme du peintre. Ils ne sont
plus, eux aussi, que de *jolis jouets*.

Et c'est la même singulière déformation dans ses paysages,
où l'on constate, et sans regret, que n'existent plus d'arbres,
de ciels, de gazons, de mers, de montagnes, mais uniquement
de vagues et réjouissantes formes de tout cela, exquisément
teintées de bleu, de rose, de vert, douces à l'œil comme des
ouates multicolores, des satins effrangés, des peluches et des
velours de nuances tendres et dont le seul but est encore,
sans conteste, de constituer un agréable décor de bazar à
joujoux où puissent s'ébattre, dans de doux émerveillements,
nos rêves enfantins...

Maintenant, dans ce creuset où bouillonnent pour les féeriques cristallisations que nous savons cette enfantine gaîté, ce
goût si naïf, si spontané de l'artificiel, cet indulgent opti-
misme, ces chatoiements de couleur attendrie, ces mièvres
joliesses de forme, laissez tomber une ou deux larmes pas
très amères, larmes de gamin boudeur ou de fillette trop
heureuse, quelques parcelles d'épigrammes, mais si sucrées
de bonté, un grain d'espièglerie presque lascive, mais si
gamine, un peu des belles crâneries de Manet, mais si estom-
pées et tant, si l'on peut dire, dix-huitièmesiéclisées, un peu
aussi de cette poudre de projection sans laquelle on n'est
point artiste, et vous aurez, je crois, la plupart des éléments
qu'il fallut à Renoir pour l'alchimie de son œuvre.

§

Tout cela, on l'imagine, constitue un art singulier, à la fois simple et complexe, un art captivant, fait de la mystérieuse conciliation d'inconciliables idées.

N'est-ce point un cas paradoxal et déconcertant que celui de ce peintre, vraiment candide comme un enfant, et pourtant si compliqué, qui a, mais lui sans nulle vicieuse préméditation, des goûts d'artificiel dignes du subtil des Esseintes, de ce peintre ingénu et naïf, sachant par je ne sais quelle révélation des philosophies aussi raffinées, de cet un peu crédule sceptique, tout instinctif, qui, si intuitivement convaincu de la futilité de la vie, de la vanité de la femme, de l'illusoire du monde, loin de tomber, pour cela, dans l'aigre pessimisme, s'égaie au contraire de ces choses, glorifie leur futilité, leur vanité, leur illusoire, et, heureux aux larmes, les proclame les très admirables, très précieux et très jolis joujoux nécessaires aux enfantines récréations de son âme...

Dessiné par Paul SÉRUSIER.

IV

LE NÉO-IMPRESSIONNISME

CAMILLE PISSARRO (1)

Ne souhaitons point à M. Pissarro d'être, avant longtemps, choyé par la Critique, car, vraisemblablement, la Critique ne commencera de l'aimer que lorsqu'il sera mort. Il y a à cela plusieurs bonnes raisons. Et d'abord, la Critique, cette estimable vieille fille à bas très bleus et à lunettes d'or, légendairement myope d'une myopie incurable et de naissance, n'a jamais passé pour très experte, on le sait, en l'art de découvrir quoi que ce soit, ni pour très apte à comprendre ou à aimer les œuvres vraiment originaux et vraiment neufs. Ensuite, et surtout, elle a la manie, cette vieille vétillarde, lorsque, par hasard, elle boute le nez contre quelque nouvel artiste, d'accoler au nom du malheureux, ainsi que dans les dictionnaires : *une définition*, péremptoire et immuable. Le monsieur, ainsi dûment catalogué, s'il tient à conserver l'estime et l'affection des vieilles lunettes d'or, doit avoir soin

---

(1) Une table de ce livre de critique dressée par G.-Albert Aurier lui-même porte, avec le nom de M. Camille Pissarro, celui de Seurat. L'article ne fut jamais écrit.

de ne jamais contrecarrer, par nuls subversifs agissements, la définition qui lui fut octroyée. Il doit, jusqu'aux derniers sacrements, réfrénant tout désir voyageur, piétiner sur place, entre les mêmes quatre murs, et triturer la même éternelle formule qui fut, une fois pour toutes et solennellement, déclarée sienne. Oh ! alors, il arrivera, il arrivera à l'ancienneté, comme dans les ministères ! Cet ingénieux système a l'avantage de singulièrement faciliter la tâche de la bonne Critique. Tel peintre annonce-t-il l'exposition d'œuvres récentes ? Vite, on consulte le *Catalogue des immuables définitions.* L'article à bâcler y est tout fait et, comme on l'écrit en phrases également toutes faites, le labeur est à souhait simplifié. Ainsi, lorsque la Critique se transporte en des galeries où se prélassent des toiles nouvelles de, par exemple, M. Chaplain, d'avance elle sait exactement ce qu'elle verra, ce qu'elle pensera, ce qu'elle dira. — Ce qu'elle verra ? Une polissonnerie grossièrement filoutée à Fragonard ou à quelque exquis maître xviiie siècle et poudrederizée de sucre pilé par un confiseur dément et sacrilège. Ce qu'elle pensera ? Qu'il est bien agréable de n'avoir point à fatiguer sa myopie et son pauvre intellect sur des choses inconnues, toujours troublantes et incompatibles avec les bonnes digestions. Ce qu'elle dira ? Charmant ! Délicieux ! Distingué ! Adorable ! Ce Chaplain, quel génie !...

M. Pissarro, lui, se présente au contraire devant la Critique avec toutes sortes de mauvaises recommandations. Déjà, son œuvre même, personnelle, neuve, profonde, bien à part, n'était guère faite pour lui concilier la sympathie des vieilles lunettes d'or. Peut-être pourtant eurent-elles fini par le tolérer, pour scandaleusement originales et hautes que fussent ses formules d'art, s'il eût consenti de s'y immobiliser à jamais. On lui en eût toujours un peu voulu de la difficulté éprouvée à le définir, mais enfin on aurait eu une définition, et une définition efface bien des torts. Malheureusement, rien de cela ne fut. M. Pissarro a commis l'impardonnable

sottise de penser qu'un artiste est autre chose qu'un bidet de
manège qui tourne éternellement dans la même piste, les
yeux bandés. Il s'est imaginé que la vie d'un grand peintre
devait être une série de successives étapes vers un idéal toujours plus près, toujours trop loin. Il a estimé qu'il ne devait
point y avoir de halte ni de repos en cette chasse à la Chimère. D'années en années, la Critique, épouvantée, put
reconnaître dans chacune de ses toiles des qualités nouvelles
et inattendues, des progrès scandaleux, mille énormes riens
déconcertants qui dénotaient les efforts, l'acharné labeur
d'un esprit chercheur, et aussi une constante ascension vers
l'infini du mieux. Elle résolut de ne point s'essouffler.

Enfin, et ce fut là le suprême grief, M. Pissarro, qui est un
génie un peu inquiet, un peu, si je puis dire, louvoyeur, —
jusque dans le casse-cou, — ne se contenta point d'être un
talent indécemment personnel et de tenter une constante et
rapide marche en avant dans la seule direction qu'il avait
tout d'abord choisie. Il eut des changements d'orientation
absolus et brusques. Il ne craignit point de quitter le droit
chemin où la critique se fatiguait déjà de le suivre, ni de bi-
furquer dans les sentiers les plus imprévus, l'œil tendu vers
de nouveaux idéaux. Alors, ce fut le comble! Les sages
lunettes d'or s'indignèrent, renoncèrent au pourchas. Et ce
fut justice! Si tous les peintres se conduisaient ainsi, il n'y
aurait plus moyen de s'y reconnaître! En somme, il y a des
classifications ou il n'y en a pas!... Les lunettes d'or estiment qu'il y en a. Heureusement que M. Pissarro a, je crois,
d'autres soucis que de complaire aux lunettes d'or.

§

Depuis longtemps déjà M. Pissarro n'était plus un *jeune*,
ni un débutant. Si le public et si les journalistes esthéti-
cailleurs ne s'agenouillaient pas encore extatiquement devant
ses toiles, du moins sa peinture commençait-elle d'être com-

prise et aimée par d'assez nombreux honnêtes gens. A force
de consciencieuses études, de recherches et de travail, il
avait réussi à préciser adéquatement les *formes* nécessaires
de son génie, de son tempérament d'artiste. Il s'était créé
une manière très à lui. Des connaisseurs proclamaient son
originalité, son talent. Le style de telles de ses figures cam-
pagnardes, l'émotion profonde de certains de ses paysages
faisaient songer à un Millet, plus délicat, moins religieux,
aussi poète. Il avait su excellemment fixer sur la toile, avec
des couleurs déjà claires et chantantes, cette majestueuse
tranquillité, cette mélancolie solennelle qui plane sur les
choses et sur les êtres dans les champs. Il était sur le point,
après les tant pénibles labours et les semailles, de recueillir
la moisson. Mais, tout à coup, il partit, ne daignant. Il
partit vers des champs lointains se remettre au travail pour
des récoltes qu'il rêvait plus somptueuses. Bien des amis qui
l'observaient en furent étonnés, voire consternés. Lui, le
presque maître déjà, se refaisait élève, semblait renier tout
le savoir acquis.

Il n'en était rien, pourtant. Cette répudiation n'était qu'ap-
parente. M. Pissarro conservait intégralement le gros bagage
de science qu'il avait déjà. Il se bornait à l'estimer incomplet et il voulait le compléter.

Ce qu'il avait jusqu'ici cherché, étudié, trouvé dans la
nature, c'était surtout le caractère profond des choses et des
êtres, l'émotion, le parfum, la poésie des ambiances, la pensée intime des couleurs et des lignes, la psychologie des
formes.

Maintenant, cela lui semblait, non point vain, mais insuffi-
sant. Le peintre, pensait-il, ne doit pas être seulement un
psychologue ou un poète, ni seulement parler à l'âme. Il
doit surtout, et avant tout, être un peintre et parler aux
yeux, et leur parler aussi intensément que possible. Son rôle
est de faire d'abord la joie de nos prunelles, et nous aurons
le droit de ne point lui tenir compte de ses sentiments, de

ses émotions et de sa poésie s'il ne sait les bien vêtir de ce
somptueux manteau, la couleur, ni les baigner dans ce fluide
rutilant et féerique, la lumière.

Faire chanter à la couleur, à cette magicienne, sa vraie
chanson, son éclatante et joyeuse chanson, transmuer, par
une savante alchimie, en réelle lumière, claire et vibrante,
en cette glorieuse poudre de diamant, transparente et impal-
pable, qui baigne l'univers, les matériaux opaques et boueux
dont dispose la peinture, métamorphoser les veules et sales
mastics de la palette en toutes les limpidités, en toutes les
fugaces irisations de l'éther, tel fut le but que M. Pissarro
fixa à ses nouvelles études.

Le groupe des peintres néo-impressionnistes se formait
alors. Séduit par les audacieuses et un peu paradoxales
théories de ces novateurs, M. Pissarro se joignit à eux, s'ini-
tia et tout aussitôt, par ses intransigeantes expériences de
pointillisme, se révéla téméraire explorateur d'inconnu.

Les premiers essais de néo-impressionnisme, intéressants
mais malhabiles encore, et tâtonnants et hésitants sous leur
apparence de folle hardiesse, ne manquèrent point de dérouter la critique, d'épouvanter le public et de désopiler les
peintres bien pensants. J'avoue, pour ma part, avoir plus
d'une fois ironiquement souri devant certaines toiles d'alors,
mosaïquées de taches disparates et infusibles qui rappelaient
les bigarrures de la veste d'Arlequin. Mais, peu à peu,
M. Pissarro se rendit maître de la nouvelle technique qu'il
avait adoptée, de ce procédé pointilliste qui m'apparaît — et
c'est là mon grand grief — le plus compliqué et le plus difficile de tous les procédés possibles. De jour en jour, il réalisa
des perfectionnements inattendables, et ses successifs progrès, constatés en chacune de ses toiles, finirent par forcer
l'attention, voire l'émerveillement, des quelques délicats critiques qui se glorifient de leur bonne foi.

Le but évident de M. Pissarro était, on l'a lu, de baigner
les objets dans la vraie lumière, vibrante et claire comme la

lumière solaire. Ce but, on ne saurait maintenant le nier, il l'a atteint aujourd'hui. Il a réussi à dérober au prisme la gamme de l'authentique Couleur. Il est parvenu à faire ruisseler, dans ses paysages, les véritables clartés des aubes, des midis et des couchants, à prononcer, ainsi que Jahvé au premier jour de la genèse, l'efficace *fiat lux*, à recréer le jour, l'azur, la seule lumière. Oh ! l'ennui des phrases courantes dont s'anémie la signification ! Il faut pourtant employer celle-ci faute d'autre meilleure, mais qu'on l'entende, je prie, sans atténuation de sens et non point ainsi qu'une métonymie : réellement, les toiles actuelles de M. Pissarro sont peintes avec du soleil.

Quant à sa nouvelle technie, on la connaît et j'y insisterai peu. Elle consiste, on le sait, à ne point mixturer les divers éléments des tons, tout mélange ayant pour résultat un assourdissement du ton. Les divers éléments de la nuance à obtenir sont juxtaposés sur la toile par taches proportionnellement fractionnées et leur combinaison ne s'effectue que dans la rétine.

En principe, je serais désolé qu'on proclamât la toute infaillibilité et la toute nécessité de cette formule, et je me navrerais que beaucoup se l'appropriassent. Elle a, en effet, je crois, bien des inconvénients. D'abord, elle complique, le plus souvent, sans nulle utilité, la facture, l'exécution manuelle, et est, par conséquent, en contradiction avec ce péremptoire axiome de l'*actio minima,* qui est un des plus incontestables de l'esthétique : « *Il faut obtenir le plus grand effet possible avec les moindres moyens possibles.* » De plus, elle superficialise l'œuvre d'art, si je puis ainsi dire, en accoutumant l'œil à se satisfaire de rutilements et de papillottements harmonieux de couleur, sans se préoccuper du reste. Elle est, enfin, souvent peu compatible avec la précision du dessin, avec la pureté des lignes, avec l'accentuation du caractère, avec les nuances du modelé, avec, pour tout dire, le style.

Mais, quoi qu'il en soit, je ne puis m'empêcher de confesser

que cette imparfaite méthode a conduit certains artistes, et
tout particulièrement M. Pissarro, à des résultats véritablement
merveilleux. L'exposition d'hier (Boussod et Valadon), où l'on
était convié à regarder les plus récentes œuvres de cet
artiste, en fournit l'irrécusable témoignage. Pour ma part,
j'avoue qu'elle me fut une exquise surprise. Il y avait assez
longtemps que je n'avais vû de sérieuses peintures de
M. Pissarro. Je m'attendais à retrouver les incohérents habits
d'Arlequin d'antan, et j'ai découvert de délicats chefs-d'œuvre
tout débordants de lumière et de poésie.

§

Des chefs-d'œuvre, oui, certes, je ne retire point le mot.
Aussi bien, voyez plutôt cette magistrale page rubriquée : *Un
beau jour d'hiver à Éragny*. Dans une grande et calme
prairie qu'au loin borne une traînée d'arbres piqués de givre,
c'est une belle fille, la jupe fouaillée par la bise, et un gamin
qui attisent un feu de bois pétillant dans l'air froid et sec. Un
gai soleil, un soleil un peu anémique de janvier, baigne le
paysage et fait scintiller les choses qu'a vernissées la gelée
blanche. Les figures (ce qui répond triomphalement à l'objection que je faisais au procédé pointilliste) sont d'un beau
dessin et du plus haut style. Une impression de poésie tranquille, de douce mélancolie campagnarde se dégage de cette
toile. Quelques amis de M. Pissarro, plus zélés qu'il ne le
souhaitait peut-être, avaient risqué des démarches pour que
l'État acquît cette œuvre magnifique — qui eût fait, certes,
une bien scandaleuse trouée de lumière dans les boues académiques qui placardent les cimaises du Luxembourg. — Il
fut répondu naturellement que M. Pissarro, n'ayant aucune
médaille, ne pouvait être présumé digne de cette FAVEUR !!
C'est banal et dans l'ordre, mais pourtant à noter, afin que
soient édifiés nos arrière-neveux sur les causes du prodigieux

et singulier enrichissement de nos musées et sur l'intelligent mécénat de l'administration des Beaux-Arts.

Une autre merveille : c'est cette toile libellée les *Faneuses*. Dans un paysage de verdure tout inondé de clarté, tout imprégné des bons et sains parfums du foin, de belles vraies paysannes secouent de leurs fourches l'herbe fauchée et fraîche, avec des mouvements graves, rythmiques, qui évoquent les hiératiques ballets des prêtresses de Cérès aux Eleusinia ou aux Thesmophoria athéniennes. Les sinoples du sol, les azurs et les roses tendres des caracos et des jupes, les orangés et les pourpres des chairs teintées par le soleil couchant, s'unissent en un hymne profond de gaîté douce, religieuse et bien portante.

Les *Femmes causant*, d'une composition si heureuse, d'une couleur si riche et si harmonieuse, constituent une œuvre d'où se dégage, non moins pénétrante, je ne sais quelle adorable impression de santé et de placidité rurales.

Tout à côté, enveloppées dans la diaphane poussière rose et or d'un beau couchant, au milieu d'un grand champ moissonné, les *Glaneuses*, debout, courbées ou accroupies, ramassent les épis oubliés, les réunissent en gerbes. Le groupe qu'elles forment est merveilleusement composé : les lignes de ces corps dressés ou penchés, de ces échines repliées ou de ces croupes tendues, sont combinées et harmoniées, fort savamment, avec la grande sinuosité molle et lasse de la ligne d'horizon. Cela est d'un style incomparable et dénote en M. Pissarro un vrai maître. Au reste, ces qualités du rythmisme des contours, cette connaissance de la mystérieuse *musique linéaire,* nous les retrouvons dans la *Cueillette des pommes,* cet admirable tableautin qui, par sa simplicité, par la synthèse de son dessin, par la grandeur de sa composition, fait songer aux Primitifs florentins.

Une autre toile où le peintre se révèle, à la fois, grand coloriste, dessinateur harmonieux et profond poète, c'est cet adorable paysage des *Prairies de Saint-Charles.* Le soleil est bas à l'horizon. Il épand sur les choses une lumière douce, chaude, un peu fauve. Les verts des arbres et de l'herbe sont enveloppés d'un poudroiement orangé, d'un halo de chaleur. Les lignes monotonement courbes du buisson des saules, du rideau des peupliers, concourent à une impression de paix rurale attendrissante. On entend vraiment bruire la vie végétative, on devine la silencieuse ébullition des sèves, la joie de vivre des cellules, la pâmoison des lents épanouissements dans cette atmosphère calme et surchauffée, dans ce quasiment trop d'oxygène. Une tranquillité suave, une mélancolie qui n'est point la maladive mélancolie des villes, une mélancolie attendrissante, saine et presque gaie, un recueillement d'idylle rêvée par un poète qui serait un vrai berger, tout cela, dans l'étroit rectangle du cadre, ruisselle du ciel, s'évapore de la terre. Pourquoi faut-il que M. Pissarro ait mis dans cette prairie une vachère et des bêtes. Ce paysage devait rester le poème de la vie immobile, le grand poème de la vie végétale.

Mais, si je ne devais me borner, il me faudrait analyser et étudier toutes les œuvres exposées, puisque toutes sont curieuses et belles. Je suis malheureusement obligé de me satisfaire d'une sèche nomenclature. Donc mentionnons, sans plus, le *Paysage avec meules et moutons*, si habile de composition; les *Côtes d'Éragny;* une *Cour de ferme;* les *Pruniers en fleurs; Rouen*, un brouillard féeriquement illuminé d'aurore; cette exquise petite *Gardeuse d'oies*, couchée dans un morceau d'ombre bleue, parmi ce joli paysage si vibrant de soleil.

A côté de ces peintures à l'huile, M. Pissarro expose un certain nombre de peintures à la détrempe qui sont tout aussi remarquables et peut-être moins déconcertantes pour le public. L'artiste, en effet, n'y applique pas avec la même intransigeance son procédé de la division de la couleur. Le ton y perd en luminosité, mais la ligne y gagne en pureté, en précision, et l'esprit est tant heureux de retrouver un art plus simplifié comme technique, qu'il se console volontiers de ce sacrifice d'un peu de couleur et d'un peu de lumière.

Le *Berger sous une averse*, si bien drapé dans sa limousine ruisselante, d'une synthèse de dessin si magistrale, est, à ce point de vue de la simplification technique, un vrai chef-d'œuvre.

Cette *Paysanne gardant ses chèvres*, tout enfouie dans les herbes, si sobre, si harmonieuse, si distinguée de couleur ; les deux *Marchés à Gisors*, si heureusement observés et si caractéristiquement vrais, sans trivialité ni fausse distinction ; la *Fenaison à Pontoise*, la *Mangeuse de pommes*, sont des choses délicieuses d'un artiste qui est aussi un poète.

§

L'exposition qu'a eu l'heureuse idée d'organiser M. Th. van Gogh aura été, je crois, une véritable révélation, pour beaucoup, de la haute valeur de M. Pissarro. Elle démontre que cet artiste dont l'esprit inquiet et un peu aventurier nous avait effrayé n'était nullement l'écervelé lunatique, embéguiné sans cesse de toquades et de fantaisies absurdes que nous avions cru. M. Pissarro était un sage et convaincu et pertinace chercheur, qui a trouvé. Il a estimé nécessaire de se servir d'une formule nouvelle, peut-être inutile, en tous les cas tellement compliquée qu'elle paraissait impraticable à des mains humaines. Il est arrivé, à force de labeur, à s'en rendre maître. Ne songeons plus aux défectuosités de l'outil, puisque l'ouvrier a su l'employer si habilement. Constatons naïvement que M. Pissarro a démontré d'une façon irrécusable qu'il n'était point impossible de faire des belles choses et même des chefs-d'œuvre en peignant, comme disaient les blagueurs du boulevard, avec des pains à cacheter.

V

LE CARACTÉRISME

RAFFAËLLI

Des ciels gris, ennuyés, salis par des suies d'usines... des champs plats, lugubres, avares, fumés de platras, de tessons de bouteilles et de coquilles d'huîtres, de pitoyables champs qu'on devine proches des fortifications, anémiés, contaminés par la respiration viciée, par les sueurs pestilentielles de Paris... des arbres rabougris, chauves, trognonneux... des bouts de routes poussiéreuses et mornes, avec de ces rôdeurs à loqueteux bourgerons et à pantalons tire-bouchonnants, traînant leurs échines lasses vers des besognes vagues et suspectes... des coins d'industrie ords et compliqués... des petits rentiers, doucement grotesques, occupés à badigeonner de vert la barrière d'un jardinet saharien ou à caresser, comme des enfants malades, leurs rosiers chlorotiques et leurs choux poitrinaires... des ouvriers suants, noirs, abrutis par la fatigue, avec de calleuses mains pareilles à des écorces de chêne-liège... des maraîchers... des guinguettes... des rues, de cartonneuses villas suburbicaires... des rosses apocalyptiques traînant de lour-

des carrioles encombrées d'équivoques bric-à-brac, des char-
rettes geignant sous des pyramides de moellons ou d'immondices... des types et de petits intérieurs de commis retraités,
fatalement notés en quelque Asnières... des camelots, des sal-
timbanques, des chiens errants, des horizons de toits, de che-
minées et de hauts-fourneaux, des gazons alopéciés et galeux,
des gouges pouilleuses, des claque-dents, des mendigots, toute
la vermineuse truandaille des barrières, tous les pitoyables
êtres, toutes les lamentables choses de ce monde spécial, si
complexe, si mornement et si monotonement divers, qu'est la
banlieue...

Puis, sans transition, l'Angleterre !... les ciels brouillardeux,
lymphatiques d'Outre-Manche... le flegme, l'hypocrisie, le féroce mercantilisme, les policemen, les clergymen, les gentle-
men et autres men, roux et rogues, à vestons bigarrés... et,
s'élançant des confortables snow-boots, les idéales maigreurs,
les blanches fluidités des flaves et pâles misses, qui font songer
à des lis qui seraient poussés dans des boîtes à violon...
les longs petits soldats imberbes, tuniqués d'écarlate, coiffés
de toques d'enfant et armés de badines... les bonnes et les
wet-nurses d'Hyde-Park... les gueux, les vagabonds, les al-
cooliques, toute la crapulerie, toute l'atroce misère de Whyte-
Chapel... les élégants babies... les fillettes trop blondes à
robes trop courtes et à mollets nus, dansant sur des pe-
louses... les public-houses... les quais goudronneux... les
villes à grand fracas industriel... les cabs, les matelots, les
cafés-concerts, toute la vie de là-bas, grouillant dans son
atmosphère sursaturée de brouillard, de fumée de houille
et de protestantisme, parfumée de pale-ale, de whisky et de
thé...

Enfin, derechef, c'est la France, non plus la banlieue, les en-
virons de Paris, mais Paris lui-même dans tout son polymor-
phisme kaléidoscopesque... la vie fiévreuse, tapageuse... l'u-
niversel coudoiement, l'éternelle bousculade... le pitoyable
lupanar cosmopolite où le monde vient s'ébattre, tout jubi-

lant de ce luxe en toc, de cette élégance de figurants, de cet
esprit de paillasse qui bonimente !... Paris... les boulevards
bien peignés et les quartiers pouilleux... les cafés similorés et
les bouges sordides... des gens qui doivent être des députés ou
bien des voyageurs de commerce, frôlant de haillonneux caï-
mans, des tondeurs de chiens, des chanteurs de cours... des
arbres rachitiques enracinés dans du bitume... des scènes typiques de petits logements bourgeois, d'asiles de nuit, de
bouillons populaires... des professeurs corrigeant en omnibus
des devoirs d'élèves... des ramasseurs de bouts de cigares et
des notaires... des bateleurs de la foire du Trône, des
afficheurs, des remouleurs, des carreleurs de souliers, des
marchands de quatre-saisons, des blanchisseuses et des trot-
tins en course, d'enfontangées nourrices aux Champs-Élysées,
des négociants faisant leur partie, des museaux glabres de
cabotins, des poufflasses d'interlopes beuglants secouant leurs
adiposités pour d'infâmes chahuts, grimaçant pour des
éjaculations lyriques et ordurières, des catins de boulevard
extérieur, des tavernes du quartier de l'École Militaire encombrées d'ignobles paillasses à soldats... des vendeurs de
coco... d'impubères bouquetières coureuses de pissotières, des
aboyeurs de journaux, des hommes-sandwich, des chiffon-
niers, de louches meurt-de-faim affligés de professions impro-
bables... Et tout cela, types et scènes de la *Banlieue*, d'*Angleterre*, de *Paris*, notés, saisis avec leur caractère propre,
leur accent essentiel, dans leur coutumier aspect, avec l'exact
geste qu'il faut !

Tel, ou à peu près, le brouhaha, le pittoresque panda-mo-
nium qu'évoque en la mémoire ce seul nom : Raffaëlli.

§

Au reste, je ne veux point dire que cette œuvre soit, en
toutes ses parties, également admirable, ou même d'un art
toujours très intéressant. M. Raffaëlli est, parmi les peintres

dignes de ce nom, un de ceux qui présentent le plus déconcertant mélange de défauts et de qualités. Pourtant, quelque imparfait que soit son talent, il est, je crois, digne de
préoccuper la critique et de plaire aux vrais honnêtes gens.
En ce siècle qu'encombrent les trivialités hideusement
jolies et « si-distinguées-ma-chère ! » des Adrien Marie,
des Vibert, des Loustauneau et consorts, nous n'avons
pas le droit de dédaigner un artiste qui, comme lui, peut
s'enorgueillir de ces tant rares vertus : la sincérité ; la
haine du banal, de la fausse élégance, des formules
d'école, des techniques compliquées, du convenu et du chic ;
l'acuité d'un esprit fureteur, à la fois pitoyable et ironique,
patient à la recherche et prompt au pourchas des plus instantanées notations.

§

M. Raffaëlli s'est baptisé lui-même autrefois « *caractériste* ».
Il a même tenté créer cette école en *iste* et en préciser
l'esthétique dans des brochures. Ne retenons de tout cela que
cette épithète de « *caractériste* », qui le définit assez exactement. Son esprit, en effet, très matérialiste, très réaliste et,
en même temps, très analytique, est surtout attiré par l'exté-
riorité des êtres et des choses, par le *caractère* de leurs surfaces, plus que par leur nature profonde, intime. Ce qui le
préoccupe, ce sont les signes de la pensée plus que la pensée
elle-même, et ces signes l'intéressent plutôt par le pittoresque
de leur modalité propre que par leur sens représentatif.

Et c'est ce qui explique pourquoi M. Raffaëlli passe sa vie à
observer, à noter, avec un zèle et une pertinacité stupéfiants,
de minuscules détails extrinsèques qui nous semblent, à nous,
bien vains et bien puérils, et qui, pour lui, sont de la plus
haute valeur. On l'étonnerait certainement en lui disant qu'il
peut y avoir de très grands artistes qui sacrifient d'un cœur
léger cette étude de l'écorce des êtres à des recherches plus

profondes, en lui affirmant qu'on peut être psychologue, en peinture, sans posséder une science si complète des déformations et des stigmates professionnels, et qu'il existe d'admirables maîtres (tous ceux qui revêtent les idées pures de la somptuosité des symboles) dont l'œuvre est justement le contraire de la sienne.

Cette exclusive préoccupation du superficiel pas plus que cette manie de futile furetage n'impliquent d'ailleurs fatalement la froideur. M. Raffaëlli observe et note des accidents épidermiques, mais il observe et note comme un artiste, non comme un savant, et il a le secret, vraiment, de vibrer devant ces accidents épidermiques, d'être égayé par une fossette, attristé par une ride, ému par une verrue ! Les phénomènes, pour insignifiants qu'ils soient, se colorent au prisme de sa sensibilité, de son âme d'artiste, et c'est ce qui nous permet de nous intéresser au minutieux en-dehors de l'œuvre, d'y lire cette gaieté pessimiste, cette ironique pitié qui le singularise. Un pli d'étoffe, un crevassement de peau, c'en est assez pour nous faire deviner son moi de narquois observateur des extériorités, de sincère ennuyé des choses, qui s'amuse de son ennui et des choses !...

Pourtant, il faut bien l'avouer, cette émotion que l'on constate dans les œuvres de M. Raffaëlli ne semble jamais, elle non plus — et c'est la conséquence de son mode de superficielle perception — bien profonde ni bien grave. C'est une gaieté, une pitié, une ironie volages, à fleur de cœur, s'éparpillant sur les détails, glissant sur les dermes, pénétrant à peine, suivant exactement son intelligence qui se diffuse en analyses superflues !... Et c'est pourquoi, devant les tableaux de M. Raffaëlli, malgré cette prodigieuse dépense intellectuelle donnée à l'étude des hiéroglyphes de ces vivants sépulcres que nous sommes, malgré leur merveilleusement nette compréhension, on se prend parfois à regretter un quelque chose... je ne sais quoi ... peut-être l'immense vision térébrante, l'impressionnabilité de tout l'être, d'un Rembrandt ou d'un Daumier !

Daumier !... Ici, point de vaine analyse ! point de myopes microscopies de rides, de poils, de durillons ! point cet air mystérieux de vous dire : — « Hein ? l'ai-je assez exactement noté, ce calus spécial de tel spécial ouvrier, cette dépression crânienne, ce pantalon typiquement ridicule de tel bourgeois idiot ? » Rien qu'une large synthèse des formes générales, du geste, de la silhouette, rien qu'une indication de la ligne d'ensemble pour cette magistrale fixation du caractère, rien que le strictement indispensable ! C'est moins *exact*, peut-être, mais, indiscutablement, c'est plus *vrai*. Et aussi, comme cet art est plus profond, plus émouvant et plus ému ! Comme on sent que le prodigieux lithographe n'a pas seulement copié une face, un accoutrement de grotesque, mais bien une âme de grotesque, une âme sur laquelle il a craché son éclat de rire, sa douloureuse gouaillerie !... En regardant une œuvre de M. Raffaëlli, n'a-t-on pas souvent l'impression contraire ? Ne l'imagine-t-on pas, malgré soi, peintre très consciencieux et très intelligent, copiant, quasiment ainsi qu'il ferait d'une nature-morte, avec une vétillarde fidélité, le derme, les oripeaux d'un type, et n'arrivant à vous un peu suggérer la psychologie de ce type *qu'à force de minutieuse exactitude dans le rendu de ses attributs extérieurs ?*

Il serait facile de multiplier d'autres analogues comparaisons, aussi concluantes. M. Degas, par exemple, pour nous traduire — combien intensément ! — la turpide bestialité de la femelle humaine, M. Forain pour nous montrer la cynique crapulerie, la rosserie cochonne de la fille, et pour nous imposer, celui-ci son rire de cruel railleur, celui-là son morne dégoût, ont-ils besoin de tout ce mystérieux appareil de compliquée analyse, de ce formidable entassement de détails singularisateurs ? Ne nous disent-ils pas mieux ce qu'ils veulent nous dire avec infiniment moins de mots ? Ne sont-ils pas moins prolixes et, conséquemment, plus éloquents, plus clairs, plus pénétrants et, il faut bien le dire, plus artistes ?

§

Néanmoins, je le répète, l'œuvre de M. Raffaëlli demeure, malgré tout, très intéressante, très séduisante. Cette superficialité, cette manie de dermatographie à outrance, toutes ces tares intellectuelles jointes aux nombreuses qualités qu'il possède, à son acuité visuelle, à son esprit net, à sa haine du banal et du joli traditionnel, à sa passion du vrai et du pittoresque distinctif, ont eu pour singulier résultat de faire de lui le premier et peut-être l'unique *peintre anecdotier* de notre temps. Ses peintures, ses dessins, ses aquarelles, racontent les mœurs, la piètre vie d'aujourd'hui, mieux que toutes les potinières historiettes des petits journaux. Ce sont moins des tableaux que des *illustrations,* mais de miraculeuses, d'incomparables illustrations. M. Raffaëlli est, il faut le crier, un illustrateur de génie. Cette appellation, j'imagine, ne le blessera pas. Il est trop conscient artiste, trop logique et trop docte théoricien, pour avoir marché au hasard dans la voie d'art qu'il suit, et sans en savoir le nom. D'ailleurs, ce titre d'illustrateur, qui peut être infamant lorsqu'il s'agit d'un Bayard, d'un Meyer et de leurs banalités industrielles, ne saurait être qu'élogieux lorsqu'on parle d'un grand poète romantique tel que Doré, ou d'un grand artiste réaliste tel que Raffaëlli.

§

Comme peintre, en effet, comme coloriste, pourquoi ne pas l'avouer ? M. Raffaëlli existe à peine.

Sa palette est sale, boueuse, morose. Malgré de louables efforts vers le clair, ses toiles restent le plus souvent grises, veules, plâtreuses, souillées de lignes d'esquisses, de hachures noires qui pour être *voulues* n'en sont pas moins choquantes. Il ignore les réelles vibrations des ensoleillements, les mystérieuses colorations des ombres. Il n'a guère

la science des valeurs. Trop souvent il ne sait différencier le
solide des fluidités : je connais tel de ses tableaux où l'on
marcherait sur le ciel avec plus de confiance que sur le terrain...

Mais qu'importe ? M. Raffaëlli, je l'ai déjà dit, est un illustrateur, et comme tel peut aisément se passer du don de la
couleur. Ce qu'il lui faut, c'est plutôt la science de la composition, celle du dessin. Or, à ce point de vue, il n'a rien à
envier à personne.

La composition de ses moindres pochades, excellemment
simple, naturelle, impressionniste, est presque toujours inoubliablement heureuse. Il sait se passer des clichés et des formules, se contentant du perspicace regarder de la réalité, où,
de soi-même, tout se compose. Aussi, ses profilements —
bien que parfois ils manquent beaucoup de style — sont-ils,
en général, logiquement établis, caractéristiques, imprévus,
amusants comme des apparitions trop vraies.

Quant à son dessin, il n'est pas moins insigne. Il a la compréhension nette du caractère des choses, des êtres, des
moindres silhouettes, avec une tendance à la déformation
pessimiste, qui va parfois jusqu'à la caricature. On peut
cependant lui reprocher de ne point toujours *s'adapter* à
l'esprit des divers sujets, de rester canaille, populacier, alors
que, manifestement, il faudrait devenir élégant, aristocratique. Par exemple, M. Raffaëlli n'a jamais pu se résoudre à
dessiner un pantalon qui ne fît sur les tibias du plus impeccablement correct gentleman des milliers de plis, rappelant les
spires d'un tire-bouchons. Est-ce scepticisme exagéré touchant l'habileté des tailleurs ? Est-ce le résultat de cette tendance au caricatural que je signalais ? Ne serait-ce pas plutôt
parti pris de singulariser sa facture, de s'enclore dans un
procédé graphique une fois pour toutes défini ? Le dessin de
M. Raffaëlli, en effet, toujours très personnel, est souvent si
bizarrement personnel, si extravagamment original, qu'on est
quelquefois tenté de se demander s'il n'y a pas préméditation

d'originalité, excentricité voulue, création de toutes pièces, en haine des vieilles formules, d'une formule autre, mais qui n'en est pas moins artificielle, comme toutes les formules. Quoi qu'il en soit, je préfère encore cela aux écœurantes trivialités des éternels élèves des éternelles écoles. Et puis, en somme, malgré ces tâtillonnements et ces charbonnneux zigzagments intentionnellement maladroits, la ligne en général s'affirme caractéristique, ferme et spirituelle, tracée d'un crayon sûr, incisif et, pour tout dire, savant.

§

M. Raffaëlli est aussi sculpteur, et, en sculpture, il apporte les mêmes qualités et les mêmes défauts qu'en peinture.

Là aussi, il est, dans toute la force du mot, *illustrateur* — et si bien illustrateur qu'il s'est imaginé d'inventer quelque chose comme « *l'illustration sculptée* ». Une sculpture d'appartement! une sculpture portative! une sculpture de poche!...

Ce sont des silhouettes de bronze vissées à quelques centimètres d'une mince plaque de marbre ou de bois. Cela est d'un usage commode, facile à employer, même en voyage. Pourtant, je ne crois point que cette innovation s'imposait absolument. Ces bas-reliefs simulent, en réalité, à s'y méprendre, des ombres chinoises... Cette ingénieuse et fantaisiste bibeloterie me paraît peu compatible avec le haut style, la gravité, la décorative massivité nécessaires à la statuaire. Et puis (surtout par un éclairage artificiel de nuit), l'ombre-portée du sujet sur le fond produit des effets aussi singuliers que désagréables... Je souhaite à l'auteur, c'est tout ce que je puis faire, que son invention lui procure un lucratif succès auprès des gens du monde et détermine une complète révolution dans l'Art... industriel!

Allons! A bientôt, n'est-ce pas, un *Magazine*, un très moderniste journal orné d'illustrations en demi-bosse et en bronze, par M. Raffaëlli, — b. v. s. g. d. g.!...

...ffectueusement à u regrette ami Oscar
Bernard.

VI

LES ISOLÉS

I

VINCENT VAN GOGH

Et voilà que, tout à coup, dès la rentrée dans l'ignoble tohubohu boueux de la rue sale et de la laide vie réelle, éparpillées, chantèrent, malgré moi, ces bribes de vers en ma mémoire :

> *L'enivrante monotonie*
> *Du métal, du marbre et de l'eau...*
> *Et tout, même la couleur noire,*
> *Semblait fourbi, clair, irrisé;*
> *Le liquide enchâssait sa gloire*
> *Dans le rayon cristallisé...*
> *Et des cataractes pesantes*
> *Comme des rideaux de cristal*
> *Se suspendaient, éblouissantes,*
> *A des murailles de métal...*

Sous des ciels tantôt taillés dans l'éblouissement des saphirs ou des turquoises, tantôt pétris de je ne sais quels sou-
fres infernaux, chauds, délétères et aveuglants; sous des ciels
pareils à des coulées de métaux et de cristaux en fusion, où,
parfois, s'étalent, irradiés, de torrides disques solaires; sous
l'incessant et formidable ruissellement de toutes les lumières
possibles; dans des atmosphères lourdes, flambantes, cuisantes, qui semblent s'exhaler de fantastiques fournaises où se
volatiliseraient des ors et des diamants et des gemmes singu-
lières — c'est l'étalement inquiétant, troubleur, d'une étrange
nature, à la fois vraiment vraie et quasiment supranaturelle,
d'une nature excessive où tout, êtres et choses, ombres et
lumières, formes et couleurs, se cabre, se dresse en une volonté rageuse de hurler son essentielle et propre chanson, sur
le timbre le plus intense, le plus farouchement suraigu: ce sont
des arbres, tordus ainsi que des géants en bataille, proclamant
du geste de leurs noueux bras qui menacent et du tragique
envolement de leurs vertes crinières, leur puissance indomp-
table, l'orgueil de leur musculature, leur sève chaude comme
du sang, leur éternel défi à l'ouragan, à la foudre, à la nature
méchante; ce sont des cyprès dressant leurs cauchemardantes
silhouettes de flammes qui seraient noires; des montagnes
arquant des dos de mammouths ou de rhinocéros; des ver-
gers blancs et roses et blonds, comme d'idéaux rêves de vierges; des maisons accroupies, se contorsionnant passionné-
ment ainsi que des êtres qui jouissent, qui souffrent, qui
pensent; des pierres, des terrains, des broussailles, des gazons,
des jardins, des rivières qu'on dirait sculptés en d'inconnus
minéraux, polis, miroitants, irisés, féeriques; ce sont de
flamboyants paysages qui paraissent l'ébullition de multicolores émaux dans quelque diabolique creuset d'alchimiste, des
frondaisons qu'on dirait de bronze antique, de cuivre neuf,
de verre filé; des parterres de fleurs qui sont moins des fleurs
que de richissimes joailleries faites de rubis, d'agates, d'onyx,
d'émeraudes, de corindons, de chrysobérils, d'améthistes et

de calcédoines ; c'est l'universelle et folle et aveuglante corus-
cation des choses ; c'est la matière, c'est la nature tout entière
tordue frénétiquement, paroxysée, montée au comble de
l'exacerbation ; c'est la forme devenant le cauchemar, la couleur devenant flammes, laves et pierreries, la lumière se faisant incendie, la vie fièvre chaude.

§

Telle, et non point exagérée, bien qu'on puisse penser,
l'impression que laisse en la rétine le premier regarder des
œuvres étranges, intensives et fiévreuses de Vincent van
Gogh, ce compatriote et non indigne descendant des vieux
maîtres de Hollande.

Oh ! combien loin nous sommes — n'est-ce pas ? — du beau
grand art ancien, très sain et très*pondéré, des Pays-Bas !
Combien loin des Gérard Dow, des Albert Cuyp, des Terburg,
des Metzu, des Peter de Hooghe, des Van der Meer, des Van
der Heyden et de leurs toiles charmeuses, un peu bourgeoises,
tant patiemment soignées, tant flegmatiquement léchées, tant
scrupuleusement minutieuses ! Combien loin des beaux paysages, si sobres, si pondérés, si enveloppés toujours de douces,
et grises, et indécises vapeurs, des Van der Heyden, des Ber-
ghem, des Van Ostade, des Potter, des Van Goyen, des Ruys-
daël, des Hobbema ! Combien loin de l'un peu froide élégance
des Wouwerman, de l'éternelle chandelle de Schalken, de la
timide myopie, des fins pinceaux et de la loupe du bon Pierre
Slingelandt ! Combien loin des délicates couleurs toujours un
peu nuageuses et brumeuses des Pays du Nord et des inlassables pignochements de ces bien portants artistes, de là-bas
et d'autrefois, qui peignaient « dans leur poêle », l'esprit très
calme, les pieds chauds et la panse pleine de bière, et combien loin de cet art très honnête, très consciencieux, très
scrupuleux, très protestant, très républicain, très génialement
banal de ces incomparables vieux maîtres qui avaient le seul

tort — si ce fut un tort pour eux — d'être tous pères de
famille et bourgmestres !

Et pourtant, qu'on ne s'y trompe pas, Vincent van Gogh
n'est point tant en dehors de sa race. Il a, mieux que bien
d'autres, subi ces inéluctables lois ataviques, desquelles
M. Taine fait volontiers mystère. Il est bien et dûment Hol-
landais, de la sublime lignée de Franz Hals.

Et d'abord, en effet, comme tous ses illustres compatriotes,
c'est un réaliste, un réaliste dans toute la force du terme.

Ars est homo additus naturæ, a dit le chancelier Bacon,
et M. Émile Zola a défini le naturalisme « la nature vue à
travers un tempérament ». Or, c'est cet « *homo additus* »,
c'est cet « à travers un tempérament », c'est cette déformation
variable suivant les personnalités, c'est ce moulage de l'objectif
supposé, hypothétiquement il est vrai, toujours un, dans des
subjectifs toujours divers, qui compliquent la question et
suppriment la possibilité de tout irréfragable critérium des
degrés de passive sincérité de l'artiste devant la nature.

Le critique en est donc toujours fatalement réduit pour
cette détermination, et même pour la pure et simple affirmation ou pure et simple négation de cette passive sincérité, à
des inductions plus ou moins hypothétiques, mais toujours
contestables.

Néanmoins, j'estime que, dans le cas de Vincent van Gogh,
malgré la parfois déroutante étrangeté de ses œuvres, il est
difficile, pour qui veut être impartial et pour qui sait regarder,
de nier ou de contester la véracité naïve de son art, l'ingé-
nuité de sa vision. Indépendamment, en effet, de cet indéfinis-
sable parfum de bonne foi et de vraiment-vu qu'exhalent
tous ses tableaux, le choix des sujets, le rapport constant
des plus excessives notes, la conscience d'étude des caractères, la continuelle recherche du signe essentiel de chaque
chose, mille significatifs détails nous affirment irrécusable-
ment sa profonde et presque enfantine sincérité, son grand
amour de la nature et du vrai — de son vrai, à lui.

Il nous est donc permis, ceci admis, de légitimement induire des œuvres mêmes de Vincent van Gogh à son tempérament d'homme ou plutôt d'artiste — induction qu'il me serait possible, si je le voulais, de corroborer par des faits biographiques. Ce qui particularise son œuvre entière, c'est l'excès, l'excès en la force, l'excès en la nervosité, la violence en l'expression. Dans sa catégorique affirmation du caractère des choses, dans sa souvent téméraire simplification des formes, dans son insolence à fixer le soleil face à face, dans la fougue véhémente de son dessin et de sa couleur, jusque dans les moindres particularités de sa technique, se révèle un puissant, un mâle, un oseur très souvent brutal et parfois ingénûment délicat. Et, de plus, cela se devine aux outrances quasiment orgiaques de tout ce qu'il a peint, c'est un exalté, ennemi des sobriétés bourgeoises et des minuties, une sorte de géant ivre, plus apte à des remuements de montagnes qu'à manier des bibelots d'étagère, un cerveau en ébullition, déversant sa lave dans tous les ravins de l'art, irrésistiblement, un terrible et affolé génie, sublime souvent, grotesque quelquefois, toujours relevant presque de la pathologie. Enfin, et surtout, c'est un hyperesthésique, nettement symptômatisé, percevant avec des intensités anormales, peut-être même douloureuses, les imperceptibles et secrets caractères des lignes et des formes, mais plus encore les couleurs, les lumières, les nuances invisibles aux prunelles saines, les magiques irisations des formes. Et voilà pourquoi son réalisme, à lui, le · vrosé, et voilà pourquoi sa sincérité et sa vérité sont s·   rentes du réalisme, de la sincérité et de la vérité de ces grands petits bourgeois de Hollande, si sains de corps, eux, si bien équilibrés d'âme, qui furent ses ancêtres et ses maîtres.

Au reste, ce respect et cet amour de la réalité des choses ne suffisent point, seuls, à expliquer et à caractériser l'art profond, complexe, très à part, de Vincent van Gogh. Sans doute, comme tous les peintres de sa race, il est très conscient de la matière, de son importance et de sa beauté, mais aussi,

le plus souvent, cette enchanteresse matière, il ne la considère
que comme une sorte de merveilleux langage destiné à traduire l'Idée. C'est presque toujours un symboliste. Non point,
je le sais, un symboliste à la manière des Primitifs italiens,
ces mystiques qui éprouvaient à peine le besoin de désim-
matérialiser leurs rêves, mais un symboliste sentant la continuelle nécessité de revêtir ses idées de formes précises, pondérables, tangibles, d'enveloppes intensément charnelles et
matérielles. Dans presque toutes ses toiles, sous cette enveloppe morphique, sous cette chair très chair, sous cette
matière très matière, gît, pour l'esprit qui sait l'y voir, une
pensée, une Idée, et cette Idée, essentiel substratum de
l'œuvre, en est, en même temps, la cause efficiente et finale.
Quant aux brillantes et éclatantes symphonies de couleurs et
de lignes, quelle que soit leur importance pour le peintre,
elles ne sont dans son travail que de simples *moyens* expressifs, que de simples *procédés* de symbolisation. Si l'on refusait,
en effet, d'admettre sous cet art naturaliste l'existence de
ces tendances idéalistes, une grande part de l'œuvre que
nous étudions demeurerait fort incompréhensible.

Comment expliquerait-on, par exemple, le *Semeur*, cet
auguste et troublant semeur, ce rustre au front brutement
génial, ressemblant parfois et lointainement à l'artiste lui-
même, dont la silhouette, le geste et le travail ont toujours
obsédé Vincent van Gogh, et qu'il peignit et repeignit si souvent, tantôt sous des ciels rubescents de couchant, tantôt
dans la poudre d'or des midis embrasés, si l'on ne veut songer
à cette idée fixe qui hante sa cervelle de l'actuelle nécessité
de la venue d'un homme, d'un messie, semeur de vérité,
qui régénérerait la décrépitude de notre art et peut-être de
notre imbécile et industrialiste société? Et aussi cette obsédante passion pour le disque solaire qu'il aime à faire rutiler
dans l'embrasement de ses ciels, et, en même temps, pour
cet autre soleil, pour cet astre végétal, le somptueux tourne-
sol, qu'il répète, sans se lasser, en monomane, comment

l'expliquer si l'on refuse d'admettre sa persistante préoccupation de quelque vague et glorieuse allégorie héliomythique?

§

Vincent van Gogh, en effet, n'est pas seulement un grand peintre, enthousiaste de son art, de sa palette et de la nature, c'est encore un rêveur, un croyant exalté, un dévoreur de belles utopies, vivant d'idées et de songes.

Longtemps, il s'est complu à imaginer une rénovation d'art, possible par un déplacement de civilisation : un art des régions tropicales; les peuples réclamant impérieusement des œuvres correspondant aux nouveaux milieux habités; les peintres se trouvant face à face avec une nature jusqu'alors inconnue, formidablement lumineuse, s'avouant enfin l'impuissance des vieux trucs d'école, et se mettant à rechercher, naïvement, la candide traduction de toutes ces neuves sensations!... N'eût-il pas été, en effet, lui, l'intense et fantastique coloriste broyeur d'ors et de pierreries, le très digne peintre, plutôt que les Guillaumet, que les fadasses Fromentin et que les boueux Gérôme, de ces pays des resplendissances, des fulgurants soleils et des couleurs qui aveuglent?...

Puis, comme conséquence de cette conviction du besoin de tout recommencer en art, il eut et longtemps il caressa l'idée d'inventer une peinture très simple, populaire, quasiment enfantine, capable d'émouvoir les humbles qui ne raffinent point et d'être comprise par les plus naïfs des pauvres d'esprits. La *Berceuse*, cette gigantesque et géniale image d'Épinal, qu'il a répétée, avec de curieuses variantes, plusieurs fois, le portrait du flegmatique et indescriptiblement jubilant *Employé des postes*, le *Pont-levis*, si crûment lumineux et si exquisément banal, l'ingénue *Fillette à la rose*, le *Zouave*, la *Provençale*, indiquent avec la plus grande netteté cette tendance vers la simplication de l'art, qu'on retrouve d'ailleurs, plus ou moins, dans tout son œuvre et

qui ne me paraît point si absurde ni si mésestimable en ces
temps de complication à outrance, de myopie et de maladroite
analyse.

§

Toutes ces théories, toutes ces espérances de Vincent van
Gogh sont-elles pratiques? Ne sont-elles point de vaines et
belles chimères ? Qui le sait? En tous cas, je n'ai point à
l'examiner ici. Il me suffira, pour terminer d'à peu près caractériser ce curieux esprit si en dehors de tous banaux sentiers, de dire quelques mots sur sa technique.

Le côté externe et matériel de sa peinture est en absolue
corrélation avec son tempérament d'artiste. Dans toutes ses
œuvres, l'exécution est vigoureuse, exaltée, brutale, intensive.
Son dessin, rageur, puissant, souvent maladroit et quelque
peu lourd, exagère le caractère, simplifie, saute en maître,
en vainqueur, par-dessus le détail, atteint la magistrale synthèse, le grand style quelquefois, mais non point toujours.

Sa couleur, nous la connaissons déjà. Elle est invraisem-
blablement éblouissante. Il est, que je sache, le seul peintre
qui perçoive le chromatisme des choses avec cette intensité,
avec cette qualité métallique, gemmique. Ses recherches de
colorations d'ombres, d'influences de tons sur tons, de pleins
ensoleillements, sont des plus curieuses. Il ne sait pas toujours
éviter, pourtant, certaines crudités désagréables, certaines
inharmonies, certaines dissonances... Quant à sa facture proprement dite, à ses immédiats procédés d'enluminer la toile,
ils sont, ainsi que tout le reste de ce qui est lui, fougueux, très
puissants et très nerveux. Sa brosse opère par énormes empâtements de tons très purs, par traînées incurvées, rompues
de touches rectilignes... par entassements, parfois maladroits,
d'une très rutilante maçonnerie, et tout cela donne à certaines
de ses toiles l'apparence solide d'éblouissantes murailles faites
de cristaux et de soleil.

§

Ce robuste et vrai artiste, très de race, aux mains brutales
de géant, aux nervosités de femme hystérique, à l'âme d'illuminé, si original et si à part au milieu de notre piteux art
d'aujourd'hui, connaîtra-t-il un jour — tout est possible —
les joies de la réhabilitation, les cajoleries repenties de la
vogue? Peut-être. Mais, quoi qu'il arrive, quand bien même
la mode viendrait de payer ses toiles — ce qui est peu probable
— au prix des petites infamies de M. Meissonier, je ne pense
pas que beaucoup de sincérité puisse jamais entrer en cette
tardive admiration du gros public. Vincent van Gogh est, à la
fois, trop simple et trop subtil pour l'esprit-bourgeois contemporain. Il ne sera jamais pleinement compris que de ses
frères, les artistes très artistes... et des heureux du petit
peuple, du tout petit peuple, qui auront, par hasard, échappé
aux bienfaisants enseignements de la Laïque!...

CHER MONSIEUR AURIER (1),

Merci beaucoup de votre article dans le *Mercure de France*,
lequel m'a beaucoup surpris. Je l'aime beaucoup comme
œuvre d'art en soi, je trouve que vous faites de la couleur
avec vos paroles; enfin, dans votre article, je retrouve mes
toiles, mais meilleures qu'elles ne le sont en réalité, plus riches, plus significatives. — Pourtant, je me sens mal à l'aise
lorsque je songe que plutôt qu'à moi ce que vous dites reviendrait à d'autres. — Par exemple, à Monticelli surtout. Parlant
de « il est — que je sache — le seul peintre qui perçoive le
« chromatisme des choses avec cette intensité, avec cette qua-
« lité métallique, gemmique », — s'il vous plaît d'aller voir,

(1) Cette lettre fut adressée à G.-Albert Aurier par Vincent van Gogh après la
publication de l'article qu'on vient de lire : il nous a paru intéressant de la placer
ici.

chez mon frère, certain bouquet de Monticelli — bouquet en
blanc-bleu myosotis et orangé; alors vous sentirez ce que je
veux dire. Mais depuis longtemps les meilleurs, les plus éton-
nants Monticelli sont en Écosse, en Angleterre. Dans un musée
du nord, celui de Lille, je crois, il doit cependant encore y
avoir une merveille de lui, autrement riche et certes non
moins Français que le départ pour Cythère, de Watteau.
Actuellement, M. Lauzet est en train de reproduire une trentaine de Monticelli. Voici, à ce que je sache, il n'y a pas de
coloriste venant aussi droit et directement de Delacroix; et
pourtant est-il probable, à mon avis, que Monticelli ne tenait
que de seconde main les théories de la couleur de Delacroix;
notamment il les tenait de Diaz et de Ziem. Son tempérament
d'artiste, à lui, Monticelli, cela me semble être juste celui de
l'auteur du Decamerone — Boccace — un mélancolique, un
malheureux assez résigné, voyant passer la noce du beau
monde, les amoureux de son temps, les peignant, les ana-
lysant, lui le mis de côté. Oh! il n'*imite* pas Boccace, pas
davantage que Henri Leys n'imita les Primitifs. — Eh bien,
c'était donc pour dire que sur mon nom paraissent s'égarer
des choses que vous feriez mieux de dire de Monticelli, auquel
je dois beaucoup. Ensuite, je dois beaucoup à Paul Gauguin,
avec lequel j'ai travaillé durant quelques mois à Arles, et que,
d'ailleurs, je connaissais déjà à Paris.

Gauguin, cet artiste curieux, cet étranger duquel l'allure et
le regard rappellent vaguement le portrait d'homme de Rembrandt à la galerie Lacaze, cet ami qui aime à faire sentir
qu'un bon tableau doit être l'équivalent d'une bonne action,
non pas qu'il le dise, mais enfin il est difficile de le fréquenter
sans songer à une certaine responsabilité morale. — Quelques
jours avant de nous séparer, alors que la maladie m'a forcé
d'entrer dans une maison de santé, j'ai essayé de peindre « sa
place vide. »

C'est une étude de son fauteuil en bois brun rouge sombre,
le siège en paille verdâtre, et, à la place de l'absent, un flambeau allumé et des romans modernes. Veuillez, à l'occasion, en
souvenir de lui, un peu revoir cette étude, laquelle est tout
entière dans des tons rompus verts et rouges. Vous vous
apercevrez donc peut-être que votre article eût été plus juste
et — il me semblerait — en conséquence plus puissant — si, trai-
tant la question d'avenir « peinture des tropiques » et la
question de couleur, vous y eussiez — avant de parler de moi —

fait justice pour Gauguin et pour Monticelli. *Car la part qui
m'en revient, ou reviendra, demeurera, je vous l'assure —
fort secondaire.* — Et puis, j'aurais encore autre chose à vous
demander. Mettons que les deux toiles de tournesols qui,
actuellement, sont aux Vingtistes aient certaines qualités de
couleur, et puis aussi que ça exprime une idée symbolisant « la
gratitude ». Est-ce autre chose que tant de tableaux de fleurs
plus habilement peints et qu'on n'apprécie pas encore assez, les
Roses trémières, les Iris jaunes du père Quost? les magnifiques
bouquets de pivoines dont est prodigue Jeannin? — Voyez-
vous, il me semble si difficile de faire la séparation entre impres-
sionisme et autre chose ; je ne vois pas l'utilité d'autant
d'esprit sectaire que nous en avons vu ces dernières années,
mais j'en redoute le ridicule.

Et, en terminant, je déclare ne pas comprendre que *vous*
parliez d'infamies de Meissonier. C'est peut-être de cet excellent Mauve que j'ai hérité pour Meissonier une admiration
sans bornes aucunes; Mauve était intarissable sur l'éloge de
Troyon et de Meissonier — combinaison étrange. — Ceci pour
attirer votre attention jusqu'à quel point à l'étranger on admire
sans faire le moindre cas de ce qui divise si souvent malen-
contreusement les artistes en France. Ce que Mauve répétait
souvent était à peu près ceci: « Si l'on veut faire de la couleur,
il faut aussi savoir dessiner un coin de cheminée ou d'intérieur comme Meissonier. »

Au prochain envoi que je ferai à mon frère, j'ajouterai
une étude de cyprès pour vous, si vous voulez bien me
faire le plaisir de l'accepter en souvenir de votre article.
J'y travaille encore dans ce moment, désirant y mettre
une figurine. — Le cyprès est caractéristique au paysage
de Provence, et vous le sentiez en disant : « même la
couleur noire. » Jusqu'à présent, je n'ai pas pu le faire
comme je le sens; les émotions qui me prennent devant la
nature vont chez moi jusqu'à l'évanouissement, et alors il en
résulte une quinzaine de jours pendant lesquels je suis incapable de travailler. Pourtant, avant de partir d'ici, je compte
encore une fois revenir à la charge pour attaquer les cyprès.
L'étude que je vous ai destinée en représente un groupe au
coin d'un champ de blé par une journée de mistral d'été. C'est
donc la note d'un certain noir enveloppée dans du bleu mou-
vant par le grand air qui circule, et opposition fait à la note
noire le vermillon des coquelicots. Vous verrez que cela cons-

titue à peu près l'assemblage de tons de ces jolis tissages écossais carrelés vert, bleu, rouge, jaune, noir, qui, à vous comme à moi, dans le temps, ont paru si charmants et qu'hélas, aujourd'hui on ne voit plus guère.

Recevez, en attendant, cher monsieur, l'expression de ma gratitude pour votre article. Si je venais à Paris au printemps, je ne manquerais certes pas de venir vous remercier en personne.

VINCENT VAN GOGH.

Lorsque l'étude que je vous enverrai sera sèche à fond, aussi dans les empâtements — ce ne sera pas le cas avant un an — je croirais que vous feriez bien d'y donner un fort vernis. Et, entre temps, il faudra plusieurs fois la laver à grande eau pour faire évacuer complètement l'huile. Cette étude est peinte en plein bleu de Prusse, cette couleur de laquelle on dit tant de mal et de laquelle néanmoi's Delacroix s'est tant servi. Je crois qu'une fois les tons du bleu de Prusse bien secs, en vernissant vous obtiendrez les tons noirs, très noirs, nécessaires pour faire valoir les différents vers combres. — Je ne sais trop comment il faudrait encadrer cette étude. Mais tenant que cela fasse penser à ces chères étoffes écossaises, j'ai remarqué qu'un *cadre plat très simple*, MINE ORANGE VIF, fait l'effet voulu avec les bleus du fond et les verts noirs des arbres. — Sans cela, il n'y aurait peut-être pas assez de rouge dans la toile et la partie supérieure paraîtrait un peu froide.

II

HENRY DE GROUX

Sous un ciel bas et sombre de drame, dans une plaine
vague, banalement sinistre, à une heure morne et équivoque
de nuit, le voyageur a roulé, terrassé, sous un genou nerveux,
foudroyé par l'éclair d'un couteau. Quatre yeux horribles,
exorbités, allumés d'indicibles terreurs, de férocités ineffables, flamboient dans le gris de cette louche pénombre. Des
membres se tordent en désespérés crispements. Deux bouches
grimaçantes béent, comme pour des hurlements de rage car-
nassière, comme pour des cris suprêmes de secours, qui crèvent dans les gorges. Une lame écarlate, dégouttante de larmes rouges, affolée, bondit, retombe, et encore et toujours,
acharnée, furieuse, frénétique, sillonnant l'air de zigzags de
pourpre, éclaboussant l'air d'une pluie de pourpre. Le sang
gicle de la poitrine dénudée où bâillent, épouvantables, vingt
trous vermeils. Le sang dégouline à flots des lèvres ouvertes
en hideuse gargouille d'abattoir, des lèvres ouvertes par un
hoquet qui est à la fois un cri étranglé de terreur et un dernier râle d'agonie...

Et cela, pourtant, qu'on ne s'y trompe pas, n'est point une
simple anecdote, un vulgaire fait-divers bête et sanguinolent,
une quelconque scène pathétique de mélo d'Ambigu. C'est
autre chose, qui est moins particulier et moins immédiat,
autre chose qui est bien de l'art vrai et pur, puisque ce qu'on

éprouve, au regarder de cette œuvre singulière et poignante,
ce n'est point seulement les banaux sentiments de terreur, de
pitoiement qu'inspirerait telle analogue atrocité réelle, par
hasard aperçue, ce n'est point cette sensation de nerfs bouleversés au heurt de telle vision spécialement apeurante, c'est
plutôt une mystérieuse émotion d'ordre plus intellectuel, une
émotion qui, sans affecter en rien les nerfs ni la sensibilité,
ne bouleverse (et d'une façon combien délicieusement épouvantable!) que les facultés supérieures de notre âme, une
émotion, enfin, comparable au trouble absolument idéal,
insensoriel, que suscite en l'intellectualité d'un penseur qui est
aussi poète la conception d'un ensemble d'idées abstraites,
qui, soudain, dans le ciel de l'imagination, se précisent, s'in-
carnent, douloureuses ou terribles.

Vraiment, non, dans ce tableau du *Meurtre*, ce qui nous
émeut, ce n'est point l'accident banal de ce banal voyageur
inconnu, ce ne sont point ces contorsions d'agonie ni ce sang
ruisselant. Tout cela n'est que détails très secondaires, voulus
matériellement effrayants, pour corroborer la terreur de l'idée,
de la philosophie, que l'artiste devait écrire. Cette œuvre, sans
conteste, n'est rien moins que l'habile narration d'un crime
particulier ; elle est bien un poème, un émouvant et terrible
poème où nous lisons, exprimées par l'artifice d'un significatif
épisode de hasard, la douleur de vivre, l'épouvante de vivre,
l'angoisse de l'Ignoré aventureux embusqué dans l'avenir, la
bêtise méchante de la fortune, la pitoyable vanité de la galo-
pade humaine parmi les douloureuses conjonctures de l'existence... Ah ! pauvre voyageur inconnu, qui, par cette mystérieuse alchimie de l'art, cesse d'être pour nous un voyageur,
et deviens Le Voyageur, L'Homme, ah ! pauvre voyageur, où
donc allais-tu ? qu'espérais-tu ? Peut-être tu étais le poète qui
sent bourdonner dans sa tête, comme des abeilles d'or, les
strophes géniales qui ne doivent point mourir, peut-être l'in-
venteur sublime qui devait jeter au monde étonné l'admirable secret des pierres philosophales, peut-être le soldat qui

pouvait conquérir la terre et s'asseoir un jour sur le trône des
antiques empereurs du monde! Pauvre voyageur, quel banal
accident de la vie stupide, quelle force brutale et imprévoya-
ble et irrémédiable t'a terrassé, vomissant par ta bouche
râlante ton sang et tes beaux rêves!... Tu avais du génie,
certes, tu avais la science de la vie, tu t'étais armé des armes
qu'il faut pour vaincre, tu avais écouté les conseils des sages
qui connaissent les chemins propices, tu étais sûr du triomphal avenir! Mais l'absurde hasard t'a pris, en lâche, par derrière, et maintenant, lamentable, tu gis sous ce ciel bas et
sombre de drame, dans la plaine vague et banalement sinistre,
la poitrine trouée de vingt trous rouges, ton sang dégoulinant
par ta bouche...

Ah! pauvre voyageur!... Et pourtant! et pourtant, qu'il était
grand, ton espoir! qu'ils étaient beaux, tes rêves!...

Là-bas, à l'horizon, tout là-bas, lugubre comme une
potence, effroyable et ironique, se découpe sur les nuages
tragiques le charitable poteau-indicateur du chemin, de l'infaillible chemin où tu voulais marcher!... Ah! pauvre
voyageur!...

§

Ce tableau du *Meurtre*, on le voit, et je le répète à dessein,
n'est donc nullement l'illustration d'un simple fait-divers
émouvant par son atrocité. L'action qui s'y déroule n'importe
guère, puisqu'elle n'est que le signe matériel d'une pensée,
autrement intéressante et philosophique qu'une vulgaire
question de coups de couteau. A moins d'être incurablement
inapte à toute compréhension d'art, il est impossible à un
esprit impartial de se cantonner, devant cette œuvre, dans la
seule sensation immédiate déterminée par la matérialité du
sujet représenté. On subit, malgré soi, fatalement, nécessairement, la suggestion de ces idées générales que j'ai tenté
d'indiquer et que le peintre a, pour ainsi dire, pétries avec

ses couleurs. Le drame cesse d'être un drame spécial, pour devenir un drame humain, purement intellectuel, passionnant symbole des rêves douloureux d'une âme d'artiste.

§

L'existence en une œuvre de ce prolongement spirituel, la quantité et la qualité de ce prolongement spirituel, voilà, je crois, les meilleurs critères pour reconnaître et évaluer une œuvre d'art. Voilà aussi la cause pour laquelle, si je ne me trompe, la meilleure critique picturale sera toujours celle faite par un poète. Ces ensembles d'idées, en effet, qui composent essentiellement l'œuvre vraiment d'art et que j'ai appelés le prolongement spirituel, il les précisera, lui, le poète, en les transposant dans son langage propre, vers ou prose, langage évidemment plus clair et plus intelligible, puisqu'il est plus familier à la masse des hommes, que le langage universel, mais assez ésotérique, des lignes et des couleurs. Et ainsi seront pleinement illuminées les essentielles conditions de l'œuvre d'art, ce qui est, à n'en point douter, la seule bonne critique.

Quoi qu'il en soit, je dois déclarer, dès maintenant, que ce prolongement spirituel sans lequel l'art n'est point, je l'ai constaté dans tous les tableaux, trop peu nombreux malheureusement, de M. de Groux qu'il m'a été donné de voir.

A quoi tient la possibilité de ce prolongement spirituel, de cette action réflexe du matériel vers l'immatériel, qu'on observe en certaines œuvres et qui manque absolument en d'autres? Comment un fait particulier peut-il instantanément se métamorphoser en une idée générale, en une haute synthèse, en toute une troublante philosophie? Ce n'est point ici le lieu d'étudier cette mystérieuse et difficile, mais peut-être point insoluble question. Qu'il suffise d'avérer que ce phénomène se reproduit constamment en tous les chefs-d'œuvre incontestés, et de faire remarquer combien le *Meurtre* de

H. de Groux serait, en réalité, dissemblable d'un sujet identique qu'eût traité un habile peintre anecdotier, parfait observateur mais dénué de toute faculté de rêverie philosophique.
Puisque c'est la tête qui guide la main, qu'y a-t-il d'étonnant
à ce que la tête d'un rêveur guide sa main de façon à traduire
son rêve, et la force, pour cela, à des combinaisons, à des
modifications de lignes et de couleurs, mystérieuses, incon-
scientes, presque inanalysables... Regardez, par exemple,
dans le *Meurtre*, la subordination évidente des contours, des
surfaces, des lumières, des ombres, observez le rhythme
désespéré, tragique, des lignes, de toutes les lignes, tombant
en courbes douloureuses, parfois dramatiquement brisées, du
milieu supérieur de la toile à ses angles inférieurs, constatez
la concordance lugubre des couleurs, cette sinistre harmonie
en vert sombre, en bleu obscur, en noir, et réfléchissez aux
rhythmes de lignes et de couleurs qu'eût nécessairement
employés le réaliste anecdotier dont je parlais tout à l'heure.

§

Voici maintenant une autre toile, plus terrible encore et
plus étrange, les *Traînards*. Cela ressemble à quelque
effroyable tapisserie de Flandre, jaunie et élimée par l'âge,
qu'aurait tramée un patient et paradoxal tisserand de là-bas,
interprétant, avec des laines teintes en des ventres putrides
de cadavres, un hideux cauchemar de Breughel d'Enfer; cela
évoque un rêve macabre de Callot, retouché par Goya, s'agitant
dans un royaume en putréfaction, cela s'étale, répugnant,
avec des tonalités jaunes et noires et vertes, des marbrures
de pourriture, des suintements de pus extravasés, semblable
au ventre crevé de plaies et d'abcès d'un hideux reptile en
décomposition.

Et cela, c'est l'Envers de la Gloire.

Quel empereur cuirassé d'or, quel empereur triomphant,
avec son armée immense et brave, a passé par-là, caracolant

18

sur son fougueux cheval caparaçonné de pourpre? Quels étendards enthousiastes ont frissonné sous ce ciel? Quelles décharges de mousquets y ont retenti? Quels glorieux coups de lances et de sabres s'y sont échangés? Quels gais tympanons, quelles sonores trompettes ont chanté la victoire, ont chanté la bravoure des soldats et le triomphe du beau conquérant? Quelle immortelle et bonne besogne s'est accomplie dans cette plaine dont parleront désormais avec orgueil les chevaliers et les belles dames, que célébreront désormais, en de joyeux enthousiasmes, les peuples et les poètes?

Maintenant un silence de sépulcre plane parmi des odeurs de pourriture. Le ciel est sinistre et sillonné par des vols tourbillonnants de corbeaux innombrables. Là-bas, dans le lointain, c'est la ville et ses remparts démolis, un lugubre moulin à vent, éventré par les boulets, ses ailes fracassées, laissant pendre ses planchers comme des entrailles. A perte de vue, les corps des soldats, des braves soldats massacrés, gisent, pêle-mêle, entassés en un grouillement hideux, inextricable, infini. La terre a bu le sang, et cette plaine en putréfaction n'est même plus tachée de rouge. Ils pourrissent lamentablement, les valeureux d'hier, parmi les armes perdues, les tambours crevés, les affûts démolis, les chevaux au ventre béant, les caissons renversés... Leurs membres, en loques, sont roides maintenant, les convulsions de leurs gestes d'agonie sont figées effroyablement. Innombrables, jusqu'à l'horizon, leurs cadavres fermentent, troués de sombres blessures qui suintent de verdâtres sanies, la plaine entière est de chair qui fermente, de chair humaine qui se liquéfie, qui coule, gluante, purulente, ulcéreuse. Et voilà qu'arrivent en bandes, nombreux comme les corbeaux qui tourbillonnent dans le ciel empesté, ces autres corbeaux de la terre, les *Traînards,* les détrousseurs des morts, poussant leurs voitures à chiens, se jetant sur cette pourriture avec des gestes voraces, volant avidement sabres, mousquets, tambours, pourpoints, braies, chemises, bottes, éperons, désha-

billant ces corps putréfiés, fouillant avidement, joyeusement,
de leurs mains crochues, dans cette pestilente mer de chair
humaine en liquéfaction.

Bel empereur victorieux, bel empereur, êtes-vous dans
votre capitale en fête, dans votre capitale pavoisée et illu-
minée, à parler de vos merveilleux exploits avec les belles
dames de votre cour, à respirer le métaphorique encens de
vos poètes et de vos historiographes!

Est-il besoin de faire remarquer combien cette compréhension de la gloire militaire, de la guerre, du patriotisme, des
épopées, du plumet triomphal et de la sublime pyrotechnie,
est différente de la vision qu'eurent de ces mêmes choses les
Horace Vernet et les Meissonier, de la vision qu'en ont encore
les Detaille et les Déroulède, sans parler de M. H. Fouquier, ce
farouche Tyrtée à tant la ligne...

§

Je ne parlerai guère d'un autre tableau d'Henry de Groux,
l'*Assassiné*. Cette toile, en effet, encore fort intéressante,
est pourtant un peu inférieure aux autres peintures de cet
étrange artiste. Elle semble d'ailleurs n'être qu'une étude pré-
paratoire du *Meurtre*, que j'ai décrit et analysé au commencement de ces notes.

Il suffira de dire quelques mots d'une dernière œuvre,
le *Pendu*.

C'est encore, comme dans le *Meurtre*, un drame solitaire
et banal dont le héros est un voyageur, un pélerin (la coquille
qui pend sur sa poitrine l'indique), ou plutôt Le Pélerin (je ne
sais quels signes péremptoires et mystérieux nous forcent
encore ici à ne pouvoir concevoir cet individu spécial et cette
scène spéciale qu'en tant que négligeables contingences symbolisant des êtres généraux, des êtres absolus). Le Pélerin,
et, certes, le Pélerin du pélerinage de la Vie.

Sans doute, il y avait longtemps qu'il était en route, le

pauvre moine rôdeur, sans doute il désespérait d'atteindre le but, son Saint-Sépulcre ou son Saint-Graal, sans doute ses pieds avaient trop saigné aux orties et aux cailloux du chemin, il avait, un à un, perdu tous ses chers désirs, tous ses beaux rêves, et le désespoir l'avait fait impie, et las, et sans force maintenant qu'il était sans foi. En passant dans un bois dont les branches railleuses giflaient ses joues, dont les épines déchiraient ses jambes, proférant vers le ciel impassible un suprême blasphème, voilà qu'il se pendit. Son corps maigre, maintenant, se balance, tragique, à la fourche d'un vieil arbre. Mais la nature impitoyable n'a même point voulu pleurer sur son lamentable cadavre. La nature s'exalte en une furieuse joie de vivre. Les oiseaux chantent à rompre leurs gorges, des fleurs merveilleuses s'épanouissent. Le soleil inonde les feuillages. Partout des couleurs hilares, des verts d'émeraude, des bleus de lapis et de saphir, des rouges triomphaux de rubis, clangorent des fanfares d'allégresse. La nature insensible et bête, débordante de sève et de santé, exulte, gazouille, rigole à s'éclater le ventre, se tord en une effroyable et rutilante et cynique gaîté — comme pour témoigner de son indifférence, ou, peut-être, de sa haine, devant la mort effroyable d'un de ces pauvres êtres douloureux qui se sont évadés de sa géhenne d'inconscience, sur les ailes de la pensée...

§

Telles sont les quatre toiles que je connaisse d'Henry de Groux, les quatre seules qui, je crois, aient, jusqu'à ce jour, pénétré en France, le reste de son œuvre étant en Belgique.

Certes, il serait téméraire, après ce trop rapide examen d'une trop faible partie de ses productions, de vouloir formuler sur lui un jugement définitif. Néanmoins, ces quatre singuliers tableaux, où se laisse deviner une parenté de génie avec les maîtres du drame excessif et truculent, avec les Caravage, les Breughel d'Enfer, les Callot, les Goya et, surtout les Delacroix, ces quatre singuliers tableaux m'ont paru, malgré tels insignifiants manquements de technique et un parti pris de dramatisme peut-être exagéré, si puissamment originaux, si profondément suggestifs, d'un art si vraiment robuste et si vraiment à part, que je n'ai pu me tenir d'en parler un peu longuement, convaincu que — quelle que soit la direction qu'il choisisse dans l'avenir — le jeune homme qui a peint ces quatre toiles étranges, ces quatre cauchemars, est une personnalité qui aura sa place et sa place glorieuse dans l'histoire de la peinture.

Août 1891.

III

EUGÈNE CARRIÈRE

> ... des réalités ayant la magie du rêve !
> (Jean Dolent, *Amoureux d'Art*, 240.)

Nous n'avions pu voir, jusqu'alors, les œuvres d'Eugène Carrière que séparément ; perdues dans le foiresque déballage des Salons annuels ; noyées en cette malsaine brume d'insignifiance qu'exhalent, ainsi qu'on sait, les formidables étalages des marchands de toiles peintes ou cirées périodiquement parqués dans les bazars nationaux ; comme honteuses de ces indignes promiscuités. Aujourd'hui, il nous est donné de pouvoir regarder et étudier un certain nombre de tableaux et de dessins de ce rare artiste, heureusement choisis, groupés en des salles spéciales, loin de tout voisinage gênant ou déshonorant. Il nous faut remercier Eugène Carrière d'avoir eu l'idée de cette exposition particulière qui a permis aux honnêtes gens de juger l'ensemble de son œuvre, de mieux comprendre les tendances et la signification de son art, de pleinement apprécier la nature de son esprit et de son talent. Combien d'autres peintres gagneraient à suivre cet exemple, mais aussi, peut-être, combien y perdraient ?

§

En ce siècle d'enragé réalisme où l'à peu près unique souci des peintres fut de traduire des extériorités matérielles, de copier des gestes, des costumes et des décors avec des trucs d'illusionnistes, c'est une douce et imprévue surprise que l'œuvre d'Eugène Carrière.

On s'attendait à trouver (qu'on me pardonne cette parodie du mot classique) un peintre, peut-être même un photographe, c'est une âme qu'on rencontre; une peinture, et c'est un rêve de poète...

Qu'importe, en effet, à un artiste comme Carrière, qui sait : qu'avoir des mains et des yeux, pour habiles qu'ils soient, c'est peu, et qu'il faut sur les bonnes palettes moins de bonne couleur que de bonne pensée, qu'importe, même éblouissante, l'écorce des êtres et des choses, les boutons des robes et les verrues des épidermes, les féeriques décors, les futiles accessoires, les mesquineries bêtes et faciles du trompe-l'œil et du pittoresque, tout ce dont vit le commerce des badigeonneurs contemporains?

La réalité plate et brutale, en laquelle nous vivons nos banales aventures, est-elle donc un spectacle si intéressant et si beau, pour qu'on s'efforce de nous le parodier éternellement? Ne vaudrait-il point vraiment mieux que l'artiste ne nous la montrât, cette abjecte objectivité, que le moins possible, très lointaine, et noyée dans des brumes de crépuscule? C'est ce que Carrière a compris. Cette réalité écœurante, dont, sans doute, son âme délicate de poète eut souvent à souffrir, il s'efforce de nous la voiler, de nous la présenter baignée de mystère. De parti pris — et il convient de l'en féliciter — il éloigne de nous la nature, la détestable nature, la vie, la sale et banale et méchante vie. Les âmes seules l'intéressent. Avec les âmes seules communie son rêve d'artiste. Aussi ses tableaux sont-ils vraiment des « *évocations* »;

aussi ne voyons-nous jamais surgir sous son pinceau goéti-
que nul paysage, nul ciel, nul accessoire décoratif. Les êtres
eux-mêmes cachent dans du nuage leur honteuse matérialité,
et, de leur corps, ce qui subsiste, presque seul, c'est leurs
mains, leurs yeux, leurs lèvres, parce que les lèvres, les
yeux, les mains, c'est la forme visible de l'âme...

§

Pourtant l'œuvre de Carrière procède encore de la vie. Elle
est mystérieuse et troublante, mais elle échappe au fantastique par une savante logique dans la transposition des formes
et surtout de la lumière : c'est encore du réel et c'est déjà le
rêve, quel charme d'y pénétrer au quitter de l'ignoble tohubohu de la rue. Quel bon magicien vient donc d'évoquer,
pour nos yeux ravis, ce monde de brumes doucement lumineuses, ce monde de mélancolie et de tendresses crépuscu-
laires?

Sois sage, ô ma douleur, et tiens-toi plus tranquille.
Tu demandais le soir, il descend, le voici;
Une atmosphère obscure enveloppe la ville...

Ah! dans cette mystérieuse atmosphère de songe, vraiment, ne marchons-nous pas ainsi qu'en du souvenir?
Du souvenir! C'est bien là ce que Carrière transpose en ses
toiles. C'est bien lui le peintre des lointains de la vie.

Voix qui revenez, bercez-nous, berceuses voix.
Refrains exténués de choses en allées...
Flacons, et vous, grisez-nous, flacons d'autrefois,
Senteurs en des moissons de toisons recélées.

Il sait évoquer l'indécis troubleur des choses évanouies,
fixer les mélancoliques visions entrevues dans les brouillards
d'une mémoire incertaine, redire les sensations vagues d'un

autrefois quasi-oublié et pourtant fertile en attendrissements
exquisément douloureux... Et tout cela, aussi bien, tout cela,
le souvenir, n'est-ce point la vie, toute la vie ? La sensation
présente vaut-elle donc d'être comptée, puisque à peine a-t-elle
le temps d'être que, déjà, elle roule dans le gouffre du souvenir? Carrière a compris cette loi de l'existence. Il a voulu
être le poète des choses ressouvenues, c'est-à-dire de ce qui,
seul, est immuable et réel dans la vie... L'avenir, le présent,
il les hait et il en a peur, parce qu'ils sont laids, brutaux,
banaux, parce qu'ils sont les dures épreuves initiatoires du
paradis de l'accompli, et cette haine et cette peur on les
retrouve constamment dans son œuvre. Qu'on regarde, par
exemple, au hasard, une de ces nombreuses « maternités »
qu'il répète avec prédilection, et l'on devinera dans l'expression de tendresse un peu farouche de la mère, dans le geste
défenseur et jaloux dont elle étreint son enfant, la terreur de
cette terrible Vie, douloureuse et stupide, qui veut lui voler
le pauvre petit, qui déjà le lui dispute, qui déjà le lui arrache.
Et le bambin lui-même a, dans son sourire, la mélancolie
résignée d'une victime ingénue et pourtant consciente...
Oh! le terrible et grand symbole, et qui n'est point nouveau
dans l'art ! Rappelez-vous, en effet, ce merveilleux bas-relief
en terre-cuite polychromée de l'école italienne du xvᵉ siècle,
qui se trouve au Louvre, dans la salle Michel Ange (1). La
Vierge tient sur ses genoux l'enfant Jésus. Ah! que leurs
divines têtes sont loin de l'épanouissement béat des madones
à poupon rose et rigoleur des imageries de St-Sulpice ! Ma. :e.
une Marie émaciée, douloureuse, un peu blême, un peu
maigre, les yeux dilatés, les traits bouleversés par une
angoisse indicible, la bouche béant de terreur, fixe, de ses
prunelles égarées, un point lointain où, sans doute, pour elle,
vient de surgir la vision sinistre d'un corps très cher, pante-

---

(1) Cf. Remy de Gourmont, le *Latin Mystique*, chap. dernier : *Le Stabat
Mater*.

lant aux clous d'un gibet... et ses mains se crispent, plus ner-
veuses, sur le corps de son nourrisson, comme pour, elle
aussi, ainsi que les mères de Carrière, le disputer à la tragique et vaine Vie, qui, déjà, l'entraîne ! Et lui, le petit dieu, les
yeux fixés vers la même lointaine vision, le front sombre,
semble songer, l'âme pleine d'un douloureux résigner !...

§

Par une pareille compréhension de la vie et de l'art, qui fut
sans doute celle de tous les artistes véritables, Eugène Carrière ne se révèle-t-il point haut penseur et grand poète, et
oserai-je maintenant parler de sa science, de son métier d'infaillible ouvrier, de son intelligence des progressions lumineuses, de ses clairs-obscurs, de ses gris d'argent qui font
songer à Vélasquez ?

11 Mai 1891.

IV

J.-F. HENNER

M. Henner est, depuis quelque deux ans, académicien.

Pour être de l'académie des Beaux-Arts (qui ne le sait?), il suffit, aujourd'hui, de ne posséder aucun génie, aucune originalité, d'être un peu habile pasticheur, un peu pion, beaucoup n'importe-qui, et, surtout, de n'avoir jamais rien inventé.

M. Henner n'avait donc, je crois, malgré certaines défaillances de talent, malgré certaines regrettables concessions au mercantilisme général d'aujourd'hui, aucun titre sérieux à cet honneur, presque, avouons-le, compromettant.

Les Instituts nous ménagent parfois de ces déconcertements. M. Gustave Moreau, l'un des peintres les plus géniaux de ce siècle, voisine bien, lui aussi, depuis longtemps, sans qu'on se l'explique, sous l'immortelle coupole, avec les Meissonier et les Bouguereau.

Sans doute, ces messieurs de l'académie, par un louable scrupule, ont enfin pitoyé à son solitaire exil parmi eux. Ils ont voulu lui donner un compagnon d'infortune qui parlât sa langue, avec lequel il pût causer, pendant leurs redoutables séances...

Voilà, si je ne me trompe, pourquoi, contre toute vraisemblance, alors que surgissaient les plus tentantes candidatures

de MM. Lefebvre, Detaille, Lévy, Laurens, voire même, peut
être, Napoléon-Diogène-Ulysse Maillont, ils élurent M. Henner.

§

Si M. Henner était, ainsi qu'a voulu l'insinuer l'Institut, un
peintre académique et n'était que cela, je vous dirais :

J.-F. Henner, peintre français, né le 5 mars 1829, à Bernwil-
ler, dorénavant immortel, remporta le prix de Rome en 1858,
exposa au Salon pour la première fois en 1863, obtint des
médailles aux expositions de 1863, 1865, 1868 et 1872, fut
créé chevalier de la Légion d'honneur en 1873 et officier du
même ordre en 1878...

Voilà ce que je vous dirais, tout ce que je vous dirais, si
M. Henner n'était qu'un peintre académique, car je ne connais point, pour cette spéciale catégorie d'artistes, d'autre et
plus complet mode de critique. Mais M. Henner, bien qu'aujourd'hui à l'Institut, n'est point un peintre académique,
puisqu'il a du talent, une personnalité évidente, le mépris des
banales formules, et c'est pourquoi je veux tenter dire plus
sur lui et son œuvre. Tout comme un autre, M. Henner fut
à l'École de Rome : c'est assez dire qu'il a reçu ce qu'on pourrait dénommer l' « instruction supérieure du parfait peintre » ;
qu'il a appris à dessiner et à blaireauter, selon la formule,
la seule, la bonne, la vraie ; qu'on lui a démontré par A + B
qu'il était bien inutile de se fatiguer en des recherches personnelles, puisque tels et tels avaient découvert depuis longtemps l'unique Beau, l'unique Idéal possible pour des gens
sensés ; qu'enfin, on lui a révélé l'infaillible recette de la
mayonnaise du Grand Art, l'infaillible recette pour confec-
tionner, sans douleurs, et même sur mesures, d'immortels
chefs-d'œuvre.

M. Henner a écouté ses maîtres, patiemment, avec son bon
sourire d'Alsacien qui n'aime pas à contrarier autrui, et, sans
doute, avec lui, ses maîtres insistèrent plus qu'avec tout

autre, devinant déjà, en les études de l'écolier (l'*Adam et
Ève*, de son concours de Rome, ne le témoigne-t-il pas?), des
symptômes scandaleux de personnalité. Il les écouta. Mais, dès
qu'il se sentit assez de nerf aux ailes pour voler, il se sauva
loin, très loin, des ignares pédagogues. Oh! comme vite il jeta
par-dessus les moulins son bonnet de bon élève! Comme
vite il enclosit, au fond d'une vieille triple armoire, tous les
clichés, tous les poncifs, tous les infaillibles principes, toutes
les formules, qu'on lui avait si généreusement baillés!...
Eh! parbleu, oui! lui aussi, il eût pu, tout comme les autres,
badigeonner des chefs-d'œuvre officiels, fabriquer du beau
patenté, manufacturer du « classique » (oh! le joli mot des
de Goncourt : En France, on croit être classique alors qu'on
n'est qu'académique). Il eût pu faire tout cela, et sans
grand'peine encore, puisqu'on lui avait appris, comme dirait
le colonel, « tous les trucs de la chose! » Il préféra, n'étant
guère pressé d'être membre de l'Institut, tenter une plus
ardue, mais plus digne tâche.

Comprenant que la valeur d'une œuvre d'art dépend moins
du degré de science et d'habileté de l'exécutant que du degré
d'originalité de la conception, de l'émotion, de la vision et de
la pensée, il se dit que le problème à résoudre était celui-ci :
Produire une œuvre qui soit la synthèse des sensations, des
idées, des impressions morales, des philosophies du Moi
de l'artiste, une œuvre qui soit, en toutes ses parties, la
résultante fatale de tous les divers fonctionnements et des
seuls fonctionnements de ce Moi, et qui, partant, ne puisse
jamais être, au besoin, ni celle de M. Tout-le-monde, ni
celle de MM. les peintres de l'École.

Mais tout cela, dira-t-on peut-être, revient au fameux
dogme des réalistes : « Soyons sincères »; or, si tel artiste
strictement naturaliste, copiant servilement ses sensations
et rien que ses sensations (la nature vue à travers un tempérament), est un artiste sincère, pourra-t-on appliquer cette
épithète à M. Henner, qui, incontestablement, idéalise la

vision qu'il a des choses Pourquoi pas? Tout artiste est libre
de ne pas s'en tenir à cette sincérité immédiate des réalistes,
c'est-à-dire à cette absolue copie des impressions *naturellement* perçues, sans pour cela cesser d'être sincère. L'appareil
de perception de l'artiste est essentiellement modifiable par
l'artiste lui-même : les pasticheurs habiles en sont une preuve.
L'artiste a donc le droit d'essayer de le modifier, de le perfectionner, mais à condition de perfectionner les caractères
qui lui sont spéciaux, qui le singularisent, qui constituent
son Moi distinctif, de ne jamais les abandonner et de ne
jamais emprunter des éléments inexistants en lui. En un
mot, ce perfectionnement devra s'opérer seulement par exa-
gération ou atténuation de qualités *déjà nativement exis-
tantes*. Ainsi, tel peintre possède une tendance au synthé-
tisme de la vision, à tel ordre d'émotion poétique, à telle
conception philosophique, à tels sentiments de grâce sensuelle, à telle méthode d'idéalisation. Ne devra-t-il pas s'effor-
cer de combiner, de coordonner, d'exagérer, d'atténuer ces
divers dons naturels, de façon à tirer d'eux le meilleur parti
possible? Le résultat de cette besogne intellectuelle constituera
son tempérament, non pas son tempérament originel et
natif, ce qui importe peu, mais son tempérament d'artiste.
Et ceci une fois admis, le mot *sincère* pourra aussi bien s'appliquer aux œuvres de Courbet, ce farouche réaliste, qu'à
celles de Puvis de Chavannes ou d'Henner, ces poètes.

C'est à cet intime travail, à cette réfection de son moi d'artiste, qu'Henner consacra les quelques années qui suivirent
l'époque de son retour de Rome.

Ainsi que la plupart des vraiment poètes, Henner ne possédait point l'esprit d'analyse. Par nature, il *voyait simple*,
sans détails, sans complication de vaines minuties. Presque
toujours les artistes ainsi nativement doués sont prédestinés
aux grandes œuvres symboliques et décoratives, aux vastes
compositions murales. Henner, au contraire, et cette ano-
malie est une des remarquables caractéristiques de son tem-

pérament, avait une naturelle tendance au restreignement
des conceptions, à la simplification des sujets, au resserre-
ment du cadre. Ces deux natives prédispositions, dont l'union
n'est guère commune, il s'efforça de les adroitement combiner,
de les perfectionner, de les compléter. Le résultat fut ce
qu'on sait : un talent très particulier, presque sans équivalent
en l'histoire de l'art, une multitude de vraiment belles œuvres
remarquables surtout par la générale simplification de tous
leurs éléments, des tableautins par la dimension, des fresques par l'esprit, par la synthèse du dessin, du concept et de
la couleur !

Nous ne rencontrerons donc jamais en l'œuvre d'Henner —
et cela fort heureusement, et pour nous et pour lui — aucune
de ces grandes machines savamment compliquées, d'une
mesquine analyse de myope, telles qu'on lui avait appris à
en fabriquer à la villa Médicis. Une nymphe, une simple tête
de femme ou deux figures nues couchées dans un pré, au
bord d'un ruisseau, avec un fond de feuillages sombres, lui
suffisent à nous émouvoir, à nous faire rêver, à se révéler
grand peintre et grand poète.

Car, dans son œuvre, ce sont encore les nymphes et les
naïades et les Biblis et les bergères nues dans les gazons,
que je ·préfère hautement. Si séduisants que soient ses portraits, surtout ses portraits de femme, si bellement poétiques,
si délicieusement baignées de légendes que m'apparaissent
ses *Madeleine* et ses *Saint Sébastien*, je suis un peu dé-
concerté par cet art qui ne prend dans le christianisme que
des prétextes, et qui sensualise et qui paganise (avec un
charme bien troublant, à la vérité) jusqu'aux sujets les plus
spiritualistes, jusqu'aux thèmes les plus mystiques, jusqu'à
Jésus lui-même... Tout cela m'inquiète un peu, pour délicieusement que ce soit, comme un exquis paradoxe pas très loin
du blasphème, et vite je retourne au vrai Henner, au poète
sensuel et païen, au petit-fils des Corrège et des Giorgione.

Invinciblement attiré par le charme, à la fois idéal et un

peu sensuel, des sous-déesses mythologiques, il sut les peindre, elles si souvent peintes, sans être jamais banal ; il sut baigner leurs chairs dans une atmosphère de poésie, qui est à la fois la poésie antique et la poésie des modernes, et qui est surtout la poésie d'Henner.

Mais qu'on n'aille point chercher en cette mythologie-là les allégoriques traductions des idées cosmogoniques des peuples morts, la connaissance des dogmes, la signification philosophique des fables, des symboles, des signes, des emblèmes et des allégories. La mythologie d'Henner est moins savante, plus spontanée, plus naïve — et c'est sans doute ce qui la rend moins froide que toutes celles des artistes d'aujourd'hui ou d'hier. Certes non, Henner n'est point un prêtre docte, expert en l'explication des arcanes religieux, versé en l'étude profonde des mythes !... C'est bien plutôt un brave berger de Théocrite, bon joueur de flûte et très poète, qui a vu, dans l'ombre mystérieuse des bois d'oliviers, près des claires fontaines, danser des nymphes et des naïades et qui, depuis, rêve de leur divin corps, si gracile et si pur, de leurs chairs si éblouissantes — un berger de Théocrite qui a entendu, dans le bois sombre, le Cyclope chanter ses lascives et douloureuses rêveries : « O Galatée ! plus blanche que le lait, « plus douce qu'un agneau, plus vive et plus folâtre qu'un « jeune daim, mais plus âpre que le raisin vert, pourquoi « ton cœur est-il sans pitié pour l'amant qui t'adore ? Tu viens « sur le rivage quand le sommeil ferme ma paupière, et, dès « que je m'éveille, tu fuis épouvantée, comme la brebis à la « vue du loup ravisseur. Sans cesse, je me rappelle le jour « où tu vins avec ma mère cueillir sur la montagne des « feuilles d'hyacinthe, c'est moi qui vous conduisais : je te « vis alors pour la première fois ; je te vis et je t'aimai... « Viens habiter ma grotte, viens, tout ce que je possède est « à toi : laisse les flots se briser contre le rivage, tu passeras « près de moi des nuits plus agréables. Ici croissent les lau- « riers et les myrtes ; ici serpentent le lierre obscur et la

« vigne aux fruits dorés. Les neiges fondues sur le sommet
« de l'Etna font couler ici une eau pure et fraîche, digne de
« désaltérer les dieux même... Sors de la mer, ô Galatée!
« Viens t'asseoir sur ce rivage et puisses-tu oublier, comme
« moi, de retourner dans tes cavernes... » — Un berger
de Théocrite, qui connaîtrait un peu le Paris du xix° siècle
et qui se souviendrait, en évoquant les nudités des petites
déesses helléniques, des joliesses pâlottes, anémiées et, disons
le mot, un peu maladives, des mièvres Parisiennes de maintenant!

Hélas! Pourquoi faut-il que notre berger se soit laissé cor-
rompre par la salope passion qui, comme une lèpre, ronge
et tue les artistes de notre vilaine époque? pourquoi faut-il
qu'il n'ait point su se contenter, ainsi que cela se passe dans
les idylles, pour prix de ses exquis airs de pipeaux, du frais
sourire d'Amaryllis ou du modeste bouc noir de Tircis? Pourquoi faut-il qu'il ait sacrifié à Ploutos, au terrible dieu des
villes, les naïades des ruisseaux et les nymphes des forêts?...

Car c'est ce qui advint.

Et, sans cette hypothèse, comment donc expliquer la pro-
fusion de ces médiocres tableautins, jetés dans la circulation,
de ces tableautins hâtifs et, comme l'on dit, « de pur tru-
quage », où le maître se copie, se pastiche lui-même, distraitement, sans conviction, sans idée, sans émotion, qui
semblent pensés moins avec le cerveau qu'avec la main?...

O M. Henner, vous avez su sauver votre intégrale personnalité des vieilles et glaciales formules académiques! Saurez-
vous la sauver du rabâchage des formules Hennériennes!...

Dessiné par Mme Jeanne JACQUEMIN.

VII

LES PEINTRES SYMBOLISTES

Nous nous attachons à l'extérieur des
choses, ignorant que c'est au dedans
d'elles que se cache ce qui nous émeut.

PLOTIN, *Ennéade* V, III.

Le XIXᵉ siècle, après avoir, quatre-vingts ans, proclamé,
dans son enthousiasme enfantin, l'omnipotence de l'observation et de la déduction scientifiques, après avoir affirmé
qu'aucun mystère ne subsistait devant ses lentilles et ses
scalpels, semble enfin s'apercevoir de la vanité de ses efforts,
de la puérilité de ses vantardises. L'homme marche toujours
au milieu des mêmes énigmes, dans ce même formidable
inconnu, devenu plus obscur encore et plus troublant depuis
qu'on s'est déshabitué de le considérer. Bien des savants,
aujourd'hui, s'arrêtent avec découragement comprenant enfin
que cette érudition expérimentale, dont ils tiraient vanité,
a moins de certitude mille fois que la plus bizarre théogonie,
que la plus folle rêverie métaphysique, que le moins acceptable rêve de poète, et pressentant que cette hautaine Science,
qu'ils appelaient, en leur fierté, *positive*, n'est peut-être que
la science des relativités, des apparences, des « ombres »,
comme disait Platon, et qu'ils n'ont, eux, rien à mettre dans
les vieux Olympes dont ils ont arraché les divinités et décro-
ché les astres.

L'instant, sans doute, n'est pas loin où le ridicule et le
mépris universel foudroiera les frêles Titans à microscope, où
le peuple lassé de leurs illusoires promesses et de leurs pali-
nodies redemandera ses dieux et ses étoiles et ses chers
beaux rêves, plus consolants certes et plus indubitables que
tous les catalogues et que toutes les algèbres.

Il faudra bien, alors, que rentrent dans la cité, et sur le
char des triomphes, ceux qu'on en avait chassés sans même
les couronner de fleurs, les dépositaires de l'éternel savoir,
les suprêmes distributeurs de réconforts et d'espoirs, les
faiseurs de dieux, les Poètes.

Ce sera le siècle de l'Art, de la joie, de la vérité, succédant
au siècle de la Science, de la désespérance, du mensonge.

Depuis quelques années, en effet, il devient plus qu'évident,
pour qui sait observer, qu'une évolution paradoxale se pré-
pare dans le développement de notre intellectualité nationale.
Avec l'engouement pour la science positive, avec les enthousiasmes qu'elle avait suscités dès son baptême, agonise, râle,
se meurt l'esthétique qui était née d'elle. En vain l'art exclusivement matérialiste, l'art expérimental et immédiat, se
débat contre les attaques d'un art nouveau, idéaliste et mystique. De toutes parts on revendique le droit au rêve, le droit
aux pâturages de l'azur, le droit à l'envolement vers les étoiles
niées de l'absolue vérité. En littérature, ce sont mille jeunes
poètes belliqueux qui proclament ne pouvoir se satisfaire des
grossières observations physiques des laboratoires naturalistes,
ni des habiles ciselures sur or ou sur glace des joailliers du
Parnasse. Dans les arts plastiques — et c'est seulement de
ceux-ci que je parlerai au cours de cette étude, car leur
réclamation du droit à l'idéal est d'autant plus concluante
qu'ils ne sauraient, eux, vivre en se séparant trop de la matière — dans les arts plastiques, ce sont les mêmes protes-
tations, les mêmes désirs. La copie myope des anecdotes
sociales, l'imitation imbécile des verrues de la nature, la
plate observation, le trompe-l'œil, la gloire d'être aussi fidè-

lement, aussi banalement exact que le daguerréotype, ne
contente plus aucun peintre, aucun sculpteur digne de ces
noms. On s'est pris à regretter les rêves des vrais
artistes de jadis et, pour dire le mot, leurs ailes. Quitte à se
casser le cou, comme l'ancêtre Icare, on veut quitter le sol
boueux où patauge la sotte présomption du siècle, se baigner
un peu dans l'éther, explorer le ciel des idées, les sphères des
Symboles.

Qu'on se rappelle, ces temps derniers, à l'occasion d'une
vente de certaines œuvres de Paul Gauguin, du départ de ce
grand artiste pour Tahiti, de la représentation donnée à son
bénéfice et à celui de Verlaine, le significatif tapage qui se fit,
dans le public, dans le monde des arts, dans la presse, autour
de ces termes nouveaux et, il faut l'avouer, guère compris :
« école symboliste, peinture idéiste, néo-traditionniste. »

Les chroniqueurs spirituels que l'Europe envie à nos boulevards s'émurent, discutèrent, surtout plaisantèrent. Leurs lecteurs furent troublés, arrachés à de moutonnières admirations
qu'ils jugeaient définitives. On s'inquiéta, on se demanda ce
que voulaient ces subversifs énergumènes, et, je crois, on
s'inquiète encore, on se demande encore le comment et le
pourquoi de cette naissante et déjà menaça...'s évolution artistique, que venaient corroborer, presque à la même heure,
des manifestations littéraires absolument de même ordre.

Il ne paraîtra donc point, j'estime, hors de propos d'essayer
de dissiper ces inquiétudes du public, de formuler et, si possible, de résoudre les questions qui l'ont certainement, un
quart d'heure, embarrassé. Aussi, informer les gens de bonne
volonté que les calembours des gazettes ne sauraient satisfaire,
exposer les principaux caractères de cet art nouveau encore
en sourde fermentation, mais, peut-être, si près d'éclore,
tenter d'en sommairement indiquer les causes, la filiation, le
but, les résultats actuels et les espérances dans le futur, tel
est le dessein de ces notes, de cette étude, de parti pris
élémentaire et vulgarisatrice.

Mais, d'abord, il faudrait bien s'entendre et ne pas croire
que les artistes qu'on a ou qui se sont baptisés « symbolistes »
ont la prétention d'avoir inventé le symbolisme ou de le mono-
poliser. Bien des artistes avant eux, ils le savent, et l'on peut
même dire tous les vrais artistes, ont été symbolistes par ce
simple fait qu'il n'y a point d'art véritable sans symbolisme.
C'est même le seul critérium permettant d'affirmer en une
œuvre la qualité d'*art*. Puvis de Chavannes, Henner, Gustave
Moreau, Carrière, Rodin, ont, de toute évidence, tâché de
représenter autre chose que les réalités concrètes et immédiates; ils n'ont pas cherché les belles formes pour la seule
jouissance des belles formes, les belles couleurs pour la
seule jouissance des belles couleurs, ils se sont efforcés de
comprendre la mystérieuse signification des lignes, des
lumières et des ombres, afin d'employer ces éléments, pour
ainsi dire alphabétiques, à écrire le beau poème de leurs rêves
et de leurs idées; ils ont été des symbolistes, non point, je
crois, sans le savoir, mais sans nous le dire, à la façon dont
l'avaient été les Angelico, les Mantegna, les Memling, les
Dürer, les Rembrandt, les Vinci.

Cependant, les symbolistes, dont il sera surtout parlé ici,
ont, eux, plus précisément et plus explicitement expliqué leur
esthétique. Des peintres, je le sais bien, ne sont pas précisément faits pour philosopher; mais, pourtant, il serait peut-
être injuste de trop reprocher à ceux-ci cette tendance aux
ratiocinations théoriques. Il ne faut point oublier, en effet,
qu'ils sont venus, porteurs de paroles oubliées, à une époque
de scepticisme, de pédante ignorance, ou plutôt, c'est pire,
de fausse science, à une époque exclusivement matérialiste,
industrielle, utilitaire, où nul ne soupçonnait plus que l'art
pût être autre chose qu'un métier, qu'un commerce lucratif,
où le peintre et le photographe avaient les mêmes aspirations,
où le mot *idéal* faisait sourire comme un vocable ridicule et
vide de sens, qu'on classerait bientôt dans les dictionnaires
parmi les archaïsmes inusités. Il fallait donc réagir, et discuter

et s'expliquer, et c'est pourquoi ils ont bien fait d'arborer un drapeau, ou, si l'on veut, d'accepter une étiquette ; il fallait combattre l'erreur générale et présomptueuse de tout un siècle heureux et fier de sa quiète cécité, et c'est pourquoi ils ont bien fait d'être, à la fois, des artistes et des théoriciens.

Voyons donc, sans plus tarder, ces fameuses théories, qui déjà ont paru si subversives et si paradoxales, et ne nous étonnons point trop si ces théories, prétendues révolutionnaires, expliquent et légitiment non seulement les œuvres des symbolistes d'aujourd'hui, mais encore, pour différentes qu'elles puissent être, celles des grands maîtres d'autrefois. On a parfois appelé la nouvelle école « néo-traditionniste », et, de fait, peut-être est-elle plus près de la tradition des maîtres et des classiques que celle de MM. Jean Béraud et Detaille ou même que celle de MM. Bouguereau et Lefebvre.

Et tout d'abord (car il faut bien, dès qu'on parle d'esthétique à un point de vue général, en revenir à ce problème à la fois initial et conclusif de tous les traités) : qu'est-ce donc qu'une *œuvre d'art ?*

Il est incontestable qu'une œuvre d'art n'est point le résultat d'une imitation plus ou moins exacte de la réalité matérielle des choses. Si beaucoup, si la plupart des peintres actuels ont réduit, en fait, l'art à cette question de servile imitation, nul, parmi les théoriciens, même les plus radicalement réalistes, n'a songé à se satisfaire de cette ridicule définition par laquelle Pierre Petit ou Nadar seraient de bien plus grands artistes que Gustave Moreau ou Puvis de Chavannes. Tous ont reconnu l'évidente nécessité de compléter la définition de la manière suivante : *l'imitation de la réalité matérielle des choses, telle que cette réalité est perçue par les divers tempéraments d'artistes, présupposés divers à l'infini.* Et c'est seulement le deuxième élément de cette définition qui explique que l'Art puisse légitimement être et légitimement nous intéresser.

Or, qu'on y songe, cette définition, évidemment élémentaire

et incomplète, laisse pourtant entendre, bien qu'en puissent
penser les esthéticiens matérialistes qui l'ont formulée, la
nécessaire présence en l'œuvre d'art d'une sorte de symbolisme, il est vrai rudimentaire, mais indispensable. Cette
réalité, en effet, qu'on nous annonce devoir être, pour la
genèse de l'œuvre d'art, déformée par un tempérament,
qu'est-ce, en dernière analyse, l'œuvre réalisée, sinon un
signe visible de ce tempérament, qu'est-ce, sinon un SYMBOLE
de ce tempérament, le SYMBOLE de l'ensemble *idéique* et
sensitif de l'ouvrier?

L'art réaliste, on le voit donc, tel que l'ont conçu et défini
les théoriciens de l'école, vit déjà, sans le savoir, de symbolisations, de symbolisations peut-être très immédiates et très
restreintes, mais enfin de symbolisations. Les peintres, il est
vrai, et il est bon d'y insister, qui s'autorisent de cette esthétique, c'est-à-dire presque tous les peintres contemporains,
depuis Meissonier jusqu'au dernier genriste, depuis M. Bouguereau jusqu'au plus infime académique, s'insoucient fort,
en général, de ce deuxième élément, pourtant *sine qua non*,
de la définition.

N'ayant point de tempéraments marqués ou ayant délibéré-
ment banalisé leurs tempéraments natifs, ils se contentent
d'exposer à nos indulgentes admirations de patients ouvrages
témoignant d'un habile pastichage de la nature, parfois arrangée
suivant le catéchisme de l'Académie ou suivant la mode du
mois, mais toujours perçue à travers la plus impersonnelle
des visions et des âmes, et partant lamentablement dénuée de
tout intérêt. C'est dire qu'ils ne font point, à proprement parler,
et quelle que puisse être leur science technique, de l'Art.

Mais, quoi qu'il en soit, et bien que souvent non appliquée
dans la pratique, la théorie esthétique des réalistes subsiste
comme un insuspectable aveu : qu'une simple imitation des
matérialités ne signifiant point une quelconque spiritualité
n'est jamais de l'Art, en d'autres termes, qu'il n'y a pas,
qu'il n'y a jamais d'Art sans symbolisme.

Cette constatation faite implicitement et, sans doute, de mauvais gré, par les matérialistes et les naturalistes eux-mêmes, est décisive et absolue. Mais il reste à déterminer si pareille concession est satisfaisante, si cette part accordée à la symbolisation suffit à expliquer une œuvre d'art, à expliquer toutes les œuvres d'art, si, pour prendre un exemple, c'est avoir complètement et péremptoirement défini le petit *Saint Jean*, du Louvre, que d'avoir seulement reconnu en lui un éphèbe prophète symbolisant des états d'âme de Léonard de Vinci.

Cela serait, sans doute, à la rigueur acceptable et soutenable, si nous avions à répondre à de purs idéalistes ne répugnant point à admettre l'identité de l'âme et de l'ensemble cosmique. Mais comme il est de notoriété que les esthètes réalistes admettent fort volontiers l'existence objective des choses, qu'ils nient même avec plaisir l'entité de la pensée et que pour eux le réel, le démontré, est plutôt l'objectif que le subjectif, il importe de se placer sur leur terrain de discussion et d'admettre provisoirement avec eux l'hétérogénie de l'âme et des choses, la réalité des extériorités.

Or, ainsi envisagé, le problème devient d'autant plus simple. La définition donnée par les naturalistes apparaît, de façon plus manifeste, s'il est possible, incomplète et insuffisante. Nous ne pouvons, en effet, logiquement nous persuader que l'Art, *mode suprême d'expression,* ne puisse exprimer l'*universalité* des psychies, lesquelles notre infaillible intuition, lesquelles l'intuition du sauvage même, devine ou discerne jusque dans les moindres molécules de la matière; nous ne pouvons nous persuader qu'il ne puisse exprimer, comme on s'efforce de nous le faire croire, que cette chose misérable et infinitésimale dans l'infini du monde : un homme.

L'ensemble cosmique, en effet, qui, considéré subjectivement, apparaît comme une série d'inégalités dont le terme disproportionnément le plus fort est le sujet, le moi pensant, et dont les termes disproportionnément les plus faibles jusqu'à zéro, les objets suivant leur degré d'éloignement du sujet, cet ensemble cosmique, au contraire, considéré, par hypothèse, objectivement, ainsi qu'il est nécessaire dans la position de notre problème, devient une série d'unités, sinon égales, du moins équivalentes, dans laquelle les termes précédemment cotés zéro deviennent, de toute évidence, équivalents du terme maximum, c'est-à-dire de ce qui était, dans la série précédente, le sujet — devenu, lui aussi, objet, dans la série actuelle.

Si donc nous admettons — et nous sommes forcés de l'admettre par toutes les lois logiques — que, placés à ce point de vue purement objectif, l'entité d'un objet équivaut toujours à l'entité d'un autre objet quelconque, quelles que soient la diversité et l'inégalité des attributs, nous serons forcés d'admettre que pour tout ce qui n'est point attribut, que pour tout ce qui est essence, un objet quelconque doit être estimé conforme aux modalités d'être du seul objet que nous puissions absolument connaitre et qui est *nous-même*. Or, une des plus certaines modalités d'être de notre moi, c'est la *conscience de son être*, c'est-à-dire la *pensée*. Cette conscience n'est certes pas un attribut de l'être, mais bien une de ses modalités nécessaires, sans laquelle il ne serait plus ; il nous faut donc admettre, en tout autre objet de la série, l'être avec la conscience de son être, c'est-à-dire la *pensée*. D'autre part, notre moi nous apparaît, encore essentiellement limité dans l'espace, *modalisé en une forme définie, qui est identique à lui-même, qui est lui-même*. Cette forme, c'est notre corps, signe tangible de notre moi ; il faut donc aussi admettre, pour que subsiste la loi logique des équivalences, *que la forme, que le corps de tout autre objet est également la tangible modalité de son être*, c'est-à-dire *la signification visible d'une pensée*.

Nous voici donc arrivés, à travers tout ce rébarbatif jargon et toute cette hirsute scolastique, desquels je prie qu'on m'excuse, à cette capitale définition (que les poètes et tous ceux qui savent converser avec l'âme des choses devinent d'instinct, en se passant bien de métaphysique et d'esthétique) : *Dans la nature, tout objet n'est, en somme, qu'une Idée signifiée.*

Or, ceci admis, c'est concéder la possibilité et la légitimité pour l'artiste d'être préoccupé, en son œuvre, par ce substratum idéiste qui est partout dans l'univers et qui, selon Platon, est la seule vraie réalité — le reste n'étant que l'apparence, que l'ombre — c'est, enfin, admettre la possibilité et la légitimité, en art, d'un symbolisme plus profond, plus général que celui qu'avaient implicitement admis les naturalistes.

Certes, il serait peut-être téméraire d'affirmer que nous avons tous une parfaite vision de cette réalité idéique, que nous savons tous lire nettement, à travers les apparences, les radieuses Vérités qu'elles signifient. La plupart d'entre nous en sont incapables, — soit nativement, soit plutôt que l'éducation ait atrophié en eux cette faculté; plus incapables, je crois, que les sauvages mêmes, dont le langage, dont les religions, dont les barbares ébauches artistiques témoignent souvent d'une très intime communion avec l'immanente pensée de la nature, avec l'âme des choses. Presque tous, nous sommes les prisonniers de la caverne platonicienne, qui, ne pouvant voir que les ombres, nient le ciel lumineux et la réalité des êtres. Mais qu'importe? Pour rares que soient les intelligences douées de cette parfaite vision, elles n'en existent pas moins et elles sont, à proprement parler, les intelligences supérieures de notre pauvre aveugle humanité, celles qui, seules, font rayonner le front des artistes véritables. En effet, si, comme j'ai tenté de le montrer, l'art est toujours et d'abord, par définition, la nécessaire expression matérialisée d'une combinaison spirituelle quelconque, il faut bien admettre que seul pourra écrire cette expression celui qui connaîtra la signification des termes employés. Le peintre (et il est

légion) qui, dénué de cette indispensable faculté, fait quand
même un tableau, ressemble à l'homme qui s'amuserait à
assembler au hasard des mots d'une langue inconnue, pour
lui vides de sens.

Cela revient à constater que les objets, c'est-à-dire, abs-
traitement, les diverses combinaisons de lignes, de plans,
d'ombres, de couleurs, constituent le vocabulaire d'une langue mystérieuse, mais miraculeusement expressive, qu'il faut
savoir pour être artiste. Cette langue, comme toutes les
langues, a son écriture, son orthographe, sa grammaire, sa
syntaxe, sa rhétorique même, qui est : le style.

Dans l'art ainsi compris, la fin n'étant plus la reproduction
directe et immédiate de l'objet, tous les éléments de la langue
picturale, lignes, plans, ombres, lumières, couleurs, deviennent, on le comprendra, les éléments abstraits qui peuvent
être combinés, atténués, exagérés, déformés, selon leur mode
expressif propre, pour arriver au but général de l'œuvre :
l'expression de telle idée, de tel rêve, de telle pensée.

Il y aurait, certes, sur cette question de la symbolique des
éléments abstraits du dessin, sur la possibilité de leurs dé·
formations suivant leur mode expressif, bien des choses
à écrire. Des notes et des croquis de Léonard de Vinci témoignent combien il avait compris la capitale importance de
cette science. Humbert de Superville semble l'avoir soup-
çonnée lorsque, dans son *Essai sur les signes incondition-
nels dans l'art*, il établit ses schémas expressifs du visage
humain. De nos jours, Charles Henry, qu'on ne saurait sus-
pecter d'attaches symbolistes, s'est préoccupé de ce problème
et a écrit quelques notes intéressantes, bien que trop superficielles, sur la signification des directions linéaires et des
combinaisons chromatiques. Mais cette question deman-
derait de longs développements qui ne sauraient trouver place
dans le cadre de cette très élémentaire étude, dont le princi-
pal dessein est de préciser le plus brièvement possible l'esthétique de quelques jeunes artistes contemporains.

Nous voici donc arrivés enfin, et pourtant, à une compréhension très approchée de l'œuvre d'art, telle que la conçoivent
les esthètes et les peintres symbolistes d'aujourd'hui; compréhension seule assez large, d'ailleurs, pour englober en elle
à la fois tous les éléments constitutifs des chefs-d'œuvre
incontestés d'autrefois et des temps présents. L'œuvre d'art
est la traduction, en une langue spéciale et naturelle, d'une
donnée spirituelle, de valeur variable, au reste, laquelle est
comme minimum un fragment de la spiritualité de l'artiste,
comme maximum cette entière spiritualité de l'artiste plus la
spiritualité essentielle des divers êtres objectifs. L'œuvre
d'art complète est donc *un être nouveau*, on peut dire absolument *vivant*, puisqu'il a pour l'animer une âme, qui est
même la synthèse de deux âmes, l'âme de l'artiste et l'âme
de la nature, j'écrirais presque l'âme paternelle et l'âme
maternelle. Cet être nouveau, quasiment divin, car il est
immuable et immortel, doit être estimé susceptible d'inspirer
à qui communie avec lui dans certaines conditions, des émotions, des idées, des sentiments spéciaux, proportionnés à
la pureté et à la profondeur de son âme. C'est cet influx, ce
rayonnement sympathique ressentis à la vue d'un chef-d'œuvre, que l'on nomme le sentiment du beau, l'émotion esthétique, et ce sentiment et cette émotion, ainsi expliqués par
la communion de deux âmes, l'une inférieure et passive,
l'âme humaine, l'autre supérieure et active, l'âme de l'œuvre,
apparaîtra sans doute, à qui voudra de bonne foi approfondir,
très analogue à ce qu'on nomme : l'Amour, plus vraiment
même l'Amour que l'Amour humain toujours maculé de
quelque boueuse sexualité. Comprendre une œuvre d'art,
c'est en définitive l'*aimer d'amour*, la pénétrer, dirai-je, au
risque de faciles railleries, d'immatériels baisers. Je sais tout
le ridicule que doit provoquer, en ce siècle de grossier scepticisme, pareille esthétique sentimentale. Mais qu'importe?
Qui donc, je le demande, peut se vanter d'avoir vraiment
compris la *Joconde* ou le *Saint Jean* de Léonard, la *Vierge*

glorieuse de l'Angelico ou celle de Botticelli, avant d'avoir
senti, devant ces êtres mystérieux et beaux, comme la dé-
licieuse fusion de son âme, à soi, en une autre âme, la leur?
avant d'avoir senti, à leur vue, comme ce qu'on nomme un
premier frisson d'amour? Et ne fut-ce point seulement de
cette minute inoubliée d'intime rapprochement que, tous,
nous avons commencé de vraiment entendre et de vraiment
comprendre l'harmonieuse langue de ces images sublimes,
de converser avec elles ainsi qu'avec de divines amantes, de
pénétrer en l'intimité de leurs âmes éblouissantes, pressentant qu'elles auraient toujours à nous révéler quelques nouvelles et miraculeuses joies, éternellement?

Telles sont, à peu près, aussi sommairement précisées et
exposées que possible, les théories d'art qui préoccupent et
dont se réclamèrent, ces temps-ci, toute une pléiade de jeunes
hommes, écœurés par la platitude de l'art réaliste, par la
stupide banalité de la peinture de commerce, avec une véhémente insistance qui troubla le public dans ses indifférences
d'honnête ruminant.

Gustave Moreau, Puvis de Chavannes, les préraphaélites
anglais avaient déjà isolément, avec gloire et victoire, mais
sans bien nette doctrine, combattu le même combat, reven-
diquant le droit au rêve, à l'essor hors des marécages matérialistes, et ayant le courage de proclamer l'excellence de la
vraie et de la bonne tradition : celle des Primitifs. Comme
eux les symbolistes actuels se réclament des Primitifs de toutes
les écoles, des maîtres de toutes les époques où l'art encore
purement traditionnel n'était point souillé par les sacrilèges
désirs de réalisme et d'illusionnisme. Ils sont, à proprement
parler, les fils directs des grands imagiers mythologistes de
l'Assyrie, de l'Égypte, de la Grèce de l'époque royale, les des-
cendants des Florentins du xive siècle, des Allemands du xie,
des Gothiques du moyen âge, un peu aussi les cousins des
Japonais.

L'initiateur incontestable de ce mouvement artistique —

peut-être, un jour, pourra-t-on dire de cette renaissance — fut Paul Gauguin.

A la fois peintre, sculpteur sur bois, ornemaniste, céramiste, il a, un des premiers, explicitement affirmé la nécessité de la simplification des modes expressifs, la légitimité de la recherche d'effets autres que des effets de la servile imitation des matérialistes, le droit, pour l'artiste, de se préoccuper du spirituel et de l'intangible. Son œuvre picturale, bien connue, est déjà considérable. Elle est empreinte d'une philosophie profonde et hautement idéaliste, exprimée par des moyens élémentaires qui ont particulièrement perturbé le public et la critique. C'est, on pourrait presque dire, du Platon plastiquement interprété par un sauvage de génie. Il y a, en effet, du sauvage dans Gauguin, du primitif de l'Indien qui, d'instinct, sculpte en l'ébène des rêves étranges et merveilleux, bien plus troublants que les banales rêvasseries des maîtres patentés de nos académies!... Et c'est sans doute par une vague conscience de cela qu'il s'est décidé à partir loin de nos laides civilisations, à s'exiler dans ces lointaines et prestigieuses îles encore impolluées par les usines européennes, dans cette vierge nature de la barbare et splendide Tahiti — d'où il rapportera, il faut l'affirmer, de nouvelles œuvres superbes et bizarres, telles que n'en peut plus concevoir la cervelle anémiée et sénile d'un Arya contemporain.

A côté de Gauguin, on doit immédiatement citer son ami, et, sinon son élève, du moins son passionné admirateur : Vincent van Gogh, cet artiste extrême et sublimement déséquilibré, mort, hélas! trop jeune pour avoir laissé l'œuvre que promettaient son génie, son originalité puissante, sa folle rage de travail, ses fiévreuses recherches, ses préoccupations élevées et multiples, — mais, pourtant, ayant assez vécu pour léguer au musée de nos admirations un millier de toiles d'une aveuglante intensité, d'une étrangeté inoubliable, fulgurants symboles de l'âme la plus tourmentée qui fut.

Il faudrait aussi nommer là, parmi les annonciateurs de la

bonne parole qu'aiment à invoquer les jeunes, un autre artiste aussi original, aussi profondément idéaliste, encore plus
étrange et plus terrifiant, qui, par son hautain mépris de l'imitation matérielle, par son amour du rêve et de la spiritualité,
dut agir, sinon aussi immédiatement que les précédents, du
moins par contre-coup, sur l'orientation des neuves âmes
artistes d'aujourd'hui : Odilon Redon, dont les lithographies
sont des cauchemars. Œuvre terrible de vertige, œuvre de
poète et de philosophe, œuvre angoissante, non seulement de
drame et d'épouvante, mais encore de négation métaphysique
et de désespoir : le doigt de l'artiste semble déchirer, autour
de nous, le voile de tous les mystères qui nous em-
prisonnent, mais c'est pour nous montrer, au fond de chaque
déchirure, de ténébreuses terreurs, de l'ombre, encore de
l'ombre où grouillent de sinistres énigmes noires, informes,
invisibles; sa bouche semble nous crier (sa bouche que n'eût,
sans doute, point démentie Pascal) : que le résultat de toute
science humaine, de toute pensée, est un frisson de peur dans
l'infini de la nuit.

Peut-être même encore, pour être complet et juste, serait-
il nécessaire de mentionner également les impressionnistes
et les néo-impressionnistes, dont les préoccupations d'écriture individualiste, subjective, instantanée, sensationniste,
dont les recherches techniques ne furent certes point sans
influence sur l'évolution d'art que nous étudions; peut-être
conviendrait-il de parler de Manet, de Degas, de Cézanne, de
Monet, de Sisley, de Pissarro, de Renoir et de leurs essais de
synthèse expressive, du malheureux Seurat et de sa science,
si stérile en soi, des décompositions de la lumière et des
rhythmes linéaires, d'Anquetin et de ses tentatives de ja-
ponisme, de cloisonnisme, de simplification de la couleur et
du dessin.

Mais cette étude, forcément sommaire, ne comporte pas de
pareils développements. Qu'il suffise donc d'indiquer, après
les grands noms déjà cités, ceux de quelques jeunes gens qui,

pour n'être point sortis de la période des tâtonnements et des essais, pour n'avoir point encore produit l'œuvre complète et définitive, n'en sont pas moins excellement intéressants par le zèle, l'enthousiasme et l'intelligence qu'ils apportent à l'instauration espérée du spiritualisme dans l'art.

C'est d'abord Paul Sérusier. Un moment confiné dans la presque servile imitation de Gauguin, il n'a pourtant guère tardé à dégager sa personnalité, et ses dernières toiles, d'un symbolisme poétique, d'une belle et savante synthèse de lignes et de couleurs, font présager un artiste de premier ordre.

Puis c'est Émile Bernard, qui fut, malgré toute sa jeunesse, un des premiers avec Gauguin à réagir contre la technique compliquée des impressionnistes. Il apparaît comme un esprit très curieux et très artiste, très alerte et trop souple, manquant de pondération, de persévérance et de direction dans ses recherches. Lorsqu'il aura trouvé sa voie définitive, lorsqu'il aura compris que la forme belle en soi n'est pas, en art, un élément négligeable, et renoncé aux trop adroites maladresses, aux roublardes naïvetés qui le séduisent, il peindra des tableaux réellement magistraux, car son âme est d'un poète et ses doigts d'un vrai peintre.

Mais voici maintenant quelques autres artistes orientés, dans ce même ciel immense de l'idéal, vers des étoiles autres. Ce sont, eux, des mystiques-catholiques. Dans l'œuvre des peintres que je viens de citer, depuis Gauguin jusqu'à Bernard, on pouvait déjà constater cette tendance vers la mysticité, mais vers un mysticisme pour ainsi dire subreptice et dévié de ses caractères historiques, vers un mysticisme encore un peu païen et plus évocateur des jardins d'Académus ou des écoles d'Alexandrie que des cloîtres du moyen âge. Au contraire, les deux peintres que je dois ici mentionner témoignent d'une plus orthodoxe mysticité, d'ailleurs si évidemment sincère, si loin de l'insupportable dilettantisme religieux d'aujourd'hui, qu'ils semblent moins des artistes du XIXe siècle que d'inspirés et naïfs imagiers du XIIIe. Ce sont Charles

Filiger, dont les saintes en prière, dont les têtes douloureuses du Christ, dont les vierges sur fond d'or font songer à Cimabué ou à l'Angelico, et Maurice Denis, dont on n'a sans doute point oublié le *Mystère catholique*, la *Barque*, les illustrations de *Sagesse*, jadis exposées aux Indépendants.

Un autre très intéressant artiste qu'il faut citer à leur côté, mystique encore lui aussi, mais comme Gauguin ou Bernard, d'un mysticisme qui rappelle davantage l'extase de Plotin ou de Porphyre que l'ardent et spirituel amour de sainte Thérèse, de saint Bonaventure ou de Ruysbroeck l'Admirable, c'est Roussel. S'il tient les promesses de ses premières études, d'un style si parfait, d'une vision si simple, si calme et si grande, où l'on retrouve comme une parenté intellectuelle avec Puvis de Chavannes, il deviendra un merveilleux décorateur.

Avec, comme dogmes fondamentaux, le symbole et la synthèse, c'est-à-dire l'expression des idées et la simplification esthétique et logique des formes, c'est à un art de décoration, à un art de fresques monumentales, plutôt qu'à la peinture de chevalet, que devaient, en effet, aboutir, s'ils en eussent eu la possibilité matérielle, les artistes de cette école. Et, de fait, sauf Redon, qui est à part, tous ceux que je viens de citer, et surtout Gauguin, se révèlent bien nettement, jusqu'en leurs moindres œuvres, comme d'incomparables décorateurs, en puissance, auxquelles il ne manque, évidemment, que des murs. Un autre jeune homme de grand talent, Ranson, témoigne des mêmes aptitudes. Sa tête est, au besoin, fertile en imaginations tératologiques, comme celle d'un Chinois. Il excelle à faire se tordre, dans ses panneaux, d'allégoriques monstres de cauchemar, et sans doute il créera un jour, de toute pièce, un style décoratif nouveau et troublant. Il faut citer aussi Bonnard, un délicieux ornemaniste, habile et ingénieux comme un Japonais et capable de parer toutes les laides choses de notre vie des ingénieux et chatoyants ramages de sa fantaisie. Je sais de lui, outre de bien jolis tableaux, des affiches, des paravents, des frontispices admirables.

Enfin, car il faut terminer cette fatalement un peu sèche nomenclature, je mentionnerai Vuillard, un singulier coloriste plein de charme et d'imprévu, un poète qui saura dire, non sans quelque ironie, les douces émotions de la vie, les attendrissements des intimités,

> *Le foyer, la lueur étroite de la lampe,*
> *La rêverie avec le doigt contre la tempe*
> *Et les yeux se perdant parmi les yeux aimés,*
> *L'heure du thé fumant et des livres fermés,*
> *La douceur de sentir la fin de la soirée,*
> *La fatigue charmante et l'attente adorée*
> *De l'ombre nuptiale et de la douce nuit...*

Wuillumsen, un caricaturiste qui, je le confesse, ne me séduit guère, Schuffenecker, Charles Guilloux, Alex. Séon, Henry de Groux, puissant évocateur de rêves tragiques, l'architecte Trachsel, dont les planches semblent promettre un renouveau dans l'art de construire et qu'un jour proche il sera possible d'entasser des moellons, en dépit de Vitruve et de l'École des Beaux-Arts, selon un syle vraiment original, national et contemporain.

Et, maintenant, qu'on me permette, pour conclure, cette répétition à laquelle je tiens : je n'ai point eu l'intention de faire une étude complète et définitive des œuvres et de l'esthétique symbolistes, mais simplement de signaler au public et de sommairement caractériser une incontestable réaction des intelligences et de l'art vers l'idéalisme.

Si ces quelques notes, trop sommaires, si la hâtive énumération de ces quelques noms inspirent à une douzaine d'honnêtes gens de bonne volonté le désir de s'informer, d'étudier plus sérieusement les causes et la direction de cette évolution esthétique, d'analyser les œuvres, de considérer les efforts individuels ou collectifs de ces jeunes artistes dont les vaillantes convictions sont encore si raillées aujourd'hui, j'aurai atteint le seul but que j'ambitionnais en écrivant ces lignes.

VIII

SIMPLES CHRONIQUES

I

LE FAUX DILETTANTISME

MONTICELLI, PAUL GAUGUIN

> — « C'est le grand Cacafogo, vous dit
> Mme Bollbol à l'oreille, en passant près
> de vous. Un homme d'un talent admira-
> ble l'accompagne, c'est Thumpenstrumph,
> le pianiste de l'Hetman Platof, savez-vous
> bien... »
>
> WILLIAM THACKERAY.

En vérité, il se passe ici des choses bien extraordinaires.

Les Parisiens, ces, comme on dit à l'Institut, « modernes
Athéniens », dont l'Ictinos est évidemment M. Eiffel, vou-
draient-ils donc aujourd'hui se moins insoucier des futiles
œuvres de l'intelligence? Daigneraient-ils enfin remarquer
que, sans renoncer aux sérieuses joies de la politique, de la
bourse, des courses et autres contemporains *panem-et-cir-
censes*, quelques pures et profondes émotions sans doute se
pourraient rencontrer en cette babiole, jusqu'alors un peu
dédaignée, l'Art? Vraiment, on le dirait, et, si je n'étais d'un

déplorable scepticisme lorsqu'il s'agit de l'esprit esthétique de
notre chère « *moderne Athènes* », je n'hésiterais point, certes, à proclamer cette bonne nouvelle. Voyez, en effet, les phénomènes inouïs, extravagants qui, depuis quelques semaines,
sans interruption, se succèdent.

Les journaux parlent de littérature, *avec des airs finauds
de gens qui savent*. Aucun désabonnement n'en résulte. Des
banquets s'organisent où M. Anatole France couronne de couronnes de lauriers les tempes des poètes. Sur toutes les tables
des boudoirs les livres de Jean Moréas et de Maurice Barrès
ont remplacé ceux de Delpit, de Bourget ou de Coppée. Le
tirage de l'Ohnet baisse. Les reporters ont abandonné les
hommes politiques pour rageusement interviewer d'ésoté-
riques jeunes gens qui se piquent de verlibrisme ou de magie.
Les coulissiers, les ingénieurs, les sous-chefs de bureau, les
droguistes, les cocottes ont des opinions très nettes sur le
symbolisme, et je connais des bookmakers qui n'ont point, à
l'heure de l'absinthe, de plus doux passe-temps que de
commenter entre eux les mystérieux poèmes de Mallarmé...

Qu'on l'avoue, tous ces symptômes sont graves !

Ce n'est point tout. En musique, en peinture, le public semble encore plus avide de choses nouvelles.

Mon concierge (qu'on me permette cette anecdote personnelle mais caractéristique), mon concierge possédait un tableau à musique. Lorsque la petite horloge, incrustée dans le
clocher que vous imaginez, marquait midi, un ingénieux carillon, dissimulé derrière la toile, jouait : *Ah! vous dirais-je,
maman...* C'était très drôle. Tous les visiteurs ne manquaient
jamais de s'émerveiller. Or, il y a un mois, mon concierge
fut, lui aussi, piqué de la tarentule du modernisme-artistique.
Il fit repeindre son tableau par un élève de M. Signac. Il fit
changer le mécanisme du carillon. Aujourd'hui le clocher
s'érige dans une pluie de petits pains à cacheter multicolores,
et, quand l'horloge marque midi, le nouveau carillon joue la
Chevauchée des Walkyries.

Le tableau impressionniste à musique wagnérienne, voilà, n'est-ce pas, le comble de la modernité en art !

Eh bien, aujourd'hui, tout le monde, plus ou moins, imite mon concierge, tout le monde fait rafistoler ses vieux tableaux à musique, tout le monde ambitionne des galeries de portraits de famille, depuis Louis XIII, peints d'après la méthode pointilliste, tout le monde enfin veut être, selon la délicate expression des précieuses du jour, dans le train, complètement dans le train et même, si c'est possible, dans l'avant-train... Nous assistons, chaque jour, à des phénomènes stupéfiants. Nous voyons des amateurs qui achètent de la bonne peinture, de la vraie peinture. Ainsi, tenez, l'autre jour, à la vente Burty, on se disputait à coups de bank-notes quoi ?... des Monticelli, oui, des Monticelli, et l'un d'eux est monté à plus de 8,000 francs. Les marchands offrent maintenant ses œuvres à 30,000 francs, à 40,000 francs. Pauvre Monticelli ! Il y a dix ans, maigre et calamiteux, il se promenait encore par les cafés de Marseille, offrant à qui les voulait ses petits merveilleux tableautins. On les lui achetait trois francs, cent sous, pour se moquer, ou par pitié, afin qu'il pût payer son absinthe... Oh ! son œuvre, toute son œuvre géniale, jetée dans les coins, perdue dans la poudre des greniers, rôtie dans les fourneaux, dispersée dans les arrière-boutiques des brocanteurs de Provence !... Voici que les experts et les trafiquants sont déjà partis, là-bas, pour les récupérer, ces mille panneaux égarés, qui jadis égayaient les gens compétents, qui jadis scandalisaient amateurs, peintres et marchands !... Voici que nous allons voir étinceler aux vitrines des plus accrédités Goupils ces précieux petits panneaux, plus du tout risibles et plus du tout scandaleux, étiquetés de prix fabuleux. Voici enfin que nous allons revoir les rutilantes apparitions que le grand alchimiste savait faire surgir de son creuset magique plein de gemmes, d'émaux et de métaux en fusion...

Ah ! cette œuvre, n'est-ce pas toute l'Italie élégante et corrompue, exquisément dépravée d'autrefois, Florence et Venise, et Laure et Joconde, et Fiametta et Pétrarque, et surtout Boccace, les palais de marbre, les canaux et les parcs, les intrigues, les costumes somptueux, les épées batailleuses, les guitares, les poignards et les billets d'amours ?... Un illuminement de songe, une odeur de jadis planent. Des traînes chatoyantes de brocart balayent des dalles de porphyre. Sur les gorges nues des princesses scintillent d'éblouissantes joailleries. Dans l'impassible et radieuse lumière de jardins féeriques, des jeunes hommes, des pages et des lévriers d'aspect héraldique batifolent parmi les jupes, riches comme des simarres ou des étoles, des grandes dames et des courtisans aux gestes un peu grivois. Partout rôdent des bruits et des parfums de baisers, des propos chuchotés adorablement égrillards, des refrains de madrigaux, de lointains échos de sérénades, des sanglots de jets d'eaux en des bassins de jaspe...

Dorénavant (on ne peut plus en douter) tous les salons des épiciers enrichis qui se respectent auront, accrochée à leur mur, dans un beau cadre, une de ces merveilleuses évocations des jadis rêvés, achetée au poids de l'or et pendue en bonne place entre la superbe aquarelle que vous savez de Vibert et la magistrale toile du Veyrassat que l'Amérique nous envie !...

Monticelli, il est vrai, a l'excuse d'être mort, et l'engouement du public à son égard s'explique à la rigueur : le public aime les morts. Il y a, en l'espèce, comme on dit, des précédents. Mais ce même public venant spontanément à un peintre inconnu, vivant, bien vivant, et se disputant sa peinture, simplement parce qu'elle ne ressemble pas à celle qu'il aime d'ordinaire, simplement parce qu'il ne la comprend pas, voilà, certes, qui serait plus étrange et plus scandaleux.

Cet étrange scandale a eu lieu. Qu'on juge par là si la situation, que je signalais dès l'exorde de cette chronique, est grave. Pour ma part, si le lecteur tient à connaître mon opinion, j'estime que le public devient fou et qu'il faudra, sous peu, afin d'éviter de plus dangereuses incohérences, l'interner en quelque Charenton, où des médecins spécialistes pourront lui prodiguer toutes les douches requises et congruentes.

D'ailleurs, voici, dans tout leur illogisme, les faits :

Il y a quelque quinze jours, on exposait à l'hôtel Drouot, à fin de vente, une trentaine de toiles de ce merveilleux artiste si méconnu, Paul Gauguin, qui, un des premiers, comprenant la vanité des recherches de mesquin réalisme, de trompe-l'œil et d'impersonnel photographisme où s'égarent nos peintres contemporains, a tenté réinstaurer en notre société, si mal préparée à cette révolution, l'art véritable, l'art des Idées incarnées en de vivants symboles, l'art des Giotto, des Angelico, des Mantegna, des Vinci...

Les toiles exposées, on le devine, ne rappelaient que de fort loin les Vibert et les Voyrassat et les Detaille, dont les seuls noms suscitent, d'ordinaire, des Pactoles en l'hôtel des commissaires-priseurs. Pour tout dire, elles demandaient afin d'être comprises un certain — comme disent les gens d'écurie qui seuls aujourd'hui régentent la langue — entraînement, une certaine éducation artistiques, qui manquaient au public.

Fatalement, elles devaient lui apparaître incompréhensibles, tout entières inintelligibles. Qu'allait-il donc se passer ? Le public se cabrerait-il ? Fuirait-il, scandalisé ? Se fâcherait-il ? Hurlerait-il qu'il est insulté, berné, fumisté ? Demanderait-il la tête du peintre ignare ? Crèverait-il de parapluies vengeurs les toiles estimées mystificatrices ?

Le public eût fait tout cela, et peut-être pis, l'année dernière. Cette année, il n'en fut rien. Le public vint. Il regarda avec attention. Il sourit, finement, en bon public très intelligent, très raffiné, très dans le train, qui comprend tout. Il eut des hurrahs, des petits cris d'admiration pâmée. Il déclara tout charmant, merveilleux, sublime, et cela avec tant de conviction qu'on eût pu croire que, réellement, il s'intéressait à ces choses et qu'il les comprenait !...

Il fit mieux : il acheta...

N'avais-je pas raison de dire qu'il se passait à Paris depuis quelques jours des événements bien extraordinaires ? Aussi bien, je sais beaucoup de gens qui se réjouissent de tout cela, pour fort bien fixés qu'ils soient sur la valeur et la sincérité de ces engouements d'art nouveau. Moi aussi, d'ailleurs, je constate le fait avec quelque plaisir, car enfin cet argent, jadis prodigué sans mesure aux imbéciles trafiquants de plat badigeon, s'il va dorénavant, grâce à l'étrange mode qui semble prête à sévir, vers les artistes véritables, leur pourra donner les matériels moyens d'effectuer les recherches d'esthétique rêvées, de créer les chefs-d'œuvre espérés. Gauguin, par exemple, a, grâce au succès de sa vente, réalisé la possibilité d'aller là-bas, à Tahiti, vivre cette vie sauvage et libre qu'il lui faut, étudier ces êtres primitifs et cette exubérante nature tropicale qu'il adore. Sans doute, il nous rapportera de ces mystérieux lointains des œuvres merveilleuses... Cela est fort beau et me force, sans doute, de bénir les grotesques crises de dilettantisme dont j'ai failli me trop gausser. Mais pourtant, l'avouerai-je, j'ai peur de bien des profanations futures. Peut-être n'est-il point très bon que les œuvres d'art roulent tant par le monde de la riche épicerie. Sans parler du sacrilège des promiscuités probables sur les murailles béotiennes d'un Monticelli et d'un Loustauneau, qui nous dit que nous ne découvrirons pas, un jour, dans quelque arrière-boutique de droguiste amateur, un des chefs-d'œuvre de Gauguin transformé, lui aussi, avec horloge et carillon, en tableau à musique ?

La musique, il est vrai, sera de Wagner (évidemment). Mais est-ce là une compensation suffisante ?...

12 mars 1891.

II

MEISSONIER ET GEORGES OHNET

C'est, dans le catéchisme du public, un article de foi :
M. Meissonier est le plus grand peintre du siècle! Ses géniales
sécrétions se vendent incomparablement plus cher que les
tableaux de ses plus célèbres confrères. L'Angleterre et l'Amérique se les disputent. Son gilet est chamarré de] croix et de
cordons comme celui d'un ambassadeur. Le Salon officiel lui
déplaisait : il a créé un *Salon-Meissonier*, où il règne, où il
trône dans toute sa gloire et dans toute sa barbe. Lorsqu'il
daigne exposer un de ses chefs-d'œuvre, c'est sous verre,
comme une relique, et des gardiens spéciaux et incorruptibles,
des municipaux, des sentinelles, veillent, nuit et jour, aux
côtés du précieux cadre. La foule respectueuse des adorateurs
grouille à distance, les yeux écarquillés, les cous béatement
tendus, béant d'admiration, bavant d'enthousiasme. La presse
ne parle de Lui qu'avec vénération. Tous les peintres, Bouguereau lui-même, tremblent lorsqu'il fronce son sourcil
olympien. Hier encore, à un dîner de l'Élysée, il s'asseyait à
la droite de M. Carnot, ce Louis XIV, et daignait laisser fluer,
jusque dans l'assiette présidentielle, les vénérables vagues de
sa barbe fluviale.

Donc, M. Meissonier, c'est incontestable, est le plus grand
peintre du siècle! Y contredire serait blasphème!... Eh bien,
pourtant, qu'il me soit permis — on me brûlera, après, pour

crime de sacrilége, si l'on veut! — qu'il me soit permis de
déshabiller — oh! bien doucement et bien poliment! — cette
vieille idole respectée, et d'essayer d'expliquer les causes de
ce culte universel, de cet aveugle fétichisme dont elle est
l'objet!... Peut-être se trouvera-t-il, dans le monde, quelques
centaines d'esprits atrabilaires et mal faits qui, déniant tout
génie à ce petit photographe prétentieux et velu et s'étonnant
silencieusement de ses succès de gloire et d'argent, me
sauront gré d'avoir crié tout haut ce qu'ils pensaient tout
bas.

§

L'homme, dit un banal apophthegme, ne peut pas plus se
passer de jouissances esthétiques que de nourriture ou de
sommeil. — Peut-être, mais alors il faut constater qu'il est
diverses sortes de jouissances esthétiques — oh! très diverses!
— appropriées, chacune, aux divers ordres intellectuels possibles! Les paysans et les enfants se satisfont de la contemplation des images d'Épinal. Les ouvriers, les calicots et les
concierges, plus raffinés, recherchent les fines chromolithographies de bazar, fac-similant la peinture à l'huile. L'élite
intellectuelle — oh! combien peu nombreuse! — se complait,
elle, dans la seule admiration des toiles charmeuses des vrais
maîtres, de ces toiles qu'on dirait peintes moins avec de la
couleur qu'avec de la pensée, qu'avec de l'âme!... Mais ce
n'est point tout. Il est encore une autre classe qui réclame,
elle aussi, sa pâture d'art, une autre classe innombrable, de
beaucoup la plus riche, la plus socialement puissante, quasiment omnipotente : la classe bourgeoise!...

Oui, lui aussi, il a faim d'art, le bourgeois! le grand comme
le petit bourgeois, l'Épicier, ainsi qu'on disait du temps de
Petrus Borel!... Oh! il pourrait bien, à la vérité, de même
que le populaire, se contenter des joies de la chromo!...
Certes, il le pourrait!... — Mais fi!... On est distingué!... gens

du monde!... et instruit!... On sait fort bien que ça n'a pas
de valeur, parce que « *ça n'est pas fait à la main!* » Et
puis enfin on ne peut pas avoir les mêmes jouissances que
son concierge!... D'autre part, ce qui enchante l'élite intellectuelle, un rêve sublime de Puvis de Chavannes, une somptueuse vision de Gustave Moreau, une rutilante féerie de
Claude Monet, un cauchemar d'Odilon Redon, une œuvre
précieuse de Degas, de Gauguin, de Cézanne, tout cela, il faut
bien que le bourgeois l'avoue : ça n'est pas assorti à son
ameublement !...

Donc, il lui fallait un art à lui, un art bourgeois, un art
intermédiaire, *un art qui ne fût plus tout à fait la chromo
et qui eût des faux airs de bonne peinture, un art qui
coûtât cher, très cher, qui fût propre, joli, pas déconcertant.* — «Nous avons de l'argent, de l'argent, tout l'argent !...
« Nous sommes les maîtres de la mode et les dispensateurs
« de la gloire !... Oh! celui qui inventera cet art que nous
« rêvons, il aura tout, fortune, honneurs, gloire !... »
Celui-là, ce fut M. Meissonier !...

§

M. Meissonier, en effet, a su créer l'art le plus adéquatement conforme aux aspirations du bourgeoisisme contemporain qui puisse être. Il est en peinture ce que sont en littérature MM. Delpit et Ohnet.

Ses tableaux sont lisses, propres et jus-de-groseillisés. C'est
bien *comme de la chromolithographie,* mais *ça n'en est
pas!...* C'est un peu plus prétentieux et infiniment plus cher!...
Ils s'assortissent merveilleusement aux dorures et au luxe
criard d'un salon de banquier. Ils ne fatiguent point l'esprit,
car, n'étant point pensés, il ne sauraient faire penser, mais
ils stupéfient par le fini du détail, par la méticulosité d'exécution. Ils ont la stupide exactitude, l'écœurante banalité de la
photographie.

Tout cela est fait pour charmer le dilettantisme de M. Prudhomme, qui s'ébahira voluptueusement à compter les poils
du cheval de l'Empereur ou les boutons de guêtre d'un gre-
nadier qui passe dans le lointain...

Cet essentiel don qui constitue l'artiste : auréoler les trivialités objectives des radiances de son intelligence et de sa
sensibilité, « LE PLUS GRAND PEINTRE DU SIÈCLE » en est lamentablement privé. Je ne jurerais pas que l'objectif de Nadar n'ait
pas plus *d'âme* que lui. Jamais, certes, aucun des sujets qu'a
traités M. Meissonier ne lui a inspiré la moindre émotion, le
plus petit tressaillement, le plus infime sursaut de cœur,
l'apparence d'une idée. La tête de Napoléon, celle de Polichinelle, celle d'un joueur de boules, qu'importe. Il peint tout
cela avec le même pinceau, avec la même incompréhension,
avec le même intérêt de brute consciencieuse, ainsi qu'il pein-
drait trois carottes différentes !...

Parlerai-je, maintenant, de sa technique, que beaucoup
considèrent comme la suprême science picturale et qui n'est,
en réalité, pour qui veut analyser, qu'une simiesque habileté
de patte, qu'une patiente tricherie, faite de mesquins pignochements au microscope, de petits trucs honteux d'enlumi-
neur industriel et qui cache l'ignorance la plus profonde ?
Parlerai-je de sa couleur, ou plutôt de son manque de couleur
qui fait grincer les dents, comme une musique dont toutes
les notes seraient fausses, et qui évoque le souvenir du coloris
des porcelaines à quinze sous ? de sa composition plus rudimentaire et plus poncivement maladroite que celle des faiseurs de gravures pour journaux illustrés ? de son dessin de
myope, si sec, si gelé, si dénué de style, si vétillard, si pitoya-
blement pénible ? Et aussi des hideurs des Detaille, des
Vibert, des trois quarts de nos badigeonneurs contemporains
dont on doit le considérer comme très responsable ? de son
prosaïsme ? de sa marécageuse platitude ?...

Mais à quoi bon ?

§

Au reste, maigré tous ces petits défauts, et bien qu'il soit,
au dire de ses intimes, hargneux comme un dogue, mauvais
coucheur comme une gale, fat comme un paon, et le plus
jaloux, le plus prétentieux, le plus insupportable de tous les
nabots barbus, M. Meissonier n'en est pas moins, m'assure-t-
on, un homme fort sympathique, excellent père de famille qui
n'a pas de plaisir plus doux que de faire décorer son fils ! Il
fut même, pendant la guerre, colonel de la garde nationale.
Baudelaire a écrit de lui : — « C'est un Flamand, moins la
bonhomie — et la pipe ! » Peut-être serait-il plus exact de
dire qu'il est, en peinture, resté colonel de la garde nationale.

III

LES AQUARELLISTES

Messieurs les membres de la Société des Aquarellistes de France, et vous surtout, M. Vibert, président de la dite société, vous êtes-vous quelquefois demandé ce que c'était que l'aquarelle, quelle était sa raison d'être et quel était son but? Car, enfin, si l'aquarelle n'a pas un but différent de celui que vise la peinture à l'huile, si l'aquarelle ne diffère de la peinture à l'huile que par les procédés, je ne vois pas que bien grande soit sa nécessité. Elle dispose de moyens de traduction bien moins puissants et bien moins certains que la peinture à l'huile, elle ne comporte pas ses dimensions, elle est inférieure en solidité et en durée. Il faut donc nécessairement qu'il y ait autre chose, car si cela n'était les aquarellistes seraient de bien imbéciles fantaisistes.

Or, cet « autre chose », qui semble vous échapper complètement, Messieurs les membres de la Société des Aquarellistes de France, je veux vous le révéler, avec, d'ailleurs, d'autant plus de plaisir qu'il n'y a pas grand mystère dans l'affaire, que c'est, comme l'on dit, le secret de Polichinelle, et que vous êtes seuls en France à n'en rien savoir.

L'aquarelle, Messieurs — je ne parle point de celle que vous faites, mais bien de celle que vous devriez faire — l'aquarelle, dis-je, a été inventée, non point pour lutter avec l'huile, ce qui lui est impossible, non pas pour traduire les

sensations définitives que nous donne cette dernière, mais
pour la compléter, pour donner à nos yeux la jouissance des
quelques notations tant délicates que ne peut saisir la peinture. Les doigts du géant ramassent les lingots d'or, mais les
frêles petits doigts roses de la mignonne fée peuvent seuls
cueillir les minuscules paillettes. C'est toute une peinture à
côté de la peinture. Ce qu'on lui demande, c'est moins la profondeur d'art que la subtilité de l'impression, moins la pensée
que la verve, moins l'équilibre et la pondération des lignes et
des couleurs que la délicate notation des plus imperceptibles
ondoiements et des nuances les plus insaisissables. En un mot,
c'est l'art délicieux, sans doute inventé par quelque charmeuse
fée, pour traduire ce qu'il y a de plus léger, de plus voltigeant,
de plus fugace, de plus transitoire, dans la nature, de plus
immatériel dans la matière, les reflets, les transparences, les
miroitements, presque les parfums... Pour l'exécuter, point
n'est besoin de lourdes brosses, de pâtes gluantes et salis-
santes, ni de toute la droguerie de la vraie peinture. Elle est
avec la musique et la poésie l'art dont les matériaux sont les
plus idéaux, les plus immatériels : quelques gouttes de rosée
à peine colorées, et la voilà qui vit, qui vibre et qui chante
l'hymne des clartés, des fraîcheurs, des diaphanéités. Certes,
si les anges peignent, ils doivent peindre à l'aquarelle.

Voilà, Messieurs de la Société des Aquarellistes, voilà ce
que tout le monde sait, et ce que vous semblez ignorer, ou si
vous ne l'ignorez pas, c'est que votre cas est encore plus désespéré que je ne pensais.

Certes, depuis longtemps, je savais que de vous tous ou
quasiment tous, si peu artistes et si banalement épais, nous
devions peu attendre de chef-d'œuvre; certes, aussi, je savais
que cet art exquis, un peu mièvre, qu'est l'aquarelle, était
malheureusement assez accessible aux chiqueurs, comme l'on
dit, et que souvent le truc, l'habileté et le hasard y pouvaient
tenir lieu de science, d'étude, d'émotion et, pour tout dire,
de tout ce qui fait l'art. Mais combien loin de pouvoir rêver

cette invraisemblable métamorphose de l'art le plus subtil, le
plus primesautier, le plus verveux, en le plus grossier, le
plus banal, le plus pataud de tous les métiers, de cet art de
raffiné, de cette musique des nuances, en l'inepte et sale
besogne des plus ignobles tripatouilleurs de vidanges. Et pourtant, Messieurs, grâce à vous, ainsi en est-il advenu de l'aquarelle, de la peinture des anges !

Sans doute, Messieurs, si j'étais indulgent, je me tairais.
Je n'aurais point la cruauté d'entretenir le bénévole public de
vos pitoyables labeurs. Ce serait presque mon devoir, étant ici
pour écrire sur des choses d'art et non point sur des sujets
scatologiques. Mais il est parfois instructif de regarder les igno-
minies des Musées Dupuytren, et je veux, pour une fois, vio-
lenter les répugnances du lecteur et, méchamment, le conduire,
fort vite, il est vrai, en dépit de ses nausées et des miennes,
parmi les formidables tas d'immondices que vous avez réussi à
accumuler dans ces mêmes salons de Georges Petit où, il y a
quelque six mois, étincelaient encore et rutilaient comme des
pierreries les merveilleuses féeries du magicien Claude
Monet.

§

Et d'abord, voici M. Adrien Moreau, un des maîtres du
genre. Il s'est appliqué, il a peiné, il a sué, il a parachevé
une gigantesque aquarelle, un tableau définitif, très scrupuleusement léché, très myopement fignolé, très précieusement
banal, une moyenâgerie comme on en voit aux titres des
romances, avec l'obligatoire donjon dans le fond, parc bien
peigné, costumes de brocart tout flambants neufs. C'est
hideux, mais quel succès pour la reproduction chromolithographique ! L'éventail qu'expose M. Adrien Moreau se
signale par des qualités analogues : Oh ! le beau cadeau à faire
à une cuisinière sentimentale !

M. Loustauneau a défié le daguerréotype. Il lui a dit : « Je serai plus impersonnel que toi, je serai plus banal que toi, j'aurai moins d'esprit que toi!... » Une, deux, trois, ne bougeons plus ; il nous a *tiré* un trompette des guides, un lancier, une cantinière d'opéra comique... La gageure était gagnée.

M. Bourgain est jovial et adore les matelots. Il nous a peint de désopilantes anecdotes, avec une recherche du détail à rendre jaloux le vieux Shlingelandt : des matelots jouant aux boules, des matelots tombant un hercule forain, des matelots au cabaret, un perruquier à bord. Tout cela est laid, fignolé, sans esprit et sans art.

M. Nicolas Escalier expose deux éventails avec gondoles, parc, gentilshommes et dames à paniers, le tout selon la formule. Dans l'un, il y a un grand escalier, probablement symbolique. C'est horrible d'habileté, de chic, de fadeur, d'inharmonie.

Et pour compléter, une grande aquarelle, ayant servi, paraît-il, au régisseur de l'Odéon pour régler la mise en scène d'un tableau de « *Beaucoup de bruit pour rien* ». Mais ça n'est qu'une pochade, et M. Escalier n'a pas pris le temps de faire tout à fait aussi mauvais qu'à l'habitude.

M. Adrien Marie nous exhibe des coins de rues anglaises, un lutrin. Cet artiste est trop connu des amateurs de publications illustrées et de reproductions en couleur pour que je perde mon temps à affirmer combien ses aquarelles sont atroces. C'est ému et spirituel comme des photographies enluminées.

M. Eugène Morand a d'ailleurs tenu à nous montrer qu'il possédait des qualités analogues. Sa *Place des Victoires par la pluie* peut rivaliser avec les plus géniales productions de M. Adrien Marie. Quant aux nombreux bouquets de fleurs qu'il a tenu à nous montrer, je suis obligé de reconnaître qu'elles sont dénuées de tout parfum, et qu'elles me paraissent non pas même en satin, mais en papier et en coton pas très propres.

Van Eyk a donné son nom à un rouge, Véronèse à un vert:

M. Maurice Courant aura, je crois, un honneur analogue. Il a
en effet découvert une couleur, une couleur ignorée jusqu'à
lui et qui est, certes, la couleur la plus fade, la plus écœurante qui soit. C'est une espèce de violet qui n'est pas violet,
de lilas qui n'est pas lilas, de mauve qui n'est pas mauve, et
dont la propriété la plus caractéristique est de vous donner
mal au cœur lorsque vous la regardez fixement. M. Courant
tient probablement énormément à sa couleur, car toutes
ses marines sont traitées dans la gamme de ce diable de ton
ipécacuanique.

M. Roger Jourdain, lui, n'a pas inventé de couleur, mais
il arrive à des effets de nouveauté en s'obstinant à combiner
ingénieusement ses tons de façon à ce que tous, absolument
tous, soient faux, les uns par rapport aux autres. Il paraît que
c'est très difficile.

M. Delort, dont l'esprit, la distinction, le talent, que dis-je,
le génie, sont proverbiaux chez les fabricants de chromos,
nous conte, avec sa verve habituelle, d'exquises anecdotes de
mall-post. Ah! souffrez que je respire! Dieu! que cette peinture est galante! Cela manque bien un peu, je dois l'avouer,
de couleur, et de modelé, et de dessin, et de composition, et
d'invention, et d'émotion, et de tout le reste... Mais les
ressorts des coches sont si finement peints! et les rais des
roues! et puis, c'est si amoureusement fignolé!... Décidément les Goupil ont raison : M. Delort est le plus grand génie
du siècle!

M. Worms, lui, peint des scènes de genre, dont le mieux
est de ne point parler.

M. Victor Gilbert a tenté planter des bonshommes en plein
air. Il les a enveloppés d'une ambiance grise, sourde, sans
vibration. Il ne comprend pas plus que M. Zuber, qui nous
montre un effet de neige, et quelques paysages, le trépide-
ment éternel des molécules lumineuses sous le ciel. Du même
M. Zuber, un horrible Trocadéro illuminé qui a dû coûter
bien du travail.

M. Flameng expose un festin ridicule et une écuyère de cirque assise sur la croupe d'un cheval plus ridicule, certes, que tous les festins du monde. Quand je dis une écuyère de cirque, j'exagère, ou plutôt j'interprète par induction hypothétique les intentions probables de M. Flameng, car, en fait, M. Flameng n'a nullement dessiné une écuyère, mais bien une hideuse poupée en bois mal équarri et mal peint, dont les ressorts doivent être rouillés.

M. Max Claude nous présente des amazones à faire pâmer d'aise M. Georges Ohnet, et M. de Cuvillon un portrait de petite fille, peint avec une pommade rance qu'envierait M. Bouguereau. Quant à M. de Penne, il s'obstine de plus en plus à traîner dans le monde sa désagréable meute.

Défiez-vous, M. Adrien Moreau, vous avez un rival qui menace ! M. Meissonier fils... Sa noce dans les champs atteint l'idéal d'horreur que vous avez su jusqu'ici réaliser.

Mais arrêtons-nous un instant... Respirons... Remettons nos esprits. Recueillons-nous... Recueillons-nous comme il convient lorsqu'on se trouve en présence d'un chef-d'œuvre. Car nous sommes réellement devant un chef-d'œuvre, devant deux chefs-d'œuvre même, deux chefs-d'œuvre congrûment lestés pour le grand voyage vers l'immortalité. Eh ! oui, parmi toutes ces merveilles d'horreur, M. Vibert a trouvé le moyen d'atteindre un au-delà, de réaliser un maximum de laideur, d'atteindre à l'absolu du laid, le truculent dans l'ignoble. L'histoire de l'art, je l'espère, lui tiendra compte de cet effort. Mais assez d'exorde, examinons consciencieusement les deux géniales pages en question. La première a la prétention de représenter Polichinelle, ivre, pleurant sa chère bouteille cassée. — Polichinelle, M. Vibert ! Y avez-vous bien pensé ? Ça, Polichinelle ? Polichinelle, ce gniaf, ignominieusement saoul, ridiculement costumé d'oripeaux vulgairement criards... Oh ! non, M. Vibert, alors même que votre infamant labeur ne serait point d'un dessin stupidement méticuleux, d'un aussi pataud manque d'esprit, d'une aussi turpide inharmonie, alors

même que tout cela ne serait point, je refuserais de reconnaître
dans ce plat et répugnant ivrogne de barrière, costumé pour
quelque chienlit de bouibouis interlope, le joyeux, spirituel et
fantastique bouffon de la farce napolitaine. J'en suis désolé
pour vous, M. Vibert, mais les ouvriers qui sculptent les fantoches de Guignol comprennent mieux que vous cette charmeuse et désopilante création de la populaire mythologie
italienne.

La seconde aquarelle de M. Vibert est tout un tableau —
que dis-je, une comédie de Molière. L'idée est du dernier
galant : la scène du malade imaginaire renversée. Le docteur
Diafoirus est évanoui dans un fauteuil, Argan lui jette de l'eau
au visage pour le ranimer. C'est, on le voit, d'un esprit étonnant! Et l'exécution est à la hauteur de la conception. C'est
un pur chef-d'œuvre, et quelle conscience d'étude! Chaque
bouton est étudié à part. En regardant à la loupe, on lirait le
nom du fabricant. Les cinq gouttes d'eau qui perlent sur la
joue du médecin sont des poèmes... Il y a par terre une montre tombée de la poche de Diafoirus dont le verre s'est cassé
en cinquante-trois morceaux. Chacun de ces fragments a été
dessiné rigoureusement, avec sa physionomie propre, son
caractère propre, et on pourrait en les rapprochant reconstituer le verre. Mon Dieu! Quelle patience il faut avoir pour
élaborer des chefs-d'œuvre !...

D'ailleurs, M. Maurice Leloir n'a rien à envier à M. Vibert.
Sa truculente ascension en ballon, son bambin assis parmi
des jouets, atteignent avec la même incroyable maestria le
comble du ridicule, le paroxysme de l'atroce.

Je ne sais si c'est un inconscient effet de la loi des contrastes,
mais parmi ce capharnaüm d'horreurs, les œuvres de M. Besnard éclatent réellement artistiques, fringantes et belles. On
est si heureux de reposer enfin ses pauvres yeux sur quelque
chose qui touche de près à l'art et où vibre une pensée, qu'on
se prend à oublier ce qu'il y a d'un peu artificiel et d'un peu
paradoxal dans le talent de ce peintre, pour admirer franche-

ment et sans restriction. Donc, merci à M. Besnard. Ses femmes à queue de paons, sa gardeuse de paon conduisant fantastiquement son glorieux troupeau par des champs d'azur, sont des fantaisies exquises, de beaux rêves de vrai artiste. Le dessin, sans être d'un style très pur, est subtilement ondoyant, la couleur est pure, diaphane, vibrante, chantante... C'est enfin réellement de l'aquarelle!...

M. Bethune possède une grande habileté d'exécution. Sa couleur est vigoureuse, un peu brutale, parfois lourde et sourde et noire. Je voudrais ses vues du midi plus transparentes, plus vibrantes, plus aériennes.

Quant à M. Harpignies, ses aquarelles ressemblent un peu à des lavis à l'encre de chine qui seraient rehaussés de bleu, de jaune et de rouge. Au reste, son dessin est sec, dur et sans grand modelé. Toutes ses silhouettes semblent des plaques de zinc découpées à l'emporte-pièce.

M. Edmond Yon expose de papillottantes études, très truquées, sans nulle synthèse de dessin et fort peu distinguées de couleur. M. Clarin, deux ignoblement vulgaires éventails, des intérieurs d'église, une fantasia arabe, dont il convient de ne rien dire. M. Duez, une rudimentaire impression des Fontaines Lumineuses de l'Exposition, et des fleurs. M. Detaille, d'horribles cuirassiers chargeant, qui, réduits, figureront honorablement en ces artistiques images dont s'honore Épinal. M. Boutet de Monvel, des scènes de guerre, d'une facture bien anémique, bien lymphatique; c'est vu par le petit côté, ça manque beaucoup de style, mais c'est intéressant par le détail et par l'observation. M. Friant, des essais de plein air, sans grande transparence et sans grande vibration. M. Jeanniot, d'affreux pioupious, faits de chic, comme M. Jeanniot sait faire de chic. M. E. Lami, *La Pavane, Nos pères en 1789*. Vous savez, des robes de satin qui miroitent avec rien dedans. Enfin, car il faut terminer ce lamentable pélerinage, les éternels petits chats de M. Eug. Lambert. O M. Eugène Lambert, vous en aurez peint toute votre vie et vous ne les aurez jamais compris. Que voulez-vous? les conćierges et les poètes aiment les chats, mais tous deux pour des motifs différents. Vous n'êtes point poète, M. Lambert. Vous ne vous obstinerez point à donner des airs de moutons incurablement idiots à ces êtres mystérieusement diaboliques que sont les chats. Regardez-les. Vous ne voyez point?

Ils prennent en songeant les nobles attitudes
Des grands sphinx allongés au fond des solitudes,
Qui semblent s'endormir dans un rêve sans fin.

Leurs reins féconds sont pleins d'étincelles magiques,
Et des parcelles d'or, ainsi qu'un sable fin,
Étoilent vaguement leurs prunelles mystiques.

Non! hélas, vous ne voyez point!...

IV

A PROPOS DE L'EXPOSITION UNIVERSELLE
de 1889

Merveilleuse ! Monsieur, merveilleuse ! je soutiens que l'Exposition des Beaux-Arts est merveilleuse !...

Voilà ce qu'on répétaille et point ne veux, pour ma part, y contredire, quoique au fond je manque un peu de conviction et trouve beaucoup de chefs-d'œuvreries qui se prélassent là-bas, sur les glorieuses cimaises, très particulièrement idoines « à mettre », comme dit Alceste, « au cabinet. »

— Cela serait un peu dur (je parle de mon jugement), mais cela serait juste ! Quoi qu'il en soit, je veux bien, pour l'instant, admettre l'épithète « merveilleuse », mais à condition qu'on m'accorde que cette merveille est une merveille *incomplète*, une merveille qui devait fatalement être incomplète.

— Comment, Monsieur, incomplète ? Qu'entendez-vous par là ? L'Exposition manque-t-elle de quelque grand maître contemporain ? Ne possède-t-elle, pour chacun, qu'une série d'œuvres trop restreinte ?

— Oh ! non, point du tout. Les « chers-maîtres » d'aujourd'hui, voire les sous-chers-maîtres » sont tous là, et tous avec, souvent, plus de toiles qu'il n'en faudrait.

— Eh bien ! alors, Monsieur ?... Alors, qu'avez-vous donc voulu insinuer ?...

— Qu'il manque dans le palais des Beaux-Arts une toute petite section pour les quelques artistes indépendants qui, presque inconnus ou méprisés du public, silencieux et désintéressés de tout lucre, de tout ruban, de toute immédiate popularité, travaillent loin des Écoles, loin des Académies, à la recherche, à la lente élaboration d'un Art nouveau qui sera peut-être l'Art de Demain.

On nous a montré les œuvres des habiles ouvriers qui exploitent, avec un très grand talent et très peu d'originalité, les formules créées par les maîtres d'hier. Le complément de cette exhibition eût été, ce me semble, celle des essais, encore incomplets et tâtonneurs, à la vérité, mais certes très personnels, de Ceux qui tentent inventer, avec les uniques ressources de leur génie, ce qui pourrait bien être le *poncif* du xx° siècle.

— Mais, Monsieur, de pareils hommes n'existent point, à notre époque !... Ça se saurait !

Combien de gens n'ont-ils point répété cette absurde phrase, alors que les Courbet, les Millet, les Manet étaient encore des raillés, des méprisés ou des inconnus ? Combien furent organisées d'Expositions qui prétendaient symboliser l'art d'un temps qui était le temps des Courbet, des Millet, des Manet, sans que nul Millet, sans que nul Courbet n'y figurât ?...

Heureusement, j'apprends que l'initiative individuelle vient d'essayer ce que l'imbécillité administrative, à jamais incurable, n'aurait jamais consenti à accomplir. Un petit groupe d'artistes indépendants ont réussi à forcer les portes, non point du palais des Beaux-Arts, mais de l'Exposition, et à créer une minuscule concurrence à l'exibition officielle. Oh ! l'installation est un peu primitive, fort bizarre et, ainsi qu'on dira sans doute, *bohème !*... Mais que voulez-vous ? si ces braves diables avaient eu à leur disposition un palais, ils n'auraient certes point accroché leurs toiles aux murs d'un café.

En tous les cas, il était de mon programme de signaler cette
intéressante tentative, avant de pénétrer dans l'Exposition
elle-même, et maintenant, cet amical et sincèrement admi-
ratif salut donné aux belles toiles de Gauguin, Bernard,
Schuffenecker, pénétrons, si vous le voulez bien, dans les
glorieuses salles officielles.

Quoi qu'on die, et malgré un système de sélection par trop
étroitement officiel et officieux, ces expositions générales des
ouvrages d'art de tout un siècle ne sont nullement vaines.
Elles constituent d'utiles synopsis facilitant et hâtant le travail de classement ou d'élimination que parachèvera l'histoire.
— Que d'ivraie pour peu de bons épis ! — Elles permettent de
juger, en leur ensemble, et avec plus d'équité qu'à leur date
d'apparition, les œuvres de nos contemporains, en nous im-
posant cette nécessaire condition de toute critique large et
impartiale : l'éloignement.

Cet éloignement, pour faible qu'il soit encore, suffit à nous
donner, souvent, par logique induction, une assez nette idée
de ce que pourra être le définitif verdict de nos postérités,
verdict qui, j'en ai bien peur, sera terrible à beaucoup et
peut-être flétrira de plus d'une infamante épithète les ignominieuses besognes des jongleurs, des charlatans et des
droguistes que notre bon public baptise, ingénu sacrilège, de
ce grand nom d'artiste...

Examinez, en effet, une centaine de toiles prises au hasard
en l'Exposition décennale. Vous en reconnaîtrez beaucoup
qui, déjà vues à d'anciens Salons ou à de spéciales exhibi-
tions d'antan, vous avaient paru, sinon des chefs-d'œuvre,
au moins d'honorables travaux, et qui, maintenant, malgré
tout indulgent vouloir, ne vous seront plus que niaises
médiocrités ou irrévocables horreurs. Tenez, par exemple,
regardez, en toute impartialité, telle ou telle idéalerie de
boîte à dragées signée Lefebvre ou Bouguereau, telle ou telle
réalisterie d'Épinal signée Meissonier, Neuville ou Detaille,
et vous serez, je crois, forcé de constater combien tout cela

a perdu, en perdant je ne sais quel quasi charme, non point
de jeunesse (ces peintures n'ont jamais été jeunes), mais de
neuf. Cette science du dessin, de la composition, dont ces
messieurs faisaient mystère et tiraient vanité, cette science,
qu'à certains instants, étant trop près pour bien voir, nous
étions presque disposés à leur concéder, qu'est-elle devenue ?
Est-ce une illusion ? Cette correction impersonnelle, cette
glaciale exactitude photographique, ces formules d'écoliers
habiles, c'est là ce que nous avons failli prendre pour du dessin, pour de la composition, pour de la science ! Mais où
avions-nous donc l'esprit et les yeux ? Maintenant, par bonheur, nous sommes mieux au point pour bien voir et bien
juger. Nous avons beau chercher, nous ne discernons plus
que de mesquines adresses de calligraphes, que des applica-
tions vétilleuses de myopes, que de surannés clichés d'illus-
trateurs à la journée. Et cette platitude, et ce manque de
fonds, et ce dénûment d'émotion intime, et ce vide d'idées,
et cette formidable banalité que nous ne faisions jadis que
soupçonner, nous apparaissent aujourd'hui en leur désespé-
rante évidence, écœurants, sans même la relative consolation
des petites qualités illusoires que nous avions cru découvrir
autrefois.

Si dix ans suffisent à opérer cette métamorphose, combien
de nos chefs-d'œuvreries résisteront à l'épreuve de plusieurs
siècles ?

Par contre, les vraies choses d'art ne font que gagner à cet
éloignement, à ce recul forcé du spectateur. Tout d'abord,
lors de leur apparition, le public et la critique, qui n'aiment
guère qu'on vienne troubler le routinier train-train de leurs
idées, ou plutôt la suave quiétude de leur manque d'idées,
avaient pu être déconcertés, voire effrayés, par ce brusque
surgissement, au milieu des banalités et des impersonnalités
officielles, d'une œuvre nouvelle, inattendue, si dissemblable
nécessairement des pâles posticheries de tout le *pecus* pictural. L'abandon des formules convenues et connues, l'inat-

tendue traduction d'une vision ou d'une idée personnelle, les surprises d'un style, d'une technique insoupçonnée, tout cela avait alors fatalement provoqué des haros, fait crier à l'excentricité, au paradoxe, à la révolution, à la fin du monde !... Mais le temps a coulé, atténuant, effaçant les superficielles anomalies qui scandalisaient. Aujourd'hui, non point tous, mais beaucoup ont repris leur sang-froid, se sont accoutumés à ces brutalités du génie qui terrifiaient leurs piètres intellects et bousculaient leurs sots préjugés. Ce qui paraissait parti-pris d'étrangeté dans la facture, et taquinerie envers les Consacrés, se révèle maintenant comme les très légitimes tentatives d'adaptation absolue de la forme nouvelle. Chaque jour amène la conversion de quelqu'un des détracteurs d'antan, et ces néophytes de la dernière heure ne sont pas les moins enthousiastes devant les chefs-d'œuvre qui les faisaient pouffer ou s'indigner il y a vingt ans. — Pour combien, dirait M. Prudhomme, l'Exposition ne serait-elle point un chemin de Damas ?

Quoi qu'il en soit, déjà l'os est brisé, et bientôt, vous verrez, la meute se disputera la « substantifique moelle ».

Les Delacroix et les Ingres si mal compris de toute une séquelle de soi-disant élèves, les Courbet et les Manet, si discutés, si raillés, si niés autrefois, les Millet, les Corot, les Daumier et, dans une certaine mesure, les Troyon, les Rousseau, puis les contemporains, les Henner, les Gustave Moreau et surtout les Puvis de Chavannes, sont là, au milieu des navrantes sénilités des faux chefs-d'œuvre d'hier, pour témoigner de cette persistante jeunesse de l'Art véritable.

Je ne veux point dire, pourtant, que tout le reste, en cette tant instructive Exposition des peintures, soit exécrable ou indigne de la moindre attention. Évidemment non. Il me suffira, je crois, de mentionner les essais impressionnistes de Besnard, malheureusement un peu trop superficiels et paradoxaux, les toiles très originales de Carrière, les intéressantes recherches de Dagnan-Bouveret, les tentatives, souvent malheureuses, vers un idéal plus littéraire que pictural, d'Hébert, l'œuvre entier de Bastien Lepage, qui déjà, cependant, nous paraît infiniment plus sec et plus vide qu'autrefois, les jolis poèmes de Cazin, les estimables traductions de Roll et de quelques autres, pour qu'on m'accorde qu'au-dessous des *trouveurs* dont je parlais plus haut, il est encore des *chercheurs* dont les travaux sont dignes d'étude et, parfois, d'admiration. Mais après, oh ! après... Si vous voulez, n'en parlons point.

Comme toujours, naturellement, les coteries officielles se sont efforcées de clore, autant que possible, les portes aux consciencieux artistes qui, trop intransigeants d'une trop récente intransigeance pour être encore compris et goûtés du public, ont rompu carrément en visière avec les traditions et les formules de l'école. Cette exclusion systématique est regrettable et ne permet guère d'apprécier les plus intéressantes manifestations de l'Art contemporain. A peine quelques Raffaëlli, deux Pissarro ancienne manière et un seul Claude Monet, perdus en les salles du Palais des Beaux-Arts ! Aucun Degas, aucun Gauguin, aucun Seurat, aucun Renoir, aucun Guillaumin !...

Quant aux sections étrangères, elles m'ont, je l'avoue, inspiré une profonde désillusion. Je m'attendais à trouver d'originales créations fort éloignées des clichés aimés de nos compatriotes, des œuvres exhalant un spécial parfum d'exotisme, tout un ensemble d'arts nouveaux ethnographiquement diversifiés — et je n'ai rien rencontré que d'insipides pasticheries de nos plus intrépides niaiseries parisiennes. Exception faite de tels très rares peintres anglais, italiens et septentrionaux, je n'ai trouvé que de bien plats imitateurs de nos platitudes. En tous les coins de l'univers triomphe notre art national.

Nagez, Chauvins et bons Patriotes, nagez en pleine allégresse ! Chantez le Péan ! Chantez *alleluia ! Io triumphe !* Chantez le *Te deum* des victoires ! La France tient sa revanche, sa glorieuse revanche ! Derechef elle a conquis le rang

prérogatif parmi les peuples civilisés et même parmi ceux qui
ne le sont pas... Et cela, claironnez-le, non point par la
force brutale, ni par les armes, mais par l'intelligence et le
travail, non pas à la pointe de la bayonnette, mais à la pointe
du pinceau. Nier n'est plus possible : l'art français, que dis-je ?
mieux que ça, l'art *officiel* français triomphe partout. Il est
devenu l'art du monde entier ! A moi, le lyrisme de M. Sarcey !
A moi, la prose vibrante de M. Vacquerie ! A moi, la muse de
M. Déroulède ! A moi, toutes les épithètes et toutes les métaphores de M. Reinach, pour célébrer cette grande victoire !
Io triumphe ! Io triumphe ! La tour Eiffel est le chandelier
de l'humanité ! La France est le biberon de l'Europe ! Et
Paris,

> *Oh ! Paris est la cité mère !*
> *Paris est le lieu solennel*
> *Où le tourbillon éphémère*
> *Tourne sur un centre éternel !*
> *Paris ? feu sombre ou pure étoile !*
> *Morne Isis couverte d'un voile !*
> *Araignée à l'immense toile*
> *Où se prennent les nations !*
> *Fontaine d'urnes obsédée !*
> *Mamelle sans cesse inondée*
> *Où pour se nourrir de l'Idée*
> *Viennent les générations !*

Oui, Paris est la cité mère ! Paris est la mamelle sans
cesse inondée ! Paris est le clairon de l'intelligence ! Paris est
tout cela, et bien autre chose encore, et j'accorde même que

> *Nul ne sait, question profonde,*
> *Ce que perdrait le bruit du monde*
> *Le jour où Paris se tairait !...*

§

Mais, maintenant que me voilà en règle avec ma conscience de citoyen, maintenant que j'ai sacrifié cet exorde dithyrambique sur l'autel de la Patrie, qu'il me soit permis de constater froidement les faits et de risquer, s'il y a lieu, quelques timides, oh ! bien timides restrictions.

Comme tout le monde, je suis allé visiter, au Champ-de-Mars, le Palais des Beaux-Arts, et, comme beaucoup, j'ai constaté que, n'étaient les indicatrices pancartes placardées sur les murailles, personne ne pourrait deviner que telle ou telle salle est spécialement consacrée à la peinture belge, à la peinture américaine, hollandaise, italienne ou grecque, plutôt qu'à la peinture de la rue Bonaparte, de Montparnasse ou des Batignolles.

Évidemment, la France triomphe. Partout, chez toutes les nations, l'influence de notre école officielle est visible. De tous les coins de l'Europe, voire de l'Amérique, on vient à Paris chercher la bonne parole, la dernière création de la saison. Autrefois, il n'en était ainsi que pour les modes de chapeaux ou la coupe des robes et corsages. Aujourd'hui, les artistes exotiques suivent l'exemple des chapeliers et des couturiers. Ils se croiraient déshonorés s'ils ne servaient à leurs compatriotes des produits identiques, absolument identiques, à ceux des grandes maisons Cabanel, Bouguereau, Meissonier et Cⁱᵉ. Évidemment ! évidemment la France triomphe !...

Eh bien ! se réjouisse qui voudra de ce triomphe-là, moi, je m'en afflige. Alors même que les étrangers viendraient nous emprunter ce que nous avons de bon en art (et cela n'est point), alors même qu'ils viendraient étudier les merveilleux secrets des Corot, des Manet, des Millet, des Puvis de Chavannes et des Claude Monet, alors même qu'ils ne viendraient imiter que nos plus incontestables maîtres et nos plus incontestables chefs-d'œuvre, je m'affligerais encore. Je m'affligerais, car, dès qu'il s'agit d'art, je ne hais rien tant que l'imitation, même lointaine et spirituelle, que la copie, que le pastiche, que l'abdication d'un cerveau devant un autre cerveau ; car, aussi, je ne puis imaginer un Corot, un Manet, un Millet, un Puvis de Chavannes ou un Monet pouvant peindre ailleurs que sous leur ciel natif les œuvres qu'il nous ont laissées. La vision, la technique, la manière de tel ou tel peintre (si ce peintre est destiné à compter dans la tradition) n'est jamais le résultat d'une fantaisie de hasard, mais la résultante fatale des diverses qualités natives constituant son tempérament et des diverses influences du milieu où il vit.

Lors donc que nous voyons des badigeonneurs habitant sous les plus exotiques latitudes accoucher de petits chefs-d'œuvre dans le goût de nos parisienneries courantes, ne devons-nous pas moins nous réjouir que hausser les épaules? Les malheureux, entraînés par un engouement grotesque, perdent, en abdiquant leur personnalité et en dédaignant le caractéristique esprit de leur terroir, l'originalité et la valeur artiste qu'ils avaient peut-être en eux. La France n'y gagne rien, que je sache. Leurs respectives patries non plus. Et, quant à l'art, il y perd, certes, beaucoup. Il y perd tout ce qu'auraient pu procréer d'intéressant des hommes auxquels la sincérité et, partant, l'originalité, étaient d'autant plus faciles qu'ils venaient en des pays neufs, où ne les gênaient nulles académies, nulles mauvaises influences, nuls préjugés commerciaux, nulles réfrigérantes traditions.

Mais, bah! je sais bien les sentiments de notre bon public.

La France triomphe ! Qu'importe l'art ! La Revanche ! La Revanche, par Meissonier et Bouguereau ! Les critiques d'art, sur pareille question, ne sont plus des critiques d'art, ce sont des énergumènes échappés de la feue Ligue des Patriotes... Il y en a beaucoup, sans doute, parmi eux, qui estiment, en l'extrême fonds de leur tréfonds, que cette influence des Meissonier, des Bouguereau et des Cabanel

n'est point une chose superlativement saine. Il y en a beaucoup qui pensent que c'est un bien dangereux virus que
s'injectent là, à plaisir, les peintres de tous les peuples soi-
disant civilisés. Il y en a beaucoup qui croient fermement cela
(car il ne faut point les faire passer pour plus idiots que
nature), mais qui sont heureux tout de même : virus si l'on
veut ! ce virus leur est cher ! C'est un virus national, un
virus français ! O mes chers Cœurs-bien-nés, cela est le
comble du patriotisme intelligent.

Pauvre Europe ! Quand tu seras irrémédiablement pourrie
par cette syphilis bouguereautesque et cabanélique ; quand le
vieux continent des Vinci, des Holbein et des Rembrandt sera
incurablement rongé par l'ulcère de la haute épicerie picturale, que ferons-nous, nous pauvres imbéciles d'un autre
âge, venus trop tard en un monde trop vieux, nous, qui
aurons conservé la ridicule croyance à la grandeur des choses
inutiles et l'absurde culte du beau ? Que ferons-nous ? J'ai
bien peur que nous ne soyons réduits à nous exiler loin, très
loin, à nous réfugier en ces lointains pays d'Orient, fermés
aux influences malsaines de l'Europe, en ces pays de lumière
et de génie où l'art a conservé l'intégrité de sa pureté origi-
nelle, au Japon, en Chine !

§

Au Japon ? en Chine ?... que dis-je ? Le vieux mal euro-
péen n'aura-t-il point alors pénétré jusque-là et pourri les
doigts des merveilleux artistes de ces grands empires ?

Aussi bien, n'a-t-il point déjà commencé son travail des-
tructeur ? N'existe-t-il point déjà à Yédo des académies de
dessin où les sous-ratés de notre École des Beaux-Arts prétendent enseigner, eux les misérables pions, châtrés de tout
talent et de tout sens artiste, l'ART, au peuple le plus exquisément et le plus profondément artiste, qui fut jamais ?

Et les Jésuites, il y a deux siècles ? N'avaient-ils point déjà tenté d'introduire en Chine les pseudo-merveilles de la peinture française ? N'avaient-ils point apporté de Paris, aux adorables potiers du Céleste-Empire, d'horribles modèles dessinés par quelques ineptes membres des académies d'alors ? Heureusement la céramique chinoise a su résister à ces impies tentatives. La période de production des vases dits *de la Compagnie des Indes* n'a été qu'une heure brève en l'histoire de cet art. Mais sans doute d'autres tentatives réussiront, et, dans quelque vingt ans, les manufactures de Pékin travailleront dans les Louisquinzeries avec la même perfection que la fabrique nationale de Sèvres !

Au reste, dans les provinces du Sud, soumises aujourd'hui à la France, l'influence de l'art français se fait sentir déjà très vivement. Allez à l'Exposition des Invalides, et regardez, par exemple, les meubles rapportés de là-bas. Vous verrez quel honteux mélange du Tonkin et du faubourg Saint-Antoine, quels grotesques accouplements de Bouddhas et de frontons d'armoire à glace, quelles ignominieuses incrustations de nacres annamites en des tables de nuit d'hôtel meublé ou des bidets de cocottes!...

Et surtout, n'oubliez point de jeter un coup d'œil en certain coin, certain petit coin, qui faillit me faire crever d'indignation, certain petit coin réservé à l'exposition *scolaire* coloniale. Vous y pourrez contempler des centaines de ces horribles petits *cahiers de dessin*, composés de modèles atroces et de pages blanches destinées à la copie de l'élève. Ces petits cahiers ont tous été remplis par des écoliers indigènes de là-bas. Eh ! oui, des pions patentés et diplômés, et payés très chers par le gouvernement, ont forcé, à coups de férules sans doute, les fils des grands artistes de ces pays, où tout le monde est artiste, à suer sur des roses-des-vents grotesques, sur des feuilles d'acanthe ignobles, sur des profils insensés, sur les plus baroques rinceaux, sur les plus monstrueuses volutes! Ils leur ont persuadé que c'était là l'élément de tout bon goût et de tout style, et que le grand art synthétique et symbolique d'Orient était... Oh ! incurable imbécillité !

Allons, encore un demi-siècle et l'art national de ces lointains empires ne sera plus qu'un souvenir, et M. Bing ne recevra plus de Chine ou du Japon que des vases avec *des naissances de Vénus* ou des éventails ornés de *charges de cuirassiers !*

Oui, mais ça sera la revanche intellectuelle de la France, vaincue par les armes !

26 mai 1889.

V

A PROPOS DES TROIS SALONS
de 1891

————

— Le Salon, Monsieur, est excellent cette année...

— Ne trouvez-vous pas, Madame, que le Salon est détestable ?...

— Il y a bien dix ans qu'on n'avait vu meilleur Salon...

— Mon cher, depuis dix ans, je n'ai pas vu de Salon plus mauvais que celui-ci...

— Le *niveau d'art* du Salon, Mademoiselle, me paraît s'être sensiblement élevé...

J'ai toujours, quant à moi, sincèrement admiré les gens péremptoires et, sans doute, compétents, qui, tous les renouveaux, au mois de mai, s'estimeraient d'incurables crétins s'ils n'avaient, devant leurs parents et amis, formulé, au moyen des sacramentels apophtegmes précités, une opinion générale et comparative sur la valeur des annuels étalages du Palais de l'Industrie et du Champ-de-Mars. Peut-être ne suis-je point assez subtil pour saisir ces nuances différentielles, peut-être manqué-je de l'esprit généralisateur qu'il faut ; quoi qu'il en soit, dussé-je être à jamais déshonoré par cette ingénue confession, je m'avoue tout à fait incapable de ces sortes de jugements, ayant toujours, avec candeur, professé que rien ne ressemble plus à un Salon qu'un autre Salon. Tous les articles qu'y déballent à jour convenu les négociants en badigeon ou glaise gâchée m'apparaissent, en effet, sans guère d'exceptions, fabriqués selon les identiquement mêmes procédés, pour les mêmes fins, à savoir la vente et les récompenses officielles, choses louables, peut-être, au point de vue de l'économie domestique et sociale, mais qui, à coup sûr, n'ont rien à faire avec l'art. De cette identité des procédés, de cette identité des préoccupations de tous les divers producteurs, doit nécessairement résulter une absolue ressemblance des divers articles entre eux, une absolue ressemblance des diverses expositions entre elles, une production commerciale éternellement égale à elle-même, et c'est pourquoi je me permets de penser qu'il est un peu extrêmement absurde de parler, à propos de ces choses immuablement nivelées et certes fort étrangères à l'art, du fameux « niveau d'art ».

Je sais bien qu'on me peut objecter que, parfois, quelques œuvres de réelle valeur, conçues et faites sans nul souci mercantile, peuvent, profitant d'une distraction du jury, s'égarer dans, comme l'on dit, cette galère. — Combien rares, pourtant, et combien noyées dans les flots d'articles de pur commerce ! — Ces œuvres, lorsqu'on les rencontre, il est loyal de les signaler, et j'essayerai de le faire, mais ne sont-elles pas insuffisantes à modifier l'aspect général d'une exposition dans laquelle elles ne sont que l'imprévu, que l'accident ? Il était donc bon, avant de commencer ces notes sur les Salons, de prévenir le lecteur qu'il n'y serait point question d'art, point d'artistes, mais simplement d'une industrie de luxe, très importante aujourd'hui, et dont l'étude ressortit davantage de l'économie politique que de l'esthétique. Elle compte pour beaucoup, malgré les prohibitions douanières créées par l'Amérique, dans le commerce d'exportation de notre pays, et c'est, je crois, une œuvre éminemment patriotique que d'étudier

sérieusement ses modes de fabrication et ses ingénieux produits, qui offrent, réfléchissez-y, plus d'une ressemblance avec
ce qu'on nomme *l'article de Paris.*

Lorsque nous voudrons reparler d'art (car, Dieu merci,
c'est encore possible aujourd'hui), nous ferons en sorte de
prendre autre chose que les Salons comme thème de conversation. Nous aurons soin de tourner un dos obstiné aux
géniaux négociants de ces foires un peu honteuses, et nous
irons plutôt vers les solitaires, vers les convaincus, qui travaillent dans le silence à la réalisation des idéaux rêvés, heureux des seules jouissances de l'art, dédaignant les gains illicites, les bêtes cajoleries de la plèbe, estimant que l'œuvre
d'art ne saurait être primée dans un concours comme un bétail gras ou un produit alimentaire. Alors, sans doute, au
quitter des banales hideurs, toujours les mêmes, toutes identiques, appendues aux murailles du Palais de l'Industrie ou
de tout autre bazar national, les chefs-d'œuvre d'un Degas,
d'un Cézanne, d'un Renoir, les rêves féeriques d'un Gustave
Moreau, les cauchemars horrifiants d'un Redon, les symboliques visions d'un Gauguin, les hallucinations diaboliques d'un Rops, les toiles rutilantes d'un Van Gogh, d'un
Monticelli, d'un Monet, d'un Pissarro, nous paraîtront plus
belles encore, d'un art encore plus pur, plus divinement irra-
diées...

Peut-être, en outre, resongerons-nous des grands noms qui
glorifieront ce siècle, des Corot, des Delacroix, des Millet,
des Courbet, des Manet, des Daumier, des Rousseau, eux
aussi bafoués par les jurys de jadis, ou, volontairement s'iso-
lant, s'éloignant des expositions et des concours, plus satisfaits du silencieux orgueil de leurs rêves et de leurs créations
que de tous les hochets honorifiques ou des gains réalisés...
Ah! pauvre public, pauvre incurable public, refuseras-tu donc
toujours l'aumône d'un regard aux travailleurs silencieux et
probes? T'obstineras-tu toujours à te ruer à la bruyante parade
des camelots bonimenteurs qui te promettent, au son de la

grosse caisse et des cymbales, des jouissances d'art garanties
bon teint, des jouissances d'art extra-pures? Au reste, comment, maintenant, serais-tu capable d'un peu de bon goût,
d'un peu de bon sens, d'un peu d'intelligence ? Sans doute tu
es, aujourd'hui, trop vieux, il y a trop longtemps que tu sa-
voures les mêmes produits frelatés, ton éducation artistique
est faite, irrévocablement faite, le Salon est devenu nécessaire.
à ton bonheur, et je ne crois plus guère que ton âme racornie,
que tes sens dépravés soient susceptibles, devant une œuvre,
même sublime, de frissonner à l'unisson du rêveur qui l'a
créée ! De temps en temps, je sais bien, il t'arrive, par faux
dilettantisme, par pose, par mode, par stupide dandysme,
de t'engouer d'un artiste véritable... mais combien rares
ces fantaisies, combien peu sincères, combien maladroite-
ment à contre-sens tes extasiements et tes louanges !...
Margaritas !... comme disent les professeurs de rhétorique...

Eh bien, puisqu'il en est ainsi, parlons donc, pour une
fois, de ce que tu aimes, de ce que tu aimes bien franchement, parlons du Salon — non point, pourtant, de la peinture au Salon, de la sculpture au Salon, mais, plus généralement, de la *peinture-pour-le-Salon*, de la *sculpture-
pour-le-Salon*. — Parlons de tes coutumiers et favoris et
adulés... artistes, si j'ose ainsi m'exprimer, avec toute l'indulgence, avec toute la considération possibles..... Car, je
l'avoue dès maintenant, il n'y a point que du mal à en dire.
Tous, sans exception, ils sont des gens de talent, de beaucoup
de talent, prodigieusement habiles, sachant à fond tous les
trucs de leur difficile métier. S'ils n'ont point d'âme, ils ont,
du moins, des doigts inimaginablement adroits, et s'ils
s'insoucient de cette insanité sublime qu'est, au XIXe siècle,
l'Art, ils n'en ont pas moins un idéal, pour lequel ils se
feraient tuer, l'idéal de M. Poirier : faire honneur à ses
affaires.

§

Ce qui frappe, tout d'abord, dès l'entrée en un Salon quelconque, c'est, avec la dépense vraiment extraordinaire d'habileté et de science technique, la prodigieuse *ressemblance* de
toutes les toiles entre elles, ressemblance qui va jusqu'à ce
point que, sans certaines singularisations superficielles destinées à servir d'enseignes et préméditées indépendamment du
reste de l'œuvre, ainsi que des marques de fabriques, on
pourrait, le plus souvent, déplacer, d'un tableau à l'autre, les
signatures, sans que nulle grande incohérence en résultât !
Jadis cette analogie des talents s'expliquait à peu près d'elle-
même, conséquence logique, nécessaire de prémisses sues. Le
Salon était presque exclusivement réservé aux peintres académiques et à leurs élèves. Tous avaient subi une éducation
commune, possédaient une commune conception de l'art,
étaient sursaturés des mêmes idées, usaient des mêmes formules, des mêmes procédés, professaient la même croyance
en l'infaillibilité d'un seul Idéal, qui était l'idéal fabriqué et
estampillé par l'École de Rome. Aujourd'hui, les Académiques
sont devenus, décidément, en minorité. Les salles du Palais
de l'Industrie ont été envahies par une foule d'artistes, jeunes,
ayant bruyamment rompu avec les antiques et officielles traditions, ne possédant nullement l'unité d'idée et d'instruction
technique de leurs prédécesseurs, et affichant et clamant très
haut leur prétention de réagir contre ces derniers. D'où vient
donc cette similitude de résultats procédant de causes qui
paraissent tant différentes ?

Ne serait-ce pas, tout simplement, que, malgré cette osten-
tatoire réaction contre le vieil art académique, les nouveaux
venus suivent des errements identiques à ceux de leurs aînés ?
Ils se figurent avoir affranchi le dessin et découvert la couleur, ils n'ont fait que remplacer, selon le joli mot de Boulanger, le casque par la casquette, et que proclamer l'indi-

gnité du bitume. Ils se sont bornés à changer de formules et
de mode ; ils n'ont point, ce qui serait la vraiment bonne
réaction, renoncé à toutes les formules, à toutes les modes, à
tous les Idéaux tout faits ; ils n'ont point su se contenter
d'interroger, oublieux de tout savoir et de toutes conventions, le profond de leur âme (au cas où ils auraient une
âme), ni en retirer, vivantes et palpitantes, des sensations
vraies, des émotions vraies, des idées, pour nous les montrer,
naïvement.

A quoi d'ailleurs cela leur eût-il servi ? Le public qui
admire, le public qui achète, le public qui sacre grand peintre
ne tient guère à toutes ces babioles. Il demande qu'on ait du
talent, tout simplement, et le talent pour lui c'est, ils le
savent bien, l'habileté, cette habileté prodigieuse des mains,
cette habileté de prestidigitateurs que tous possèdent presque
au même degré.

D'ailleurs, cette *sine qua non* habileté, nos roublards
industriels l'ont, en leurs ateliers, baptisée, vraiment maqui-
gnonneusement, d'un beau nom fort idoine certes à inspirer
un respect au bourgeois ; ils l'appellent : la Science.

— La science de l'impersonnel et du banal, sans doute !...
Ce mot-là est même le grand mot des artistes actuels — comme
ce fut, d'ailleurs, celui des Académiques. On s'en sert à tout
bout de phrase, pour assommer le piteux profane qui n'a
point la foi.

— La science !... Monsieur !... Mais la science ?... Alors
vous ne croyez pas qu'on ait besoin de science ?... Mais les
Maîtres, Monsieur... les Maîtres y croyaient, à la science !...
à la science !

Eh oui, les Maîtres croyaient à la science et, ce qui est
beaucoup mieux, ils la possédaient, et c'est pourquoi je ne
puis me persuader que nos modernes badigeonneurs tiennent
bien la vraie. Car, enfin, point n'est besoin d'être sorcier pour
distinguer la radicale dissemblance qui existe, à ce spécial
point de vue, entre nos petits bonshommes de maintenant et

les grands artistes d'autrefois. Prenez, par exemple, une
œuvre de Michel-Ange, une de Raphaël, une d'Holbein, une
de Rubens. Aurez-vous besoin de les longtemps étudier pour,
en chacune, discerner une science du dessin, de la couleur,
de la composition, également profonde, et pour, d'autre part,
constater que le dessin de chacune, que la couleur, la composition et le modelé de chacune sont essentiellement dissemblables ? Pourquoi ? Sans doute parce que, les uns et les
autres, ils ignorent cette hypothétique Perfection, soi-disant
absolue et incontingente, quasi-entité métaphysique inventée
par les peintres de Salon et qui serait LE Dessin, LA Couleur, etc., mais qu'en revanche ils possèdent, en dessin et
en couleur, une perfection pour ainsi dire *psychologique*,
c'est-à-dire très relative, très variable et très individuelle, —
résultante, ou plutôt *synthèse expressive* de toutes les
diverses spécialisations de leur âme propre.

Il n'existe donc point, ainsi que beaucoup veulent aujour-
d'hui le croire ou le faire croire, une science du dessin, une
science de la couleur, mais mille sciences du dessin et de la
couleur, de même que mille différentes âmes d'artistes, et ces
choses ne sont nullement des entités abstraites, unes, inva-
riables, au-dessus des contingences humaines, des lois préé-
tablies, qui peuvent s'étudier, comme les mathématiques,
dans les manuels et les écoles, et se traduire, *ad usum juven-
tutis*, en un certain nombre de formules schématiques éternellement vraies. Elles sont, en dernière analyse, des langa-
ges, tout autant que la parole articulée, puisqu'elles servent,
elles aussi, à la traduction de psychies. Comme le langage
articulé, elles ont des particularisations, échappant parfois au
vulgaire, mais intimes et profondes, particularisations résul-
tant de la différenciation des âmes d'artistes, de même que
les intonations et les expressions spéciales de chaque voix
résultent de la différenciation des larynx. Ce qui importe surtout dans l'œuvre d'un peintre, c'est la conservation de ces
diverses particularités du *naturel accent*, puisqu'elles seules

nous donnent, par correspondance, l'indispensable vibration de son âme d'artiste. Or, ce qu'on appelle aujourd'hui *être savant,* n'est-ce pas avoir perdu, par une opiniâtre étude, ces mêmes particularités d'accent ?

§

Aussi bien, doit-on s'étonner de cette universalité de fausse science marquant l'universelle banalité des sous-barbouilleurs dont s'enorgueillissent nos Salons ? Franchement, il faudrait ignorer comment se recrute cette formidable et encombrante armée de rapins et de rapines, d'année en année grossissante, et dont les doux-fleurantes sécrétions constituent l'ornement des palais prêtés par l'État ! Qu'on y songe un peu. Chaque jour des milliers de jeunes gens se découvrent l'irrésistible vocation de *la palette.* Les parents, loin de protester, comme les parents légendaires d'artistes, encouragent. C'est que le public se persuade de plus en plus que la peinture est *mieux* qu'un art, une sorte de négoce pas fatigant, n'exigeant pas des facultés de premier ordre, et incomparablement plus lucratif que la droguerie et la nouveauté. On sait, dans ce bon public, que les peintres vendent, assez facilement, au poids de l'or, leurs petites saletés, alors que les autres artistes, sculpteurs, poètes, musiciens, meurent souvent de faim à travailler d'un travail de forçats à des œuvres vaines et méprisées. On se chuchote, dans les arrière-boutiques, les cotes fantastiques des petites épinaleries des Meissonier, et des grandes saloperies des Bouguereau. Le M. Homais d'aujourd'hui ne trouve point assez d'encouragements lorsque son fils lui déclare « sa vocation », et des foules de petits Homais se mettent à étudier la technique du badigeonnage, et leurs papas de dire (j'ai entendu le mot) : — « Mon fils apprend, monsieur, à devenir artiste !... » Ils l'apprennent, en effet, ils l'apprennent si bien que tout le monde se déclare très satisfait des résultats qu'ils obtiennent. Regardez-les, au Salon, les petits Homais, tous les petits Homais !... Ont-ils assez de talent ! Ont-ils assez de science !... Ils connaissent tous les trucs, tous les procédés, tous les escamotages, toutes les ficelles, tous les moyens d'être génial sans génie, et même spirituel sans esprit !... Et ceci dit, comment maintenant s'étonner de la similitude de toutes les peintures exposées et de cette fameuse habileté qui se retrouve en toutes, toujours invariablement la même ? Soit plusieurs milliers de calicots, à aspirations artistiques, et pourvus, tous, d'intellects banaux comme des fours. Après quinze ou vingt ans d'études, devenus très habiles et très savants, pourquoi ces calicots seraient-ils moins banaux qu'au début? Les neuf dixièmes des peintres dont nous voyons les toiles au Salon sont-ils autre chose que les calicots en question ?...

§

Mais ce n'est point tout. Nos peintres de Salon se ressemblent parce qu'ils sont, à leur début, tous également doués de la même absence d'originalité et de la même absence de sens artiste, parce que, tous, ils arrivent par l'opiniâtre piochement des mêmes méthodes et des mêmes procédés, parce que, tous, ils poursuivent le même idéal commercial. Ceci est entendu, mais il pourrait se produire que, malgré cette nécessaire identité de fonds, qui est tout, il existât entre eux (ce qui serait peu, mais ce qui serait mieux que rien) une certaine dissemblance extérieure et de détail. Pour cela, il suffirait que chacun d'eux eût assez d'intelligence pour concevoir lui-même une quelconque idée à développer. Il n'en est rien.

Nos jeunes aussi bien que nos vieux calicots sont (et c'est là leur grande force, la vraie cause de leur succès) incapables d'avoir l'ombre d'une idée, et dans tout, jusque dans le choix du sujet, chose presque insignifiante, se contentent de faire ce que tous les calicots du monde considèrent comme le sum-

mum du bon goût : ILS SUIVENT LA MODE ! Or, la mode est au
joli — un *joli* qui n'est point de tous les siècles, un *joli* qui
peut être et qui est le plus souvent très laid, mais qui n'en
est pas moins le *joli* de maintenant. Définir cette chose complexe et subtile serait long. Peu de mots englobent autant
d'idées et d'actes hétérogènes. Je tenterai pourtant (n'ai-je
point promis d'étudier en détail la fabrication de l'article pour
Salon, et n'est-ce point là un des éléments les plus importants
de cette complexe industrie ?), je tenterai pourtant d'en montrer les plus saillants caractères.

Un des principaux consiste en un essai de fraude sur le
travail dépensé : l'œuvre doit donner la sensation d'une chose
faite sans effort, sans tâtonnement, du premier coup... Le
monsieur qui, avec une série de touches *cavalièrement*
jetées sur la toile, nous procure l'impression d'une chose
finie, aussi finie que les pignochages des vieux paysagistes
qui comptaient les feuilles, a fait du *joli,* et l'on dit autour
de lui :

— Quel *joli* talent ! Quelle patte ! Comme c'est brillant !
Comme c'est enlevé ! Comme c'est *joli !* Mon Dieu, comme
c'est *joli !*

Néanmoins, il en est d'autres qui arrivent au même résultat par le moyen contraire du pignochage, des brosses à deux
poils, et du microscope. Ceux-là, on les regarde à la loupe.
On s'extasie sur le poli et la politesse de leur badigeon (c'est
lisse comme une toile cirée), et, encore, les jolies femmes
s'exclament généralement :

— Comme c'est *joli !* Comme c'est distingué !

Le monsieur qui fait du *joli* pratique le blaireautage, parce
que c'est le signe de l'idéalisme en art, ou le couteau-palette,
parce que c'est l'indice d'un génie crâne, robuste, amoureux
des réalités solides. Il peint, d'accoutumée, dans les tons
clairs, parce que le bitume n'est plus à la mode, mais il évite
les brutalités de coloration qui dérouteraient le public. Il
aime les tons gris, ces tons ayant la réputation d'être d'une

finesse excessive. Lorsqu'il veut se poser en audacieux, en radical, en homme de progrès, il emploie de la laque violette. Toujours, le dessin, la coloration, l'effet, la composition doivent être impersonnels et veules, et cela parce qu'en regardant le tableau, le spectateur ne doit pas être frappé par le tableau, mais par le talent de l'artiste ; il ne doit pas dire : « Quel beau portrait ! Quel superbe paysage ! » mais : « Quel habile portraitiste !... Quel adroit paysagiste ! »

Quant au sujet, il importe peu, puisque tous les sujets peuvent être traités de façon à donner cette obligatoire impression de *joli*. Cependant, certains sont particulièrement favorables à cet aimable costumage : toutes les parisienneries, toutes les polissonneries, tous les faits-divers émouvants, tous les patriotiques pathétismes, toutes les sentimentalités, toutes les nudités de femmes, sont très recherchés. Quelquefois, au contraire, le peintre, afin de produire un effet d'étonnement, s'amuse à traiter une hideur. Mais, alors comme toujours, sa facture reste la même, aussi brillante, aussi spirituelle, aussi *jolie;* on devine que le motif ne lui a inspiré nulle émotion, nulle recherche profonde, et qu'il l'a choisi avec le seul désir de stupéfier, de scandaliser, ou, comme il dit, « d'épater » le public, — simple boulevardier développant, un sourire fat aux lèvres, quelque très ignoble paradoxe !

Le *joli*, on le voit, est, au fond, la négation de toute émotion personnelle, de toute sincérité, de toute recherche naïve, et l'affirmation d'une adresse extraordinaire des doigts. Il a beaucoup d'analogie avec le *chic*, tel que le définit Baudelaire : « Le *chic* peut se comparer au travail de ces maîtres « d'écriture, doués d'une bonne main et d'une bonne plume « taillée pour l'anglaise ou la coulée et qui savent tracer, « hardiment et les yeux fermés, en manière de paraphe, une « tête de Christ ou le Chapeau de l'Empereur ! » Cependant je préfère le mot : *joli,* parce que, dans les ateliers, le mot : *chic* a un sens trop étroit : « faire de chic » signifie faire sans modèle. Or la plupart de nos faiseurs de joli font joli même en se servant du modèle, ou plutôt en ayant un modèle sous les yeux. Car, en fait, ils s'en servent si peu et d'une si extraordinaire façon !...

§

Peut-être ne suffit-il point, en effet (bien qu'en pensent ces Messieurs du Salon), pour faire œuvre d'artiste, d'avoir un modèle sous les yeux et de le copier plus ou moins exactement, d'après des procédés et des formules dès longtemps appris, formules dont, en général, le but et le résultat sont de supprimer le caractère même du modèle et de l'envelopper des insignifiances de lignes et de couleurs qui constituent le banal idéal à la mode et la pseudo-perfection morphique de l'École. Une œuvre d'art n'est réellement œuvre d'art qu'à condition de refléter, ainsi qu'un miroir, *l'émotion psychologique* éprouvée par l'artiste devant la nature ou devant son Rêve. Cette émotion peut, à la dernière limite, n'être qu'une sensation pure : sensation d'un accord particulier de lignes, d'une symphonie déterminée de couleurs.

Mais, quelle qu'elle soit, elle doit exister dans l'artiste qui peint et elle doit être suggérée par le tableau. Je suis vraiment honteux d'avoir à répétailler des rengaines aussi banales, mais une simple visite au Salon vous convaincra combien ces sages conseils sont inutiles pour y faire œuvre de maître et y être sacré grand peintre. Regardez ces milliers de toiles les unes après les autres. Vous pourrez toujours constater cette habileté de tous, mais aussi la négation absolue de toute émotion esthétique. Vous *comprendrez,* vous ne *sentirez* pas les sujets traités.

Tant de talent et tant d'habileté pour cacher un tel vide d'idée et d'émotion vous fera peut-être, il est vrai, si vous n'êtes point M. Public, ce que je souhaite, regretter la chère naïveté des Primitifs, qui traduisaient, eux, comme ils pouvaient, avec une si touchante ignorance, une ignorance que, moi, j'appelle LA VRAIE SCIENCE, tant de grandes et de profondes psychologies !

§

Enfin — car il faut bien terminer ces notes d'un contestable intérêt — voici une dernière, et non des moins importantes, conditions de l'œuvre qui s'appelle d'art, au Salon : avoir une conception spéciale et d'ailleurs absolument fausse du réalisme, lequel consistera — que vous travailliez dans les modernités, l'histoire ou les mythologies — en une analyse autant que possible méticuleuse, en des essais d'illusionnisme, de trompe-l'œil, de décoration théâtrale, ou, si vous préférez, d'un mot, en cette stupide croyance que reproduire la nature servilement, par ses côtés les plus connus, c'est-à-dire les plus triviaux, c'est faire œuvre d'artiste. Les photographes auraient-ils donc quelque chose à démêler avec l'esthétique ? Quoi qu'il en soit, les conséquences de ce beau principe sont faciles à prévoir. C'est d'abord la constance d'un choix de sujets absolument inesthétiques, par haine des sujets dits pompiers, et dont la banalité n'est même pas relevée par l'interprétation, qui reste, je le répète, photographique. Essayez, si vous pouvez, de compter les faits-divers, les anecdotes de concierge, les jeux de mots de commis-voyageur, les batteries de cuisine serties en des cadres d'or, cette année. Et c'est aussi ces tentatives, dont je viens de parler, d'illusionnisme, de trompe-l'œil, de traduction de mouvements instantanés, impossibles et inutiles à la peinture, antinomie absolue de l'art véritable. Et c'est encore et surtout l'oubli complet du *style*, du vrai style, qui au fond n'est que *la compréhension de l'intellectualité des formes,* et qui est devenu impossible, d'abord par *l'oubli de toute synthèse* en art, et ensuite par cette croyance universelle que la composition et le dessin, s'apprenant dans des écoles et des manuels, ne sont point le résultat d'un travail déductif, très personnel, de l'esprit de l'artiste,

§

Telles, et en rien plus compliquées, les règles techniques
qui servent à la fabrication des mille admirables toiles-peintes
que nous pouvons, chaque année, contempler dans les Salons.
Les ouvrages des statuaires s'exécutent à peu près selon les
mêmes procédés, mais, *dans cette partie*, la concurrence est
moins âpre, les bénéfices étant, dit-on, moins considérables...

On comprendra, après ces considérations générales, que je
ne fasse point longue outre mesure la traditionnelle promenade parmi les chefs-d'œuvre des deux... que dis-je? des trois
Salons.

Aux Champs-Elysées : Voici tout d'abord le grand *clou :*
la *Mort de Babylone*, de Rochegrosse, une énorme tartine
très *talentueuse :* des nus, des raccourcis, des natures-
mortes, dans des architectures comme en font Rubé et Cha-
peron pour les féeries du Châtelet. — Quelle science ! quelle
science ! Puis voici la *Mort de Sardanapale,* de Chalon :
également des nus, dés raccourcis, des natures-mortes, dans
des architectures comme en font... — Pourquoi n'est-ce pas
du même? C'est égal, quelle science ! quelle science ! Et cette
Fin de l'épopée, de Rouffet, et ces *Cardinaux*, de Vibert, et
cette *Robe à paniers,* de Toudouze, et cette *Voûte d'acier*,
de J. P. Laurens, et ces *Déjeuners de chasseurs,* de Fouace,
et ces *je ne sais quoi* de Bouguereau, de Comerre, de B.
Constant, de Munckacsy, de Gérôme, de Bonnat, de Desgoffe,
de Delobbe, de Lefebvre, de Clairin !... Quelle science !!
Quelle science !!! De Henner, une *Pieta*, une *Pleureuse,*
mais ne les connaissions-nous pas depuis longtemps ? Les
Regains de Quignon, un *Sous bois* de Tanzi, des choses intéressantes de Wilhem Smith, L. Simon, Vounoh, Darien,
Chéca (quel malheur, Monsieur Chéca, que l'École des
Beaux-Arts ait prodigué ses douches réfrigérantes à votre

bolle fougue espagnole !), de Julien Dupré, Jules Breton, Virginie Demont, Mesplès, James Guthrie, Franc Lamy, II. Martin, Français, Fantin, Aman Jean, Harpignies, Lecomte de Nouy, Pierre Lagarde, etc.; un extraordinaire *Conseil municipal* de campagne, de Buland ; des sculptures de Falguière, Mercié, Cariès, Saulo, Henri Cross, Caïn, Mme Coutan, Savine, Mayer, Sinding, etc.

Au Champ de Mars. — Il convient d'abord de mentionner bien à part une demi-douzaine de ces artistes véritables qui, comme je le disais au début de ces notes, s'égarent parfois dans un salon, sans toutefois jamais en modifier la banale médiocrité d'ensemble. Voici Puvis de Chavannes avec l'*Été*, une page de poème admirable, et deux autres panneaux merveilleux ; Whistler avec un *Portrait de femme* d'une superbe distinction, et une *Marine ;* Carrière avec les *Portraits de Verlaine, de Daudet*, et quelques-unes de ces tendresses de rêve qu'il sait peindre ; Sysley, avec sept rutilants paysages ; Raffaelli, avec des paysages de banlieue et des bronzes ; Gauguin avec un bas-relief de bois sculpté et des grès émaillés. Et maintenant, quelques autres noms, en hâte : des ensoleillements toujours un peu farineux de Montenard, des portraits excentriques de Blanche, de Boldini, de Besnard (je préfère de ce dernier ses cartons de vitraux), des faux-Carrière d'Amand Breton, des portraits de Carolus Duran, Duez, Gandara, Marcelin Desboutin (*le Sar Péladan*), Stevens, Toulmouche (*horrible ! mort horrible !*), Roll, des chromolithographies de Delort, des photographies de Jean Béraud, un bon *Ernest Renan* d'Ary Renan, un excellent pastel d'Anquetin, un *Tombeau* de Bartholomé, une *Tricoteuse* de Baffier.

Et maintenant, au troisième Salon, au Salon des Refusés. Je ne m'y arrêterais point, malgré des morceaux intéressants d'Anquetin, de Lautrec, de Léon Fauché, si je ne m'y étais, avec une joyeuse surprise, heurté aux œuvres étranges et, dans la bonne acception du mot, magistrales d'un peintre dont j'ignorais jusqu'au nom, qui, d'ailleurs, m'a-t-on dit, expose pour la première fois en France, M. Henry de Groux. Le *Meurtre*, le *Pendu*, l'*Assassiné*, et surtout cette cauchemardante vision des *Traînards* dévalisant un champ de bataille. Ces pages terrifiantes, qui font songer à un Delacroix fou-furieux, à un Goya ivre, à un Caravage sanguinolent, m'ont paru révéler un artiste très à part et vraiment, si grosse que soit cette assertion, de génie.

LIVRE IV

MÉLANGES

Page d'album de G.-ALBERT AURIER.

IRENÉE (1)

ACTE PREMIER

Sous un ciel impossiblement rose, c'est une plaine d'é-
glogue, se déroulant jusqu'aux collines bleues de l'hori-
zon, une plaine où, parmi des prairies constellées de
fleurs fabuleuses et parmi de petites mystérieuses forêts
de cytises et de lauriers-roses, glissent des ruisseaux,
comme des serpents d'argent qui gazouilleraient. Sur le
talus d'un chemin creux, parmi des floraisons de tapisse-
rie héraldique, est assis un enfant miraculeusement beau.
De longs cheveux blonds et bouclés tombent sur ses épau-
les, et ses gestes et ses vêtements équivoques font qu'on
hésite indéfiniment à se prononcer sur son sexe. C'est
Irénée, dernier épanouissement de cette lignée singulière
et ancienne dont l'origine, dit-on, remonte à ce soir
d'amour où, dans les mystérieux parcs de Mytylène,
l'orgueilleuse Sapho, affolée par de mâles chansons jus-
qu'alors inentendues, s'abandonna aux caresses d'Orphée
déguisé en prêtresse d'Aphrodite. Des papillons voltigent
autour de l'enfant. Il parle, comme en rêve.

IRÉNÉE

Ainsi que dans le cœur des lys les coccinelles,
Moi, j'ai grandi parmi des jupes maternelles

---

(1) Pièce inachevée et qui devait avoir plusieurs actes. Le premier
est à peu près complet tel qu'il est ici donné, mais la rédaction n'en
paraît pas définitive. — D'ailleurs, toute cette partie du volume (*Mé-*
langes), même dans les morceaux complets, est composée sur des
manuscrits qui ne sont pour ainsi dire que des notes.

Et parmi des blancheurs de linons ingénus,
Et, depuis toujours, pâle et virginal, je n'eus,
Pour rafraîchir ma tête et ma jeunesse amères,
Que des genoux de sœurs et que des doigts de mères !...
Elles avaient, mes sœurs, des gestes de douceur
Et baisaient mes cheveux en m'appelant leur sœur...
Oh ! les rubans d'alors, les fleurs et les malines,
Et les volants à nos jupes de mousselines !
Hélas ! je ne sais plus, depuis que j'ai grandi,
Par quoi vous remplacer, ô robes d'organdi !...
Je suis, comme le dit ma marraine, la Fée,
Une petite fille avec l'âme d'Orphée.
Ah ! qui donc m'apprendra s'il me faut, quand je cours,
Des culottes de page ou bien des jupons courts,
Et si je dois choisir le sabre qui se rouille
Au paternel trophée, ou choisir la quenouille !...
Malgré mes quinze avrils, hélas ! j'ignore encor
De quel sexe est mon âme et quel sexe a mon corps,
Et j'ai souvent pleuré, quand la malice aiguë
D'un passant commentait ma tunique ambiguë !...
Mais, telle une héroïne ignorant les dangers,
Maintenant, couronné de lys et d'orangers,
Je vagabonde, en égrenant, comme des perles,
De candides chansons qu'accompagnent les merles,
Et je baigne mes pieds au gazouillis moqueur
De cristallins ruisseaux aussi purs que mon cœur.
Je vis dans les parfums des fleurs et les murmures
Des ramures. Je sais tous les buissons aux mûres,
Et les sentiers du bois où passent les chevreuils
Dans le concert des rossignols et des bouvreuils,
Et les miels enfouis au profond des cellules,
Et les calmes étangs aimés des libellules...
Maintenant, je me ris des gens de la cité
Qui raillent ma candeur et ma simplicité :
« Ganymède charmant, me veux-tu pour amante ?

« Me veux-tu pour amant, ma belle Bradamante?
« Nos baisers valent bien tes rêves nuageux !... »
Ah ! Je n'ai jamais vu frémir un flanc neigeux
De jeune amant, au fond d'une lascive alcôve,
Et dans le Léthé de sa chevelure fauve
Je n'ai jamais baigné ma tête, ni mes mains !...
J'ignore quels beaux lys, j'ignore quels jasmins,
J'ignore quelle rose ineffable dérobe,
Femmes, le tabernacle adoré de vos robes,
Et, jamais, devant moi, le vent n'a sur les ponts,
Plus haut que le genou soulevé vos jupons.

*(Irénée, tout à coup, se tait, regardant d'un œil étonné
l'Archange qui chevauche la Chimère, apparu sur la lisière
d'un prochain bois de cytises et de lauriers-roses. Vers
lui, l'Archange assis sur le dos de la bête fabuleuse, qui
volette doucement, s'avance, avec des gestes d'indulgence,
sa légère robe d'azur traînant jusque parmi les fleurs.)*

L'ARCHANGE *qui chevauche la Chimère.*

Enfant ! Regarde au loin : la mer est d'argyrose,
Les bois sont pleins de blonds parfums, le ciel est rose,
Des papillons dorés volent dans tes cheveux !...
Ne t'inspiré-je point les chansons que tu veux ?
Ta gorge a les accents étranges des voix d'anges;
Tu rends jaloux les rossignols et les mésanges;
La Source a des sanglots plus tendres et plus longs
Quand s'y baigne ton corps virginal d'Apollon,
Ton cœur est plein d'azur, de fleurs et de bruits d'ailes,
Et les Nymphes, souvent, t'ont pris pour l'une d'elles.
Quand tu veux y courir, les bois sont toujours verts,
Et tes yeux font fleurir les lilas en hiver!...
Mais, Enfant, garde-toi des frelons de luxure!
Garde-toi des frelons aux brûlantes blessures!
Garde-toi de l'essaim assassin des frelons
Qui bourdonnent autour de tes beaux cheveux blonds!

Les néfastes frelons, les maléfiques mouches,
Ne les attire point par le miel de ta bouche,
Ni par les lueurs de tes yeux éblouissants!...
Car leur langue enflammée incendierait ton sang!
Ton corps se couvrirait de pustules et d'aphtes!
Tes veines charieraient du pétrole et du naphte
Incandescents! Et tu verrais les froids autans
Sous la neige engloutir tes éternels printemps!...
Garde-toi des frelons aux brûlantes blessures,
Chaste enfant, garde-toi des frelons de luxure!...

IRÉNÉE

Seigneur! Mourrai-je donc sans qu'on m'ait révélé
Les frissonnantes fleurs dont beaucoup m'ont parlé?
Des roses! Je voudrais connaître d'autres roses!

L'ARCHANGE *qui chevauche la Chimère.*

Des pleurs amers! Enfant! Et des heures moroses!
Et des nuits de sanglots! Et du givre au cheveux!
Et des ronces au cœur! Voilà ce que tu veux!
Le Savoir est un puits aux murailles moisies,
Et l'Ignorance a la saveur des ambroisies!...
Reste innocent! Reste ignorant et virginal,
Le front baigné dans tes soleils de germinal!
Le Savoir est un puits sombre comme une tombe
Où l'on ne descend point, pauvre enfant, où l'on tombe!

IRÉNÉE

J'ai trop chanté.

L'ARCHANGE *qui chevauche la Chimère.*

Je me disais quand tu naquis :
Voilà l'invulnérable et voilà celui qui,
Gardé par le haubert de son sexe angélique,
Ne craindra point la gueule obscure et famélique

De la Sphinge cruelle, et celui dont le rein
Ne quittera jamais la ceinture d'airain,
Et celui dont les doigts fleuris du lys des Anges
Repousseront toujours tes néfastes oranges,
O Serpent de l'Éden !

IRÉNÉE

En voyant mes seins nus,
Ce matin, j'ai senti des frissons inconnus...

L'ARCHANGE *qui chevauche la Chimère.*

Alors, c'est bien fini ! Lamentable Irénée !
Tu n'échapperas point à cette destinée
De malheur, toi non plus ! Ah ! sans doute, elle vient
La Déesse aux baisers néfastes qui détient
L'amour, la mort ! Vois ! Elle vient, accompagnée
Du maléfique Hermès qui répand à poignée
Le froment du Savoir, germinant en moissons
D'angoisses et de pleurs !... Et tes belles chansons,
Enfant... et tes printemps, et ton âme ravie,
Et l'azur, et les fleurs qui fleurissaient ta vie,
Et ton sourire... ah ! tout cela se fanera
Au brasier de la bouche qu' e baisera !...
Adieu ! Pardonne au dur ami qui prophétise.
Moi, je vais te pleurer dans ce bois de cytises !...
(*Il disparaît. Irénée continue à rêver, peu à peu s'hallu-
cinant.*)

IRÉNÉE

Oh ! sa voix ! Oh ! son verbe étrange et musical !
Ses monitoires doux de prophète amical !...
Sans doute elle a dit vrai cette parole amère
Du bel Archange qui chevauche la Chimère !...
Mon cœur est plein d'inconnus frissons et d'émoi...
Je sens que quelqu'un va venir se fondre en moi...

J'ai peur... Il vient... J'ai peur... C'est le vent dans les saules.
J'étouffe!... Il vient... Le ciel pèse sur mes épaules...
Je le sens caché, là, m'épiant, entendant
Frémir mon dos, battre mon cœur, claquer mes dents !...
Où me cacher ?... Sans doute, ainsi qu'une panthère,
Il va bondir... Je roulerai sous lui, par terre,
Ensanglanté. Je tremble... Oh ! Je le vois... Ici,
Derrière ces lauriers... Il approche...

(*Irénée, dans son délire, s'est levé. Tout à coup, il aper-*
çoit deux personnages qui surgissent, encore lointains,
d'une touffe de lauriers-roses. Un cri d'indicible angoisse
lui monte à la gorge.)

IRÉNÉE

Ah ! le voici !...

(*Il tombe évanoui, sur le dos, les bras en croix, parmi*
les fleurs. Les deux personnages apparus n'ont pas vu
cette scène. Ce sont le professeur Cubitus et sa fille Bri-
séis. Ils s'avancent vers Irénée. La jeune et belle Briséis
a des robes à papiers couleur gorge de pigeon, des che-
veux blonds qui flottent dans le dos, un chapeau de ber-
gère fleuri et enrubanné. Elle porte en sautoir une boîte
verte d'herborisation. Le professeur Cubitus a des bas
chinés et une culotte puce. Ses lunettes sont en corne et
rondes. Des livres et des papiers sortent de toutes ses po-
ches. Il parle en montrant à sa fille une plante qu'il tient
dans sa main gauche, tandis que gesticule doctoralement
sa main droite armée d'un filet à papillons.)

LE PROFESSEUR CUBITUS

Maintenant, Briséis, je veux que tu me donnes
La définition du mot : cotylédones.

BRISÉIS

Oui, papa. Par ce mot joli, nous entendons
Les plantes dont la graine a des cotylédons :

LE PROFESSEUR CUBITUS

Très bien ! Et maintenant il faut que tu me donnes
La définition des dicotylédones.

BRISÉIS

Les plantes dont la graine a deux cotylédons.

LE PROFESSEUR CUBITUS

Très bien, enfant ! Et qu'est-ce que nous entendons
Par ces deux mots qui si gentiment digdindonnent :
Monocotylédone et acotylédone ?

BRISÉIS

Les acotylédones sont les plantes dont
La semence n'a point un seul cotylédon,
La nature ayant fait avec elles mal-donne !...
Quant aux plantes qu'on dit monocotylédones,
Ce sont celles à qui le bon Dieu ne fit don,
Peu généreusement, que d'un cotylédon !...

LE PROFESSEUR CUBITUS

Très bien, ma Briséis ! Très bien, ma fille unique !
Ton père est satisfait : tu sais ta botanique
Comme un ange...
(*Il butte sur le corps d'Irénée évanoui, et bondit en arrière
    avec un geste d'épouvante.*)

LE PROFESSEUR CUBITUS

            Ah ! mon Dieu ! Qu'est-ce que c'est que ça?
(*Briséis se penche sur le corps d'Irénée évanoui; d'une
    main elle retrousse, comme pour éviter une souillure,
    sa robe à paniers couleur gorge de pigeon, de l'autre
    elle pince, avec dégoût, son joli nez retroussé.*)

BRISÉIS

Sans doute, un jeune vagabond qui trépassa
De faim, sur le chemin... Fuyons, car j'abomine
Les morts...

LE PROFESSEUR CUBITUS, *s'approchant à son tour*.

Vois donc! C'est un enfant de bonne mine.
Il vit peut-être encor...

BRISÉIS

Il a les bras en croix
Et déjà, même, épand une certaine odeur, je crois...
(*Elle le touche au front du bout du doigt.*)

BRISÉIS

Pourtant! La bouche est rose et la prunelle brille...
Il est joli garçon...

LE PROFESSEUR CUBITUS

Oui, mais c'est une fille!
(*Il s'accroupit près d'Irénée et lui délace sa tunique.*)

BRISÉIS

Pauvre jeune garçon! Quel féroce assassin...

LE PROFESSEUR CUBITUS

Pauvre fille!... — Elle vit! J'entends battre son sein...

BRISÉIS

Oh! les fils qu'on arrache aux caresses des mères
Trop tôt!...

LE PROFESSEUR CUBITUS

Elle est fort jeune et ses glandes mammaires
N'ont point encore acquis grand développement.
Elle n'a pas plus de quinze ans, certainement!...

BRISÉIS

Ah! papa, qu'il est beau! Je me sens tout émue...
(*Briséis évente les tempes d'Irénée avec son chapeau de
bergère.*)

LE PROFESSEUR CUBITUS

Vois, Briséis... Elle est sauvée... Elle remue...

BRISÉIS

Il est sauvé, papa!...

LE PROFESSEUR CUBITUS

Tâche de soutenir
Son front qui penche...

IRÉNÉE, *revenant à lui.*

Es-tu le Sphinx qui doit venir,
Ou bien es-tu la Sphinge aux mamelles de flamme
Qui fera frissonner ainsi qu'une oriflamme
La pourpre de mon âme?...

BRISÉIS

Papa, qu'est-ce qu'il dit?

IRÉNÉE

Es-tu le monstre aimé que l'Archange a maudit?
Es-tu l'Hermès fatal qui doit briser ma lyre,
Qui doit faner mes lys?...

LE PROFESSEUR CUBITUS

Je crois qu'elle délire.
Il faut la faire boire... Allons, Briséis, cours
Au village voisin demander le secours
De quelque verre d'eau pour éteindre sa fièvre.

BRISÉIS

J'y vole ! Quand je veux, j'ai des jambes de lièvre !...
(*Briséis disparaît en sautillant sur ses bottines de satin à
    hauts talons.*)

LE PROFESSEUR CUBITUS, *à part, regardant Irénée.*

Enfin, seuls ! Je ne la crois pas d'une vertu
Bien farouche...
(*Il s'agenouille devant Irénée et lui prend la main, qu'il
    porte à ses lèvres.*)

LE PROFESSEUR CUBITUS

Hé ! petite !

IRÉNÉE

Encor toi ! Que veux-tu
Donc ? et qui donc es-tu ? Viens-tu du Labyrinthe ?
Es-tu le monstre aux yeux de flamme dont l'étreinte
Desséchera les fleurs et les lacs de mon cœur ?...
Es-tu la bacchante ivre dont le pied vainqueur
Piétinera les lys de mes chastes délices ?
Portes-tu dans tes mains les vénéneux calices,
Et la gerbe de chanvre, et le bleu datura,
Et l'œnanthe, et l'orchis, et la fleur qui tuera
L'Ange endormi sous l'olivier de la colline ?
As-tu les pieds de bouc ? As-tu la javeline
Torse ? As-tu les seins d'Ève et les bras de Caïn ?
As-tu la coupe d'or ou la verge d'airain ?
Es-tu Celle, ou Celui, dont les chaudes caresses
Comme un brasier feront bouillir l'or de mes tresses ?
Es-tu le Stryge aimé, le Griffon ravisseur ?...

LE PROFESSEUR CUBITUS

Non, ma petite, non !... Je suis le professeur
Cubitus.

IRÉNÉE

Les lauriers frissonnent de bruits d'ailes :
Ah! parmi les iris, parmi les asphodèles,
Bel initiateur, couchons-nous, le veux-tu?

LE PROFESSEUR CUBITUS, *à part.*

Tiens! tiens !... Je disais bien : elle est d'une vertu
Peu sauvage !... Essayons...

                          (*A Irénée.*)
                          Ne veux-tu me permettre,
Belle dont la bouche est une fraise, de mettre
Un baiser sur ta lèvre... Ah ! mignonne, tu sens
La rose à peine éclose et la myrrhe et l'encens...
Ta jeune chair m'enivre... — Oh ! petite farouche,
Ne me repousse pas, je veux baiser ta bouche,
Je veux mordre tes seins, tes petits seins...

IRÉNÉE
                          Non ! Dis
Si tu m'entrouvriras de nouveaux paradis;
Si, par-delà la mer à la croupe azurée,
Tu pourras m'emporter jusqu'au rouge Empyrée,
Où les amants, entrelacés et ceints de fleurs,
Baignent leurs corps brûlants dans des fleuves de pleurs,
Où, livrant leurs flancs nus aux noirs boas des jungles,
Les vierges, en hurlant, déchirent de leurs ongles
Leur poitrine saignante, et d'un geste vainqueur
Arrachent les lambeaux pantelants de leur cœur,
Pour donner en pâture aux lubriques reptiles!
Dis-moi si tu connais les caresses subtiles
Et la thaumaturgie indispensable pour
Me ravir dans ce ciel du formidable amour ?
Es-tu celui qui deviendra mon nouveau guide?
Ah! je suis lasse, ami, de cet Éden candide
Où, depuis quinze avrils, je cueille des moissons

De roses et de lys!... Et lasse des chansons
Qu'on chante dans les bois de lauriers et d'yeuses !...
Ah ! lasse de chanter les chansons merveilleuses
Qui montent de mon cœur, de l'aube jusqu'au soir,
Comme monte le pur encens d'un encensoir !...
D'autres ciels! D'autres ciels ! Comme les hirondelles
Je veux voler ailleurs ! Ah! donne-moi des ailes,
Ami!... Je planerai sur l'océan qui gronde
Et j'irai visiter l'autre face du monde ;
Et tant pis si là-bas les fleuves sont amers,
Si l'ouragan mugit sur de sanglantes mers,
Si les bois sont peuplés de panthères et d'onces
Et le sol hérissé de chardons et de ronces!...
Je suis si lasse, ami, du monotone azur,
Si lasse des ruisseaux au murmure trop pur,
Et si lasse des fleurs aux trop blanches corolles !...
Ma tête ne peut plus porter son auréole,
Et je sens s'exhaler l'haleine du Malin,
Comme un souffle de feu, sous ma robe de lin !...
Aussi, j'accueillerai sans pleurs, sans anathème,
Celui qui doit venir me donner le baptême
D'amour, en me serrant entre ses bras divins!
Approche donc ta chair, si c'est toi!... Si tu viens
Pour ces choses, ami, partage donc ma couche
De fleurs : je collerai ma bouche sur ta bouche;
Je presserai mon petit corps tout pantelant
Contre ton corps! Des baisers longs, des baisers lents,
Des baisers chauds, des baisers tels que j'en soupçonne
Parfois en rêve, ami, je veux que tu m'en donnes
A m'en faire hurler de bonheur et d'amour!...
Allons ! en selle! allons ! mon beau Cavalcadour!
Ta cavale hennit de l'infini du monde :
Allons ! saisis les crins de ta cavale blonde
Et bondis sur sa croupe, et plante jusqu'au sang
Ton long éperon d'or dans son flanc frémissant!...

Au-dessus des forêts, des monts, des mers, des voiles,
Guidée, ami, par toi, vers les rouges étoiles,
L'écume aux dents, je veux bondir en galops fous !...
J'obéirai docilement à tes genoux,
Si tu peux me conduire aux fabuleuses grèves
Qui surgirent souvent dans la mer de mes rêves !
Ne veux-tu point ? — Malgré les menaces des dieux,
Avec toi, je veux fuir loin des fastidieux
Avrils de ces jardins immuablement roses.
Je veux boire à ta lèvre les métamorphoses
Prédites par l'Archange aux paroles de miel !...
Ah ! tes baisers seront la clef d'un nouveau ciel !
Viens, ami ! Baise-moi ! Laisse mordre ta bouche
Par ma bouche ! Je veux une étreinte farouche !...
Les ongles dans mes flancs et les dents dans mon sein,
Fais vibrer tout mon corps ainsi qu'un clavecin.
Baise-moi ! Mets-moi nue ! Arrache ma chemise
De vierge ! Je suis ton esclave soumise !
Prends-moi ! Veux-tu ?

LE PROFESSEUR CUBITUS, *à part.*

   Diable ! Eh ! eh ! Diable ! Apparemment,
La petite mâtine a du tempérament
Ou bien je n'y connais plus rien ! Quelle hystérique !
Tâchons de profiter de sa fièvre lubrique,
En vieux routier !

     (A *Irénée.*)
   Écoute-moi, mignonne. Quand
Je sens ta chair, mon cœur se transforme en volcan !
Ton corps est sans pareil et ta grâce est unique !
Laisse-moi dégrafer ta candide tunique
Et caresser tes seins !... tes jolis petits seins !...
Laisse faire !... Je suis expert en doux larcins...
Entends battre mon cœur, vois comme mon œil flambe
Au frôler de ta chair, de ton sein, de ta jambe,

De ta cuisse d'onyx !... Laisse jouer mes doigts !...
Sens-tu? Ma main se glisse...

IRÉNÉE, le repoussant.

                        Oh ! que tes doigts sont froids !...
Oh ! non !... Je ne veux plus !... Arrête !... Je devine
Que tu n'es point celui dont la bouche divine
Constellera mon ciel de soleils inconnus !
Non ! Cesse !... Ote tes doigts glacés de mes flancs nus !
Ah ! je n'avais point vu ton visage faunesque
Et ridé de vieillard !... Réponds, suborneur, qu'est-ce que
Un froid baiser de toi peut valoir pour l'enfant
Virginal que je suis ?... Et mon corps triomphant
Et ma chair dont ta chair de Satyre s'enivre,
Qu'as-tu pour les payer, vieillard au doigt de givre ?...

LE PROFESSEUR CUBITUS, à part.

Ah ! très bien ! Je comprends !... Je comprends même trop !
(A Irénée.)
Tiens ! petite, voilà mon cadeau...
(Il lui tend une bourse pleine d'or, qu'Irénée repousse avec
    dégoût.)

IRÉNÉE

                        Vieux salop !...

(Il lui donne un soufflet.)

LE PROFESSEUR CUBITUS

Oh ! là ! là ! Quel soufflet à trente-six chandelles !

IRÉNÉE

Voyons ! Ote tes mains !... ou...

LE PROFESSEUR CUBITUS

                        Quelle citadelle
Imprenable !... Allons...,

IRÉNÉE, *lui donnant un deuxième soufflet.*

Tiens!...

LE PROFESSEUR CUBITUS

                    Un autre! Quel affront!
Le second dont ma race ait vu rougir son front!
Tant pis! Je finirai néanmoins le poème.

IRÉNÉE, *se débattant.*

Veux-tu cesser?...

LE PROFESSEUR CUBITUS

Non!

IRÉNÉE, *lui donnant un autre soufflet.*

Tiens!

LE PROFESSEUR CUBITUS

                    Encore un! Le troisième
Dont ma race... Ah! partons! Il pleut trop de soufflets
Dans ce pays!... J'en ai l'œil et le nez enflés!...
Je te repincerai, va, petite bécasse!...

IRÉNÉE

Et moi, je te regiflerai, vieille carcasse!
(*Le professeur Cubitus s'éloigne en tamponnant son œil
avec un mouchoir. Irénée s'agenouille parmi les fleurs,
et, les mains jointes, les yeux au ciel, se met à prier.*)

IRÉNÉE

Sainte Vierge Marie! Étoile du matin!
Douce mère de Dieu! Sainte Vierge Marie!
Blanche reine du Ciel! Torche dans l'Incertain!
Rose mystique! Arche d'argent! Ame fleurie!
Douce mère de Dieu! Sainte Vierge Marie!

Vous avez protégé ma jeune chasteté!
Soyez cent fois bénie entre toutes les femmes!
Grâce à vous j'ai vaincu le Démon détesté
Qui moissonne les lys, qui moissonne les âmes!
Soyez cent fois bénie entre toutes les femmes!...

Reine des Chérubins! Astre matutinal!...
Je baise vos pieds purs et vos mains protectrices!
Ah! protégez encor votre enfant virginal
De l'éternel serpent aux ruses tentatrices!
Je baise vos pieds purs et vos mains protectrices.

Sainte Vierge Marie! Étoile du matin!
Douce mère de Dieu! Sainte Vierge Marie!
Blanche reine du Ciel! Torche dans l'Incertain!
Rose mystique! Arche d'argent! Ame fleurie!
Douce mère de Dieu! Sainte Vierge Marie!...

(*Un énorme bouc noir, qui s'avançait en broutant, vient
    heurter du front Irénée agenouillé, qui tressaute de
    frayeur.*)
Oh! quelle peur! J'ai cru voir surgir le Malin!...
Ma chair en a mouillé ma tunique de lin!...
Heureusement pour moi, ce monstre épouvantable
N'est qu'un vieux bouc, sans doute échappé d'une étable.
                    (*Au bouc.*)
Bouc, je te donnerai des roses à brouter,
Des roses et des lys, si tu veux m'emporter
Sur ton échine noire aux fabuleuses grèves
Que depuis bien longtemps je rêve dans mes rêves!
Es-tu celui par qui doivent être accomplis
Les destins?... Mange donc des roses et des lys!
(*Le bouc commence de brouter les roses et les lys que lui
    tend Irénée. Tout à coup, l'Archange qui chevauche la
    Chimère apparaît dans le ciel. Il tourbillonne un ins-*

tant dans l'espace et vient s'abattre doucement à quel-
ques pas d'Irénée.)

L'ARCHANGE *qui chevauche la Chimère.*

Malheureux! Ne crains-tu l'écroulement du monde!...
C'est un péché que de donner au bouc immonde
Des roses et des lys virginaux à brouter!
Hélas! ne veux-tu plus, pauvre enfant, écouter
Les exhortations plus sévères qu'amères
Du bel Archange qui chevauche la Chimère?

IRÉNÉE, *chassant le bouc.*

Est-ce donc un péché? Seigneur, je n'ai péché
Que par mon ignorance, et je n'ai point cherché
La rouge volupté du crime pour le crime!...
Mais écoutez, Seigneur. C'est en vain que s'escrime
Ma pauvre âme ingénue et ma naïveté
Contre les pièges noirs du Malin redouté.
Je suis trop ignorant pour lutter d'artifices
Avec ce savant maître en rétors maléfices :
Archange! Pour lutter contre l'Archange noir
Donnez-moi la cuirasse épaisse du Savoir!

L'ARCHANGE *qui chevauche la Chimère.*

Ta prière est encor, pauvre enfant, un blasphème!
Sache que le Savoir est le péché suprême,
Sache que le Savoir est le péché mortel
Qui fait saigner le ciel et s'écrouler l'autel,
Le seul péché, de tous, qui s'accomplit sans joie!...
Pitoyable Irénée! Ah! lamentable proie
Du Démon! Je prévois que le gouffre infernal
Va bientôt engloutir ton passé virginal!
Ah! pourquoi donc ainsi pencher ta tête blonde
Sur ce cratère affreux où tant de lave gronde?

Que ne vas-tu plutôt gambader dans les bois?...
Bondis parmi les fleurs! Cours les papillons! Bois
La crainte de toi-même en la fraîcheur des sources...

IRÉNÉE

Seigneur! N'êtes-vous pas mes suprêmes ressources?
Le démon est partout, Seigneur! Pour l'éviter,
Dites, que faut-il faire?

L'ARCHANGE *qui chevauche la Chimère.*

Enfant, il faut chanter!...
Il faut chanter toujours, enfant!... Celui qui chante
N'écoutera jamais la parole méchante
Que le Démon susurre au profond de son cœur!
Celui qui chante, enfant, est sûr d'être vainqueur
De l'hydre du péché!... Allons! reprends ta lyre!

IRÉNÉE

Je ne peux plus!... Hélas! pourquoi ne sais-je lire
Dans les livres, ainsi que le savent mes sœurs?...
Vous étendez vers moi vos deux bras flétrisseurs
Et vous me menacez d'ineffables désastres...
Que ne m'apprenez-vous plutôt le nom des astres,
Le nom des fleurs, le nom des chiffres, et comment
On enlace le corps frémissant d'un amant.
Je serais brave, ainsi, sans peur, sans défiance...

L'ARCHANGE *qui chevauche la Chimère.*

Celui qui ne sait pas a toute la science.
L'Ignorant marche accompagné de mille beaux
Séraphins, qui, portant les célestes flambeaux,
Illuminent pour lui la périlleuse route
Et mettent les chacals de l'erreur en déroute :
Le front nimbé par les purs feux des vérités,
Il marche dans la joie et parmi les clartés

De la communion aux choses éternelles,
Tandis que le savant s'est brûlé les prunelles
A scruter de trop près la flamme du flambeau,
Tandis que le savant gémit dans le tombeau,
Sur l'orgueil aboli de ses orbites vides,
Dans le tombeau profond, plein de larves livides,
Plein de stryges gluants glissant dans l'air obscur,
Où ses ongles, en vain, égratignent le mur...
L'un connaît les frissons joyeux et les caresses
De la brise jouant en l'avril de ses tresses,
Et l'autre ne sait plus que les baisers glacés
Des goules se collant à ses membres lassés
Et, sans trève, suçant de leurs avides lèvres
Son sang noirâtre où bout le bitume des fièvres !...
Comme Hercule, jadis, choisis, candide enfant,
De l'effroyable tombe ou du ciel triomphant !...
Moi, je revole au ciel, car voici que chemine
Vers toi Celle qui vient pour tenter la famine,
En t'offrant le poison parfumé de ses seins !

(*L'Archange reprend son vol et disparaît. Briséis s'avance,
un verre d'eau à la main, vers Irénée qui la regarde
avec une admiration mêlée de crainte.*)

IRÉNÉE

Au beffroi de mon cœur ululent des tocsins !

BRISÉIS, *tendant son verre d'eau à Irénée.*

Où est Papa?

IRÉNÉE

Qui çà? Le vieillard mal ingambe
Qui bavait sur ma robe, en caressant ma jambe?
Il est parti.

BRISÉIS, *tendant toujours son verre.*

Veux-tu boire ce verre d'eau?

IRÉNÉE

Quelle idée! En voilà un drôle de cadeau!
Je n'ai pas soif!

BRISÉIS

            Pas soif! Ah! bien oui, je devine
Que tu préférerais à mon eau la divine
Liqueur qui doit se boire aux lèvres, et qu'on nomme
L'Amour : voilà la soif qui te brûle, jeune homme!

IRÉNÉE

Elle a des yeux profonds et des gestes charmants!
Je sens, en l'écoutant, de doux tressaillements
Et couler dans mon cœur une exquise brûlure!

BRISÉIS

Oh! le parfum qu'épand sa blonde chevelure,
Et sa bouche, fleuron de rose épanoui!
Veux-tu que je te baise aux lèvres, petit?

IRÉNÉE

                    Oui!...
(Briséis enlace Irénée qui ne se défend point, et leurs
lèvres se joignent longuement.)

LE PROFESSEUR CUBITUS, *surgissant tout à coup.*

Ma fille! As-tu du cœur?

BRISÉIS

          Tout autre que mon père...

LE PROFESSEUR CUBITUS

Agréable couroux!... Eh! bien, alors, j'espère
Que tu vas me cesser de faire des mamours
A celle dont la main à l'auteur de tes jours
Donna...

BRISÉIS

Donna?

LE PROFESSEUR CUBITUS

Donna...

BRISÉIS

Mais, achevez, mon père !

LE PROFESSEUR CUBITUS

Donna... Vois! j'en rougis!

BRISÉIS

Quoi? de grâce !

LE PROFESSEUR CUBITUS

Une paire
De gifles ! L'insolente eût payé...

BRISÉIS

Comment ça?
Et qui donc?...

LE PROFESSEUR CUBITUS

Mais, de peur qu'elle recommençât,
J'ai préféré partir !

BRISÉIS

Papa, je vous écoute.
Voyons, expliquez-vous car je n'y comprends goutte :
Une fille, aujourd'hui, dites-vous, vous gifla?
Quelle fille? Où est-elle? Parlez?

LE PROFESSEUR CUBITUS

Celle-là !

BRISÉIS

Mais, celle-là, c'est un garçon ! Je trouve, même,
Un fort joli garçon !

(*A Irénée.*)
No tromblo pas!... Je t'aime !...

LE PROFESSEUR CUBITUS

Détrompe-toi! C'est une fille! une catin
Vulgaire de faubourg! ce qu'on nomme en latin
Mérétrice ! Entends-tu ? C'est une mérétrice !

IRÉNÉE

Voilà que les baisers de l'Initiatrice
Me sont encor ravis. Briséis, puisqu'ainsi
L'on te nomme, reviens nous enlacer, toi si
Belle, toi si semblable aux fleurs de la prairie !
Je voudrais regoûter à ta bouche fleurie
Et replonger mes yeux dans les bleus Alhambras
De tes yeux, et dormir dans le lit de tes bras,
Et respirer ta chair de lys, d'ambre et de rose !...

BRISÉIS, *à Irénée.*

Va, ne crains rien, petit, j'arrangerai la chose.
(*A Cubitus.*)
Papa, vous vous trompez : c'est un jeune garçon.
Ce qui vous induisit en erreur, ce fut son
Visage virginal et sa mise équivoque.
D'ailleurs, pour éclaircir ce quiproquo baroque,
Veuillez l'interroger impartialement.
Demandez-lui son nom et son âge, et comment
Doit se lire le sexe qu'anagrammatise
Ce pli mystérieux inscrit sur sa chemise.

LE PROFESSEUR CUBITUS

Bon ! J'y consens ! Pour confirmer ce que je sais
Parbleu trop bien, je tenterai ce vain essai.
(*A Irénée.*)
Quel âge as-tu donc !

IRÉNÉE

J'entre en ma quinzième année
Demain.

LE PROFESSEUR CUBITUS

Quel est ton nom ?

IRÉNÉE

On m'appelle Irénée.

LE PROFESSEUR CUBITUS

Quel sexe caches-tu sous ta robe de lin ?

BRISÉIS, *bas*, *à Irénée*.

Réponds donc ! Réponds donc : masculin.

IRÉNÉE

Masculin !

BRISÉIS, *au professeur Cubitus*.

Vous voyez bien ! J'avais raison : c'est votre vue
Qui baisse.

LE PROFESSEUR CUBITUS

Aurais-je fait une telle bévue ?
Ah ! je comprends alors la légitimité
Des soufflets octroyés à ma lubricité !
Moi qui croyais toucher, sous sa tunique blanche,
La tiède et douce chair des féminines hanches,
Et qui voulais poser un baiser frémissant
Sur ses petits seins durs de jeune adolescent...

IRÉNÉE, *à Briséis*.

Emmène-moi !

BRISÉIS, *à Irénée*.

Sans doute ! Il faudrait que tu vinsses
A la ville, chez nous !... Mais, pour qu'il ne t'évince,
Soyons prudents, enfant !

IRÉNÉE, *à Briséis.*

              Je veux ce que tu veux !
Pour encor respirer l'ambre de tes cheveux,
Pour caresser encor ta douce toison blonde
Et ta gorge, j'irais jusques au bout du monde,
Je m'embarquerais pour le Monomotapa !

BRISÉIS, *à Irénee.*

Alors, attends un peu : je vais tâter papa !

IRÉNÉE, *à Briséis.*

Ma bouche sur ta bouche, ainsi toujours, ah ! comme
Vivre, ce serait bon !...

LE PROFESSEUR CUBITUS

              Mais que dit ce jeune homme ?
Depuis plus d'un quart d'heure, il te parle tout bas.

BRISÉIS, *au professeur Cubitus.*

Qu'il meurt de faim, qu'il est sans chausses et sans bas,
Tant il est pauvre. O vous, papa, dont est notoire
La grande charité, votre laboratoire
Est sans préparateur, depuis six mois déjà
Que Monsieur Frédéric, un soir, déménagea,
En enlevant, hélas ! votre femme, ma mère...

LE PROFESSEUR CUBITUS

N'évoque point, enfant, cette douleur amère !...

BRISÉIS

Eh bien !... Ne pourriez-vous très charitablement
Prendre le pauvre Irénée en remplacement
De Monsieur Frédéric ?

LE PROFESSEUR CUBITUS

Certes, ma chère amie,
S'il sait à fond la botanique et la chimie,
Je le prends comme préparateur aussitôt !

BRISÉIS

Le soir, il nous ferait un troisième au loto !
(*Bas, à Irénée.*)
Et puis, psitt, un beau soir que ronflerait mon père,
Tous deux nous prendrions la clef des champs, j'espère,
Comme firent maman et Monsieur Frédéric...

LE PROFESSEUR CUBITUS

Le loto, c'est fort beau, Briséis, mais le hic,
Je le répète, c'est qu'il sache la chimie,
L'algèbre, la botanique, l'anatomie,
Sans compter la logique apprise en l'*Organon.*
(*A Irénée.*)
Réponds, as-tu ces notions *sine qua non ?*

IRÉNÉE

Je n'eus, étant enfant, ni livres, ni maîtresses.
Hélas ! j'ai l'ignorance extrême des princesses
Des manoirs d'autrefois, dont l'élégante main
N'aurait point su tracer sur le blanc parchemin
Les lettres de leur nom, et dont les yeux candides
Ne savaient épeler, en leurs livres splendides,
L'histoire des amours d'Angélique et Médor,
Ni les mots rehaussés de minium et d'or
Relatant les exploits de Roland en délire !
Pas plus qu'elles, je n'ai la science de lire,
Ni de tracer même mon nom sur le vélin !
Comme elles, je ne sais que dévider le lin,
Ainsi que m'ont appris des sœurs aux mœurs antiques,
Et que filer le chanvre en chantant des cantiques !...

BRISÉIS

Quoi ! tu n'as même pas ton baccalauréat !

LE PROFESSEUR CUBITUS

Eh bien ! tu vois ?... Toi qui voulais qu'on l'agréât
Comme préparateur ! C'est à mourir de rire !
Un beau préparateur, ne sachant point écrire,
Ni même lire ! Allons ! Viens-nous en, viens, allons !...

BRISÉIS

Mais écoutez, papa. Pour chauffer vos ballons,
Pour rincer vos matras, pour soigner vos cornues
Et tous vos alambics aux formes biscornues,
Dites, est-il besoin d'égaler en savoir
Pic de la Mirandole ?...

LE PROFESSEUR CUBITUS

             Il faut au moins avoir,
Et c'est un minimum, l'instruction sommaire
Que l'on donne aux enfants à l'école primaire.
Mais viens-nous en !... Allons, silence, plus un mot !
En voilà beaucoup trop sur ce triste marmot !

BRISÉIS

Il faut partir, hélas !... Enfant, ton ignorance
Extrême a ruiné ma dernière espérance !
(Le professeur Cubitus a saisi la main de Briséis et tente
    de l'entraîner. Celle-ci résiste et tire son père du côté
    d'Irénée.)

IRÉNÉE

Eh ! quoi ! Me faut-il donc à jamais renoncer,
Ma bien-aimée, à t'enlacer, à te tisser
Des robes de baisers ? Eh ! quoi ! ma bien-aimée,

Me ravis-tu l'avril de ta chair parfumée ?
Quoi ! Ne saurai-je plus l'étreinte de tes bras ?

BRISÉIS

Irénée, il le faut!... Pourtant, ne pleure pas :
Je reviendrai ! Tiens, prends, sur ma bouche fleurie,
Ce gage d'éternel amour !
(*Elle lui tend ses lèvres. Le professeur Cubitus, qui la tire
     toujours par le bras, a le dos tourné et ne voit point le
     baiser que prend Irénée.*)

IRÉNÉE

O ma chérie,
Je t'aime !... Ne pars point !... D'autres baisers!... Encor!...
(*Briséis lui tend une deuxième fois ses lèvres. Mais pen-
     dant qu'ils s'embrassent éperdument, le professeur Cu-
     bitus, qui vient d'apercevoir un papillon, tire plus
     violemment sur le bras de sa fille et les sépare.*)

LE PROFESSEUR CUBITUS

Mais viens donc ! Mais viens donc ! C'est un morpho hélénor !
(*Il entraîne sa fille et tous deux disparaissent à la pour-
     suite du papillon.*)

BRISÉIS, *dans le lointain.*

Adieu ! petit. Je t'aime !...

IRÉNÉE, *seul.*

Elle s'est envolée,
La colombe ! bien loin de l'Arche désolée !
(*Irénée se couche parmi les fleurs et, le front dans ses
     mains, se met à pleurer. Tout à coup, un bruit de voix,
     comme de quelqu'un qui déclamerait, se fait entendre
     au loin.*)

IRÉNÉE, *tressaillant et se dressant.*

Des voix ! Reviendrait-elle ?... On gravit ce talus...
(*Les voix se rapprochent, et bientôt apparaît au détour du
sentier, monté sur un âne blanc, un vieillard à longue
barbe, qui parle, avec de grands gestes, à une cinquan-
taine de jeunes enfants qui courent à ses côtés.*)

IRÉNÉE

Hélas ! C'est le collège, avec Chrysophallus,
L'illustre professeur grandiloque et lubrique,
Qui professe en plein air, sur sa blanche bourrique.

CHRYSOPHALLUS, *à ses élèves, avec emphase.*

De mon temps, c'est-à-dire au siècle avant-dernier,
Faire l'amour ne coûtait pas même un denier !
Comme nous avions plus de cœur que de richesse,
Nous préférions trousser les cottes des duchesses
Que celles des catins, afin de n'avoir pas
A glisser, le matin, quelque écu dans leurs bas !...
Elles n'étaient, d'ailleurs, bégueules ni farouches,
Les duchesses d'alors, et ne fuyaient nos bouches ;
Et je sais en avoir, badin conquistador,
Culbuté des milliers en divers corridors,
Et, la nuit, dans les parcs, sous l'œil de la Grande Ourse,
Ce n'était point de l'or que répandaient nos bourses,
Et nous laissions l'amour qui se paye aux maçons !...
Les hommes d'aujourd'hui blâmeraient ces façons
Et nous accuseraient, certes, de mœurs infâmes !
Et pourtant, mes enfants, nous apportions aux femmes
Un plus rare cadeau que tous vos sacs d'écus :
Un cœur et des reins frissonnants et convaincus !
Nous soldions en baisers nos folles chevauchées,
Et nos montures, vrai, n'en étaient point fâchées !...
Mais nous savions, alors, le beau secret perdu

De l'amour véritable, et puis, nous pouvions, du
Soir jusques au matin, en de rouges délires,
Femmes, faire vibrer vos corps comme des lyres !
Nous connaissions l'amour ainsi que le Pater !
Nous étions, à la fois, Don Juan et Werther,
Daphnis, Almaviva, Chérubin, Lovelace,
L'amant qui s'agenouille et l'amant qui enlace !...
On ne rougissait point d'être sentimental
Et de garder, au fond d'un coffret de santal,
Des billets éloquents aux fautes d'orthographe
Douces comme des seins ingénus qu'on dégrafe,
Et de légers mouchoirs que trempèrent des pleurs,
Des mules de satin, des cheveux et des fleurs,
Et les gants et les bas des lointaines maîtresses,
Et des rubans empreints des parfums de leurs tresses !...
Mais nous savions aussi, changeant notre dada,
Aimer en étalon et baiser en soldat !...
Nous avions plus d'un tour au fond de nos braguettes !...
O mollets entrevus des marquises coquettes,
Pommettes aux couleurs vermeilles de brugnon,
·Nous reçumes pour vous, dans ces temps, plus d'un gnon !
Et vous, tétons de lys, et vous, ô sveltes tailles,
Ne causâtes-vous point alors bien des batailles ?
Belle ! Il avait toujours quelque peu flambergé
Pour vos yeux, le galant en vos draps hébergé,
Et, souvent, vous pouviez, de vos lèvres tremblantes,
Baiser un même amant sur dix bouches sanglantes,
Et fouiller dans ses chairs de votre doigt moqueur
Pour savoir si quelqu'autre avait volé son cœur !...
Ah! c'est qu'une amourette, en ce joyeux naguère,
C'était plus dangereux que, de vos jours, la guerre !...
Mais, d'autres fois, et pour le plaisir de changer,
Le loup que nous étions se muait en berger :
Nos lourds estramaçons devenaient des houlettes,
De la poudre de·riz poudrant nos margoulettes,

Nous cessions nos grands airs guerriers de Wisigoths
Et savions roucouler de tendres madrigaux...
Jolis, pomponnés, tels des Sèvres d'étagères,
Nous soupirions alors, aux pieds de nos bergères,
De galants triolets où les tendres amours
Et les divins atours rimaient à des toujours !
Nous savions emboucher, et sans pose hypocrite,
Les pipeaux de Virgile et ceux de Théocrite,
Et, pendant de longs mois, mendier avec ferveur
Un baiser sur la bouche ou quelqu'autre faveur
Moindre ; — trop heureux quand notre Phylis altière
Nous laissait renouer sa rose jarretière
Et, badine, entrevoir, éclair doux et bien cher,
Au-dessus de son bas, six pouces de sa chair !...
Oui ! Tels étaient parfois nos plaisirs platoniques :
Vous les trouveriez plats et pas assez toniques,
Jeunes gens d'aujourd'hui !... Cependant, tout cela,
Ces milles riens touchants, tout ce bleu tralala,
Ces soupirs, ces duels, ces vers, ces bergeries,
Et ces serments que vous traitez de singeries,
Ces conversations, les doigts entrelacés,
La nuit, dans les grands parcs silencieux et glacés,
Ventrebleu ! tout cela, tout ces marivaudages
Valaient bien, mes enfants, les honteux marchandages
De votre amour à vous, lugubre émonction
Dans des égouts d'amantes en location !...
Ah ! que n'avez-vous vu, si rose et si légère,
Courir vers moi Phylis, déguisée en bergère !...

UN ENFANT DE NEUF ANS

Mais pourtant, paraît-il, l'idyllique Phylis
Ne t'en donna pas moins, vieillard, la syphilis !
Donc, qu'on use de ton ou de notre système,
Le résultat, tu vois, sera toujours le même !...

CHRYSOPHALLUS, *avec mélancolie.*

Écolier! ton discours est plus sage que long!
           (*S'adressant aux autres élèves.*)
Bien qu'étrennant d'hier son premier pantalon,
Admirons cet enfant pour ses saines doctrines!
Il a le front pensif et la morve aux narines!...
Moi, je veux me pencher, sans répondre un seul mot,
Sur cet abîme qu'est une âme de marmot!

IRÉNÉE

Que n'ai-je le savoir de cet enfant! Que n'ai-je,
Ainsi que lui, suivi les classes du collège!
Je serais maintenant dans la blanche maison
Dont vient de m'exiler la sévère raison...
Je pourrais enlacer ma douce bien-aimée,
Et me griser en sa toison si parfumée!...
Briséis! Briséis! Je veux, pour te revoir,
Vider à fond la coupe amère du savoir,
Et je veux teindre d'encre mon âme d'hermine...
           (*A Chrysophallus.*)
Chrysophallus, ô toi dont la gloire illumine,
Phare d'or éclatant, notre université!
Ne veux-tu m'emmener dans la docte cité
Où s'érige ta chaire auguste et vénérée?
O maître, enseignez-moi la science espérée!

CHRYSOPHALLUS

La Science a tué tous les papillons d'or
Et tous les oiseaux bleus qui voltigeaient encor
Dans les âmes! Elle a desséché les prairies
Verdoyantes! Elle a fané les fleurs fleuries
Dans le jardin! Elle a mué les avrils verts

De nos rêves joyeux en lugubres hivers !
Elle a fait s'écrouler le socle des statues !
Le soleil s'est éteint ! Les nymphes se sont tues !
Et nous traînons, baignés d'une éternelle nuit,
A nos jarrets sanglants, les boulets de l'ennui !...
Ah ! pourtant !... Elle avait promis la pure joie
Aux peuples ! et des jours tramés d'or et de soie !
Et l'immuable azur versant sur les cités
Le feu des vérités et des félicités !
Et nous avons sucé ses mamelles amères,
Y buvant le désir de tuer les Chimères.
Et nous avons dardé vers le zénith profond
Les flèches de métal du vieux Bellérophon ;
Mais, dès qu'eurent gémi les ineffables râles,
Nous avons vu crouler les hautes cathédrales
Aux clochers de granit, et les murs des châteaux
Enchantés de jadis, sous les lâches marteaux
D'une plèbe en délire, et vu les tabernacles
Souillés, et l'excrément ruisselant des pinacles,
Et les truands tapant, dans la nuit des faubourgs,
Sur leurs ventres crasseux comme sur des tambours,
Et, les pieds dans le sang, la populace vile
Allumant l'incendie aux quatre coins des villes,
En criant qu'elle veut du beurre avec son pain ;
Et le luth impérial aux pattes de Scapin,
Et Virgile, quittant, ô Permesse, ta source
Pour faire du commerce et jouer à la bourse,
Et des chars dans la boue et le sang embourbés,
Et des cygnes neigeux pendus à des gibets ;
Des dieux fondus pour des canons ou pour des cloches,
Et des aigles captifs tournant des tourne-broches ;
Des filles salissant le lit épiscopal,
Et des reines saignant à la pointe du pal ;
Des usines broyant les gloires abattues,
Des hauts-fourneaux construits du marbre des statues,

Et de lugubres ciels de charbon, ruisselants
En déluge de pleurs très amers et très lents,
En déluge de pleurs, noirs comme des suies,
Sur des troupeaux grognants de porcs et de truies,
Vautrant dans des fumiers sanglants et parfumés
La morne abjection de leurs ventres aimés !
Car, encore une fois, la voilà triomphante
L'éternelle Circé dont la baguette enfante
Les désespoirs, et plonge en l'horreur des ruisseaux
Les hommes, ses amants, changés en vils pourceaux !...
Car, encore une fois, l'enchanteresse immonde,
La royale porchère est debout sur le monde,
Secouant ses cheveux au vent, comme un drapeau
De pourpre, et piétinant l'innombrable troupeau
De ceux qui, pour avoir baisé sa bouche en fête,
Gémissent à jamais en des formes de bête !
Ah ! l'auguste Science ! et ses bonheurs nouveaux !...
Le paladin Roland est mort à Roncevaux !...
La Belle-au-bois-dormant est morte, et Colombine !...
Beau Roi, la Pompadour, ta rose concubine,
Avec les blancs moutons parfumés de Boucher,
Est pendue à l'étal empourpré du boucher !...
Et l'île de Lesbos et l'île de Cythère
S'écroulent dans le feu des tremblements de terre !...
Ah ! qui donc aujourd'hui se souviendrait encor
Que dans les bois anciens a sangloté le cor
De la belle Angélique, et la plainte étouffée
Que modulait jadis l'inconsolable Orphée ?...
Sur la même jument, les quatre fils Aymon
Ne chevaucheront plus et par vaux et par monts,
Arrachant aux dragons des châtelaines nues,
Et l'enchanteur Merlin a vendu ses cornues !...
Les bergères n'espèrent plus la main du Roi,
Et les Sylphes, depuis longtemps, sont morts de froid
Dans la rosée ; et là-bas, sur la lointaine dune,

Les elfes ne vont plus danser au clair de lune,
Ni la folle bacchante aux clairières des bois!...
Hélas ! Hélas! Où sont les neiges d'autrefois ?...
Et qui donc sait encor vos noms, ô blondes blondes
Des beaux jadis, parmi les bestiaux immondes
De l'immonde Circé qui naquit de Persa?...
Théophana, brebis rose de Brumissa,
Galathée, Euridice, Amaryllis, Omphale
Enchaînant Héraclès de tresses triomphales,
L'incestueuse Phèdre, Alceste, Sémélè,
Ériphile, Doris et la mutine Églè,
Clio, Nisa, Pénélopè, l'épouse insigne,
Calliope et Léda, plus blanche que son cygne,
Péribée et la nymphe Érato, Nicéa,
Et la princesse aux bras neigeux, Nausicaa,
Dont les royales mains lavaient en l'eau du fleuve
Le linge du palais, Pyro, la sombre veuve,
Naïs, fleur de l'Ida, Cassandre au rire amer,
Alcis, Rhéa, Téthys, joli lys de la mer,
Andromède, Phrynè, la plaideuse badine,
Ériphanis, Myrto, la jeune Tarentine,
Polymnie, Ilione, Électre, Alcinoë,
Théophano, Nyctis, Prognè, Pilonoë,
Timandra, Parthénope, Œnone, Iphigénie,
Et la grande Sappho qui puisait son génie
Dans les baisers d'Érinn, Ilia, Calipso
Pleurant sur son rocher l'infidèle vaisseau,
Atalante au pied vif, si légère à la course,
Et la nymphe Biblis qui fut changée en source,
Andromaque, Thébè, Nééra, Philonis,
Et Clymène et Myrrha, la mère d'Adonis,
Mélissa, Niobè, la mère sacrilège,
La farouche Médée experte en sortilèges,
Et Sinope qui but aux lèvres d'Apollon,
Et celles-ci qu'on vit, dans le divin vallon,

Étreindre tes flancs nus, Muse de Mitylène,
Savantes aux baisers autant qu'aux cantilènes,
Myrtis de Béotie, Anitè, Praxilla,
Nossis et Corrina, Mœro, Télésilla...
Hélène, et les sanglants combats qui vinrent d'elle,
Philomèle, qui fut muée en hirondelle,
Déjanire qu'aima le centaure Nessus,
Et celles qui baignaient leurs seins dans l'Ilissus
Et dont les noms légers vibraient comme des lyres...
Et vous, belles, et vous, ô blondes hétaïres,
Que l'amoureuse Attique encensait de ses vœux,
Et qui grisiez des chauds parfums de vos cheveux
Cent peuples implorant vos caresses ingrates,
Vous, Aspasie, ô vous que consultait Socrate
Sur des cas de morale, et vous, trop blonde Hymnis,
Pour qui mourut d'amour la brune Parthénis,
Toi, blanche Mégara, si badine et si vive,
Qui, dans tous les festins découvrais aux convives
Les riches nudités de ton ventre poli,
Et vous, Démonassa, vierge au geste joli
Qui vainquîtes Chrysis au bel art des caresses,
Doris, Syrinx, et vous, Thaïs aux belles tresses,
Bacchis de qui les yeux étaient d'onde et de ciel,
Glycère dont le nom avait le goût du miel,
Ananthe qui dansais, nue, aux sons de la lyre,
Myrrhine dont la chair fleurait l'ambre et la myrrhe,
Toi, Laïs, qui montrais aux promeneurs du Pnyx
Tes jambes de Carrare et ta gorge d'onyx,
Cleïs que Phidias jugea digne du socle,
Et vous, Théoria, maîtresse de Sophocle,
Vous, volage Herpyllis, qu'Aristote enchaîna,
Et vous, Agathoclée, et vous, Ganathœna,
Vous, svelte Danaü qui traîniez sur les dalles,
Avec tant de langueur, l'argent de vos sandales,
Toi, Musarie, et vous, Rhodope, Philinna,

Vous Lyra, Pannychis, Clinias, Hippona,
Vous, beaux noms d'or, orgueil des impudiques joutes,
O vous, belles d'alors, ô belles, ô vous toutes,
Joyeux sons oubliés de nos barbares voix,
O belles, n'êtes-vous les neiges d'autrefois?
Plus encor que vos corps vos noms sont en poussières,
Ils feraient ricaner nos époques grossières...
Sonores comme l'or et plus doux que le miel,
Ils ne chanteront plus, vos beaux noms, sous le ciel...
O vous, faste défunt de l'antique Hellénie,
Sappho, Phrynè, Bacchis, Glycère, Iphygénie,
Si les morts ont des pleurs, pleurez en vos tombeaux :
Vos filles ont troqué vos noms pour de plus beaux,
Et les poètes, las des immuables thèmes,
Sanctifieront bientôt ces modernes baptêmes !
Ils vous célébreront, nymphes des temps nouveaux,
Vierges aux cheveux roux, troupeau de jeunes veaux !
Vos noms étoileront leur strophe adamantine,
O vous, Zozo- Nana, La Goulue et Titine !
Et, demain, nous verrons un Virgile — de goût —
Dont tu seras l'Amaryllis, Grille-d'Égoût !...
Ah ! la Science, enfant, la Science assassine
Dont le regard néfaste et mortel te fascine
Impérieusement, comme il a fasciné
Tant d'autres ! la Science, hélas ! a ruiné
Le palais de la joie où, jadis, Mélusine
Faisait, avec du rêve et des fleurs, la cuisine
Des âmes !... La Science a dévoré ceux qui
Aimaient à s'attabler devant ces mets exquis !
Elle a construit, sur le palais où Mélusine
Distillait sa cuisine, une effroyable usine
Pour tirer du charbon quelque macaroni !...
Ah ! les neiges d'antan ! N, I, ni, c'est fini !
Il nous faut contempler avec mélancolie
Ces vieux meubles déteints d'une époque abolie,

Et ces linges fanés où des amours défunts
Depuis mille ans ont mis de persistants parfums!
Ah! nous n'entendrons plus les violes lointaines
Des neuf Muses dansant près des saintes fontaines,
Et l'on sait, maintenant, sur quel rouge volcan
L'on danse! Et la pavane a fait place au cancan!...
Autrefois, en ces temps de sublime ignorance,
Le peuple savourait le miel de l'espérance;
Autrefois, l'argentier louche du baronnet
Était raillé de tous et coiffé du bonnet
Grotesque de la honte, et mille mains fières,
Lorsqu'il osait sortir, le lapidaient de pierres;
Et pas un n'eût voulu, pour calmer l'âpre faim,
Toucher, même du doigt, sa vaisselle d'or fin!
Car le plus gueux, alors, était riche de rêves
Et savait transmuer les durs galets des grèves
En tendres pains, et pressurer le vin très pur
De la grappe cueillie aux vignes de l'azur!...
Mais, aujourd'hui, les porcs de la magicienne
Ne savent plus goûter l'ambroisie ancienne
Ni boire le nectar de la bonne chanson!
Il leur faut, à ces porcs, la pâture de son!...
Ils ont laissé, Circé, dans les nuits de tes antres
Leurs têtes et leurs cœurs, et n'ont plus que des ventres!...
Que leur importe alors les vignobles du ciel
Et le vin de Cana? Pour eux, l'essentiel,
N'est-ce point de ravir le bonnet d'infamie
De l'argentier et de ravir son alchimie
Et sa vaisselle d'or? Ne leur a-t-on point dit
Que la maison du riche est le seul paradis?
Alors, pourquoi courber leurs piteuses échines
Vers les fourneaux grondants des sifflantes machines
Ou forger les plats d'or des rois et des putains?
Ne leur faut-il pas aussi leur part des butins!
Ah! puisque la Science et les oranges d'Ève

20

Ont fait mourir les Idéaux et les beaux Rêves
Et le vol consolant du mystique Pigeon,
Puisqu'il ne reste plus de notre panthéon
Qu'un poussah d'or massif, et porcin, et qui baise
Les bosses de son ventre abjectement obèse,
Puisque les autres dieux furent précipités
En bas de leur autel d'azur, décapités
Par les mains de ceux dont ils fleurissaient les têtes,
Par les insensés dont ils parfumaient les fêtes ;
Puisque les purs semeurs d'espoir sont abolis
Et les jardins de songe où rayonnaient les lys ;
Puisqu'il ne reste plus que la clameur du ventre
Affamé de la bête, et que l'homme enfin rentre
Dans l'antre primitif de son abjection,
Et qu'encor le Veau d'or est debout sur Sion ;
Puisque l'assassin riche a pour pavois ses 'proies ;
Puisque le pourpre vin des glorieuses joies
Ne peut plus être bu qu'en des cratères d'or,
Le peuple, aussi, sera le vil conquistador
De ce Graal qu'il faut à sa gorge, assoiffée
Depuis que fut tari le puits bleu de la Fée !
Ah ! voilà qu'a soufflé le souffle de Baal
En leurs haillons ! Leurs yeux cherchant l'impur Graal
Dont on leur a chanté les vertus infernales,
Dardant leurs poings crispés et leurs lances vénales,
Voilà qu'ils vont bondir à l'assaut des remparts
Qu'on leur a trop montrés, pour conquérir leurs parts
Du terrestre festin, eux, les gueux squélétiques
Qu'ont sevré les savants des mamelles mystiques
De la Vierge et des neuf Muses aux douces mains !
Voilà que vont saigner les terribles Demains !
Que le sol va trembler et crouler les murailles
Des tours d'or, et pourrir, privés de funérailles,
Ceux qui, raillant les vils cailloux de l'assiégeant,
Dansaient dans leurs palais aux toitures d'argent !

Voilà qu'au clair flambeau de la guerre civile
Vont mourir dans le feu les châteaux et la ville!...
Oh! le joyeux repas pour les chiens aboyants!...
Le fleuve charriera des naphtes flamboyants!
Des blessés hurleront dans les flammes des havres;
On verra s'entasser des monceaux de cadavres
Jusqu'aux croix des clochers, et bouillonner le sang
Humain dans chaque rue en torrent mugissant,
Et les filles briser les portes de leur bouge
Pour baigner leurs dos nus dans ce flot chaud et rouge,
Et des hyènes hurler au cœur de la cité,
Et pleuvoir des corbeaux du ciel épouvanté,
Et les chacals lassés des funèbres besognes
Crever d'être trop soûls sur des monts de charognes!...
Ah! les gueux danseront sur les palais rasés!
Et l'on verra saigner sur les toits embrasés
Des cygnes empalés au fer des hallebardes,
Cependant qu'en râlant crieront, les derniers bardes,
Leurs malédictions vers la blonde Circé
Foulant de ses pieds blancs l'univers renversé!...
Ah! pauvre enfant! Tu ris! Malgré mes prophéties,
Tu réclames encor que quelqu'un t'initie
Aux mystères sanglants de la divinité
Qui doit anéantir la folle humanité!...
Ah! tu voudrais encor que j'allume en ton âme
Le flambeau de Circé dont la néfaste flamme
Incendierait ta chair!... Non! Jamais!... On verra
Les taureaux voltiger dans l'air, on entendra
Rire les mascarons sculptés dans les poternes
Et les carpes hurler dans le fond des citernes
Avant que n'ait ma main versé dans tes cheveux
La poix en fusion, pauvre enfant, que tu veux!
Avant que je ne jette en ta chair virginale
L'asphyxiant brasier de la cuve infernale!...

IRÉNÉE

Ne reverrai-je donc jamais ma Briséis,
Ma bien-aimée aux cheveux d'or, aux seins de lys!...
(*Pendant que déclamait Chrysophallus, un jeune homme
    beau comme un Dieu, dont les talons sont ornés des
    ailes de Mercure, est apparu. C'est l'infernal Asmo-
    dæus. Il se tient debout, une orange en la main gau-
    che, derrière les interlocuteurs, attendant qu'Irénée ait
    fini de parler pour se montrer à eux et leur ré-
    pondre.*)

IRÉNÉE

Je te maudis, vieillard aux sciences infuses,
Égoïste vieillard sans pitié, qui refuses,
Sous des prétextes vains, au lamentable enfant
Que je suis, le haubert et le fer triomphant
Qu'il lui faudra pour conquérir la Trébizonde
Où, parmi les dragons, pleure sa dame blonde!...
Ah! puisque tu n'as point souci de mon émoi,
Qui donc me prêtera l'armure d'ér?...

ASMODÆUS, *se montrant.*

Moi!...

IRÉNÉE

Qui donc es-tu?... Qui donc es-tu, divin jeune homme ?

ASMODÆUS

Celui qui viens t'offrir la merveilleuse pomme
Et la lance de feu! le grand dispensateur
De la science! Asmodæus!... N'écoute plus les folles
Raisons de ce vieux fou, ni ses vaines paroles!
Sa tête, tu le vois, n'est pas très bien d'aplomb...
Blottis-toi près de moi, belle fille aux cils blonds ;
Je sais de doux gazons et plus d'une charmille
Sombre!... Viens...

IRÉNÉE

Quoi! Seigneur, suis-je donc une fille?...

ASMODÆUS

Mais oui, quand je te parle...

IRÉNÉE

       Ah ! serais-tu l'amant?
Mon front scintille ainsi qu'un royal diamant
Serti dans l'or de tes cheveux! Ah! tes trop roses
Lèvres doivent savoir les arcanes des choses
Et l'art exquis des chauds baisers!... Ah! vois, je sens
Le viol de ton âme aux effluves d'encens!...
As-tu donc pris à Briséis, ma bien-aimée,
Ses grands yeux de douceur, sa bouche parfumée?...
Asmodæus! Ma chair se meurt, mon cœur se fond
Quand je veux regarder en ton regard profond!...
Ah! des baisers!... je veux, je veux que tu m'enlaces!...
Là-bas!... Emporte-moi!... Serai-je jamais lasse
D'être pressée en tes bras blancs de jeune dieu?...

ASMODÆUS

Viens avec moi, ma bien-aimée au regard bleu
Comme les bleus saphirs des Méditerranées !...
Donne-moi ta main blanche, ô ma blonde Irénée!...
Je veux t'ouvrir la porte d'or de nouveaux cieux,
Aussi purs, aussi clairs, aussi bleus que tes yeux !
Viens parmi ces bosquets de lauriers et de mousses...
Je sais des gestes chers et des paroles douces,
Et la lance, et le bon bouclier protecteur
Qu'il te faut pour tuer le néfaste enchanteur
Et les dragons, gardiens du rocher de détresses,
Où, captive enchaînée au chanvre de ses tresses,
Briséis se lamente et tend ses jeunes poings

Vers l'immuable mer qui ne lui montre point
La bonne nef aux voiles vertes de Persée !...

. . . .

NOTE

Il semble, d'après une feuille volante trouvée dans le manuscrit d'*Irénée*, que cette première partie se concluait ainsi :

L'ARCHANGE, *apparaissant.*

Fuis ton séducteur, reste avec moi, Irénée.

(*Irénée se précipite dans les bras d'Asmodæus, colle sa bouche à la bouche du jeune homme en criant : « Sauve-moi, emporte-moi ! » Enlacés et lèvres à lèvres ils s'enfuient dans le bosquet de lauriers-roses.*)

L'ARCHANGE

Pauvre enfant !... Encore une âme pour le repas du Sphynx !...
L'effroyable Vénus règne encor dans le monde,
Baignant dans le soleil sa chevelure blonde
Et plongeant ses pieds nus dans la boue et le sang !...

. . . .

Et c'est vers elle, hélas ! ô mon pauvre Irénée...

. . . .

(*Lorsque Asmodæus accorde à Irénée un baiser d'amour, il lui demande pour paiement de vider tous les louis d'or de son imagination.*

Après le baiser, lorsque Irénée est savant, la nature lui paraît abominable. Il retrouve Briséis, mais ce n'est plus la belle fille de jadis : c'est une laide péronnelle...)
Je rêverai toujours de celle que tu fus.
(*L'Archange lui explique le phénomène...*)

PIERROT POÈTE

SCÈNE I

ARLEQUIN, *seul.*

Drôle d'idée, pourtant, de m'avoir donné rendez-vous dans un cimetière ! Faut-il que ces femmes soient romantiques ! Un duo d'amour parmi des tombes ! C'est d'un 1830 ! d'un rococo ! d'un Shakespearien ! (*Il se promène impatiemment en roulant une cigarette.*) — Tiens ! un crâne ! Un crâne !... Faut-il que ce cimetière soit mal entretenu ! (*Il le ramasse.*) — Ah ! non, c'est une boule à quilles !... Beau sujet de méditation pour un poète de la vieille école. (*Il regarde le crâne en une pose d'Hamlet*) Être ou ne pas être, telle est la question ! Mourir, dormir !... Dormir, peut-être rêver !.. Crâne ! Boule à quilles ! Boule à quilles ! Crâne !... Kif-kif ! comme disent les Arabes !... Mais elle ne vient point. Tiens ! Des pas !... Qui diable peut se promener à pareille heure dans un pareil décor de mélodrame !... Ah ! un fossoyeur...

SCÈNE II

ARLEQUIN, UN FOSSOYEUR

ARLEQUIN

Bonsoir, l'ami !...

LE FOSSOYEUR

Bonsoir, seigneur Arlequin !

ARLEQUIN, *à part.*

Donnons-lui le change sur le motif de ma présence ici. (*Haut.*) Tu vois, l'ami, j'étais venu dans ton cimetière faire des vers, et, ma foi, j'attendais... j'attendais l'inspiration...

LE FOSSOYEUR

Eh bien, vous n'attendrez pas longtemps... Elle vient... Dans cinq minutes au plus, elle sera ici... Je l'ai aperçue là-bas qui passait devant la croix du carrefour...

ARLEQUIN

Comment ? Qui ça ? L'inspiration ?

LE FOSSOYEUR

L'inspiration, Colombine, votre maîtresse, Madame Pierrot, comme vous voudrez l'appeler... Je ne discute jamais sur les mots...

ARLEQUIN

Alors, vous savez ?...

LE FOSSOYEUR

Parbleu !... Je sais ce que tout le monde sait... C'est un bruit de ville...

ARLEQUIN

Oh ! après tout ! Peu m'importe. Comme je compte bien l'épouser dans peu...

LE FOSSOYEUR

Comment, l'épouser ? Eh bien, et Pierrot ?...

ARLEQUIN

Nous avons le divorce...

LE FOSSOYEUR

Mais, Monsieur, vous l'aimez donc bien ?

ARLEQUIN

Moi, oui, non, pas plus que cela... Enfin... je l'aime, comme on aime une bonne affaire bien avantageuse... bien lucrative...

LE FOSSOYEUR

Mais, Monsieur, Colombine n'a pas le sou... Elle crève de faim avec son fou de mari... Hier encore, je l'ai vue porter son dernier matelas au Mont-de-Piété !...

ARLEQUIN

Mon ami, tu n'as aucune idée de la situation... Mais, au surplus, je peux bien t'instruire... Tu as une tête de sage, et je te devine discret comme les tombes que tu creuses avec tant d'art... Donc, voici... Colombine, évidemment, n'a pas le sou... Mais son père, Cassandre, est riche, colossalement riche. Il a fait une fortune immense, en sachant se faire concéder par les prévôts de la ville le monopole des vidanges. Il adore sa fille, et il était disposé à la doter convenablement. Je puis te dire le chiffre : cinq cent mille livres... Or, lorsque, il y a dix ans, il songea à la marier, deux prétendants se présentèrent : l'un, poète étique, rimailleur famélique de ballades à la Lune : c'était Pierrot ; l'autre, poète aussi, mais poète intelligent, adroit, souple, travaillant moins pour les planètes que pour les riches et puissantes dames, et dès lors, malgré sa jeunesse, visiblement prédestiné à la fortune, aux honneurs, à la gloire et à l'Académie : c'était moi... Je plus à Cassandre, mais Pierrot plut à Colombine, et lui plut tant que la petite bête se laissa enlever par lui. Cassandre, furieux, jura de déshériter sa fille, et, de fait, refusa de la doter. Les deux époux traînèrent une vie misérable, Pierrot toujours rimaillant les louanges de l'inattendrissable Phœbé, Colombine obligée, pour vivre, de donner en ville des leçons de piano à trente sous !... Et pendant ce temps-là, ton serviteur, le seigneur Arlequin, avait fait tout doucement son chemin, poussé par les gens du monde pour lesquels seuls il travaillait. Il était devenu un auteur fameux que s'arrachaient les libraires. Il était millionnaire, décoré de tous les ordres et membre de l'Institut. Mais, pourtant, ce qui devait arriver arriva. Colombine avait vieilli, et, la trentaine gagnée, avait fini par s'apercevoir que sa vie avec un crève-de-faim, éternel ruminer de songes creux, était tout bonnement insoutenable. Alors, elle se prit à resonger de moi, sachant bien quelles étaient ma position, ma fortune, ma célébrité, et n'ignorant pas que Cassandre lui baillerait les cinq cent mille livres de dot autrefois promises si elle trouvait moyen de lui donner un gendre tel que moi... Comprends-tu, l'ami?

LE FOSSOYEUR

Parfaitement! seigneur Arlequin, parfaitement!... Mais Pierrot n'essayera-t-il pas de vous disputer sa légitime épouse ?

ARLEQUIN

Pierrot?... Bah!... Il gémira!... Il pleurnichera! Il chantera des élégies !... Car il adore Colombine!... Il l'adore comme la Lune, ce qui n'est pas peu dire!... Mais il ne trouvera rien de pratique à nous opposer... C'est un poète, rien qu'un poète, c'est-à-dire un imbécile.

LE FOSSOYEUR

Comment? Un poète, c'est-à-dire un imbécile... Mais, vous-même, ne m'avez vous point dit que vous étiez aussi un poète ?

ARLEQUIN

Sans doute, l'ami, mais il y a poète et poète.

LE FOSSOYEUR

Ah !...

ARLEQUIN

Des pas ! C'est elle ! C'est Colombine ! Eh, l'ami, je te prie,
laisse-nous seuls.

(*Sort le Fossoyeur.*)

SCÈNE III

ARLEQUIN, COLOMBINE

COLOMBINE

Bonsoir, seigneur Arlequin... Je suis un peu en retard,
excusez-moi...

ARLEQUIN

Lorsque l'aurore se décide à paraître, qui donc oserait...

COLOMBINE

Oh ! de grâce, mon ami, point de madrigaux !... Nous ne
sommes point ici à un rendez-vous d'amour, mais à un rendez-vous d'affaires.

ARLEQUIN

C'est juste ! Mais, pourtant, il serait peut-être excessif
d'écarter toute phrase d'amour de notre conversation... Car,
enfin, je vous aime, moi... Et vous, Colombine, m'aimez-
vous ?

COLOMBINE

Mais sans doute, mon petit Arlequin... Je vous aime, je
vous aime bien... mais non plus comme j'aimais autrefois, en
petite folle... Je vous aime en femme raisonnable, parce que
j'ai conscience de vos mérites, parce que je sais que vous
pouvez me rendre heureuse et que je puis vous rendre heureux...

ARLEQUIN

C'est sagement parler, en petite femme très moderne, pas
romantique... Et ce langage m'enchante... Ah ! Colombine !...

Lorsque j'aurai une petite femme comme toi... je ne connaî-
trai plus d'obstacles... l'avenir m'appartiendra... nous appartiendra... et je veux faire de toi la femme la plus riche, la
plus heureuse, la plus glorieuse... Mais, au moins, c'est bien
sûr, tu m'aimes plus que Pierrot?...

COLOMBINE

Quelle question !... Je le hais !... Est-on folle, mon Dieu,
quand on est gamine !... Dire que j'ai adoré ce pâle jocrisse,
incapable de gagner cent sous dans une année !... Mais j'en
ai assez de cette existence de misère !... et de donner des
leçons de piano à trente sous !...

ARLEQUIN

Alors, embrasse-moi, ma petite Colombine.

COLOMBINE

Tiens, voilà. (*Elle l'embrasse.*)

ARLEQUIN

Maintenant, parlons sérieusement. Où en sont nos affaires?

COLOMBINE

J'ai vu papa... Il a toujours mêmes intentions. Si je divorce
et si je t'épouse, il nous donne la dot convenue : cinq cent
mille livres...

ARLEQUIN

Cinq cent mille livres, bien !

COLOMBINE

Oui : cent mille francs d'argent comptant, d'abord ; deux
fermes et une maison estimées deux cent cinquante mille
livres ; le reste en valeurs sûres, garanties par la Caisse du
royaume et rapportant cinq pour cent... donc...

ARLEQUIN

Colombine, tu es une petite femme adorable...

COLOMBINE

Donc, nous aurons d'abord le revenu des deux cent cinquante mille francs de propriétés, montant, bon an mal an, à quatre mille cinq cents livres... Les cent mille livres d'argent comptant, nous les placerons dans une entreprise minière que papa m'a indiquée, avec garantie hypothécaire, très sûre, première hypothèque sur des immeubles d'une valeur quadruple, et nous prélèverons un intérêt de six pour cent : total six mille livres !

LE FOSSOYEUR, *caché derrière une tombe, monologuant.*

Quel drôle de duo d'amour !... Voilà pourtant comme sont les amoureux de maintenant... Bah ! Après tout, ils ont peut-être raison... Ce n'est pas l'amour qui fait le bonheur.

COLOMBINE

Plus les cent cinquante mille livres en obligations sur les Caisses du royaume, représentant, à cinq pour cent, un revenu net de sept mille cinq cents francs... Donc, en récapitulant, nous avons, d'une part, quatre mille cinq cents ; d'autre part, six mille ; d'autre part, sept mille cinq cents : total dix-huit mille livres... Avec dix-huit mille livres de revenu, on peut vivre.

ARLEQUIN

Mal !... Mais comme, de mon côté, j'apporterai dans la communauté un revenu à peu près égal : d'une part, mes droits d'auteur, tant comme romancier que comme poète et dramaturge ; d'autre part, mes jetons de présence à l'Académie ; d'autre part...

LE FOSSOYEUR, *à part, toujours caché.*

Autrefois, la jeunesse était moins sage, moins sage, vraiment.

COLOMBINE

Bref, mon petit Arlequin, nous aurons de quoi vivre à notre aise... Vois-tu, moi, j'estime maintenant que l'amour n'est possible qu'avec le confortable.

ARLEQUIN

Oui, oui, certes, nous aurons de quoi vivre à notre aise, et si Dieu nous donne des enfants, un fils par exemple...

COLOMBINE

Nous le mettrons à l'École Polytechnique.

ARLEQUIN

Colombine, tu es un ange... Je t'adore... Tu devines toutes mes aspirations... Tu es digne d'être ma muse, la muse de la poésie moderne !... Permets que je t'embrasse.

COLOMBINE

Quant au régime matrimonial, papa désirait que nous adoptassions le dotal, mais je lui ai objecté qu'avec un homme aussi intelligent et aussi pratique que toi, ce régime était non seulement inutile, mais susceptible de nous nuire... Il a compris, et si le régime de la communauté te plaît... Quant à mes paraphernaux...

ARLEQUIN

Oui, Colombine, mais as-tu songé au moyen d'obtenir le divorce ?

COLOMBINE

Je ne suis pas très fixée... Il y a bien le flagrant délit d'adultère... Mais ça nuit, ensuite, pour les relations, et comme nous aurons besoin de relations...

ARLEQUIN

A moins que ce ne soit Pierrot qui donne en personne le coup de canif dans le contrat, et ce au domicile conjugal... Nous le surprenons... et...

COLOMBINE

Impossible, mon cher, ce niais de Pierrot n'a jamais eu au cœur qu'un seul vrai amour, celui de la Lune... Tu comprends qu'aucun commissaire ne consentira à constater un flagrant délit d'adultère avec une personne aussi sidérale.

ARLEQUIN

Reste les coups, sévices et injures graves !... Ma petite Colombine, il faut te résoudre à te faire bâtonner.

COLOMBINE

Tu en parles à ton aise, toi...

ARLEQUIN

Oh ! je me tiendrai caché, prêt à te défendre et à constater...

COLOMBINE

Et puis, ça n'est pas facile !... Pierrot n'est guère acariâtre... Il est doux comme un mouton, indifférent plutôt...

ARLEQUIN

Diable !

COLOMBINE

Pourtant... pourtant... quelquefois, lorsqu'il a la cervelle turlupinée par quelque rime qui ne vient pas... et qu'on le dérange... il grinche... Enfin, j'essayerai...

ARLEQUIN

Oui, en choisissant adroitement le moment...

COLOMBINE

Et en étant incomparablement insupportable.

ARLEQUIN

Tiens ! tiens !... Quelle est cette forme blanche qui erre parmi les tombes, là-bas, dans le lointain ?

COLOMBINE

Ah! mon Dieu! Un fantôme!... Sauvons-nous!

ARLEQUIN

Mais non! Mais non! Par ma batte, je ne me trompe pas, c'est ton mari, c'est Pierrot!... Que diable vient-il faire ici, dans ce cimetière, à cette heure?

COLOMBINE

C'est sa promenade favorite, la nuit... Il prétend que dans ce silence l'inspiration...

ARLEQUIN

Mais il est avec quelqu'un.

COLOMBINE

Eh! oui, il parle avec quelqu'un.

ARLEQUIN

Mais... c'est Monsieur Barbin, le libraire...

COLOMBINE

Cachons-nous, les voici... Aussitôt que son libraire se sera retiré, je me montrerai... Je lui ferai une scène de harpie, et s'il porte la main sur moi...

ARLEQUIN

Cachons-nous derrière ces tombes... Les voici.

SCÈNE IV

PIERROT, M. BARBIN

M. BARBIN

Évidemment!... Je ne dis pas non!... C'est charmant, votre petit recueil! C'est charmant! Monsieur Pierrot! Mais,

que voulez-vous que je vous dise? Le public n'aime pas cela !
C'est trop élevé... Et puis, vous êtes obscur, Monsieur
Pierrot, vous êtes obscur ! Pourquoi ne faites-vous pas comme
Arlequin, le jeune et sympathique académicien, le poète à la
mode, des petits vers en contes, parfumés à la vanille, à
l'usage des salons du grand monde, ou bien encore des faits-
divers émouvants racontés en alexandrins... Ça passionne le
public, ça... Le fait-divers, voyez-vous; voilà l'avenir de la
poésie... Ah ! je sais bien, vous allez me dire que ça n'est pas
dans vos cordes... Alors, écrivez des romans... Ça se vend
encore mieux...

PIERROT

Mais je ne suis pas romancier, Monsieur Barbin.

M. BARBIN

Tant pis ! Monsieur Pierrot, tant pis !... J'ai l'honneur de
vous saluer.

SCÈNE V

PIERROT, seul

PIERROT

C'est Colombine qui ne sera pas contente... Pauvre petite
Colombine !... Tiens, la Lune !... (1) Dis-moi, Lune, es-tu le

---

(1) Nous avons trouvé dans les papiers d'Albert Aurier un fragment
du monologue de Pierrot mis en vers. Le voici :

> Tiens ! la Lune !... Bel astre au rire de corail,
> Oh ! dis-moi, douce Lune, es-tu le soupirail
> De ce navrant caveau de boue et de ténèbres
> Où nous vivons nos riens grotesques et funèbres ?...
> Es-tu le soupirail ouvrant sur l'Infini,
> L'indulgent soupirail, radieux et béni,
> Qui laisse ruisseler jusqu'en nos noirs cloaques
> L'or des rayons divins et paradisiaques ?...
> O soupirail, Espoir des poètes maudits,
> Lucarne qu'illumine un peu de paradis,
> O mystique lucarne aux flamboiements étranges

soupirail de la cave obscure où nous nous débattons? Es-tu le soupirail ouvrant sur les radiances de l'infini, sur l'éblouissant Paradis? O brillant soupirail, ô lucarne ouvrant sur l'espérance, que j'aimerais, donnant, comme un bon nageur, un coup de talon au fond de ce marécage, monter et traverser ton orbe éblouissant! Que j'aimerais crever ton disque de lumière, ainsi qu'un clown de cirque crève son cerceau de papier doré! Hélas!... sur cette terre maudite, faire un trou dans la lune n'est guère honorable, pas plus pour un poète que pour un banquier... Pour être considéré, il faut faire son trou comme le stercoraire... Ce libraire me semble un homme fort sensé, comme qui dirait un

Qui nous fais entrevoir le blond pays des anges,
Lune, cher réconfort du mortel voyageur,
Que j'aimerais, donnant, ainsi qu'un bon nageur,
Un fort coup de talon aux limons de la terre,
Monter dans les flots bleus vers l'éternel mystère,
Monter, monter parmi les océans d'azur,
Et traverser ton orbe éblouissant et pur !
Cœur joyeux bondissant vers la Splendeur première,
Que j'aimerais crever ton disque de lumière
Ainsi qu'un clown de cirque, en son grotesque saut,
Crève le papier d'or d'un rutilant cerceau !...
Mais, dans ce monde bête où l'aveugle Fortune
Me jeta par erreur, faire un trou dans la Lune
Est scandaleux, qu'on soit poète ou financier.
Eh ! oui, qu'on soit artiste ou qu'on soit épicier,
Il faut faire son trou comme le stercoraire !...
C'est la mode du lieu ! Et, d'ailleurs, ce libraire,
Je crois, avait raison !... Son dire était exact !...
C'est un homme sensé, plein d'esprit et de tact,
Un bon garçon un peu coquin, mais très honnête ;
En somme, un brave, grave et sage proxénète !...
Ce bon Monsieur Barbin, sans doute, avait raison
De t'offrir, ô Pierrot, de faire en sa maison,
Qu'encombrent les talents reliés en basane,
Le doux et lucratif métier de courtisane !
Ah ! la belle façon de comprendre notre art !...
On fait la fille ! On va sur le grand boulevard,
Exhibant des mollets et dardant des œillades
Pour raccrocher les vieux quêteurs de rigolades.

grave et sage proxénète. Au fond, il me conseillait d'entrer
en son honorable boutique pour y faire le métier de courtisane. Être poète de la manière qu'il disait, c'est, si je ne
m'abuse, faire la courtisane, c'est décocher des sourires et
montrer ses mollets sur la place publique pour raccrocher
les passants, c'est brocanter la chair de son rêve, c'est se
vendre... J'aimerais mieux me pendre... Me pendre!...
Peut-être y serai-je bientôt forcé! Que fais-je sur cette terre,
en somme? C'est par distraction, sans doute, que la destinée
m'a laissé tomber sur cette planète, où je n'ai que faire,
parmi ces gens dont je ne puis comprendre ni le langage, ni
les gestes, et qui me comprennent encore moins... Hélas! il

Eh! quoi? Comment? Pierrot, tu dédaignes l'argent
Que t'offre un homme honnête et fort intelligent
Pour brocanter la chair de ton rêve et te vendre?
— Me vendre! Serviteur! J'aimerais mieux me pendre.
J'ignore l'art de maquiller mes pauvres vers
Au goût des amateurs quelconques et divers,
De faire le trottoir ou même la fenêtre!...
— Me pendre?... J'y serai bientôt forcé, peut-être!...
Car que fais-je, en somme, ici-bas? En vérité,
C'est par distraction que les Dieux m'ont jeté,
Pauvre aiglon envolé, sans plumes, de son aire,
Dans ce monde grotesque où je n'vais que faire,
Sur cet astre boueux, parmi ces vils marchands
Dont j'ignore la langue et qui raillent mes chants.
— Ah! mes illusions! Chères fleurs bien fanées!...
Hélas! pauvre Pierrot, voici quarante années
Que tu traînes tes fers au bagne d'ici-bas!...
Les huissiers ont vendu ta guitare et ta bas,
Le boulanger n'a plus pour toi pain ni farine,
Ton front pâle et fripé de rides se burine...
Où sont tes gestes fous et tes jarrets nerveux?...
Il a neigé parmi la nuit de tes cheveux!...
Qui se souvient encor de ta mine replète?..
Te voilà plus étique et plus sec qu'un squelette,
Et ce blanc vêtement, pur tissu de candeur,
Qui, jadis, te faisait plus fier qu'un commandeur,
N'est plus sur ton échine avachie et piteuse
Qu'une loque sordide et bien calamiteuse!...

  .   .   .   .

y a quelque quarante ans que je traine la plus vaine et la plus pitoyable des existences, crevant de faim et pourchassé par les huissiers! Mes cheveux ont blanchi, je suis devenu étique comme un squelette, et ce candide costume tissé de blancheurs qui faisait jadis mon orgueil n'est plus qu'une lamentable loque sur ma maigre échine... J'avais cru trouver un être qui me comprenait et qui m'aimait... une femme si rose, si blonde et si douce qu'elle semblait la petite sœur de mon éternelle amante, la Lune... Je l'enlevai, j'en fis ma femme... Hélas! je ne tardai point à m'apercevoir que Colombine n'était rien moins que ce que j'avais rêvé... Je me grisais de chansons et d'airs de guitare, elle pleurnichait sur notre huche vide! Au fond, peut-être avait-elle raison? Peut-être le libraire, peut-être Arlequin, peut-être tout le monde ici-bas a-t-il raison? Et peut-être ne suis-je, moi, qu'un sot et un fou?... Alors, à quoi bon vivre?... J'ai commencé, petit Pierrot joyeux, par croire à tout, par aimer tout... Puis, quand j'ai compris ou cru comprendre, je me suis convaincu qu'il n'y avait encore de bon et de vrai que cet illusoire que nous faisons jaillir de notre cervelle, vêtu du somptueux costume des rimes et des rhythmes, que ce cher illusoire qui nous charme une minute, qui une minute nous fait crever d'orgueil et nous paraît créé pour l'immortalité, mais qui, hélas! ne tarde guère à s'évanouir comme des bulles de savon! .. Et maintenant, je le sens, je suis prêt à perdre cette croyance à ces riens délicieux... Alors, pourquoi vivre, à quoi bon vivre?... J'ai envie de me pendre...

SCÈNE VI

COLOMBINE, ARLEQUIN, *cachés derrière une tombe*, PIERROT

ARLEQUIN

S'il pouvait le faire comme il le dit! Ça simplifierait notre combinaison.

COLOMBINE

Tais-toi, Arlequin, c'est mal ce que tu dis!

ARLEQUIN

Bah!... Avoue, Colombine, que tu penses tout bas ce que je dis tout haut.

COLOMBINE

Tais-toi, Arlequin, tu m'ennuies...

PIERROT, *seul*

Me pendre, oui!... Peut-être est-ce là le moyen, la solution, l'issue... Oh! voici la lune qui brille!.. Oh! oui, j'en suis sûr ce soir, c'est bien la lucarne ouvrant sur le Paradis... J'en suis sûr... J'aperçois par cet éblouissant soupirail un coin du ciel... Je vois... Il y a des anges... qui chantent... qui chantent... qui chantent... Ah! il est donc permis de chanter dans le ciel... Oh! me pendre! Mon âme déploierait enfin ses belles grandes ailes, elle monterait, elle monterait, heureuse et grave, à travers l'éther, délivrée, elle plongerait comme en un puits de lumière dans cette tentatrice lucarne, elle irait vivre enfin dans ce bleu et radieux pays où l'on a le droit de chanter!...

ARLEQUIN

Il a l'air de se décider. Cela simplifierait les choses... Les procédures du divorce sont longues et onéreuses... Tandis qu'un bon petit enterrement...

COLOMBINE

Reviendrait à peu près aussi cher, si nous voulons faire les choses convenablement.

ARLEQUIN

Tu plaisantes.

COLOMBINE

Comment, je plaisante! Un convoi de deuxième classe au moins, le clergé, le marbrier, les toilettes de deuil.

ARLEQUIN

C'est égal! Pour mille raisons, j'aimerais mieux ça!

PIERROT

Oh! avoir enfin le droit de chanter!... O Lune!... O soupirail tentateur du Paradis!... O puits insondable de lumière! Tu m'attires, tu m'attires... Quand je te regarde, ma tête tourne, j'ai le vertige... Oh! j'ai le vertige comme si je me penchais sur le bord d'un gouffre effroyable et charmant... Tu m'attires, oui, tu m'appelles, ô Lune bienveillante, ô consolatrice, tu m'appelles de tes blonds sourires, tu m'appelles... Pourquoi te résisterais-je? Pourquoi? Ah! si j'avais une corde!... rien qu'une corde!...

ARLEQUIN

Il est bien décidé à le faire.

COLOMBINE

Hélas! oui!... le pauvre garçon!

ARLEQUIN

Ça serait une admirable solution.

COLOMBINE

Tais-toi, monstre, tais-toi!

ARLEQUIN

Ah! si j'avais quelque cordon à lui prêter.

PIERROT

Hélas! hélas!... Jusqu'à mon dernier souffle ce monde se montrera terrible pour moi. Il m'a refusé du pain pour vivre, il me refuse un peu de chanvre pour mourir...

COLOMBINE

Pauvre Pierrot!...

ARLEQUIN

Ah! si j'avais quelque corde à lui passer. (*Il se fouille.*) Non, rien! rien!... pas le plus petit bout de ficelle! rien! rien! Ah! c'est désolant!... On devrait toujours avoir une corde sur soi! C'est désolant, désolant! .. Une occasion unique...

COLOMBINE

Tu n'as donc pas de cœur, Arlequin?... Vois, moi, je suis tout en larmes!... (*Elle sanglote.*)

PIERROT

Oui, comme l'a dit le poète, du temps où il y avait encore des poètes, je suis, ici-bas, le cygne harmonieux et candide qui, méprisant les premiers frissons de l'hiver, a dédaigné de s'envoler vers les climats bienveillants. L'eau du lac s'est gelée. Mes ailes blanches sont prises dans les glaces, et mon col flexible et ma tête harmonieuse et mon œil douloureux se tendent vainement vers l'éther qui les appelle!... Ah! si j'avais une corde, rien qu'une corde!...

ARLEQUIN. *ému,*

Pauvre Pierrot!...

PIERROT

Mes ailes irrémédiablement soudées aux glaces d'ici-bas saignent par toutes leurs pennes!... Hélas! Hélas!. . (*Il pleure.*)

ARLEQUIN

Il m'attendr't!... Tu avais raison, blonde Colombine, je n'avais pas de cœur, pour n'être point ému par cette élo-quence désespérée, par ces larmes!... Pauvre Pierrot! Pauvre Pierrot!... Ah! Colombine, tu avais raison!... Mon discours était infâme! Il faut sauver ce malheureux... Oh! femme! ange de pitié et de charité!...

COLOMBINE

Dis-moi, Arlequin?...

ARLEQUIN

Colombine!

COLOMBINE

J'ai bien... J'ai bien la cordelière de mon manteau... Si nous la lui jetions?...

ARLEQUIN, *stupéfait*.

Quoi?... La cordelière de ton manteau? Tu veux lui jeter la cordelière de ton manteau?...

COLOMBINE

Oh!... C'est très solide... C'est en soie.

ARLEQUIN

En soie!...

COLOMBINE

Oui.

ARLEQUIN

Oh! femme! femme!...
(*Colombine s'avance sans être vue de Pierrot et dépose à ses pieds la cordelière en question.*)

COLOMBINE

Pourvu qu'il l'aperçoive.

PIERROT

Oh! Lune! Lune!... Sois pitoyable une fois!... Envoie-moi
tout ce qu'il faut pour me pendre. (*Il aperçoit la cordelière.*)
Tiens!... Un cordon, un cordon de soie... C'est solide... C'est
tout ce qu'il faut...

COLOMBINE

Bravo! bravo!... Il la tient...

ARLEQUIN

Pauvre Pierrot!...

PIERROT

Mais d'où diable peut provenir ce lacet secourable?... (*Il
regarde de tous côtés.*) Personne! Personne!... Quelle bienveillante divinité?... Serait-ce toi, ô Lune, ô ma blonde
maîtresse? Aurais-tu enfin pris une fois pitié? Oh! laisse-moi
le croire. Eh! d'ailleurs, qu'importe?

COLOMBINE

Pourvu qu'il ose, maintenant.

PIERROT

Qu'importe? Qu'importe? Je veux monter vers toi! Je veux
voler vers toi... Ce sapin... (*Il monte sur un sapin.*) Je sors
sans regret « d'un monde où l'action n'est pas la sœur du
rêve. » Et maintenant, glaces d'ici-bas qui reteniez mes
plumes prisonnières, adieu... Je monte, je vole, à travers
l'éther bleu, vers les blonds cheveux de ma douce Lune, dans
le beau pays où l'on a le droit de chanter, je vole, je m'envole, adieu, ah! (*Il se pend.*)

ARLEQUIN

Ah! le malheureux! le malheureux!

COLOMBINE

Bravo! .. Je ne l'aurais pas cru si brave...

ARLEQUIN

Le malheureux ! Si je montais couper la corde...

COLOMBINE

Non, allons chercher la gendarmerie.

ARLEQUIN

Oui, courons !

COLOMBINE

Attends !... Crois-tu qu'il soit bien mort ?...

ARLEQUIN

Il tire une langue d'une coudée et ses yeux pendent hors de
ses orbites... Il est bien mort, hélas !... le pauvre garçon !

COLOMBINE

Alors, cours appeler à la garde. (*Elle défait son chignon,
s'accroupit sous le pendu, la tête dans les mains, et se met
à sangloter, en s'arrachant les cheveux.*) Hélas ! hélas !...
ah ! ah ! ah !... Pauvre Pierrot ! Pauvre Pierrot !... Ah !...
ah !...

ARLEQUIN (*dans le lointain.*)

A la garde ! à la garde !

SCÈNE VII

COLOMBINE, ARLEQUIN, POLICHINELLE, M. BARBIN, FOULE

COLOMBINE (*toujours sanglotant*).

Ah ! ah ! mon pauvre mari ! hi ! hi ! hi !... Il s'est pendu ! hu !
hu ! hu !...

M. BARBIN

Pauvre femme ! Sa douleur est bien légitime.

COLOMBINE

Ah ! ah !... J'en deviendrai folle ! folle !

POLICHINELLE

Place à la force publique ! place !

ARLEQUIN

Comment, vous, Polichinelle ! Vous êtes gendarme, maintenant ?

POLICHINELLE

Eh ! oui, mon ami, gendarme ! brigadier de gendarmerie... Je me faisais vieux... J'en avais assez de rosser les gendarmes !... Les temps où nous vivons ne permettent plus la fantaisie ni la poésie de la vie de bohème... J'ai fait comme vous, je me suis rangé ; et, comme j'étais un habile gredin, je me suis dit que je serais un habile gendarme ! Mais, place ! place ! Quand un pendu s'est pendu, la théorie dit qu'il faut tout d'abord le dépendre : dépendons-le !...

COLOMBINE

Ah ! ah ! mon pauvre Pierrot ! mon pauvre Pierrot ! Oh ! oh ! oh !...

M. BARBIN

C'était un grand poète, Madame, un grand poète... Je comprends votre douleur... J'étais justement en pourparlers avec lui pour l'achat d'un volume de vers. J'en offre cent mille livres, Madame, cent mille livres.

COLOMBINE

Cent mille livres !... Ah ! pauvre Pierrot ! oh ! oh !...

POLICHINELLE

C'est pour rien.

UN HOMME

On trouve peu de génies comme le sien.

UN AUTRE

Ah ! certes, son nom sera immortel !

UN AUTRE

Il faudra lui élever une statue!

UN AUTRE

Je m'inscris pour mille francs sur la liste de souscription!

UN AUTRE

Je veux interpeller la Chambre pour que l'État lui fasse des funérailles publiques!

ARLEQUIN

Je ferai son éloge à la prochaine séance de l'Académie, et je dirai ce qu'on a dit de Molière : Rien ne manque à sa gloire... Je parlerai sur sa tombe!

COLOMBINE

Hélas! ah! ah! ah! mon pauvre mari!... mon pauvre mari!...

TOUS

Pauvre Pierrot! Malheureux Pierrot!

M. BARBIN

Je veux faire de ses œuvres une édition nationale. Arlequin, Pierrot était votre ami, consolez sa femme, éloignez-la de ce lieu sinistre!

ARLEQUIN

Viens, Colombine. (*Il l'entraîne.*)

COLOMBINE

Si l'État prenait les funérailles à sa charge, ce nous serait une sérieuse économie.

Page d'album de G.-ALBERT AURIER.

III

NÉRON

Petit drame

SÉNÈQUE, NÉRON

NÉRON

Oh ! je m'ennuie, Sénèque, fais-moi rire.

SÉNÈQUE

Je suis philosophe, ô Néron, je n'ai point reçu des dieux le don de faire rire... Mais tu as à ta disposition des bouffons, des baladins, des danseuses, des comédiens...

NÉRON

Je sais tous leurs tours... je m'ennuie... je voudrais une plaisanterie nouvelle, une chose énorme, imprévue... je voudrais que tu me fisses rire, toi, Sénèque, le philosophe grave. Ça serait drôle dans son imprévu.

SÉNÈQUE

Néron, tu railles ton vieux précepteur.

NÉRON

Écoute, Sénèque, la toute-puissance est une chose monotone, l'empire... En un mot, je crois que j'étais né pour être mieux qu'un empereur, pour être quelque chose de plus grand...

SÉNÈQUE

Pour être?...

NÉRON

Poète! Poète, oh je le suis, je le suis, va, Sénèque! je suis un grand poète... Si tu savais ce que j'entends bourdonner dans mon cœur, si tu connaissais les vers que je compose en mes nuits d'insomnie, et que je brûle au réveil, tu ne trouverais qu'Homère à qui me comparer. Oh! être poète! pouvoir l'être... Mais non, je ne puis satisfaire cette ambition, on me traiterait tout simplement d'empereur bel esprit. Oh! je m'ennuie... Sénèque, commande qu'on m'envoie la troupe des musiciens nègres et des danseuses carthaginoises.

SCÈNE II

(Entrée des danseuses et des musiciens.)

NÉRON, *à une danseuse.*

Esclave, viens t'asseoir sur mes genoux et caresse-moi comme si je n'étais pas un empereur, comme si j'étais un poète (*Elle obéit*). Et vous! des danses lascives!

(Ballet, musique africaine, danses lubriques, roulement des hanches à la mode des danseuses lybiennes.)

NÉRON

Assez! Va-t'en, esclave, tes caresses sont respectueuses et non pas amoureuses, va-t'en. Et vous aussi, danseuses! Vos contorsions me répugnent, au lieu d'allumer en moi la joie et l'amour.

(Sortie des musiciens et danseuses.)

SCÈNE III

NÉRON

Écoute, Sénèque. J'ai fait un rêve cette nuit, appelle l'augure chargé d'expliquer les songes.

SÉNÈQUE

Je vais le chercher.

SCÈNE IV

NÉRON

Approche, Augure qui expliques les songes, et écoute.
Cette nuit, j'ai vu, dans un immense désert aride et brûlant,
passer, en se traînant, un troupeau de lions boiteux. Ils
étaient cent. Leurs pattes, brisées, laissaient derrière eux
des ruisseaux de sang. Ils avaient soif, et une écume épaisse
tombait de leur gueule. Ils se traînaient vers un coin de
l'horizon, espérant découvrir une citerne où baigner leurs
blessures et assouvir leurs soifs et leurs fièvres. Mais ils
perdaient leur sang et leur force, et aucune citerne n'appa-
raissait à l'horizon, et les échos tressaillaient de leurs rugissements lamentables, désespérés et formidables. Augure,
explique, si tu peux, ces choses.

L'AUGURE

Je ne le ferai point, seigneur.

NÉRON

Esclave vil, je te l'ordonne.

L'AUGURE

J'ai peur de blesser ton amour-propre, Néron.

NÉRON

J'ordonne.

L'AUGURE

J'obéirai. Le rêve envoyé par le puissant Jupiter, père des
Dieux, est clair, évident et sans équivoque. Les lions boiteux,
ô Néron, sont les brillantes facultés de ton âme, tes rêves
d'artiste, tes aspirations de poète, tes désirs de joie, de
volupté, d'amour, toutes tes passions, à la fois majestueuses

et boiteuses, comme ces lions estropiés. La citerne illusoire
est là réalisation de ces choses, l'heureux but que tu n'attein-
dras jamais, Néron, jamais.

NÉRON, *furieux.*

Insolent! Augure de malheur! Tu mens! Tu calomnies et
tu fardes la pensée de Jupiter... Ah! malheureux! Tu prétends
que je n'atteindrai jamais le but rêvé! Que je ne réaliserai
jamais mes aspirations de poète, mes désirs de joie!... Mes
aspirations de poète! Tous les jours je les réalise... Cette ode
que j'ai brûlée ce matin!... Quant à mes désirs de joie, je veux
te démontrer que rien n'est plus facile à réaliser. Tu me
serviras d'instrument, prophète de malheur!... Ah! ah! je
cherchais quelque chose de drôle et d'imprévu, pour dissiper
mon ennui. Je tiens la chose. Esclaves!

LES ESCLAVES

Puissant seigneur?

NÉRON

Prenez ce sot augure. Enduisez-le de poix et de pétrole, et
allumez-le pour éclairer le jardin...

SÉNÈQUE

Néron, ce pauvre diable...

NÉRON

Point de sentiment!

L'AUGURE

Seigneur!

NÉRON

Obéissez!... Si les grimaces de ce poussah ne me font pas
rire, alors qu'il sentira la flamme lui roussir les poils et faire
bouillir ses tripes dans sa bedaine, c'est à désespérer.

(*Des esclaves allument l'augure. Néron le regarde quelques instants, pas un muscle de la face du prêtre ne
tressaille.*)

SÉNÈQUE

Il ne bronche pas! Il a vraiment une force d'âme extraordinaire.

NÉRON, *furieux.*

Mais grimace donc! Mais gigote donc, canaille! Fais-moi
rire! Fais-moi rire!

L'AUGURE

Ils perdaient leur sang et leur force : aucune citerne n'ap-
paraissait à l'horizon.

NÉRON, *furieux.*

Canaille!
(*Il jette son sceptre sur l'augure enflammé.*)

SÉNÈQUE

Seigneur...

NÉRON

Oh! rage! Oh! rage! pas un éclair de joie ne s'allume en
mon cœur! Je m'ennuie! Jem'ennuie!... Un troupeau de lions
boiteux qui laissait un fleuve de sang.

IV

LE JONGLEUR

Féerie en un acte

———

SCÈNE I

(Une route dans une forêt, le soir.)

LA SORCIÈRE, SABINE.

SABINE

Vieille sorcière, je veux me tuer.... Je suis une pauvre fille, qui ne possède pour toute fortune que mes haillons. Je veux me pendre à la croix du carrefour.

LA SORCIÈRE

Non, espère, j'ai lu dans ta main que tu serais riche et heureuse un jour.

SABINE

Comment cela se ferait-il ? je suis laide et je n'ai point d'esprit. Les princes n'épousent point des filles comme moi... je veux me pendre à la croix du carrefour.

LA SORCIÈRE

Non, fillette, un prince t'épousera et cela sera bientôt.

SABINE

Quand ?

LA SORCIÈRE

Peut-être avant une heure... Attends jusque-là.

SABINE

Les princes n'ont point l'habitude de se promener la nuit sur les grands chemins... Je veux me pendre à la croix du carrefour.

LA SORCIÈRE

Patiente un peu.

SABINE

A quoi bon !... Je veux me pendre à la croix du carrefour...

LA SORCIÈRE

Chut !... N'entends-tu point des pas dans la nuit ?

SABINE

Ah !... serait-ce lui ?

LA SORCIÈRE

Qui sait ?

SABINE

Serait-ce le prince ?

LA SORCIÈRE

Peut-être. Je le crois. Il vient... Il approche...

SABINE

Hélas ! C'est un jongleur... un jongleur peut-être plus pauvre que moi...

LA SORCIÈRE

Les princes se déguisent quelquefois.

SABINE

Les princes se déguisent quelquefois ?

LA SORCIÈRE

Le voici. Cachons-nous. Lorsqu'il passera, nous l'examinerons, et s'il a la mine d'un prince déguisé, je l'appellerai.

LE JONGLEUR

Ah ! la route est bien longue et mes pieds sont meurtris ! Ah ! l'horrible destinée. Moi dont l'âme est somptueuse comme le paradis ! Moi qui sais la volupté des rêves, pourquoi suis-je condamné à m'écorcher les pieds aux cailloux des interminables grandes routes, pourquoi suis-je condamné à mendier mon pain dans les châteaux où je vais chanter, pour charmer les loisirs des châtelaines indifférentes, les beaux vers que j'ai composés sur les exploits de Roland ou des Chevaliers de la Table Ronde !... Ah ! si du moins j'avais pour me consoler l'amour d'une femme.... si quelqu'une de ces belles châtelaines devant qui je chante daignait, en souriant, me permettre de poser ma tête lasse sur ses genoux charitables. Mais je boite; asseyons-nous dans ce fossé.... Sans doute quelque épine a blessé mon talon.

SABINE, *cachée*.

Le pauvre garçon, il souffre !... Si j'allais panser son pied.

LA SORCIÈRE, *cachée et ironique*

-Eh ! eh ! eh ! eh ! petite !... Ça n'est pourtant pas un prince !...

SABINE

Oh ! pardon ! seigneur jongleur ! Vous êtes blessé ! Vous souffrez ? Permettez que nous vous aidions à arracher cette épine.

LA SORCIÈRE

Laisse faire, petite, je suis experte à ces choses et je sais des signes et des mots qui guériront instantanément la blessure... Voilà... Maintenant, petite, je vous laisse ensemble... Moi, je vais chevaucher mon balai pour me rendre au sabbat.

SCÈNE II

SABINE, LE JONGLEUR

LE JONGLEUR

Comment vous appelez-vous ?

SABINE

Sabine.

LE JONGLEUR

Savez-vous que vous êtes jolie, très jolie?...

SABINE

Oh ! je sais bien que non.

. LE JONGLEUR

Sans doute vous étiez cachée derrière ces arbres. Vous avez entendu ce que je disais... Voulez-vous m'aimer ? Voulez-vous être la châtelaine qui me consolera ? la châtelaine qui me permettra de poser ma tête lasse sur ses genoux charitables ?

SABINE

Mais je ne suis point une châtelaine... je ne suis qu'une pauvre fille en haillons.

LE JONGLEUR

Qu'importe ! Aimez-moi. Je sais l'art des merveilleuses métamorphoses. Je suis le dispensateur des féeriques merveilles... Aimez-moi, vous serez la plus belle des châtelaines. Me comprenez-vous ? Aimez-moi.

SABINE

Je ne vous comprends point... je suis une pauvre mendiante, sans beauté et sans esprit.

LE JONGLEUR

Aime-moi ! Baise-moi aux lèvres ! Et tu seras la plus belle et tu seras la plus spirituelle et tu seras la plus noble !...
(*Elle le baise.*)

SABINE

Je t'aime... et il me semble que mes yeux sont plus grands ouverts et qu'un éblouissement de Paradis coule doucement dans mon âme.

LE JONGLEUR

Ah ! tu es la belle châtelaine que je rêvais. Sois bonne !... Laisse-moi m'asseoir près de toi sur ce lit seigneurial.

SABINE

Ce lit seigneurial ?... mais c'est le talus du fossé.

LE JONGLEUR

Aime-moi ! Baise-moi sur la bouche ! Et le talus de ce fossé deviendra un lit seigneurial, et ces arbres seront les lambris d'or d'un royal manoir.
(*Elle le baise, un lit gothique surgit sous eux.*)

SABINE

Que veulent dire ces choses ?... Si je ne touchais encore mes haillons, ma jupe dont les trous laissent voir mes pauvres chairs grelottantes, certes je croirais rêver.

LE JONGLEUR

Tes haillons ! Ta jupe en lambeaux !... Sabine ! Qu'importe ! Aime-moi. Baise-moi sur la bouche, et ils se changeront en vêtements de brocart.

(*Elle le baise ; la robe en haillons tombe et découvre Sabine vêtue d'étoffes brochées ruisselantes de pierreries.*)

SABINE

Ah ! suis-je donc folle !...

LE JONGLEUR

Non, Sabine ! Souffre, que mes lèvres toujours collées à tes lèvres, je pose sur ton front la couronne des impératrices.

(*Il la couronne.*)

SABINE

Ah ! Quelles merveilleuses métamorphoses !...

LE JONGLEUR

Et maintenant, sans interrompre nos doux baisers, Sabine, appelons les esclaves de votre impérial palais. Demandons-leur, pour charmer nos heures d'amour, de faire venir des musiciens et des danseurs, et de nous apporter en des vases précieux du miel et des vins parfumés.

(*Des esclaves entrent, apportant des tapis somptueux, des vases d'or et d'argent, des instruments de musique; des danseuses à demi nues se cambrent en des poses lascives, comme prêtes à danser.*)

SABINE

Jongleur que j'aime ! Beau jongleur ! Serais-tu, beau jongleur, monsieur le diable ?

LE JONGLEUR

Non, Sabine ! je ne suis point le Diable ! je te le répète, je suis le Poète, je suis le dispensateur des féeriques merveilles. Je suis le Magicien sublime. Je suis le Consolateur ! l'Évocateur... Ce que je puis, lorsque j'aime, lorsque l'on m'aime, tu le vois.... J'ai fait de la petite mendiante en haillons la belle impératrice aux robes d'or et de soie..... Mais de grâce, ne délions point nos bras ! Éternellement restons enlacés ! Éternellement restons plongés en ce baiser, mes yeux sur tes yeux, mes lèvres collées à tes lèvres.... Car, Sabine, sache-le, si nos lèvres se séparaient un instant, si nos yeux un instant se quittaient, si un instant se relâchait l'étreinte de notre baiser, Sabine, Sabine, ces palais d'or s'écrouleraient, et, de ce faîte miraculeusement glorieux où nous sommes montés, nous retomberions dans les boues et les ronces de la lamentable réalité.

Juillet 1891.

Page d'album de G.-Albert Aurier.

V

LE MANUEL DU PARFAIT ASSASSIN

Le Manuel du parfait Assassin. *Étude sur la légitimité du meurtre au point de vue moral, sur sa nécessité dans toute société bien organisée, suivie de l'exposition théorique des principes de la Science de l'assassinat, ainsi que des notions d'anatomie, physiologie, chimie, toxicologie, droit pénal, etc., etc., nécessaires à l'assassin moderne,* par J. B. LANCELOT, *membre de l'Académie des Sciences morales et politiques et de la Société de Philanthropie de Lyon* (Morissot, éditeur).

Certes, voilà un livre qui paraît à son heure. Les débats encore actuels des Procès Prado et Chambige ont derechef attiré l'attention du public sur cette grave question de l'assassinat.

Ces deux criminels peuvent être classés dans la catégorie des assassins sympathiques. D'où provient cette sympathie? A notre avis, de ce que ce ne sont pas de banals meurtriers, mais des criminels se rapprochant sensiblement du type idéal que M. J. B. Lancelot... (1)

Une évolution, en effet, se produit dans le meurtre. L'assassinat perd de jour en jour son caractère brutal, bestial, quasi

---

(1) Phrase non achevée sur le manuscrit.

instinctif et barbare, et tend sensiblement à devenir raisonné, logique, profond, à devenir, disons le mot, une science. Cette science, encore à l'état embryonnaire, M. J. B. Lancelot a essayé, dans son très beau et très utile manuel, de l'établir définitivement, d'en fixer les principes et les lois. Nous sommes trop décidés partisans de toutes les innovations désintéressées et généreuses, nous nous intéressons trop à tout ce qui touche aux questions d'humanitarisme et de philanthropie, pour faire le silence autour d'un ouvrage aussi consciencieux et aussi pratique :

Nihil a me humano humani alienum puto.

Nous allons donc essayer de résumer (trop brièvement, hélas !) cette très personnelle œuvre, convaincu que plus d'un de nos lecteurs pourra en retirer d'utiles enseignements.

M. J.-B. Lancelot commence son livre par quelques considérations sur les rapports de l'assassinat et de la morale. Il démontre que les préjugés classiques relatifs à l'assassinat ne reposent sur aucune base sérieuse et doivent être rangés dans ce qu'il appelle dédaigneusement l'éthique sentimentale. En pareille matière, on doit se défier des attendrissements et des idées préconçues. Tout argument qui n'est pas rigoureusement scientifique et matériellement contrôlable doit être écarté. Or, le manuel de M. J.-B. Lancelot ne manque pas, on doit l'avouer, de ces arguments. L'espace ne nous permet malheureusement pas de les énumérer. Nous nous contenterons d'en citer deux, concluants par eux-mêmes. Le premier est emprunté à la statistique. Il établit par des chiffres vérifiés la constance, pour ainsi dire absolue, de la proportion des meurtres et de la population, toutes choses égales d'ailleurs — observation qui s'applique également au nombre des suicidés et des fous — et démontre suffisamment que le meurtre est le résultat d'une loi naturelle nécessaire (toute loi n'étant, subjectivement, qu'un rapport constant de fait à fait). Le deuxième argument, emprunté aux observations physiologiques de l'Anglais Mandsley, et aux travaux de l'école italienne d'Anthropologie criminelle, dont le grand Lombroso est le glorieux chef, peut ainsi se formuler : Dans toute société naît un nombre d'hommes (constamment en proportion directe de la population) organisés physiologiquement *pour* être criminels, et qui ne sauraient échapper à cette fin qui est leur raison d'être unique. L'assassinat est donc, physiquement, une loi anthropologique, et, socialement, un pondérateur indispensable dont la suppression (impossible, au reste) serait le signal d'un cataclysme pour l'humanité.

Ce principe de l'*utilité*, de la *nécessité* de l'assassinat étant démontré, M. J.-B. Lancelot, qui, avec Hobbes, Herbert Spencer, Bentham et toute l'école évolutionniste, fonde la morale sur le principe d'utilité, classe sans hésiter le meurtre dans les actions morales.

Il est souvent désagréable, il est vrai, d'être assassiné, mais Bentham n'a-t-il pas dit : « Il faut sacrifier soi-même à sa famille, la famille à la cité, la cité à l'humanité, car le bien est le plus grand intérêt du plus grand nombre » ?

Or, en supportant avec résignation un coup de couteau, on suit le principe moral de Bentham, on se sacrifie à une nécessité sociale.

Mais disons quelques mots de la 2ᵉ partie, consacrée à l'assassinat théorique et pratique, considéré comme science.

Et d'abord M. J.-B. Lancelot établit irréfutablement que le meurtre n'est pas un art, ainsi que l'avait pensé M... (1), l'auteur du livre intitulé : *De l'Assassinat considéré comme un des beaux-arts*, mais une science. Ensuite, il passe en revue les rapports de cette science avec les autres connaissances humaines, philosophie, anatomie, physiologie, hypnotisme, botanique, chimie, droit, mécanique, etc. Puis il fixe les règles pratiques générales que doit suivre tout bon assassin pour la préparation et la perpétration de son acte, pour échap-

(1) Le nom manque.

per aux yeux de la police et pour, en cas qu'il soit pris, dérouter les investigations judiciaires. Ces principes devraient être pour ainsi dire gravés dans la tête de tout criminel. Ce serait le moyen d'éviter la plupart de ces fâcheuses captures qui causent les scandales de la cour d'assises et sont autant d'atteintes à la liberté individuelle. Enfin, il fait l'analyse critique des différentes sortes de meurtres : par armes tranchantes, perforantes, contondantes, explosives, par absorption ou injection de substances vénéneuses, par suggestion, persuasion, etc., etc. Toute cette partie est pleine d'excellentes recettes et observations, qui seront lues avec fruit par les intéressés ; mais la partie la mieux traitée est certes celle de la toxicologie.

M. J.-B. Lancelot semble en effet avoir une certaine sympathie pour ce mode d'assassinat. Il s'étend avec un amour très marqué sur cette question. Tout d'abord, il condamne absolument l'arsenic et tous les vieux poisons populaires, qui agissent mal et trop lentement, déterminent une mort trop symptomatique, et laissent dans l'organisme des traces non équivoques. Il leur préfère avec raison les alcaloïdes végétaux, qui agissent d'une façon foudroyante et laissent peu de traces dans l'organisme. « Ainsi, dit-il, on employera toujours avec le plus grand succès l'hyoscyamine cristallisée (alcaloïde de l'*hyoscyamus niger*), la strychnine, la conicine, l'atropine, la nicotine, la brucine. » Plusieurs glucosides sont également indiqués : la digitaline cristallisée, par exemple (glucoside de la *digitalis purpurea*). Lorsqu'on désirera une intoxication lente, ou emploiera avec succès les nombreux alcaloïdes de l'opium : la codéine, la morphine, la narcotine, la thébaïne, la papavérine, la laudanine, la cryptopine, etc. Si l'on désire une intoxication moins banale, excentrique, et, pour ainsi dire, facétieuse, ou pourra employer la vératrine. Cet alcaloïde, en effet, très actif comme poison, produit en outre tous les symptômes du coryza : le sujet sur lequel on aura opéré expirera, au bout de quelques minutes, au milieu d'éternuements convulsifs, et rien n'empêchera les médecins légistes de croire qu'il a succombé à un fort rhume de cerveau.

M. J.-B. Lancelot indique encore la liqueur fumante de Libavius (deutochlorure d'étain), l'acide cyanhydrique (C^2 Az H), et le terrible poison retiré des strychnos, que les Indiens nomment upas tieuté, urari, chettik, et que nous appelons curare. Il a même inventé pour administrer le curare et l'acide cyanhydrique une seringue, dite seringue infinitésimale de Lancelot, qui est un heureux perfectionnement de la seringue de Pravaz. Pour ces poisons, l'auteur préconise surtout l'injection hypodermique dans les tissus adipeux du corps. On suit le sujet dans une foule : une simple piqûre à la cuisse avec la seringue (piqûre ne laissant aucune trace), le sujet tombe foudroyé et les médecins constatent une apoplexie ou une rupture d'anévrisme.

Mais le poison favori de M. J.-B. Lancelot semble être l'aconitine, celui des alcaloïdes végétaux qui est le plus foudroyant, qui est le plus difficile à caractériser et qui laisse le moins de trace dans l'organisme. On l'administrera à raison de 0 gr. 009 dans un verre de cognac (il est très soluble dans l'alcool).

Enfin M. J.-B. Lancelot a retrouvé le secret de la bougie empoisonnée de M. Pilau, dont parle Edgar Poe. En voici la formule : stéarine : 30 gr. ; cyanure de mercure : 4 gr. ; acide chlorhydrique : 3 gr. L'acide chlorhydrique est contenu dans un capillaire de stéarine pure, traversant le corps de la bougie parallèlement à la mèche. A mesure que la bougie fond, l'acide chlorhydrique mis en présence, goutte à goutte, avec le cyanure de mercure, le transforme en chlorure de mercure, l'acide cyanhydrique se dégage :

$$Hg\ C^2 Az + H\ Cl = Hg\ Cl + C^2\ Az\ H$$

ou, pour MM. les atomistes :

$$(C\ Az)^2\ Hg + 2\ H\ Cl = Hg\ Cl^2 + 2\ C\ Az\ H$$

l'air est intoxiqué, et au bout de quelques instants le sujet qui est dans la chambre expire.

Et maintenant que nous avons donné ce faible aperçu du beau livre en question, qu'il nous soit permis d'émettre une réflexion personnelle. Il existe au Collège de France un nombre considérable de chaires consacrées à des sciences grotesquement surannées et inutiles. L'année dernière, déjà, une d'elles a été remplacée par une chaire de psychologie expérimentale donnée à M. Ribot : pourquoi ne répéterait-on pas cette année pareille réforme, et ne créerait-on pas, en place de quelque cours lamentablement désert, une chaire pour la nouvelle science, un cours de la science de l'assassinat ? On n'aurait pas besoin de chercher loin le titulaire. M. Lancelot nous semble tout indiqué.

Au ministre de l'Instruction publique d'étudier cette question.

————

AVELINE

Légende

Il y avait une fois une jeune fille qui s'appelait Aveline. Elle était si belle et si douce avec ses grands yeux couleur de myosotis, ses chairs pâles comme du lait et ses longs cheveux presque blancs, que les garçons du pays, qui n'étaient pourtant point des poètes, la prenaient tous pour un ange qui avait perdu le chemin du Paradis.

Un jour qu'Aveline, en robe blanche, et ses cheveux presque blancs flottant sur ses épaules, se promenait dans le jardin occupée à cueillir des lys, Notre-Seigneur Jésus-Christ, qui, par hasard, était venu se promener dans ce royaume, vint à passer sur la route et aperçut, par-dessus la haie d'aubépines en fleurs, la belle et douce jeune fille, toute blanche, parmi les lys du jardin.

Il s'arrêta pour la contempler, et comme, à ce moment, un garçon du pays passait sur la route, il lui demanda quelle était cette si belle et si douce jeune fille aux grands yeux couleur de myosotis, aux chairs pâles comme du lait, aux longs cheveux presque blancs.

Seigneur, répondit le garçon du pays, elle s'appelle Aveline,
mais, sans doute, ce n'est point une jeune fille, c'est un ange
qui a perdu le chemin du Paradis.

Notre-Seigneur Jésus-Christ s'éloigna, tout songeur, et ne
tarda point à remonter dans le ciel. Il alla trouver son père,
qui était assis sur un trône d'or et qui caressait sa longue
barbe blanche, en écoutant les sublimes chansons que chantaient les chœurs des chérubins.

— Mon père, j'ai vu sur la terre une jeune fille qui s'appelle
Aveline. Elle est si belle et si douce, avec ses grands yeux
couleur de myosotis, ses chairs pâles comme du lait et ses
longs cheveux presque blancs, que les garçons du pays, qui
ne sont pourtant point des poètes, la prennent tous pour un
ange qui a perdu le chemin du Paradis... Mon père, elle était
toute blanche parmi les lys du jardin, et moi aussi je crois
que ce n'est point une jeune fille, mais un ange qui a perdu
le chemin du Paradis... Pourquoi, mon père, puisqu'elle en
est digne, ne lui ouvririons-nous pas le ciel, et ne lui donne-
rions point pour compagnons les anges qui sont ses frères?...

— Comme il vous plaira, mon fils, mais j'ai peur qu'il en
résulte des choses fâcheuses, car en définitive les femmes ne
sont point des anges.

— Ah! mon père, si vous l'aviez vue, toute blanche, parmi
les lys de son jardin!...

— Enfin, mon fils, essayez.

Notre-Seigneur Jésus-Christ redescendit du ciel dans le
pays qu'habitait Aveline.

Elle était dans sa chaumière à réunir en bouquet les lys
qu'elle avait cueillis, et elle en avait mis quelques-uns dans
ses cheveux presque blancs.

— Aveline, lui dit-il, vous n'êtes point une jeune fille, vous êtes un ange qui a perdu le chemin du Paradis.

— Seigneur, dit-elle simplement, tous me le répètent, mais vraiment je n'en sais rien.

— Aveline, suivez-moi, je vous ouvrirai la porte du ciel, où, sans doute, vous êtes née, et je vous rendrai la compagnie des anges qui sont vos frères.

Ils partirent ensemble, et Notre-Seigneur Jésus-Christ remonta au ciel en l'emportant dans ses bras.

Elle ne fut point du tout dépaysée. Tout le jour, elle s'amusa à marcher dans l'azur, à se coucher sur les beaux nuages, à écouter les divines musiques des chérubins, à parler avec les anges... Tous la regardaient courir dans les célestes pourpris, si belle et si douce avec ses yeux couleur de myosotis, ses chairs pâles comme du lait, et ses longs cheveux presque blancs étoilés de fleurs de lys, et tous se demandaient quel était cet ange qu'ils n'avaient encore jamais vu dans le Paradis.

Avec eux, elle chantait de sa voix si douce et si pure les louanges du Très-Haut, avec eux elle buvait dans des coupes d'or le rose nectar, qui est, comme tout le monde sait, le vin délicieux que donnent les treilles qui poussent dans le ciel.

N'avais-je point raison, mon père, disait Notre-Seigneur, Aveline n'était-elle point faite pour vivre parmi nos célestes phalanges?

— Mon fils, attendons la fin... J'ai peur que de tout cela il ne résulte rien de bon...

Et, assis sur son trône d'or, le Très-Haut se mit à caresser sa longue barbe d'argent, n'écoutant plus que d'une oreille distraite les sublimes chansons que chantaient les chœurs des chérubins.

Cependant, il y avait déjà un jour, tout un jour qu'Aveline avait pénétré dans le Paradis, qu'Aveline savourait les voluptés ineffables du Paradis. Etait-elle donc déjà lasse des célestes félicités? Elle ne jouait plus avec les anges, elle ne chantait plus avec eux de sa voix si douce et si pure les louanges du Très-Haut. Elle semblait inquiète. Une imperceptible crispation altérait le calme de son visage pâle, et parfois elle mordillait nerveusement ses lèvres... Elle marchait comme anxieuse dans l'azur, elle faisait le tour de chaque nuage et semblait impatientée de trouver partout des anges, des archanges et des chérubins, jouant ou chantant... Ceux-ci la regardaient étonnés, car ils n'avaient jamais vu pareilles expressions sur des visages... Enfin, comme dans un coup de désespoir, elle arrêta l'un d'eux par sa robe d'azur, et, se penchant à son oreille, elle se mit à lui parler tout bas. Il parut très étonné et il répondit :

— Mais, je ne sais pas, je ne vous comprends pas...

Et comme elle insistait, il ne put que répéter :

— Je ne vous comprends pas... Je ne sais point ce que vous voulez dire... Je n'ai jamais entendu parler de cela.

Et il appela d'autres anges et d'autres archanges et d'autres chérubins, et il leur répéta les paroles d'Aveline, mais tous parurent aussi étonnés que lui et tous dirent :

— Nous ne savons pas... Nous ne comprenons point... Nous n'avons jamais entendu parler de cela.

Alors Aveline s'éloigna et se mit à pleurer. Mais tous la regardaient, car ils n'avaient jamais vu pleurer dans le Paradis.

Notre-Seigneur Jésus-Christ, qui était assis à la droite de son père, l'aperçut tout en larmes, et il lui fit signe d'approcher :

— Eh! quoi? lui dit-il, vous pleurez, Aveline? Vous pleurez dans le Paradis? Qu'avez-vous donc, Aveline?...

— Seigneur, dit-elle, c'est sans doute le nectar, tout le nectar que j'ai bu... et les anges n'ont pas voulu me dire...

Elle s'interrompit pour éclater en sanglots, et comme Notre-Seigneur Jésus-Christ ne comprenait point encore, elle fut obligée de se pencher à son oreille et de lui dire tout bas, en rougissant, ce qu'elle avait dit aux anges.

— Aveline! Aveline! dit tristement Notre-Seigneur, ne pourrez-vous donc point vivre avec nous dans le Paradis... Les anges ignorent ces vils besoins; ne seriez-vous pas, comme je l'avais cru, semblable aux anges?

— Seigneur, Seigneur, dit Aveline en sanglotant, si je ne puis me soulager dans le Paradis, il faut que je le quitte, il faut que je le quitte. De grâce, transportez-moi sur la terre, dans mon petit jardin où fleurissent des lys... car vraiment je ne puis plus attendre, je ne puis plus attendre.

Aveline est revenue sur la terre. Elle se promène encore, toute blanche, parmi les lys du jardin, et les garçons du pays, qui pourtant ne sont point des poètes, lorsqu'ils l'aperçoivent si belle et si douce, ses grands yeux couleur de myosotis, ses chairs pâles comme du lait et ses longs cheveux presque blancs, par-dessus la haie d'aubépines en fleurs, ne manquent jamais de la prendre pour un ange qui a perdu le chemin du Paradis.

Et tous les poètes aussi, qui sont venus de villes lointaines jusqu'où vola la réputation de sa céleste beauté, lorsqu'ils l'aperçoivent si belle et si douce, avec ses grands yeux couleur de myosotis, ses chairs pâles comme du lait et ses longs cheveux presque blancs, par-dessus la haie d'aubépines en fleurs, occupée à cueillir des lys dans le jardin, ne manquent jamais de lui dire, en leurs jolies chansons, qu'elle est un ange qui a perdu le chemin du Paradis.

Mais elle se contente de les regarder avec un sourire mystérieux, car elle sait bien maintenant qu'elle n'est point un ange, point du tout un ange!

6 juillet 91.

VII

AÏEULE

———

Lorsque Léon Lécuyer pénétra en l'amoureux salonnet où la petite Charlotte d'Albreuse avait accoutumé de tenir les peu solennelles assises de ses quotidiens *five o'clock* — en l'amoureux salonnet, drapé de délicats satins miroitants, de peluches aux tendres nuances, et meublé de ces très joliettes et très exquises laideurs qui constituent ce que les archéologues d'après-demain pourront dénommer le plus pur « style ro-cocotte » — la mignarde maîtresse de céans, quasi couchée à plat ventre, parmi les coussins bariolés d'un divan plus oriental qu'il ne faut, dressa gaiement sa rieuse, mutine et menue frimousse rose :

— Oh! le cher Léon!... Comme c'est aimable à vous... d'être venu me voir... Il y a si longtemps!...

Puis, se tournant vers un personnage, de nul âge supputable, affalé, tel un vague amas de guenilles, au fond d'une causeuse :

— Allons!... Voyons, Baba!... Offre donc un fauteuil à monsieur Lécuyer!...

Dès qu'il fut assis, elle reprit :

— Dites-moi... Vous prenez une tasse de thé?... pas?...

— Mais, oui... avec plaisir, ma chère... — Vous permettez

que je vous appelle par votre petit nom?... ma chère Rigo- •
lette...

— Tiens, cette blague!... Si je le permets!... Baba!...
apporte une tasse de thé... Et du rhum?... Vous mettez du
rhum, hein?... Baba!... Tu donneras du rhum!... Vous
pouvez fumer, vous savez... Baba! Va chercher les cigarettes... Vous préférez un cigare?... Baba!... les cigares...
Baba!... des allumettes!... Baba!... le petit cendrier!...

L'interpellé obéissait, exécutant tous ses ordres avec des
empressements maladroits de stupide. C'était un garçon
d'une quarantaine d'ans, délabré ainsi qu'un octogénaire.
Il marchait, dansottant grotesquement à pas d'ataxique, les
mains ballantes, le dos voûté, et sa minuscule caboche, glabre,
jaune, ridée, fanée, fripée, pareille à une tête de pintade,
pendillait, branlottait, au bout d'un incommensurable cou
très frêle et flasque.

Avant que, pour d'équivoques raisons maintenant oubliées,
on ne l'eût sobriqueté Baba, il s'appelait monsieur le vicomte
Georges d'Albefort.

— Baba! passe donc les petits gâteaux!... Baba!... un
morceau de sucre!...

Il avait été jadis, au temps de ses relatives splendeurs,
l'amant officiel de Charlotte — et tant son officiel amant
qu'il s'était par elle laissé ruiner imbécilement. Dès sa décon-
fiture, jeté, comme il est normal et juste, à la porte, le
pauvre malchanceux, déjà plus qu'à demi-gâteux, la moelle
épinière malade, sa cervelle piètre irrémédiablement ramollie
par d'absurdes noces de jeunesse, et, malgré tout cela, plus
que jamais féru d'amour, s'était désespéré, avait gémi, sangloté, pleurniché, prié, supplié, tellement et tellement que la
petite d'Albreuse, pitoyable enfin, consentit à lui rouvrir son
huis, non plus, certes, en qualité d'amant, mais de vieux
camarade, aux heures où elle recevait — tout le monde!

— Baba!... un biscuit!... Donne-moi une petite cuillère!...
Baba!... ferme donc la fenêtre!...

Elle avait fait du piteux crétin une sorte de sous-larbin
exécutant, pour elle, les mille très minuscules besognes de la
vie oisive, et lui, humble, craintif, ratatiné, tel qu'un caniche
galeux qu'on tolère dans un salon, restait blotti dans son
petit coin, heureux d'avoir le droit de la contempler et de la
sentir, heureux de lui éviter l'énorme fatigue du bras tendu
vers une tasse, s'empressant, à tout mot, avec des maladresses comiquement zélées, subissant, nez bas, sans bron-
cher, afin de n'être point chassé, les plus dures, les plus
saignantes humiliations, les rebuffades les plus insultantes.

— Baba!... Allume les candélabres!... On ne voit plus
clair... Bon!... Imbécile!... Il a encore cassé une bobèche!...
Oh! à propos, Lécuyer... que je vous raconte une histoire...
une histoire!... Oh! mais une histoire à crever de rire!...

— Allez-y, j'écoute...

— Vous savez... mon gros baron?...

— Qui ça?... Machin?... Steesinger?... le banquier?...
Vous êtes toujours avec lui?...

— Tiens! parbleu!... Baba! tu es insupportable à renifler
comme ça!... Eh bien! figurez-vous que mon type de baron...

Elle s'interrompit, pouffant d'un grand éclat de rire clair,
d'un de ces éclats de rire à lèvres ouvertes, que pratiquent,
seules, les femmes orgueilleuses d'une indiscutable dentition.

— Non!... Voyez-vous!... Léon!... Non!... C'est trop
drôle!... C'est trop rigolo!... Je ne pourrai jamais... vous
raconter...

Follement, elle enfouit dans les coussins son nez rose, con-
tinuant de se tordre sur le divan.

Lécuyer et Baba la regardaient, riant de la voir rire, et,
tous deux, charmés, un peu même émoustillés par les
joyeuses et fantasques convulsions de ce mignard et mignon
corps de femmelette aux élégances mièvres de gamine, tout
secoué de ces indicibles hilarités, tout frémissant, tout palpi-
tant.

— Oh! fit Lécuyer, vous êtes une roublarde, ma chère!...

Vous savez bien que vous n'êtes jamais plus charmante que quand vous montrez vos jolies quenottes!

Et, de fait, elle était à l'impossible exquise, ainsi, ses neigeuses petites dents étincelant entre d'un peu épaisses lèvres écarlates, les joues encarminées, ses yeux bleus mouillés, lavés par des pleurs de gaieté, sa gorge bousculée de frissons — très exquise, et bien vraiment digne de ce frais et fol et jeune surnom de Rigolette dont l'avaient affublée ceux de son monde. Et, certes, fort malin eût été qui lui eût donné l'âge qu'elle avait. Car (et cela peut se dire, puisqu'elle même en riait, parfois) cette petiote d'Albreuse, cette mutine gamine, si gamine, si printanière, n'était plus très jeune!... Mais, qu'il avait fait hausser les épaules, cet inepte échotier de tel grand journal mondain, qui, certain jour, s'était avisé, par rancune jalouse, de la qualifier « vieille garde!... » — Vieille garde! Elle en pouffa une semaine entière. Oui, sans doute, elle comptait trente-neuf ans, trente-neuf ans bien sonnés, depuis trois ans, au moins!... Mais n'était-elle plus toujours idéalement jolie? Toujours, ne possédait-elle plus cette affriandante mutinerie d'enfant, cette apéritive fraîcheur des fruits verts? Malgré la noce commencée dès sa quinzième année, malgré sa double maternité, n'était-elle point encore et toujours la même fillette rieuse et rose, sans une ride à ses tempes, sans un fil blanc en sa toison blonde, sans un millimètre de plus à sa ceinture? N'avait-elle plus toutes les perles de ses gencives, ses vermeilles pommettes de pucelle, ses petits seins durs comme de l'agate?

— Ça, c'est vrai!... confirma Baba, ça, c'est vrai!... Elle est charmante quand elle rit!...

— Voyons, pas d'insolence!... dit Charlotte, enfin presque calmée. Pas d'insolence, Baba!... Et passe-moi les cigarettes!... Figurez-vous donc... que mon crétin de baron... Oh!... Non!... C'est trop drôle!... Je... Oh! laissez-moi rigoler!... Figurez-vous... qu'il s'est avisé... l'autre jour... d'être jaloux... d'être jaloux...

— Et do qui?...

— Do qui?... De Baba!... Oui, mon cher, de Baba!... de
Baba!... ah! ah! ah!...

Derechef, elle éclata, se tortillant en une formidable et
clownique crise de fou rire, étouffant à moitié, le ventre
convulsé, les cils ruisselants, battant l'air des bras et des
jambes...

Figurez-vous... j'avais soupé... avec le petit Henri... Vous
savez, Henri?... mon petit Henri?... j'étais rentrée tard... très
tard... le lendemain, à midi... Alors, quand Baba est venu,
j'étais encore couchée... Je lui dis : « Baba! je vais me
lever... tu vas *doubler* ma femme de chambre... Baba!...
mets-moi mes bas... Baba! mes jarretières... Baba! ôte-moi
ma chemise de nuit... Baba!... va me chercher une chemise
de jour... là... dans l'armoire... au deuxième rayon... celle
en surah mauve!... » Et crac!... voilà, qu'à ce moment le
baron entre!... Tableau! J'étais assise sur le lit... toute nue,
ça, c'est vrai!... Mais, vous comprenez, devant Baba!...
c'était insignifiant!... Baba, c'est pas un homme!... Eh bien,
cet imbécile de baron... cet imbécile de baron...

— Une dépêche, pour madame! interrompit, à ce moment,
Jack, le groom-factotum de Charlotte.

Et l'insolent gamin à tête de bull-dog, prétentieusement
nippé de fin drap azur et de bas de soie, tendit le pli à sa
maîtresse.

— Vous permettez, n'est-ce pas?...

Elle parcourut des yeux le papier bleu, eut un petit tressaillement des épaules, et, tout à coup, mordant ses lèvres,
devint très pâle.

— Une mauvaise nouvelle?... demanda Lécuyer.

Charlotte ne répondit point.

Elle froissait, de doigts nerveux, le télégramme; et, les
sourcils froncés, fixant d'un regard haineux, dur, une lointaine et tortueuse vision, elle s'accouda, farouchement
muette, le menton en sa petite main, qui tremblait.

Anéantie, comme écrasée par le foudroiement du formidable malheur soudainement su, elle restait, ainsi, la cervelle morte, la langue gelée, oubliant son visiteur, inconsciente de tout.

Ce silence, à la fin, devenant gênant, Léon répéta :

— Vous avez reçu une mauvaise nouvelle?...

Elle parut encore ne rien entendre, mais ses prunelles fixes devinrent soudainement plus brillantes, brillantes d'un miroitement vague de choses mouillées, ses paupières palpitèrent, ainsi que des ailes de petit oiseau qui meurt, et deux grosses larmes, lumineuses comme des diamants, filtrèrent entre ses longs cils, couleur de safran, puis roulèrent sur la blêmeur de ses joues...

Léon Lécuyer se leva, ayant peur d'être indiscret, salua et s'éclipsa, grommelant en sa moustache :

— Zut! Rigolette qui pleure, maintenant!... Ça ne s'est jamais vu!... Qu'est-ce qui peut bien lui être arrivé?...

II

Plein de stupeur, lui aussi, et d'effarement et de sollicitude, Baba s'était approché du divan, affolé, perdant la tête, le peu qu'il en avait, au moins, gémissant d'humbles questions, de désolées et enfantines consolations...

Tout à coup, et pour toute réponse, la d'Albreuse, enfouissant sa tête parmi ses mains, éclata en sanglots. Ce fut, après ces minutes de tragique mutisme, ainsi qu'une explosion terrible. Tordue en d'effroyables convulsions d'hystérie, meurtrissant ses chairs aux murs, lacérant de ses frêles doigts crispés la peluche des coussins, grinçant, crissant des dents, elle emplissait le salon de gémissements, de lamentations, de cris de rage, de hurlements...

Terrifié, Baba s'était agenouillé près d'elle, pleurant comme elle, lui tamponnant les yeux d'un mouchoir, la caressant de maladroites caresses, la suppliant, l'interrogeant, d'une voix câline, navrée, bégayante, trémolante, comiquement angoissée.

— Chaaarlotte!... Ma tite Chaaarlotte... Oh! pleure pas!... pleure pas!...

Et, brusquement, enhardi, grisé par l'émotion, allumé d'une audace de désespéré, il lui prit les tempes en ses pauvres balourdes mains, et, pour la consoler, pieusement, maternellement, il la baisa sur les paupières.

Au contact des lèvres flasques et de la peau visqueuse de Baba, la d'Albreuse, d'un bond brusque, s'était redressée, indignée, répugnée. Elle lui jeta un soufflet, qui enfonça dans les adiposités mollasses du pauvre gâteux ainsi qu'en de la gélatine, et cria, les dents serrées, le verbe sifflant, strident :
— Salop!... Oh! Salop!... Va-t'en!... Va-t'en!...

Puis, se ravisant, cette colère ayant eu sur sa douleur l'action d'un efficace dérivatif :

— Non, reste! dit-elle. Reste!... Baba!... mon pauvre Baba!... Reste!... Je vais tout te dire, à toi!... Je vais te dire pourquoi je pleure... parce que, en somme... tu es bête, mais tu n'es pas méchant, toi, Baba!... Seulement, vois-tu, Baba, il faut que tu me jures... de ne rien répéter... t'entends, Baba?... Et puis, aussi... faut que tu me promettes... de me répondre la vérité... la vérité... à ce que je te demanderai... t'entends, Baba?... faut que tu me promettes...

Ému aux larmes par cette incoutumière et sympathique confiance, le gâteux bégaya de solennels serments.

— Baba!... ferme la porte à clef... reprit Charlotte.

Alors, elle lui tendit son pied :

— Baba!... Ote-moi mes mules...

Il s'agenouilla, religieusement, pendant qu'elle essuyait de furtifs pleurs qui perlaient encore au bout de ses cils.

— Baba!... Retire-moi mes bas...

Lorsqu'elle eut les jambes nues, elle sauta sur le divan, debout.

Avec des gestes lents, elle se mit à dégrafer son peignoir et le jeta dans un coin. Puis, ce fut le tour du corset. Elle retira les épingles qui retenaient son chignon, et ses pesants cheveux jaunes s'écroulèrent et roulèrent sur ses hanches...

Dans les yeux atones et chassieux de Baba brillotait un insolite éclair. Il regardait de toutes ses forces, fasciné, charmé, extasié, stupéfié, indiciblement ravi...

Tout à coup, d'une chiquenaude preste, elle fit glisser, jusqu'à ses talons, sa chemise...

Ce fut alors le brusque et, pour ainsi dire, fantasmagorique surgissement de la plus impossiblement jolie des nudités, l'apparition soudaine d'un admirable flamboiement de chairs, dures et lisses comme des nacres, et blanches et roses et miroitantes, comme des satins rêvés!... Et le profil de ses formes exquisément mièvres, aux si délicates frêleurs d'adolescence, se découpait, sur les peluches céruléennes de la muraille, ainsi qu'une statue pétrie de gemmes et de lumière, ainsi qu'une statue radieuse dont les deux petits seins courts piqués de deux points rouges auraient frémi de sanglotements récents.

Stupide d'admiration, incapable de proférer un mot, Baba béait.

Alors, très grave, d'un accent triste, coupé de soupirs douloureux, Charlotte d'Albreuse dit :

— Baba!... N'est-ce pas que je suis encore belle?... Dis-moi la vérité, Baba... Est-ce que je suis encore belle? Vois-tu, Baba... j'ai... j'ai quarante-deux ans... j'en aurai quarante-trois dans cinq mois... Mais, n'est-ce pas... que je suis aussi belle... aussi fraîche... aussi jolie que... quand tu m'as connue... Tu sais, Baba?... la première fois... je jouais Cupidon... aux Bouffes... Oh! il y a longtemps!... N'est-ce pas, Baba, que je suis.. aussi jeune que si j'avais seize ans?...

Le gâteux s'exclama, ânonnant d'admiratives affirmations, et, le saisissement suscitant en lui un effort cérébral dont on ne l'eût point cru capable, il conçut et formula une comparaison avec Vénus.

Charlotte reprit, d'une voix plus sourde, saccadée, que hachaient, au milieu des phrases, des sanglotements :

— Eh bien! maintenant, Baba... puisque je pense... que tu as été franc... je... je vais te dire... je vais te dire pourquoi je pleure... pourquoi... pourquoi j'ai des envies de me tuer... Oh! vois-tu... Baba... mon pauvre Baba... Je ne sais pas... si tu comprendras, toi... Mais... c'est horrible!... Oh!... c'est horrible...

Des larmes lui revenaient aux yeux, pressées, coulant sur ses joues, pleuvant sur ses seins, glissant jusque sur la nudité de ses cuisses en petits ruisselets qui miroitaient. Nerveusement, elle se meurtrissait les chairs, ses poings poignant sa nuque dorée, s'arrachait les cheveux.

— Oh!... Baba!... continua-t-elle, gémissante, parlant en mots hoqueteux. Baba!... ce que je souffre!... Enfin!... Il faut... tout de même... que je te dise... Baba!... Écoute!... Cette dépêche... cette dépêche... tu sais?... Cette dépêche que j'ai reçue... Elle m'annonce... Elle m'annonce... Oh! non... C'est affreux!... C'est affreux!... Oh!...

Et, hurlant un cri de rage désespérée, elle se laissa tomber, elle s'affala sur le divan, quasiment folle, les nerfs tordus, battant les murs de sa tête, de ses pieds, de ses poings, la poitrine bondée de sanglots, étouffant, râlant, secouée de convulsifs hoquets, les dents claquant, ses yeux, comme des nuages qui crèvent, épanchant des averses de pleurs.

Et ce fut encore les épouvantes de Baba, ses zèles émus et malhabiles, ses infantiles consolations, ses vaines sollicitudes d'idiot, ses tamponnements des chères paupières...

Mais, tout à coup, cabrant sa volonté, par un prodigieux effort, piétinant, pour la faire taire, sa douleur, Rigolette se redressa, essuya ses larmes, et, dans un calme effrayant, d'une voix dure, creuse, stridente, où l'on sentait, maîtrisé et concentré, tout ce qu'un être humain peut enclore de souffrance et de désespoir, elle proféra, lentement, les mâchoires crispées :

— Cette dépêche!... Cette dépêche... m'annonce que... que je suis grand'mère!!..,

III

Très pâle, les sourcils froncés, ses yeux hagards de folle, en une effroyable fixité, rivés à une vision lointaine et odieuse, elle demeurait, ainsi, toute nue, vautrée et prostrée parmi les coussins déchirés et bousculés, le menton en sa main crispée, à rouler dans son petit crâne un bouillonnement d'idées sinistres...

Baba, très troublé, comprenant la nécessité de trouver une phrase consolatrice, un mot digne de cette tragédie, proportionné à cette douloureuse situation, interrogeait, avec effort, sa pauvre cervelle — obstinément muette.

Enfin, s'approchant de Charlotte, respectueusement, il lui tapota sur la joue, bégayant d'un ton très ému :

— Bébête!... Va!... Bébête!...

Vous jetâtes, Seigneur, d'horribles scorpions
Dans les tréfonds navrants de ma jeune poitrine !
— Oh ! Dites-nous, Seigneur, la lointaine origine
Des tristesses ignorées qui, tous, nous expions !...
— A peine avais-je vu mes dix-huit ans éclore,
Que, déjà, je sentais, en place de mon Cœur,
De mon Cœur rayonnant et doux comme une Aurore,
Fermenter les poisons d'un Cloaque vainqueur !..

Et maintenant, mon âme est un fumier étrange,
Où les ~~tarauds~~ nous fils, chéris dans leurs déjections,
Subissent lentement leurs fermentations. (1)
— Et je sens s'exhaler, de ces monceaux de fange,
(Ainsi que delà vapeurs qui brûleraient mes nerfs)
Le Désespoir ~~rongeur~~ qui ronge et les Amours damnés !...
— Si tels sont mes printemps, quels seront mes hivers ?
Prenez pitié, Seigneur, de mes Sous[...] journées !

On... 16 Août 1887

(1) Distillent les senteurs des dissolutions !
Epanchent les gaz écœurs du putréfaction

Page d'album de G.-Albert Aurier.

VIII

PLUTUS

Tandis que les hommes d'aujourd'hui jettent vers le ciel le miel de leur hypocrisie, et, vautrés dans le luxe royal de leurs maisons, leurs mains baignant dans l'or des coffres, se targuent de désintéressement et du mépris des viles richesses;

Tandis qu'ils te crachent à la face des blasphèmes ingrats, ô vieux Plutus, et qu'ils clament ton infamie par les chemins, et qu'ils affectent de mépriser les présents dont tu les combles;

Seul, j'irai publiquement, le front haut, m'agenouiller dans ton temple d'or, vagabond dépenaillé, devant ton idole de diamant.

Je te ferai fièrement mon humble prière, unique contenteur des désirs humains. Sans daigner écouter les railleries de la foule, j'implorerai ta divine cécité et je baiserai tes pieds, comme un vil mendiant.

Je te dirai : « Père de toutes les joies et de toutes les vertus, souverain effaceur du crime et du remords, seul Dieu du monde, sois-moi propice. Laisse-moi puiser l'or et les gemmes dans les caves somptueuses et inépuisables de ta miséricorde.

» Que ta charité coule en ma maison comme un intarissable Pactole !

» Ouvre-moi la porte des cavernes hermétiques, fais que je possède des tas d'or, d'argent, de perles, de rubis, de saphirs d'améthystes, d'émeraudes, de topazes, de diamants, hauts comme des Himalayas, que je sois assez riche pour acheter l'Univers ! »

Et si jamais, idole fantasque, tu exauces mon oraison, je te saoulerai de myrrhes et d'encens, je te chanterai des hymnes merveilleux, j'immolerai sur tes autels toutes les innocences, toutes les vertus, toutes les grandeurs, toutes les virginités ; je ne serai pas le dévot honteux : je pratiquerai uniquement les rites cruels qui te plaisent, je combattrai les anges avec ton glaive d'or. Je serai ton prophète, ô divin corrupteur !

J'habiterai dans un palais de rêve. Mon palais sera plein de musiques lointaines. Les artistes viendront m'offrir les fleurs de leur cœur. Les femmes viendront, nues et parfumées, me présenter les fleurs de leurs corps. Les rois seront mes valets. J'achèterai l'amour des reines à la nuit. Et je serai un Dieu moins l'immortalité.

Tandis que les hommes d'aujourd'hui jettent vers le ciel le miel de leur hypocrisie, et, vautrés dans le luxe royal de leurs maisons, leurs mains baignant dans l'or des coffres, se targuent de désintéressement et du mépris des viles richesses,

Je serai ton prophète, ô divin suborneur ! Je serai poète. Je chanterai hautement ta gloire, ta puissance, ta bonté, je te dirai des cantiques d'amour.

Pour rassasier tes appétits de dieu corrupteur, je me ferai le grand Semeur du mal. Je soudoierai le crime et la trahison. Je serai l'apôtre des Vices, des Dépravations et des Damnations. Je serai le séducteur, je corromprai l'innocence, la vertu, la bonté.

Je ferai rouler tant de richesses sur la terre que l'humanité mourra bientôt affamée, au milieu d'un immense désert d'or.

Vieux Plutus, père de toutes les joies et de toutes les vertus, souverain effaceur du crime et du remords, seul Dieu du monde, sois-moi propice !

IX

L'AMANTE

Lorsque je fus de retour des pays Hindous, où j'avais aimé, en des palais fabuleux aux toitures d'or, aux murailles de jaspe, aux dalles de rubis, d'améthyste et de calcédoine, des filles et des femmes de Rajahs, belles comme des simulacres de bronze neuf, ou de cornaline ;

Lorsque je fus revenu des mystérieuses provinces de Chine, où, longtemps, j'avais caressé, au clair de lune, dans un fantastique jardin plein de statues polycéphales, d'eucalyptus bleus, de tourelles de porcelaine peinte et de pêchers en fleurs, la petite princesse aux yeux retroussés, aux minuscules pieds de poupée, la petite princesse qui n'était autre que l'enfant précieuse et chère du Céleste Empereur ;

Lorsque je fus de retour des azurs cythéréens où, sur un lit de nuages roses, s'était, maintes fois, offerte à mes baisers, plus éblouissante que ne la sculpta le génie de Praxitèle, la divine Aphrodite ;

Lorsque je fus de retour en ces climats sans soleil, je voulus, obéissant à la plus bizarre des fantaisies de maniaque, choisir, entre toutes les femmes qui sont à vendre, ma maîtresse : très maigre, très petite, avec de grands yeux bleus mordus par l'acide des pleurs anciens.

J'ai voulu ma maîtresse avec de grands yeux bleus mordus

par l'acide des pleurs anciens, pour ce que de tels yeux sont excellemment diaphanes et que j'aime à contempler, au fond du lac limpide des regards de l'aimée, son âme, son âme de femme, cloaque de toute méchanceté et de toute pourriture·

J'ai choisi ma maîtresse très petite, pour me donner l'enfantine illusion d'une possession plus intime et plus entière, afin de pouvoir l'enfermer plus complètement en une seule étreinte et me dire, féru d'un fol orgueil : Tes bras sont assez vastes pour enlacer un univers de félonie et d'égoïsme.

J'ai choisi ma maîtresse très maigre, afin de sentir, au milieu de nos ardents baisers, les clous de ses vertèbres et le treillis de ses côtes, et de me rémémorer ainsi, en accomplissant l'œuvre de vie, que le squelette grimaçant de la mort veille et guette, éternellement caché sous notre peau !

Telle, j'ai voulu choisir mon amante, lorsque je fus de retour des pays Hindous, où j'avais aimé, en des palais fabuleux aux toitures d'or, aux murailles de jaspe, aux dalles de rubis, d'améthyste et de calcédoine, des filles et des femmes de Rajahs belles comme des simulacres de bronze neuf, ou de cornaline.

X

PROSES SANS TITRE

1

Comme je cherchais l'amour suprême et irréalisable, dans le Dédale obscur des hontes de Paris, j'arrivai, las, désespéré, sur l'un de ces luxueux sépulcres où rôdent, les seins nus, des courtisanes.

Et j'allais m'endormir dans ma désespérance, ainsi qu'en de sinistres catafalques, lorsque j'aperçus, accoudée sur les satins blancs d'un divan, la femme impossible, jadis entrevue dans les vagues aspirations.

Une joie cruelle poussa subitement en moi et des frissons fous de désir me brûlèrent la moelle, car j'avais devant les yeux l'aimée inconnue si longtemps espérée, le phénomène unique, affolant, merveilleux, monstrueux, sublime, séraphique, divin, la femme bleue.

Elle laissa glisser à terre sa chemise de satin, et, quand elle fut nue, je vis que les chairs de son corps avaient la couleur pure et douce des ciels d'azur pâle du matin.

Ses grands yeux brillaient comme de purs saphirs : ses pommettes et la pointe de ses seins avaient l'éclat joyeux et vif des cobalts.

Ses cheveux moutonnaient sur sa céleste encolure comme l'outremer des mers africaines, et sa parole avait les inneffables bleuités des myosotis.

Et lorsque, sur les satins des divans, j'eus longuement étreint la femme bleue, lorsque j'eus appris d'elle les baisers monstrueux qu'ignore la terre, je plantai mes dents tranchantes dans son cou d'azur, afin que nul ne goûtât jamais ces voluptés surhumaines; j'ai vu couler sur ses flancs caressants comme l'azur pâle d'un ciel de matin, l'indigo fumant de son sang, et j'ai vu son âme bleue comme la flamme du soufre s'envoler vers les éternelles bleuités.

Et depuis lors je pleure dans les banales alcôves des femmes blanches l'irrémissible perte de ma vie.

2

Je vous aime et je vous comprends, moines présomptueux qui dormiez dans les cercueils, qui veilliez dans les cilices et qui meurtrissiez vos chairs du plomb des disciplines.

Je vous aime et je vous comprends, ô martyrs arrogants, qui marchiez au supplice, le cœur débordant de joie. Vous, Régulus, qui laissâtes arracher vos paupières; vous, Sébastien, qu'on accabla de flèches et de pierres; vous, Scévola, qui plongeâtes votre main dans un brasier; vous toutes, vierges hautaines que mangèrent les bêtes des cirques latins, et vous, Christ, sublime contempteur des bourreaux !

Je vous aime et je vous comprends, vous tous, divins orgueilleux, joyeux suppliciés, grands chercheurs d'inconnu, car, tandis que saignaient vos membres nus dans les engins tortionnaires, vos cœurs se pâmaient dans d'ineffables voluptés, et, fiers de leurs impassibles fiertés, connaissaient le bonheur de souffrir, le bonheur de sentir leur corps mourir.

TABLE

TABLE

Les exemplaires de luxe contiennent deux lithographies originales d'Eugène Carrière et Henry de Groux.

LIVRE I

LIVRE II

LES POÈMES.

I. Les Psychiques.

TABLE   **479**

LIVRE III

LES AFFRANCHIS.

LIVRE IV

MÉLANGES.

Typographie Edmond Monnoyer.